信息技术应用创新系列丛书

CLOUD COMPUTING SUPPLY CHAIN SECURITY

From Multi-core to XinChuang Cloud

云计算供应链安全

从多核芯到信创云

郭 晓 许 刚◎编著

電子工業出版社
Publishing House of Electronics Industry
北京 • BEIJING

内容简介

本书定位于系统性论述信创云的起源与现状，并探讨相关产品研发和落地实施环节的最佳实践。同时，为了让读者更加深入地了解信创云，作者参考和引用了华云数据控股集团有限公司在信创云产品规划、研发和实施过程中的部分工作成果与最佳实践案例，分享给广大读者。

鉴于信创领域的特殊性，书中所列举的具体产品信息，均取自相关厂商、机构的公开发行资料。在相关原始资料的基础上增补了行业同仁及作者本人的理解，并尽可能以简明扼要和客观的方式进行了梳理。

同时，本书也对信创产业的未来发展趋势进行了探讨，并大胆提出了一些观点及相关依据。

我们深知，信创云的建设和实践问题没有标准答案，对信创云的理解也因不同政企用户的业务诉求而异，具体到某行业而言，其信创云研发与实施方法、路径、重点、难点也不尽相同。本书的研究旨在从宏观层面给出一条较为普适的路径，具体到特定行业领域还需制定差异化的转型路径。希望通过本书能够使更多政企和行业专家了解我们的研究工作，共同为我国信创云产业的发展贡献力量。

图书在版编目（CIP）数据

云计算供应链安全：从多核芯到信创云 / 郭晓，许刚编著. — 北京：电子工业出版社，2023.2
（信息技术应用创新系列丛书）
ISBN 978-7-121-44990-1

Ⅰ. ①云… Ⅱ. ①郭… ②许… Ⅲ. ①云计算－应用－供应链管理－安全管理 Ⅳ. ①F252.1-39

中国国家版本馆 CIP 数据核字（2023）第 017575 号

责任编辑：孙杰贤　　文字编辑：戴　新
印　　刷：三河市良远印务有限公司
装　　订：三河市良远印务有限公司
出版发行：电子工业出版社
　　　　　北京市海淀区万寿路 173 信箱　　邮编：100036
开　　本：787×1092　1/16　印张：22.75　字数：434 千字
版　　次：2023 年 2 月第 1 版
印　　次：2023 年 2 月第 1 次印刷
定　　价：85.00 元

凡所购买电子工业出版社图书有缺损问题，请向购买书店调换。若书店售缺，请与本社发行部联系，联系及邮购电话：（010）88254888，88258888。

质量投诉请发邮件至 zlts@phei.com.cn，盗版侵权举报请发邮件至 dbqq@phei.com.cn。

本书咨询联系方式：（010）88254282. jianghd@phei.com.cn。

前　言

从 2019 年开始，“信创云”成为国内云计算行业的热词，各级政府机构纷纷出台相关政策，各大云计算厂商相关产品和解决方案如雨后春笋般涌现。但截至本书完稿之日，尚未有一部公开发行的图书以第三方角度系统、全面地讨论相关背景、实现过程和案例。

同时，云计算技术渗透到人类社会生产生活的各个方面，极大地推动了社会的进步与发展。而云计算供应链各环节产品间的安全风险持续显露。如今，云计算供应链安全已经成为公众和政企高度关注的重大问题。

本书从云计算发展历史、供应链组成、业务场景、产品实现和项目实施、典型案例、未来展望等角度，较为系统地阐述了相关内容，共分为 3 篇 9 章。本书第一篇包括 3 章，第 1 章对云计算的概念进行了梳理，第 2 章描述了云计算供应链的组成，第 3 章对信创云的意义进行了阐述；第二篇包括 3 章，其中第 4 章对信创云的相关业务场景进行了梳理、解读，第 5 章阐述了信创云的功能设计，第 6 章对信创云的非功能设计进行了描述，第 7 章介绍了信创云项目的实施；第三篇包括两章，第 8 章介绍了信创云案例，第 9 章则对信创云的未来进行了分析与展望。

在本书编写过程中，我们尽量以通俗易懂的文字阐述相关内容，且未引用任何程序源代码和伪代码。为了方便读者快速阅读和加深理解，各章末尾都提供了本章小结，并在最后以附录方式对相关拓展资料提供了指引。通过这种形式，衷心希望本书能广泛适用于想系统性地了解云计算供应链和信创云的读者。

由于云计算供应链相关产品、技术的迭代更新频繁，全书无法避免存在疏漏、不恰当之处。读者对书中内容的任何宝贵意见和建议，均可通过关注微信公众号“华云数据”，直接发送消息进行反馈。

在本书编写过程中，得到了电子工业出版社的冯锡平老师、姜红德老师的多次指导，以及华云数据产品部的唐甜在全书修订方面的诸多支持，在此一并表示衷心地感谢！

作者 于华云数据控股集团总部

2022 年 9 月 30 日

目　　录

第一篇　信创云背景

第三篇 信创云案例与展望

第一篇　信创云背景

欢迎您阅读本书！

在全书第一篇，我们首先简要回顾云计算的定义、发展历史、常见分类和表现形式，尝试解读其供应链的构成、风险及应对措施，并讨论信创云的市场前景和意义，以及与通用型云的区别，为后续内容的展开做好铺垫。

希望通过学习本部分内容，能够帮助产品开发商或用户理解云计算供应链目前所面临的主要问题，梳理相关的解决思路。对于已有云计算相关知识的读者，可以略读第 1 章的内容。

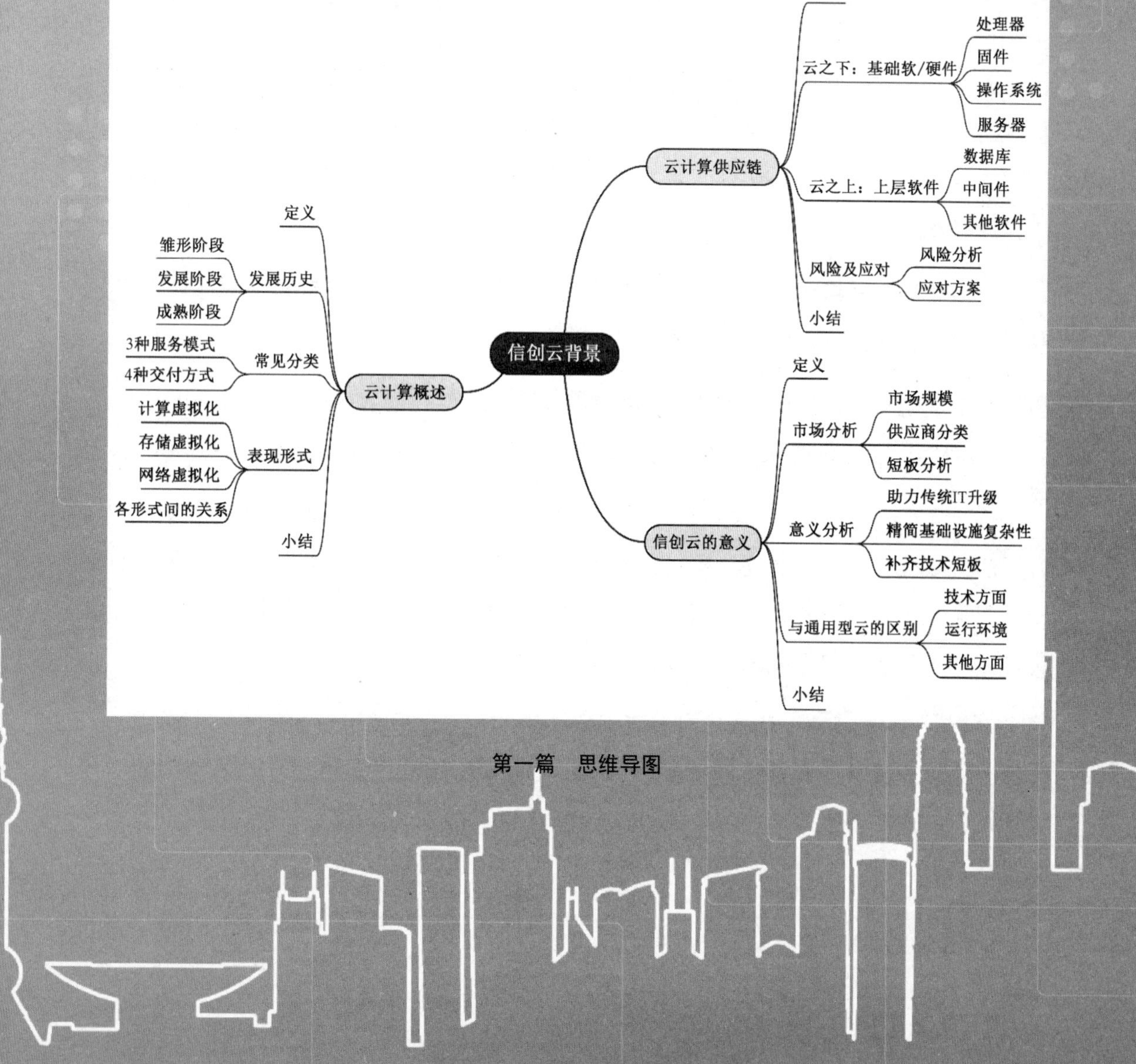

第一篇　思维导图

第1章　云计算概述

本章将对云计算的定义和发展历史进行回顾，介绍其主流分类方式及表现形式。

1.1　定义

云计算是由一系列技术经过持续融合、演进所形成的一个概念，而不是指某项具体的技术或标准，因此业界对于云计算最佳定义的讨论也从未停止。目前被广泛认同的是国际标准《信息技术-云计算-概述和词汇》（ISO/IEC 17788:2014）中关于云计算的定义：

云计算是一种将可伸缩、弹性、共享的物理和虚拟资源池以按需自服务的方式供应和管理，并提供网络访问的模式。

该定义也被2015年发布的云计算中国国家标准《信息技术　云计算　概览与词汇》（GB/T 32400—2015）所引用，并对云计算的6个基本特征[①]进行了描述。

（1）广泛的网络接入，即通过网络采用标准机制访问物理和虚拟资源的特性。这里的标准机制有助于通过异构用户平台使用资源，强调云计算可使得用户更方便地访问物理和虚拟资源，即可以从任何网络覆盖的地方，使用包括手机、平板、笔记本和工作站在内的各种客户端设备访问云资源。

（2）可度量的服务，即通过对云服务可计量的交付，对使用量进行监控、控制、汇报和计费，同时也可优化并验证已交付的云服务。从用户角度来看，云计算可帮助用户业务转变为更加高效的模式。

---

① 6个基本特征的说明源于标准文件，在此对具体描述做了适当简化。

（3）多租户[①]，即通过对物理或虚拟资源的分配，实现多个租户计算和数据彼此隔离和不可互访的特性。在典型的多租户环境下，组成租户的一组云服务用户同时也属于一个云服务用户组织。

（4）按需自服务，即云服务用户能够按需自行或通过与云服务提供者的最少交互配置计算能力的特性。该特性强调云计算为用户降低了时间成本和操作成本。

（5）快速的弹性和可扩展性，即物理或虚拟资源能够快速、弹性，有时是自动化地供应，以达到快速增减资源目的的特性。

（6）资源的池化，指将云服务提供者的物理或虚拟资源进行集成，以便服务于一个或多个云服务用户的特性。该特性强调云服务提供者既能支持多租户，又通过抽象屏蔽了相关处理的复杂性。对用户而言，仅需知道服务是否处于正常状态，而无须关注资源如何提供或分布。基于资源池化的方式将原本属于用户的部分工作（如维护等）移交给了云服务的提供者。需要指出的是，即使存在一定的抽象级别，用户仍然能够在某个更高的抽象级别指定资源位置（如国家、省或数据中心）。

1.2　发展历史

回顾云计算发展史，我们不难发现云计算其实是传统计算模式与新型技术融合的产物，涵盖效用计算、并行计算、网格计算、分布式计算等多种模式，以及虚拟化、分布式存储、VXLAN 等多种技术，其发展历史可归纳为 3 个阶段，如图 1-1 所示。

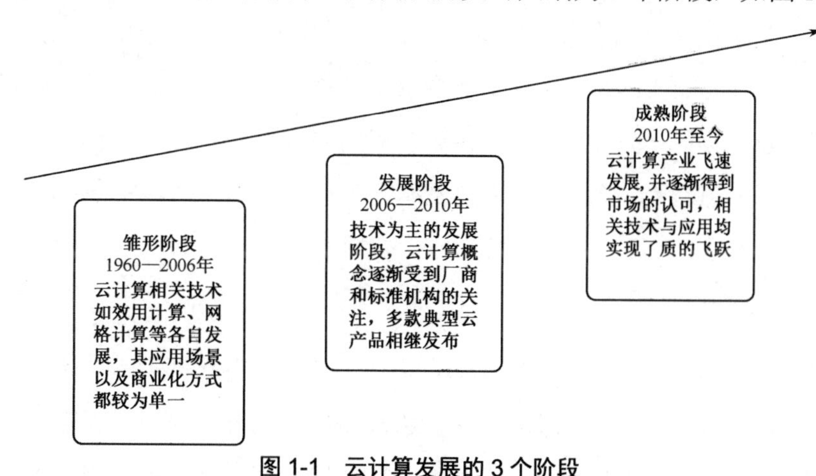

图 1-1　云计算发展的 3 个阶段

① 租户与用户的区别：根据该标准的定义，租户是对一组物理和虚拟资源进行共享访问的一个或多个云服务用户。

1.2.1 雏形阶段

该阶段为1960—2006年。

随着计算机处理器技术和网络技术的持续发展，计算机计算模式的演进经历了集中、分散和再集中的过程，代表性技术分别是大型计算机集中计算、个人计算机分散计算和云计算。由于早期的计算机体积庞大且价格高昂，仅有少数几家企业可以负担起高昂的采购成本配置计算机及配套设备，为了节省成本，企业通常会以一台主机为核心，外接若干终端设备，将所有计算任务在主机上实现，并将计算结果反馈至终端呈现，从而形成了集中计算模式。随着集成电路的不断发展，计算机逐渐向小型化、低成本化方向演进，并开始出现微型计算机产品，其计算能力也与大型计算机无异，于是推动着计算模式从集中计算转向分散计算。在此之后，随着网络技术的飞速发展，尤其是互联网的迅速普及，计算机的互联范围遍布全球，这也同时改变了人们获取、交换和处理信息的方式，计算模式开始步入云计算时代。

下面对效用计算、网格计算的演化过程做简要介绍。

（1）效用计算。受限于早期计算机高昂的采购和运维成本，大多数普通企业、学校和机构通常选择以租用代替购买，而服务器提供商则会按照用户的实际使用量进行收费，“共享使用”的理念也因此萌芽。而“效用计算”的理念，则是1961年“人工智能之父”John McCarthy在一次会议上提出的，即借用发电厂的生产与交付方式，将分散在不同区域的服务器、存储及应用服务整合后供用户使用，并按用户实际使用的资源量进行计费。这种类似于水、电服务的新型资源提供模式，使得用户可通过类似获取公共资源的方式使用计算机资源，用户没有这些资源的所有权，也无须购买对应的硬件设备。

早期效用计算较为典型的应用，是IBM公司将存放在数据中心的主机资源按时段提供给不同的用户，通过远程接入或到达现场的方式进行使用。对于计算机所有者而言，效用计算可以极大地提升计算机资源使用率；而对于租户而言，效用计算帮其节约了计算机设备的整体采购成本[①]，其仅需为所使用的资源进行付费即可。

尽管效用计算和云计算技术在资源使用计费方面非常相似，但效用计算却并未对技术、管理、配置和安全等方面进行限制。

（2）网格计算。网格计算出现于20世纪90年代，是伴随互联网技术发展起来的新型计算模式，其核心思想是通过网络连接分散在各地的服务器或个人计算机，从而形成一台虚拟超级计算机以应对特定的计算任务。此模式中的每台服务器或个人计算机将代表一个节点，而整个系统可视为由千万个节点所组成的网格，因此也得名“网格计算”。

网格计算在执行计算任务的过程中，通常会先将待处理的数据分割成若干片段，并将其分配给各个节点执行，最后由总控节点收集各节点计算结果，从而完成整个计算任务。

由于网格计算在业务模式、技术和安全性等方面均存在不足，也致使其并未在商业领域获得普及。网格计算虽然已具备云计算的基础框架，但其更关注计算与存储资源的融合，而云计算则是在此基础上提供了虚拟资源及更多的相关服务。

1.2.2 发展阶段

该阶段为2006—2010年。

云计算的学术定义可追溯至1997年，美国南加州大学的Ramnath K.Chellappa教授将“云”和“计算”组成了新词组（Cloud Computing），并为其做出了首个学术定义：计算边界由经济而并非完全由技术决定的计算模式。

与之相关的代表性事件是，2006年亚马逊将在线存储（Amazon Simple Storage Service，S3）和弹性计算云（Amazon Elastic Compute Cloud，EC2）等云服务作为虚拟产品对外进行出售，也正式宣告了云计算时代的到来。此后IBM、微软和谷歌等业界巨头纷纷投入云计算产品的研发中。2007年11月，IBM首次发布了云计算商

① 整体采购成本往往要大于按需使用资源所付费用的总和，因为整体采购需根据业务使用峰值来评估所采购设备的最低配置。

业解决方案，推出 BlueCloud[①]计划。2008 年 Google 推出了 Google App Engine 预览版；同年，微软发布云计算战略平台 Windows Azure Platform。2009 年 10 月，《经济学人》杂志对云计算做了全方位深度报道，指出“云计算的崛起不仅是一个让极客们兴奋的可以转变的平台。这无疑将改变信息技术产业，也将深刻改变人们工作和企业经营的方式。它将允许数字技术渗透到经济和社会的每一个角落，并会遇到一些棘手的政治问题”，该报道一经发布，也让云计算概念迅速成为业界与学术界研究的焦点。

1.2.3 成熟阶段

2010 年，国际 IT 企业均已涉足云计算领域，云计算相关技术也从概念炒作逐步走向现实，以虚拟化资源管理、分布式存储、云安全和云运营为代表的关键技术获得长足的发展，并在越来越多的实践中得到了验证。

与此同时，世界各国纷纷推出云计算相关政策措施，以及制定对应发展战略，明确政府相关管理职责及云计算应用方向，辅以资金扶持，引导产业快速发展，推动关键技术研发与创新，从而在科技引领全球经济发展的新时代中抢占有利地位。典型的如美国的《联邦政府云战略》、德国的《云计算行动计划》、日本的“智能云计算战略”及法国和德国联合提出的“Gaia-X 计划”等。

2010 年 10 月 18 日，工业和信息化部和国家发展改革委在北京、上海、深圳、杭州、无锡等城市开展了云计算服务创新发展试点示范工作，并陆续出台国家相关标准与白皮书，帮助企业更好地了解云计算发展动态。部分代表性事件如下。

- 2008 年，清华大学参与 Google 在中国推出的云计算计划。
- 2009 年，首届中国云计算大会在北京召开。
- 2010 年，上海发布《云计算产业行动方案》白皮书。
- 2010 年，中国云计算服务大会在上海举办。

① 即“蓝云”解决方案，包括云计算中心基础软/硬件、蓝云管理软件和 Tivoli 管理软件，以及相应的服务。

- 2012 年，中国信息通信研究院首次发布了《云计算白皮书》，全面、系统地总结了云计算发展状况、特征及变化趋势。
- 2014 年，国家质量监督检验检疫总局、国家标准化管理委员会首次联合发布了《信息安全技术 云计算服务安全指南》（GB/T 31167—2014）、《信息安全技术 云计算服务安全能力要求》（GB/T 31168—2014）。
- 2017 年，工业和信息化部发布了《云计算发展三年行动计划（2017—2019 年）》。
- 2022 年，中国信息通信研究院第 8 次发布《云计算白皮书》，对云计算产业发展变革趋势进行了深入剖析。

在云计算产品的落地层面，2009—2012 年，阿里巴巴、腾讯、百度、金山和华云数据等厂商面向市场纷纷推出自家云计算产品。而在“十二五”期间，我国也将云计算产业列为新一代信息技术产业发展的重点领域，并出台一系列相关规划和政策，如加快云计算技术研发的产业化、组织开展云计算应用试点示范、着力完善产业发展环境等，加速推动云计算产业的发展。

近年来随着数字化转型的深入，企业的生产制造和推广方式也发生了很大的变化，以往用户只能购买到企业完成设计、生产推向市场的产品，而未来随着商业模式向着更加灵活、开放的方向发展，在产品设计之初就引入用户的个性化定制需求，这也对产品供应链全过程的数字化转型和升级改造提出了更高要求。借力互联网化、在线化、云化等先进技术，企业可以有效推进企业在产品设计、制造过程中的数字化转型，迅速对接用户需求并通过精细化管理提升整体研发效率，实现各研发环节信息的采集与分析，实现供需对接、品牌推广、数据分析、知识传授及资源共享等个性化服务，为政府主管部门、用户及厂商提供更有效、更精准的服务。

随着云计算技术逐渐成为支撑数字经济发展的重要基础，中国云计算产业也迎来了高速的发展。英国科技产业分析机构 Canalys 报告显示：2021 年中国国内云基础设施服务市场规模增长 45%，总计达 274 亿美元，2021 年第四季度同比稳健增长 33%，达到 77 亿美元。预计到 2026 年，中国国内云基础设施服务市场规模将达到 850 亿美元。我国政府和企业业务创新、流程重构、管理变革的不断深化，对数字化、网络化、智能化转型需求的不断提升，将不断加快政府和大中型企业的上云趋势。

1.3 常见分类

1.3.1 3种服务模式

按照美国国家标准技术研究院（National Institute of Standards and Technology，NIST）的定义，可将云计算服务分为以下 3 种模式。

（1）基础设施即服务，即 IaaS（Infrastructure as a Service），是指云计算厂商将信息系统的基础设施资源，如虚拟机、虚拟存储或网络等进行云化处理后，以云服务形式交付给用户，并且用户在使用过程中也无须关注底层基础软/硬件①。但为了满足用户的特定需求，云服务也可以提供对传统物理资源的调用和管理等服务，如整用型物理服务器②服务。

（2）平台即服务，即 PaaS（Platform as a Service），是指在 IaaS 基础上云计算厂商进一步对平台软件层进行配置，包括安装操作系统、数据库、中间件及各种开发调试工具等，或为用户提供可用的编程语言、库和开发工具，以支撑用户开发和调试应用。常见的 PaaS 形式有数据库、Web 应用及容器等。

（3）软件即服务，即 SaaS（Software as a Service），是指将云端已安装配置好的应用以云服务形式提供给用户，允许用户通过终端设备的浏览器等访问使用。典型的 SaaS 形式有网盘、GitLab 等。

在 3 种服务模式的落地应用方面，根据中国信息通信研究院 2021 年 7 月发布的《云计算白皮书》相关数据，目前国内云计算服务模式仍以 IaaS 为主。以公有云的细分领域为统计对象，2020 年 IaaS 市场规模达到 895 亿元，相对 2019 年增长

① 本书中的“基础软/硬件”，包括组成物理服务器的关键部件和配套软件，如处理器、内存、硬盘、RAID 卡、网卡、固件、操作系统、驱动程序等。

② 整用型裸机，指通过云平台管理的传统物理服务器。与以虚拟机为典型操作对象的其他虚拟资源相比，其使用方式更接近于以物理服务器为操作对象的传统模式，但管理员可通过云平台对整用型物理服务器、虚拟机等进行统一的管理。

97.8%；PaaS 市场规模为 103 亿元，相对增长 145.3%；SaaS 市场规模为 278 亿元，相对增长 43.1%。

对比传统基于物理服务器的方式，上述 3 种服务模式通过云计算技术对服务器、存储设备和网络设备等基础软/硬件进行统一的池化管理，因而在资源利用率、管理便捷性等方面具有显著的优势。

1.3.2　4 种交付方式

从云计算的交付形式来看，常见的类型有以下 4 种。

（1）公有云。公有云是面向社会公众或政企用户提供的共享云服务，通常由云服务厂商或第三方提供商按统一标准规划建设后，以互联网方式进行交付。公有云通常具有良好的扩展性、较高的可靠性和灵活性等优势，却往往不具备个性化定制能力。

（2）私有云。私有云是面向政企用户提供的私有化云服务，多数构建在用户自行建设的或以租赁形式运营的数据中心，其优势在于对相关基础设施具有较强的可控性，相对公有云具备更加严格的权限管理、数据隔离管控等安全要求，并支持根据实际业务需求做定制调整。

（3）混合云。混合云通常是指私有云、公有云的融合交付方式，并支持在不同云环境间共享数据和应用。混合云不仅保留了私有云的安全性优势，同时也充分利用了公有云的灵活性，很好地平衡了企业的运营成本、安全性和扩展性等需求。

（4）专属云。专属云多指在公有云上为特定用户划分出专属的虚拟化资源池，支持用户独占物理设备，独享计算与网络等资源。通过这种形式，用户可在云管理控制台中统一管理其专属的私有化资源池，可以像使用私有云一样灵活地使用公有云。

在金融行业等有着强监管政策要求的行业中，实际落地的云计算项目通常仅在非核心业务中使用公用云，其他大部分业务均运行在以私有云为主的云环境中。

1.4 表现形式

虚拟化的概念最早由 Christopher Strachey 在 1959 年提出，其核心理念是旨在为昂贵的、仅支持单一任务执行的大型计算机引入分时多任务处理能力。随着 IBM 将其应用于 x86 指令集（Instruction Set Architecture，ISA）[①]中向市场广泛推广，虚拟化技术在商业上的优势日益体现。

虚拟化指的是一种物理资源管理技术，通过对计算机处理器、内存和网络等资源进行抽象，包装成可按一定规则切分、组合的虚拟运行环境，从而提高计算机及外部设备的资源利用效率。在对外提供高效、灵活的服务的同时，也可以为应用、数据库和中间件等上层软件屏蔽基础软/硬件的差异。

虚拟化技术是通过虚拟化管理程序（Hypervisor[②]）将底层基础软/硬件与上层软件进行解耦，构建统一的虚拟资源池以供多个逻辑隔离的虚拟资源共享使用。虚拟化管理程序运行在虚拟机与基础软/硬件之间，负责对处理器、存储设备等硬件设备进行抽象和超配[③]，然后为上层虚拟资源提供运行环境所需资源，使得各虚拟资源可以相互独立地运行于同一个服务器集群中[④]。基于虚拟化管理程序所处位置和管理范围的不同，虚拟化管理程序主要分以下两种类型。

（1）裸金属架构虚拟化（见图 1-2）。裸金属架构的虚拟化是指虚拟化管理程序直接运行在物理服务器硬件之上，负责管理服务器的所有资源；虚拟化管理程序之上则运行包含操作系统和应用的虚拟机。由于虚拟机和服务器间层次较少，因此具

① ISA 通常译作“指令集架构”，部分文献中简称为“指令集”。本书后续统称为“指令集”。

② 在诸多资料中，该术语经常和 Virtual Machine Monitor（通常简称为 VMM）通用，而作者认为两者存在少许区别，即 Hypervisor 多指基础软/硬件的管理与切分，和云平台的实际部署实例相关联，VMM 则更倾向于描述虚拟资源的管理，和虚拟资源的实例相关联。

③ 将真实的物理资源能力，经过虚拟化技术转化，给用户新的资源能力。如将 1 颗物理处理器核心超配成 3 颗虚拟处理器核心，即超配值为 1:3。

④ 根据业务需求的不同，服务器集群的最小规模以 1 台起步。但目前多数云产品使用了分布式技术进行实现，通常至少需要 3 台服务器才能完成最小规模的部署。

有良好的性能，是目前通用型云产品所采用的主流虚拟化类型。典型产品有 VMware ESXi①和 KVM②等。

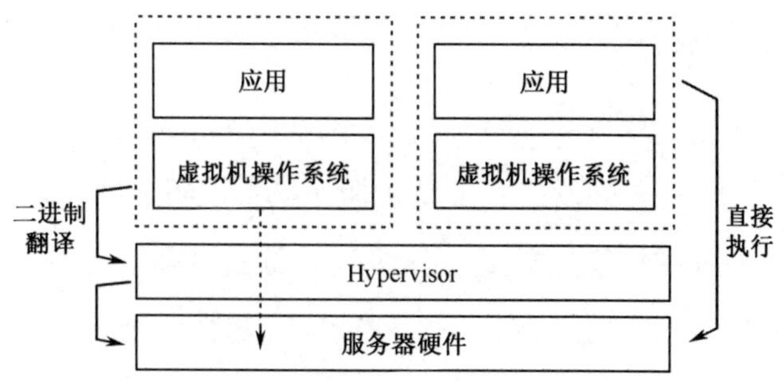

图 1-2 裸金属架构虚拟化

（2）宿主型架构虚拟化（见图 1-3）。宿主型架构将虚拟化管理程序以类似应用的方式运行在操作系统之上，可承接操作系统支持的全部类型的硬件，故具备更好的硬件兼容性。然而由于虚拟机和服务器间跨越两个层次，导致其性能弱于裸金属架构虚拟化。典型产品有 VMware Workstation Pro 和 Oracle VM VirtualBox 等。

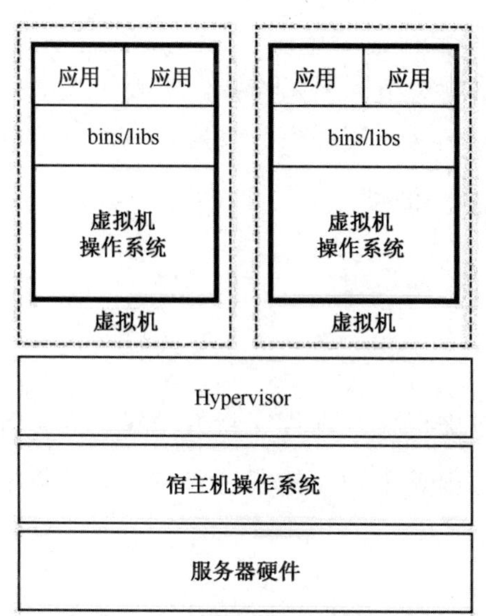

图 1-3 宿主型架构虚拟化

① 成立于 1998 年的 VMware（中文名“威睿”）是全球知名的云产品开发商。ESXi 是 VMware 研发的、可直接用于物理服务器的裸金属架构虚拟化管理程序（Hypervisor）。

② 即基于内核的虚拟机（Kernel-based Virtual Machine），是一种用于 Linux 内核中的虚拟化基础组件，在 2007 年 2 月加入 2.6.2 版 Linux 内核。因其和 Linux 间的特殊关系，有部分资料认为 KVM 是有别于裸金属架构虚拟化的一种特殊虚拟化技术。

结合虚拟化技术发展历程和实现原理，其典型特征如下。

（1）软件定义。通过软件定义的方式封装物理硬件资源，形成虚拟资源池并支持按需切分、组合形成新的不同规格的虚拟资源实例。

（2）逻辑隔离。通过软件定义的方式在不同虚拟资源间实行计算、存储和网络的权限、流量隔离，以及支持设置各虚拟资源（或资源组）的使用限制①，以规避虚拟资源争用所引发的各类风险，如低优先级业务抢占过多资源引发高优先级业务资源不足，或资源池被全部占用导致云平台性能与稳定性降低等。

（3）资源封装。将物理硬件按云平台的设计标准封装为虚拟资源，如将操作系统封装成虚拟机等，并对封装后的虚拟资源提供全生命周期的管理能力，包括备份、迁移、配置调整和监控等。

（4）软/硬件解耦。虚拟化技术有效降低了虚拟资源与物理硬件间的高依赖性，为虚拟资源和运行在虚拟资源中的应用、数据库和中间件，提供了兼容不同品牌、类型硬件的基础。

本书主要关注如何通过使用虚拟化管理程序等中间层，屏蔽底层国内外基础软/硬件的实际物理特性及相关兼容性问题，为运行在中间层之上的上层软件提供经过抽象封装的虚拟资源池化环境。

1.4.1 计算虚拟化

计算虚拟化是指通过虚拟化管理程序将处理器、内存等资源切分并封装，并基于预先设定的超配值虚拟出若干独立的资源单位，以计算资源池的形式提供给上层的虚拟资源调度使用。

1. 处理器虚拟化

处理器虚拟化的作用是将物理处理器超配成多个虚拟处理器（vCPU）。由于虚拟资源无法直接调度物理处理器，所以其计算单位均通过 vCPU 呈现。以虚拟机为

① 包括多种形式的措施，如磁盘容量、虚拟资源使用时长、网络流量等。

例，处理器虚拟化允许在一组物理服务器上，以虚拟方式同时运行多个相同或不同品牌与版本的操作系统，每个操作系统各自占用所分配的 vCPU，且操作系统的运行环境间保持逻辑隔离。

在未使用虚拟化技术时，操作系统直接运行于物理服务器上，掌握着服务器的控制权。如 Intel 处理器为操作系统和应用提供 Ring0、Ring1、Ring2 和 Ring3 等 4 种访问底层硬件的指令级别，其中 Ring0 为最高级别，Ring3 为最低级别，高级别指令可以执行更多的特权指令①，应用通常运行在 Ring3 级，设备驱动程序运行在 Ring1 级和 Ring2 级，操作系统运行在最高的 Ring0 级以具备访问底层硬件的权限。但是当处理器经过虚拟化之后，运行在 vCPU 上的操作系统已无法直接执行 Ring0 级指令，而是需要借助虚拟化管理程序来进行处理。常见的实现方式有以下 3 种。

（1）全虚拟化。为规避虚拟资源指令权限越级引发的对物理设备的影响，基于二进制翻译的全虚拟化技术，在虚拟资源和底层硬件间引入虚拟化管理层，以实现虚拟资源与底层硬件间的逻辑隔离。该架构下虚拟资源所发出的所有指令在运行前都会先被虚拟化管理层优化，将其中突破虚拟化管理层限制的指令转变为可在硬件上直接运行的安全指令（或转化为对虚拟化管理层的特定功能的调用），因此虚拟资源也感知不到其运行在虚拟环境中。由于虚拟化管理层将虚拟环境与基础软/硬件彻底解耦，且虚拟资源的指令在运行前均需要经过虚拟化管理层的转译，因而会引发较为明显的性能损失。支持全虚拟化实现的有 QEMU②等。

（2）半虚拟化。又称准虚拟化技术，是在全虚拟化的基础上，对虚拟资源使用的操作系统进行修改，通过增加专门的接口将操作系统发出的指令进行优化，从而降低虚拟化管理层二进制翻译操作的复杂性。经过半虚拟化处理的服务器可与 Hypervisor 协同工作，其响应能力非常接近未经过虚拟化处理的服务器。由于需要对虚拟资源使用的操作系统进行定制，故其兼容性、灵活性相对较差。支持半虚拟化实现的有 Xen 等。

---

① 因其和特定处理器品牌特性密切相关，影响可移植性，且有限的级别数量无法满足更复杂的管控要求，故多数现代操作系统会避免完整使用这种指令级别划分策略。

② QEMU 是采用动态二进制翻译技术的处理器模拟器，支持全系统模拟和用户态模拟两种运行模式。全系统模拟模式支持模拟处理器和各种外设，以及操作系统。用户态模拟模式支持运行其他处理器所编译的程序。

（3）硬件辅助虚拟化。硬件辅助虚拟化技术，是指所使用的硬件本身具有识别特权指令及进行重定向的能力，实现对硬件资源执行虚拟化。此类技术往往是一套自下而上涵盖多个层级的整体方案，涉及处理器、固件和操作系统等。典型的硬件辅助虚拟化技术有 Intel 处理器的 Intel VT 虚拟化技术、AMD 处理器的 AMD-V 虚拟化技术等，均对特权指令增加了新的处理器执行模式，以允许虚拟化管理程序运行在 Ring0 模式中。硬件辅助虚拟化可支撑 QEMU、Xen 获得更好的性能。

2. 内存虚拟化

内存虚拟化技术是指虚拟资源使用的操作系统直接控制虚拟内存和物理地址的映射，从而无须直接访问物理地址即可获得物理内存资源。因此既实现了一台服务器同时运行多个虚拟资源实例，也可以有效规避虚拟资源对物理资源的干扰。

内存虚拟化的主要任务是共享系统物理内存，并为虚拟资源进行动态分配。从应用角度看，连续的地址空间与物理内存并非完全对应，而是由操作系统以页表的形式提供虚拟、物理内存间的映射关系。目前主流处理器通常使用内存管理单元[①]（Memory Management Unit，MMU）和页表缓存部件[②]（Translation Lookaside Buffer，TLB）优化虚拟内存的性能，其中前者负责把虚拟地址转换成物理地址，后者则是为预使用的页表提供缓存，以减少虚、实地址转换时查询内存页表的操作。

内存虚拟化是虚拟化技术中最复杂的环节之一。在虚拟资源运行时，内存管理单元除了要将虚拟资源中应用使用的虚拟地址转换成虚拟资源自身“物理地址”，还需将虚拟资源自身物理地址转译成真实物理地址。在硬件辅助虚拟化技术出现之前，虚拟资源自身物理地址的转译工作通常由虚拟化管理程序负责，并通过影子页表来提升执行性能，而影子页表需要为各虚拟资源中的每个进程页表都维护一整套页表，且当虚拟资源改变虚拟内存到物理内存的映射时，虚拟化管理程序还需同步更新影子页表以备后续查找，这也对虚拟资源的性能产生了较大的影响。

在此背景下，处理器开发商在硬件层设计引入了相应的优化方案，如 Intel 扩展页表（Extended Page Tables，EPT）和 AMD 嵌套页表（Nested Page Tables，NPT）

---

① 通常实现为处理器中的一个组件，主要负责虚拟内存地址管理、内存保护等。

② 部分资料将其翻译为“地址转换后援缓冲器”或“快表”。

技术均对内存虚拟化提供了硬件加速能力，即通过硬件完成虚拟机虚拟地址到物理服务器物理地址间的转换。以 Intel EPT 为例，其通过 EPT 页表实现了虚拟机物理地址到真实物理地址的映射，完成虚拟地址到真实物理地址的转换，且通过硬件方式将地址映射过程拆分为虚拟机虚拟地址到虚拟机物理地址映射、虚拟机物理地址到真实物理地址映射，因此无须再为每个虚拟资源中的各进程维护转换映射页表，从而大幅提升内存虚拟化的性能和效率。

3. 虚拟化管理接口

Libvirt 是一组被广泛使用的开源虚拟机管理工具和应用接口。作为虚拟化管理程序和高层功能间的中间适配层，Libvirt 为高层功能屏蔽了不同虚拟化管理程序间（包括 KVM、VMware ESXi、Microsoft Hyper-V、VirtualBox、Xen 等）接口调用方式等多方面的差异，并通过提供标准化的接口，使得上层调用者无须关注具体虚拟化管理程序的调用方式和实现细节，只需将指令发送给 Libvirt，由其调用虚拟化管理程序完成相关工作。图 1-4 所示为 Libvirt 的调用关系。

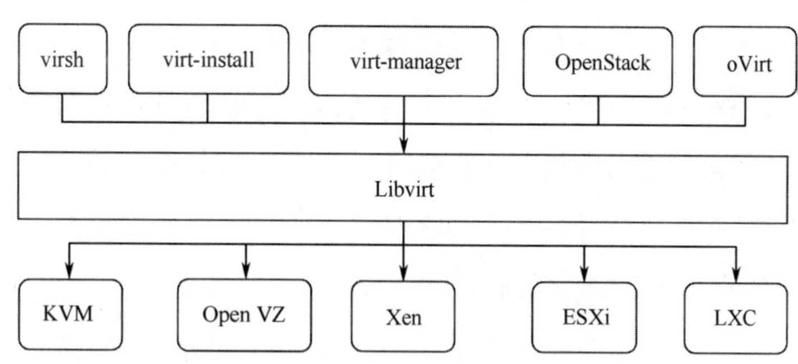

图 1-4　Libvirt 的调用关系

1.4.2　存储虚拟化

存储虚拟化通过将物理存储设备封装成虚拟存储资源池，对上层调用者提供标准化的接口，从而在屏蔽底层设备差异性的同时，支撑上层调用者实现存储资源的按需分配和动态扩展等高级功能。

1. 传统存储架构

传统存储架构可分为两个大类，三种架构模式，如图 1-5 所示。

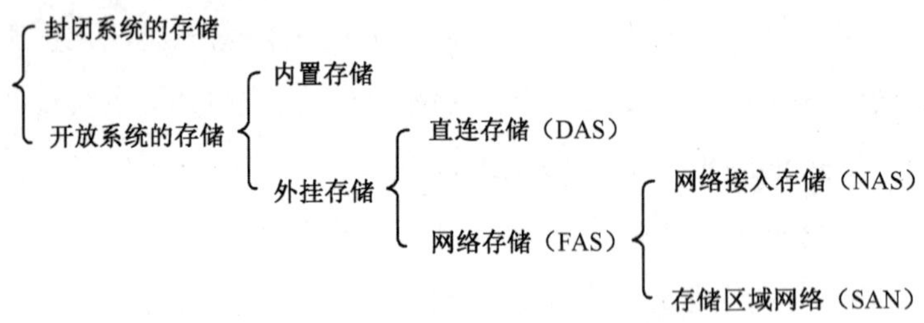

图 1-5　云计算领域的传统存储类型

（1）直连存储[①]（Direct-Attached Storage，DAS）。早期的大型机、小型机通常采用直连存储架构，即将存储功能作为服务器能力的一部分。该方式虽然具有配置简单、安全可靠和成本低廉等优势，但由于数据的读/写和管理能力均由操作系统提供，所以在执行存储相关任务时会占据服务器大量的处理器和 I/O 资源，并且随着数据量的增多，此影响将会变得越发明显。

直连存储设备与服务器间通常采用小型计算机系统接口（Small Computer System Interface，SCSI）进行连接。随着服务器的处理器能力越来越强、硬盘容量越来越大，以及单一阵列中的硬盘数量越来越多，SCSI 通道带宽及其支持的连接数量往往会成为整个系统的 I/O 瓶颈。同时，直连存储架构下的服务器数量或存储阵列容量的扩展操作，都可能引发运行在存储设备上的应用停机，致使其无法适应银行、电信等行业对 24 小时×365 天运行的业务需求。此外，多数直连存储架构对服务器与 DAS 设备间的距离也有诸多限制。

（2）网络存储（Fabric-Attached Storage，FAS）。针对直连式存储架构在数据共享、扩展等方面的劣势，网络存储架构被提出并逐渐发展为主流存储方式，具体可细分为网络接入存储（Network-Attached Storage，NAS）和存储区域网络（Storage Area Network，SAN[②]）两种架构。

NAS 是基于文件管理的存储架构[③]，其存储设备可通过以太网等标准网络快速

① 虽然某些资料将服务器内部存储也归为 DAS 范畴，但 DAS 在更多场景下特指存储网络的一种形态，而非服务器内部存储。

② SAN 直译为存储区域网络，但通常是指共享集中式存储设备与专用网络。

③ NAS 与 DAS/SAN 的最大区别就是其自身集成了数据管理系统，并可以由连接者共享使用。

添加至服务器组，应用场景主要为文档、图片、视频等文件的共享，通常用于满足中小型企业应用快速增长的存储容量需求。相对于DAS，NAS大大提高了存储共享和扩展能力，但因其传输方式严重依赖于网络的带宽，其性能与可用的网络带宽密切相关。

SAN是在NAS基础上演进形成的，最初采用专用的光纤通道交换机[①]（Fiber Channel Switch）连接存储阵列和服务器，组成存储专用的FC-SAN网络，并具有传输速率高、性能稳定可靠等优点，但其缺点也很明显，即构建成本高、产品兼容性差等，无法有效应对成本敏感型用户的需求。在此背景下，人们逐渐将目光转向基于以太网的存储网络，并提出了以iSCSI为代表的基于TCP/IP传输协议的网络存储系统，即IP-SAN。其由于具有更高的扩展性和更低的成本，在性能要求不高但价格敏感的中、低端市场获得了快速推广，而FC-SAN则凭借传输速度的优势继续占据高端市场。

总体来看，SAN提供了与已有网络相连接的简易方法，支持独立扩展存储容量以应对业务数据的持续增长，允许任何服务器按需连接到任何存储阵列，光纤接口的引入也使得SAN具备更大的传输带宽，从而使其融合了DAS和NAS两种存储架构的优势。SAN还可实现对数据的集中管理，甚至支持置空服务器的存储单元，服务器操作系统的启动可直接从SAN设备中的“系统盘”引导。

（3）比较上述三种存储架构，DAS多用于数据量小且对数据访问速度有较高要求的中小型应用[②]。基于应用层的NAS通过以太网将资源附加到服务器上，虽然其性能受限于网络带宽，却有别于DAS和SAN基于存储硬件的磁盘分配方式，适用于文件服务器等非结构化数据的应用场景。SAN支持的高速光纤网络，可有效应对大中型应用或数据库对存储性能的苛刻要求，但其采购、运维成本也相对更加高昂。

随着云计算、大数据相关技术的持续发展，产生了越来越多的非结构化数据存储需求，传统存储架构的产品也逐渐进化为融合NAS、SAN两种存储能力的统一存储设备。此类设备通常前端主机支持光纤和iSCSI接口，后端硬盘扩展接口支持SAS、

① 俗称SAN交换机。其专用于SAN存储架构网络组建，但目前在售的此类设备基本为国外产品。

② 某些云应用运行只需要1台服务器，如小型桌面云系统。某些云计算项目如分布式云场景，在各个区域跨度大，且服务器数量往往只有1台。这两种场景中都推荐使用DAS。

SATA 硬盘及各类固态硬盘，从而为用户整合已有存储网络架构提供良好的支撑，支持实现高性能网络存储的统一部署和集中管理。

虽然 NAS 和 SAN 的统一集中管理模式有效降低了运维成本，但因其性能容易受到磁盘控制器等因素的影响，无法很好地应对云计算项目中 TB 起步，动辄 PB、EB 级[①]的海量数据，在容量、扩展性和成本等方面的瓶颈日益突出，无法有效满足现代信息系统下对数据存取的需求。故此，基于软件定义的新型存储架构逐步发展起来。

图 1-6 为不同存储类型的架构示意图。

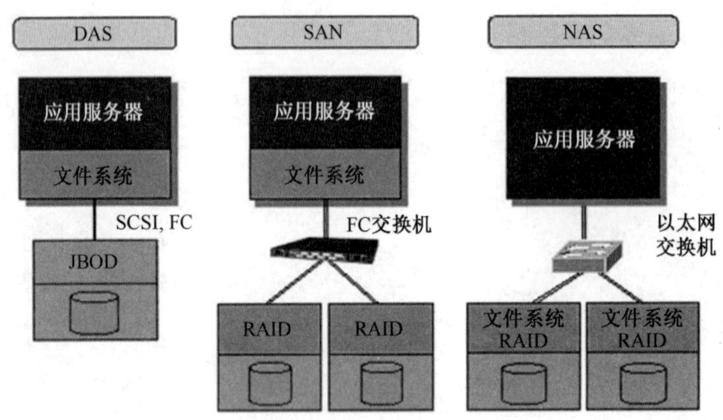

图 1-6 不同存储类型的架构示意图

2. 软件定义存储

伴随着互联网应用的兴起，以图片、视频为代表的海量非结构化数据，正在推动传统数据中心存储基础架构发生深刻的变化。在以往，以 OLTP[②]（OnLine Transactional Processing）和 OLAP（OnLine Analytical Processing）为代表的数据库应用霸占了昂贵且低效的在线存储设施，交易记录、影像数据、分析型数据消耗了大量存储空间，而历史数据和归档数据还需交由磁带库处理。异构的存储设备已难以应对海量数据带来的挑战，用户很难即时获取多维度的数据用于商业决策。在此

① 常见的存储容量单位，可参考本书附录。

② OLTP 联机事务处理，通常指那些用于普通信息处理的业务系统所采用的数据处理。与之对应的是 OLAP 在线分析处理，主要支持统计、分析为主的数据处理过程。

背景下，更加先进的软件定义[1]存储方案被提出，其目标是帮助用户智能化实现应用感知，适配不同的应用负载模式并利用标准化的硬件设施构建虚拟化存储资源池，从而在降低专用设备采购投入的基础上，实现低成本存储资源间的互联互通和智能管控。

2012 年，软件定义存储[2]（Software Defined Storage，SDS）的概念最早由 VMware 提出：

软件定义存储是将工业标准服务器的存储分离出来，并通过软件控制层实现存储的自动化和池化。

2013 年，全球网络存储工业协会（Storage Networking Industry Association，SNIA）正式将软件定义存储列为研究对象，并定义其是一种具备服务管理接口的虚拟化存储。

对比 VMware 和 SNIA 对软件定义存储的定义，可以看出，其实质上是一种设计理念，通过将存储软件与基础软/硬件进行切分，摆脱传统存储架构中软/硬件联动的设计理念及对应的捆绑销售方式。

软件定义存储将分散在不同位置的存储资源组成一个虚拟的存储设备，在不增加专业存储设备的前提下提供大容量、高性能的存储能力，主要特征是通过引入分布式技术实现了多节点部署，基于网络分散放置数据，将数据拆分成多个小块，实现条带化，以多副本方式存储在不同的服务器中，从而有效规避单点故障风险、提升并发数据读取能力，并基于多节点平衡数据存取负载来提高系统整体的可靠性和可用性。

目前在通用型云计算领域，将软件定义的设计思路与分布式存储技术进行有效结合，已成为主流的存储虚拟化实现技术。这里所说的分布式存储，即 Distributed Data Store（部分材料中称之为 Distributed Storage System），通过将数据分散放置在多个网络互联的物理服务器中，基于可扩展的系统结构利用多台服务器分担相关的

---

① 软件定义即用软件去定义系统的功能，通过软件来为硬件赋能，从而实现系统运行效率和能量效率最大化。同时，软件定义强调采用通用的硬件来创建对应的系统，而不使用特定型号的硬件设备。

② 目前，软件定义存储的基本实现方式是分布式存储，但分布式存储却不限于使用软件定义方式实现。

存储负荷。

云计算领域软件定义的分布式存储，具体实现方式有开源和闭源两种形态，相应典型产品举例如下。

（1）软件定义存储的开源软件代表——Ceph。Ceph 开源项目执行 GNU 通用公共许可，起源于创始人 Sage Weil 攻读博士学位期间的研究课题。其旨在实现一个没有单点故障的软件定义存储集群，以及跨集群内各个节点进行数据复制，可基于通用服务器硬件部署支持灵活扩展的统一存储平台。图 1-7 所示为 Ceph 技术架构图。

根据 Ceph 官网的介绍，Ceph 是一个为实现良好性能、可靠性和可扩展性而设计的统一、分布式的存储系统。其中的“统一”是指 Ceph 可同时提供对象存储、块存储和文件系统存储 3 种功能，在满足不同应用需求的前提下简化了存储系统的部署和运维任务。“分布式”是指 Ceph 使用的去中心化所带来的高可靠性，以及在规模、性能等方面灵活的可扩展性。

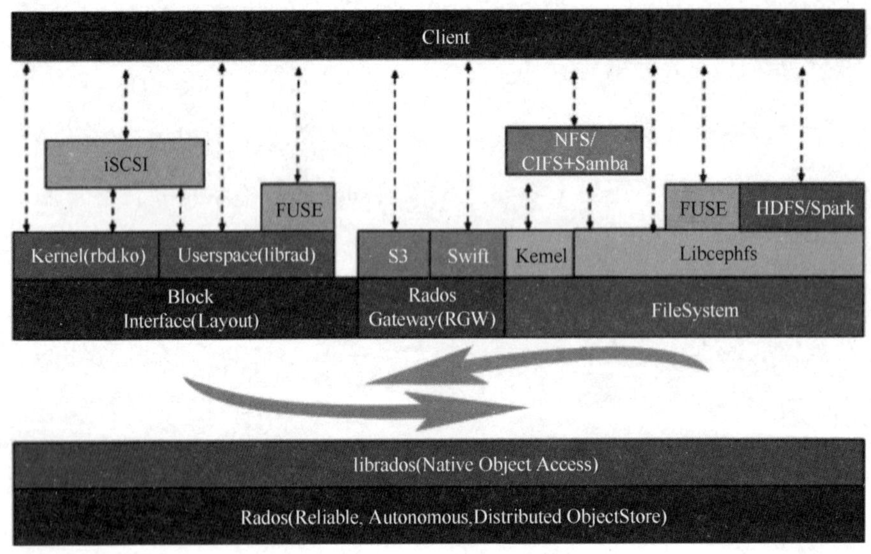

图 1-7　Ceph 技术架构图

在云计算领域，Ceph 凭借其源代码开放及支持文件系统、块存储和对象存储统一化存储的特色能力，目前已成为与 OpenStack 广泛结合使用的开源存储管理系统，被誉为软件定义存储开源项目的“领头羊”。而在开源软件协议方面，由于 Ceph 使用 LGPL[①]作为开源授权协议，当开发商基于其源代码进行修改或做了衍生性开发时，则所有被修改的代码、被修改代码的关联代码和衍生代码都必须严格采用 LGPL 协议。因而从开源软件授权协议要求方面来看，Ceph 并不适用于基于其源代码进行商业化改造。

（2）软件定义存储的闭源软件代表——华云数据[②]自主研发的、面向超融合业务场景优化的分布式存储管理系统。华云分布式存储管理系统通过将虚拟计算、存储和网络三种角色集成到云计算集群中的各台服务器中，实现从用户界面到数据管理的多级别服务器虚拟化能力，并提供对所有云计算交付模式的支持。

华云数据分布式存储管理系统将集群的每个节点转化为集成计算、存储、网络和安全等资源的超融合解决方案的一部分，其分布式体系结构具备企业级数据服务的无缝横向扩展能力，可有效节省服务器采购、扩容的成本，并极大降低维护难度。图 1-8 是华云数据分布式存储管理系统架构。

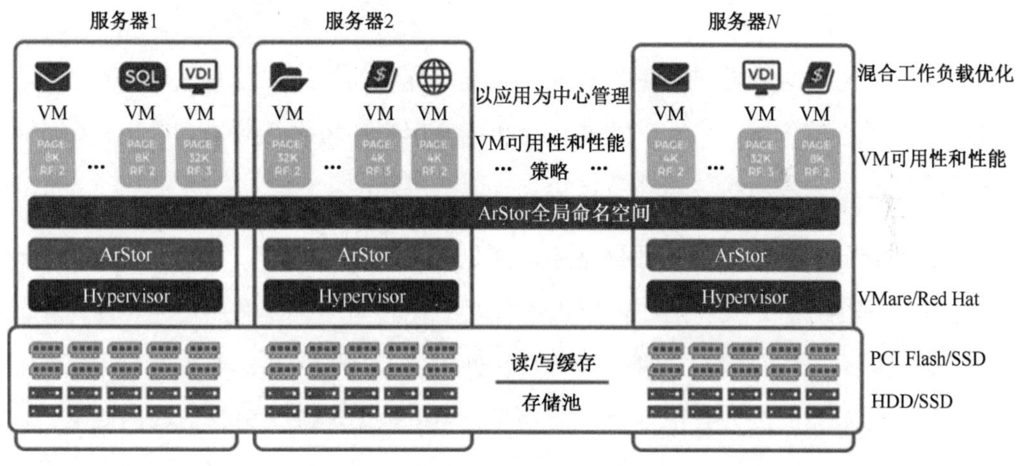

图 1-8 华云数据分布式存储管理系统架构

3. 主流存储方式

文件、块和对象是云计算领域常见的三种数据存储格式，分别具有不同的功能与限制。对象存储会管理数据并将其链接至关联的元数据，块存储会将数据拆分到

① 该授权协议的设计初衷是保障原作者的知识产权，避免其他开发者利用开源代码开发类似的产品。

② 华云数据控股集团有限公司，其相关产品介绍可参考本书第 8 章。

同步的卷中，文件存储则通过文件和文件夹层次结构来管理和呈现数据。

（1）对象存储。对象存储也称为面向对象的存储，采用扁平的数据存取结构，将待保存的文件切分为多个部分并散布在不同的硬件设备之间，即以“对象”的形式离散存储在单个存储库中，而不是作为文件夹中的文件或服务器上的块来进行保存。对象存储的典型产品代表是 Amazon Simple Storage Service（即 Amazon S3），其采用的 S3 RESTful API 成为对象存储产品接口的事实标准，通常所有对象存储提供商都会提供与 S3 兼容的 RESTful API。

对象存储中的每个卷都是一个自包含式的存储库，含有数据、对象的唯一标识符及描述数据的元数据，并通过编程接口供用户使用。对象存储非常适用于静态数据的存储场景，尤其擅长处理非结构化数据，支持通过扩展来存储海量数据内容，并可对齐进行快速检索。对象存储的典型缺点是用户无法修改对象，因此其虽然能够提供较大的吞吐量，但偏弱的 IOPS 特性却导致无法有效支持传统数据库等类型的应用。

（2）块存储。块存储将数据拆分成拥有唯一标识的符块，并按预置的规则将其存放在适当的存储位置。块存储通常会将数据与用户环境进行分离，当用户请求数据时，存储软件会重新组装这些数据块并呈现给用户。

由于块存储不依赖于单条数据路径，因此可实现快速检索。各数据块都独立存放且能按需进行分区，支持通过不同的操作系统进行访问，使得用户可自由地配置数据。相较而言，块存储是一种易于管理和使用的、高效可靠的数据存储方式，缺点是其处理元数据的能力有限，通常需要在应用或数据库级别进行对应的处理。

（3）文件存储。文件存储也称为文件级存储或基于文件的存储，通常将数据以单条信息的形式存储在文件夹中，以适用于复杂文件的存取处理，并为用户提供了快速检索功能。基于文件的存储系统必须通过添置更多系统来进行横向扩展，而无法通过增添容量进行纵向扩展。

上述 3 种存储方式的对比如表 1-1 所示。

表 1-1 云计算领域常见的 3 种存储方式对比

存储方式	技术实现	优势	劣势
块存储	裸盘上划分逻辑卷，逻辑卷格式化成任意文件系统	支持多种文件系统，传输速度快，提供硬件容错机制	上层数据盘无法进行跨节点的共享
文件存储	在格式化的磁盘上存储文件	提供网络共享	网络传输速度制约读写速度，分层目录结构限制可扩展性
对象存储	以灵活可定制的对象为存储单元，元数据服务器提供快速并发寻址	读写速度较快，支持网络共享，对象可灵活定义	管理软件的购买、使用和运维成本高

由表可见：块存储的读写是基于数据块进行的，导致其不利于实现网络共享；文件存储虽便于共享但其读写速度却较慢；对象存储成功规避了块存储与文件存储各自的缺点，但其成本却很高。因此，在现阶段的应用场景中，往往存在 3 种存储方式共存的场景，这同时也伴随着如下原因。

（1）部分应用仍需使用裸盘映射的存储方式，典型的场景如用户部署数据库管理系统，此时对性能敏感程度较高。在此场景下，数据库需获得裸盘映射后，使用自身的专用功能使裸盘初始化。因此即便不使用裸盘映射的方式，数据库的典型特征也使其更适合使用块存储方式。

（2）对象存储的成本比文件存储高，且往往在大规模数据存储场景下才可充分发挥其优势。

1.4.3 网络虚拟化

网络虚拟化是指将物理网络的链路和相关网络设备模拟为多个逻辑单位，以实现不同业务间的隔离，并将池化后的网络资源提供给更上层的虚拟资源调度使用。

1. 传统网络虚拟化

虚拟局域网（Virtual LAN，VLAN），是传统网络虚拟化技术的代表协议，最早一版定义于 2005 年的 IEEE 802.1q①标准规范中，其通过在局域网物理设备上虚拟出多个互相隔离的网段，相对于早期技术具备多个明显的优势。

---

① IEEE 802.1 是一组协议的集合，各协议通过 IEEE 802.1 后面的小写字母进行区分。如 IEEE 802.1q 定义了虚拟局域网和 VLAN 网桥（Virtual LANs and VLAN Bridges）相关内容。

（1）限制广播域。当整个网络只有一个广播域时，任何广播信息都会传遍整个网络，网络中所有设备都需要承担对应的响应和流量成本。基于 VLAN 技术可以有效地分割广播域，通过将广播信息限制在各 VLAN 内，实现节省带宽、提高网络处理能力的效果。

（2）提升安全性、稳定性。通过将不同 VLAN 的数据相互隔离，实现传输过程的安全性提升，同时也有效分离了不同的故障域。

（3）提升灵活性。服务器无须关注 VLAN 的具体信息，同时网络设备也可按需对不同 VLAN 进行分组管理，从而向调用者屏蔽底层设备在管理方式、存放位置等方面的复杂度，有效提升网络设备的利用率。

而随着技术的不断发展，特别是云计算等新兴技术的出现，VLAN 也逐渐显现出诸多弊端。

（1）维护工作不断增加。随着分布式技术、云计算技术的发展，同一应用的不同功能往往会被拆分为更小的组件并部署在不同服务器中，相关组件数量越来越多，组件间的调用也越来越频繁，从而导致服务器集群中的东西向流量①逐渐增大②，对应网络流量、安全等管理策略的维护复杂性持续增长。从运维角度，传统网络虚拟化效果和所采用的网络设备自身的能力息息相关，当对虚拟资源网络策略进行修改时，往往要登录多个设备的管理控制台执行操作，对应的运维效率低下、出错率高，已无法满足现代云平台的敏捷性要求。而这种分散的策略管控机制，也较容易引发带宽、端口等关键网络资源分配的不均衡性。

（2）网络规模受限。IEEE 802.1q 标准规范中定义了 12 位的 VLAN 标签帧格式，理论上最多支持 4096③个 VLAN 标签——该数量目前已无法满足大、中型云计算系统的资源数量、租户数量增长的需求。

（3）虚拟资源管理能力受限。在大中型云计算集群中，为支撑各类虚拟资源中

---

① 东西流量特指服务器间的网络流量，与此相对的还有服务器、客户端间（或数据中心之内和数据中心之外）的南北流量。这种表示方式源于早期绘制网络拓扑图时，通常习惯于将核心网络组件放在顶部（北）、客户端放在底部（南），而水平方向（东、西）则放置服务器信息。

② 依据所部署应用特性的不同，东西向流量占整个集群流量的比例存在较大的差异。但就目前业界普遍的观点来看，多数云计算集群中的东西向流量已超过总流量的 70%。

③ 即 2^{12}。但实际可供用户使用的 VLAN 标签数量，还需扣除交换机、云平台等软/硬件自身运行所必须的预留 VLAN 标签。

的应用在迁移前后可以不间断地对外提供服务，迁移前后的 IP 地址需保持一致，而传统的二层网络技术的链路使用率、收敛时间等关键指标均无法支撑其对网络能力的需求。同时，网络设备有限的上联端口数量，也限制了虚拟资源的管控范围。

为消除这些弊端，传统网络引入了诸多成本高昂的专用设备及附加组件。同时，为了构筑更为开放的生态、降低成本投入，软件定义网络理念得以产生并获得了发展。

2. 软件定义网络

为解决传统网络虚拟化的痛点，诸多新兴理念和技术逐渐发展起来，其中最具代表性的便是软件定义网络（Software Defined Network，SDN）。该理念最早由美国斯坦福大学 Clean Slate 项目组在 2009 年基于早前发布的网络控制、转发设备间交互协议 OpenFlow[①]提出，旨在通过将网络设备的控制面、数据面分离，通过集中控制器调用标准化接口的方式对各类网络设备进行管理，从而实现对网络流量的灵活控制，优化传统网络基础架构难以管理、配置烦琐等问题，达到“重塑互联网”的目的。图 1-9 所示为 OpenFlow 交换机和协议的主要组成。

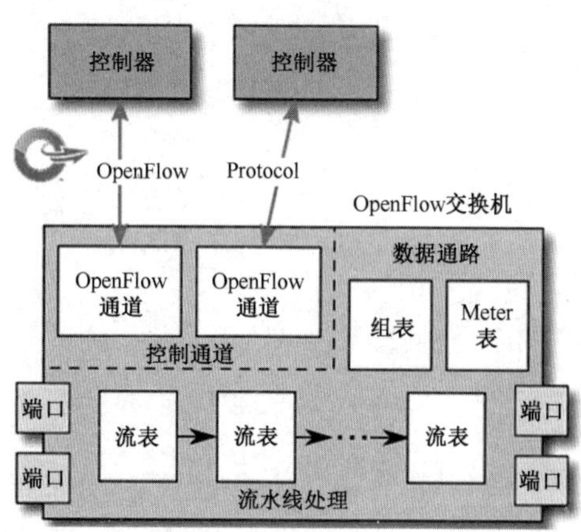

图 1-9　OpenFlow 交换机和协议的主要组成[②]

① Nick McKeown 等作者在 2008 年发表的“OpenFlow: Enabling Innovation in Campus Networks”论文对 OpenFlow 概念做了定义。2009 年发布了 1.0 版本协议文本。需要特别注意的是，由于相关生态建设环节的问题，OpenFlow 目前已不再是软件定义网络相关产品所使用的主流方案。

② 截取自“OpenFlow Switch Specification”1.5.1 版本。

软件定义网络相关产品获得市场认可的代表性事件，是 VMware 在 2012 年以 12.6 亿美元收购 Nicira——其核心产品名为 NVP。NVP 基于软件定义的网络控制器自动管理、控制服务器中的虚拟交换机，通过虚拟方式在物理网络上构建叠加网络，将虚拟资源所有的网络管理操作和物理网络设备的能力相解耦。此后，VMware 将 NVP 整合、优化形成新的软件定义网络产品 NSX 并推向市场，而其他厂家如思科等也陆续发布了软件定义网络的相关产品。图 1-10 所示为叠加网络工作原理。

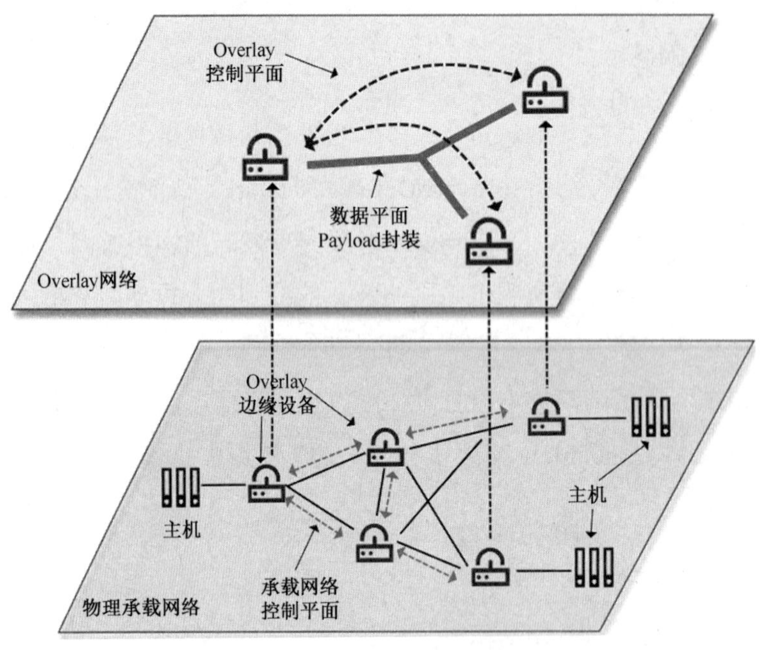

图 1-10　叠加网络工作原理

为了将虚拟资源网络和物理网络相解耦，软件定义网络应用了叠加网络[①]实现方式，基于物理网络上的逻辑隧道实现虚拟资源间的通信。目前常见的逻辑隧道实现方式包括 VXLAN[②]、STT[③]、NVGRE[④]三种，均使用运行在通用服务器上的虚拟交换设备对网络流量进行处理。它们之间的对比如表 1-2 所示。

① 即 Overlay 网络。与其对应的是传统物理网络（Underlay 网络）。

② VXLAN，即虚拟可扩展局域网，是由 IETF 定义的 NVo3（Network Virtualization over Layer 3）标准技术之一，将二层网络在三层范围内扩展来满足数据中心大二层虚拟资源迁移等需求。属于相同 VXLAN 的虚拟资源处于同一个逻辑二层网络，彼此之间二层互通；属于不同 VXLAN 的虚拟资源间二层隔离。

③ STT 为参考 TCP 数据封装形式，进行改进并使用全新定义的无状态机制进行数据传输。

④ NVGRE 最大的特点是没有采用标准 TCP 或 UDP 传输协议，而是改用通用路由封装协议。

表 1-2 3 种常用逻辑隧道类型对比

类型	VXLAN	STT	NVGRE
方案描述	L2 over UDP	无状态 TCP	L2 over GRE
网络虚拟化方式	VXLAN 报文 24bit VNI	STT 报文 64bit VNI	NVGRE 报文 24bit VNI
数据新增报文长度	50 Byte	58～76 Byte	42 Byte
技术特点	不改变 L2—L4 报文结构，现有网络设备即可支持多路径负载均衡	改变 TCP 报文头，且无商用芯片支持，仅 VMware 纯虚拟化环境可用	改变 GRE 报文头，需要升级网络设备才能支持多路径负载均衡
支持厂商	硬件厂商、VMware、HP、Citrix、RedHat、Broadcom	Nicira①	Microsoft、HP、Broadcom、Dell、Emulex、Intel

可以看出，与 STT 相比，VXLAN 无须修改传输层结构，即可与传统网络设备实现兼容；与 NVGRE 相比，VXLAN 无须改变报文结构即可支持 L2—L4 的链路负载均衡。凭借这些优势，VXLAN 已逐渐成为软件定义网络中的主流实现方式。

通过引入 VXLAN 等软件定义网络技术，可以实现以下创新能力。

（1）维护工作简化。通过使用 VXLAN 隧道技术在物理网络中虚拟二层网络，可使虚拟资源无须关心具体的通信过程，将逻辑网络、物理网络解耦，从而提升整体的灵活性。

（2）网络规模提升。VXLAN 使用 24 位长度的 VNI②（VXLAN Network Identifier）字段值扩展了网络报文，可支持创建更多数量的虚拟网络，有效解决了 VLAN 网络最多能创建 4094 个的上限问题，支持最多创建 16 777 216（2^{24}）个虚拟网络。

（3）虚拟资源管理能力增强。VXLAN 为云计算中的多租户提供了支持。通过 VXLAN 划分机制，租户间可以各自独立地搭建网络拓扑，不同租户间的网络地址冲突问题也得到了解决。

基于这些能力，软件定义网络可支撑云平台与上层软件对业务流量进行更加明确的划分，实现灵活、快捷的扩展。

（1）解耦网络控制平面和转发平面。传统网络设备控制平面和转发平面紧密耦合，各设备控制平面分散在网络各个节点中，很难对全网情况进行把控。软件定义

① Nicira 已被 VMware 收购，目前其所对应的产品名称为“VMware NSX”。

② VNI 是 VXLAN 的网络标识符，用于表示每个 VXLAN 段。

网络是将网络设备的控制平面和物理硬件抽离，由物理网络层之上的虚拟网络层重建整个网络，从而屏蔽物理转发设备的差异，将物理网络资源云化整合为网络资源池，满足业务对网络资源的灵活性需求。

（2）将网络控制能力有效集中。通过将传统基于设备的管理控制台进行集中，由统一控制界面查询、管理全局的网络资源动态信息，并可按需进行资源调配与优化，如网络服务质量（Quality of Service，QoS）[①]等。同时，统一的控制能力也使得网络节点的部署及维护更加敏捷。

1.4.4 各形式间的关系

从具体项目实施角度出发，尽管计算虚拟化、存储虚拟化和网络虚拟化技术间存在某些联系，但仍可独立实施、分批引入，或通过某种形式的组合同步实施。具体而言，在特定实施环节，可对计算、存储和网络 3 个领域中尚未引入虚拟化的部分沿用传统方案，如先行引入计算虚拟化，存储和网络能力仍使用传统方式实现，从而有效控制项目实施范围，降低实施风险。

从实际项目角度出发，对于拥有较为复杂的信息化系统的用户而言，常见的实施策略是先进行计算资源的虚拟化，而后根据业务反馈和后续业务需求情况，逐步引入存储、网络资源的虚拟化[②]。

1.5 小结

本章简要介绍了云计算的概念、发展历史，以及相关产品的常见分类与表现形式。下一章我们将对云计算供应链的定义、组成和风险进行分析。

① QoS 是网络管理领域内与流量管控相关的一种安全机制，具体包括限制特定隧道流量、传输优先级等，用于带宽资源受限、逻辑链路优先级等场景，以避免网络拥塞可能引发的拒绝服务和传输数据包丢失等风险。

② 本书第 7 章将会从信创云的实施角度来分析这个策略的细节。

第 2 章　云计算供应链

本章将对云计算供应链的定义、构成进行说明，阐述其目前面临的主要风险和应对策略。

2.1　定义

为克服传统制造业企业管理模式的弊端，20 世纪 80 年代供应链的概念被提出，旨在推进从供应商到最终用户的产品全生命周期的管理。在中国国家标准《物流术语》（GB/T 18354—2006）中给出了供应链的定义：**生产及流通过程中，涉及将产品或服务提供给最终用户的上游与下游组织所形成的网链结构。**

在传统产品链式供应链结构中，通常由核心企业、上游多级供应商和下游多级用户共同组成核心企业供应链集。其中核心企业是整个供应链链条关系中占有主导地位的管理者，在承担企业间的合作协调职责的同时，对链条上各类资源进行有效的规划与配置。

基于传统产品供应链链式结构，土耳其伊兹密尔经济大学的 Tuncdan Baltacioglu 等在 2007 年发表的“A New Framework for Service Supply Chains”一文中，提出了由供应商、服务提供商及客户三者组成的依斯莫经济大学服务供应链模型（IUE-SSC MODEL）。其中供应商提供的产品或服务必须能对供应链中的核心服务有所贡献，否则不能作为该供应链中的成员；在某些场景下，供应商也可跨过服务提供商直接向客户提供产品或服务，如图 2-1 中虚线所示。

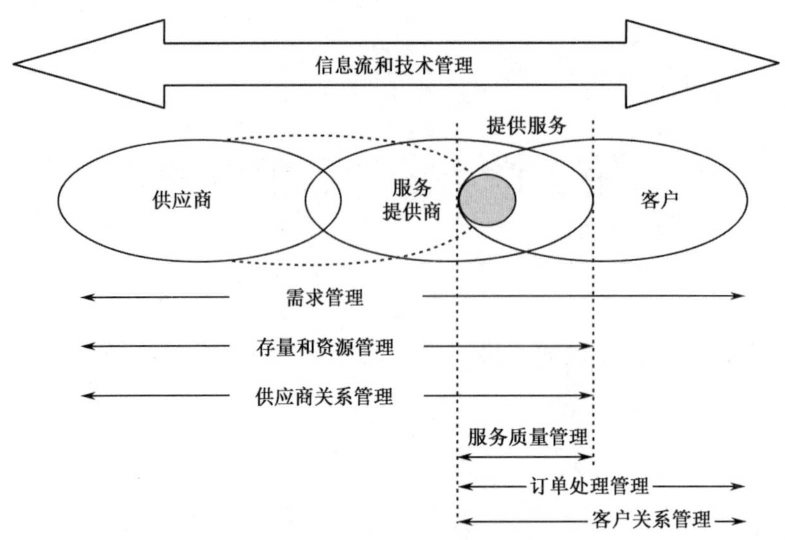

图 2-1　依斯莫经济大学服务供应链模型

基于上述供应链理论与模型，融合云计算相关特性，可类比得到云计算产品从需求定义到最终交付的供应链全流程，即在合作意向确立之后，由云计算供应商将包括软、硬件产品和服务在内的整体解决方案交付给用户的全流程。相比于传统的消费型产品，云产品厂商在售前、售中和售后的各个环节都需要更加紧密地配合形成服务闭环，其对应的供应流程和服务周期也将更长。因此，从云计算供应链整体出发，不仅要关注成员企业自身各部门的协同分工合作，还要从企业视角出发关注端到端上下游企业间的协作。

从云计算供应链中的云产品厂商视角来看，其所在节点的上游产品包括处理器、固件、操作系统等，下游产品包括数据库、中间件、应用和信息安全软件等①，具体产品②如表 2-1 所示。

表 2-1　云计算供应链上下游主要产品（不含云平台）

类型	领域	主要产品
上游供应商	处理器	Intel、AMD、飞腾、鲲鹏、龙芯、海光、兆芯、申威等
	固件	Phoenix、AMI、Insyde、昆仑、百敖等
	操作系统	Windows、麒麟、统信、OpenEuler、CentOS 等

① 在某些信创供应链研究资料中，将供应链组成分为基础软件、基础硬件、信息安全软件和应用软件 4 类。本书则以云平台产品作为观察的参考点，在对云平台上下游关联产品进行划分的基础上做进一步的分析。

② 所列产品的顺序没有特定含义。

续表

类型	领域	主要产品
下游供应商	数据库	Oracle、Microsoft SQL Server、MySQL、达梦、人大金仓等
	中间件	Tomcat、IBM、Oracle、东方通、中创、金蝶天燕等
	应用软件	WPS、Microsoft 365、福昕、泛微、永中等
	信息安全软件	天融信、奇安信、深信服等

从表中可以看出，云计算供应链涉及国内外诸多厂商多个领域中的产品。根据艾瑞咨询《2021 年中国信创产业研究报告》相关数据，国内信息技术产业经过三十余年的发展，目前已基本形成了规模庞大、专业门类齐全的产业体系，为拉动我国经济和就业做出了巨大的贡献。在信息技术支出方面，2020 年全球信息技术支出达 3.8 万亿美元，中国支出为 2.9 万亿元人民币，在全球支出总增速为负的背景下仍保持了 2.3%的增速。然而，国内相对滞后的基础软/硬件发展现状，虽然导致了中国与全球信息技术产业结构的差异性，但也为产业结构的优化升级提供了良好的发展机遇。

在后续章节，我们将基于上表所列产品展开详细分析。

2.2　云之下：基础软/硬件

在引入了云计算相关技术的现代信息系统建设过程中，通常采用分层结构来降低其构建复杂度，各个层级均建立在下属层级基础之上，并向更高层级提供封装后的服务。作为中间层级的云计算相关产品，其部署和运行依赖于底层基础软/硬件的支撑，具体包含以处理器、网卡、磁盘、加速卡[①]和 HBA 卡为代表的基础硬件，也包含与硬件紧密联系的以操作系统、固件、驱动程序为代表的基础软件。通常，基础软/硬件以服务器关键部件或内置软件的形式出现，并由各家品牌整合服务器产品进行发布。

此外，云计算产品通过对基础软/硬件的封装，还能以更高层级的视角对其进行统一的监控和管理，从而有效提升系统的整体可维护性。

① 加速卡是为服务器提供特定性能提升的专用设备，常见的有 GPU 卡、智能网卡等，如英特尔 FPGA 加速卡等。

2.2.1 处理器

中央处理器（Central Processing Unit，CPU）是服务器的运算和控制核心，主要由控制器、运算器、存储器和连接总线构成，负责处理和执行指令。其中控制器和运算器组成了处理器的内核，每个指令执行周期[①]开始时内核会先从存储器中获取数据，根据控制器中的指令集将数据解码，通过运算器中的微架构执行运算获取结果，并将结果以特定的格式写入存储器。而微架构[②]（Micro Architecture）则是特定指令集在处理器中执行的方法，是由众多的算数单元、逻辑单元和寄存器文件在三态总线和单向总线，以及各个控制线的连接下组成的。相同的指令集在不同的微架构中执行，将得到不同的结果。指令集和微架构也由此构成了 CPU 内核的基础，并具有如下关系。

（1）指令集是软件与处理器之间的接口，指令集主要面向软件开发人员，而微架构更多的是面向处理器硬件设计人员。

（2）指令集是处理器可执行指令的全部集合，在处理器和软件之间承担指令翻译工作；微架构是用于完成指令操作的相关电路设计，是处理器的基本组成单元。

（3）微架构是指令集的具体实现方式，同一指令集可以采用多种不同的微架构。如 ARM v8.2 指令集可以采用 ARM Cortex-A76、Cortex-A77 两种微架构。

（4）同一指令集采用不同的微架构，对应的处理器性能往往是不同的，优秀的微架构对 CPU 性能和效能提升发挥着至关重要的作用。

图 2-2 所示为计算机系统层次，展示了指令集和微架构在计算机系统中所处的层级。

最初的计算机尚未出现处理器的概念，而是通过诸多电子元件实现与处理器类似的能力。随着现代集成电路技术的发展，以及封装技术的出现，处理器的概念才

---

① 处理器通过重复执行指令周期来完成程序。现代处理器设计的重点就是不断缩短加速指令执行周期，从而提升程序的运行效率。

② 部分资料中称其为“微结构”。

逐步形成。最初的 CPU 都是单核结构，主要的进化方向是提高 CPU 的频率和优化微架构，短短几年间 CPU 的频率就从 100MHz 跃升到了 1GHz，但在频率接近 4GHz 时，继续单纯地提升主频已无法有效提升 CPU 整体性能，反而会导致功耗的急速上升。在此之后，CPU 厂商开始尝试采用多核架构来提升计算机处理器的性能[①]，并从单核快速发展到双核、4 核、8 核、32 核和 64 核等。

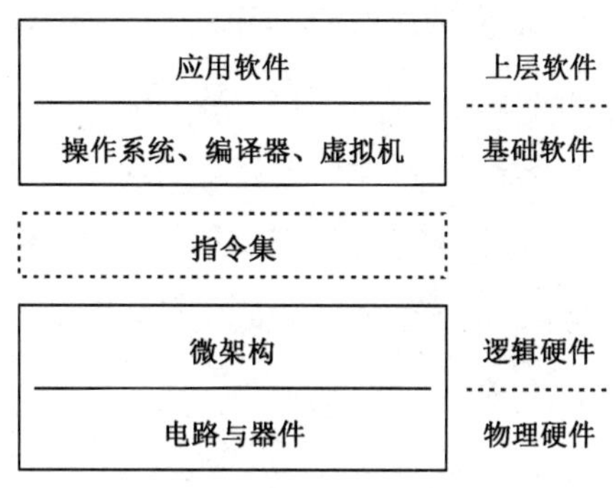

图 2-2　计算机系统层次

1. 常见指令集

依据指令长短的不同，可将指令集分为复杂指令集（Complex Instruction Set Computer，CISC）和精简指令集（Reduced Instruction Set Computer，RISC）两种架构，每种架构下有多种指令集产品，如 CISC 架构下 x86 指令集的 Intel 和 AMD 处理器，虽然两种品牌处理器使用相同的 x86 指令集，但各自使用的微架构等核心参数却大不相同。表 2-2 所示为 3 款典型的桌面级处理器对比。

表 2-2　3 款典型的桌面处理器对比

厂商	上市时间	指令集	工艺	微结构	主频	内存类型和频率
AMD（r3 1200）	2017	x86	14nm	Zen1	2.5GHz	DDR4-3200MHz
Intel（i3 9100f）	2019	x86	14nm	Skylake	2.5GHz	DDR4-2400MHz
Loongson（3A5000）	2021	LoongArch	12nm	LA464	2.5GHz	DDR4-3200MHz

① 因为片内通信比多处理器间的通信更快、延迟更低，使用多核处理器通常要比在主板上接入多个独立的处理器效率更高。

需要注意的是，“x86”原意是指Intel开发的一类32位指令集，Intel官方材料中称其为“IA-32”（64位版本是IA-64，但已近乎弃用）。目前，Intel处理器使用的指令集实际是由AMD设计的AMD64（Intel称其为x86_64，也有部分材料称其为x64）。**考虑到云计算领域从业者往往已习惯使用“x86”指代x86_64指令集，故本书也沿用了此类表示方法。**

在20世纪70年代，服务器的计算能力和内存容量有限，且多采用低速的磁带存储设备，因此研发人员更倾向于在单条指令中加入更多的任务，或者在存储器空间中装载更多的指令，以此间接提高计算速度，而复杂的指令集雏形也由此形成并在后续获得迅猛的发展。CISC的典型代表包括早期的IBM、DEC等处理器品牌，以及后续的Intel处理器。但随着处理器指令数量的猛增，CISC的缺陷也逐渐显现，典型的缺陷如下。

（1）执行效率低下。复杂的微代码翻译增加了流水线设计难度，导致频繁使用的简单指令执行效率同步下降。

（2）各指令执行时间不同，让处理器内部的流水作业难于实现，往往会出现不必要的等待。

（3）功耗高，处理器的高集成度引发高功耗。

（4）不同指令使用频率相差悬殊。被反复调用的指令通常仅占全部指令的20%。

为解决上述问题，20世纪80年代精简指令集的概念被提出[①]，其核心是仅保留使用频率较高的常用指令，同时让指令间格式一致、执行周期相同，并借助新型超标量和超流水线结构提升处理器并行运算能力。经过几十年的持续演进，精简指令集架构在各类处理器中被广泛采用，如国产的飞腾和鲲鹏处理器所使用的ARM、国产申威处理器所使用的SW-64、国产龙芯处理器所使用的MIPS和LoongArch等。与此同时，鉴于现代移动智能终端对低功耗处理器的需求，精简指令集架构的ARM处理器已成为当前移动智能终端处理器[②]的首选。

---

① 最早使用精简指令集的是20世纪80年代发布的MIPS主机。

② 从最新的技术发展趋势看，目前复杂指令集的指令虽仍旧复杂，但解码器会将其翻译成借鉴RISC思路设计的精简而高效的微码，再执行对应指令。同时，以ARM为典型代表的精简指令集处理器正持续加入诸多新的指令。也就是说，复杂指令集、精简指令集两种类型间的界限已变得相对模糊。

传统精简指令集相关的代表企业（科研机构）和应用领域如表 2-3 所示。另外，精简指令集下还有两种较为典型的创新指令集类型，即超长指令字指令集（Very Large Instruction Word，VLIW）和显式并行指令集（Explicitly Parallel Instruction Computing，EPIC）。

表 2-3　精简指令集相关企业和应用领域

处理器指令集	代表企业（科研机构）	应用领域
ARM	ARM	智能手机、嵌入式、桌面、服务器
Power PC	IBM	服务器、嵌入式、超算
MIPS	MIPS TECHNOLOGIES	嵌入式、服务器、桌面、超算
Alpha	DEC	超算、服务器、桌面、嵌入式
RISC-V	Berkeley StarFive	服务器、IoT

（1）VLIW。VLIW 是由美国 Multiflow 和 Cydrome 公司于 20 世纪 80 年代参考 RISC 设计的。该产品保持了 RISC 指令的简单化，即采用简单的指令和硬件基于编译器完成指令间的依赖判断和调度，从而支持多条指令并行执行；同时在 VLIW 的单条指令中封装了多个互相不依赖的单指令，因此指令长度相对于 RISC 和 CISC 更长，故被称为超长指令字指令集。

与其他指令集的并行措施类似，VLIW 一次指令发射即可完成多个操作，但 VLIW 会将更多的工作交给软件编译器来执行，以此降低控制电路硬件的复杂性。因此与 RISC 或 CISC 的高度超标量[①]相比，VLIW 会更加容易实现高并发（并行），且在成本和能耗方面也更具优势。然而，VLIW 将多数工作交由编译器承担的设计思路，也对软件实现层面的复杂性、内存占用和执行效率控制提出了更多要求。

VLIW 产品在服务器领域、桌面计算机领域和嵌入式领域都曾呈现过勃勃生机，甚至在嵌入式处理器设计中扮演过重要角色。VLIW 的典型产品[②]有 Trimedia 公司的 Crusoe 和 Efficeon 系列、AMD 的 Athlon 64 桌面处理器系列及 AMD 的 Operon[③]服务器处理器系列等。

① 超标量技术是通过重复设置多个功能部件，并让这些功能部件同时工作来提高指令的执行速度。

② 这些产品目前都已停产。

③ AMD 于 2003 年发布 Athlon 64，而后在 2005 年领先于 Intel 发布双核 Opteron 处理器。

（2）EPIC。相对于 VLIW，EPIC 将并行技术应用得更为彻底，从而避免在多处理器场景下占据较大比例的相关性检查与分组逻辑，所采用的灵活分组机制也解决了 VLIW 代码扩展性方面的缺陷。EPIC 最显著的特点是以软件定义方式指定指令调度过程，去除了传统处理器的硬件分支预测机制，使处理器可专注于高效地执行指令。EPIC 典型产品是 Intel IA-64 指令集的 Itanium（安腾）系列[①]处理器。

从性能角度来看，EPIC 架构的每个核心都可以在一个时钟周期内同时运行 4～6 条指令，比同时代的 MIPS 或 SPARC 等主流指令集效率高出几倍。因此在惠普公司正式发布 EPIC 后不久便获得了 Intel 的支持，基于 EPIC 架构研发出 Itanium 处理器，而微软也为 Itanium 处理器研发了 64 位的 Windows 2000 高级服务器版及 Windows XP 64 位版本。

从应用开发商角度来看，Itanium 处理器虽然拥有先进的设计思路，但其全部优化工作通常均是由软件开发者通过编译器软件实现的，这也迫使应用开发者需要对处理器内部指令运行机制有非常深入的了解，并由此导致了 Itanium 在软件生态建设方面遇到了极大的阻力。同时，Itanium 对纯 64 位架构的发展过于乐观，并超前地放弃兼容 x86 32 位指令的行为，对应用开发商的产品规划造成了诸多困扰[②]。因此，当 AMD 发布效率相对较低但兼容传统 32 位代码的 AMD64 后，鉴于其良好的向后兼容能力可支撑前期发布的应用无须适配即可正常运行，使得应用开发商纷纷放弃对 IA-64 指令集的支持而转向 AMD64。最终在支撑 20 多年后，Intel 宣布 Itanium 系列处理器从 2019 年 1 月 30 日进入 EOL（End-Of-Life）周期[③]，如图 2-3 所示。

---

① EPIC 架构曾被发明者惠普改称为 PA-WideWord，在 Intel 研发出基于 EPIC 架构，但加入诸多优化策略的 Itanium 处理器后，将 Itanium 所采用的架构名陆续改称为 IA-64、IPA（安腾处理器架构）。

② 实现 64 位计算光有基础硬件是不够的。以微软为例，其在 2001 年就推出了支持 Itanium 的 Windows 2000 DataCenter 的 64 位版本；2003 年发布的 Windows Server 2003 则有 4 个版本，分别是专业版、Web 服务器版、企业版和数据中心版，其中企业版和数据中心版都有 32 位和运行于安腾之上的 64 位两种版本，同时 Windows XP 也有 64 位的安腾工作站版。但这些系统均不能向下兼容 32 位应用。因此在 32 位应用仍然占据主导地位的时代，这种纯 64 位的处理器和操作系统难以被开发者所接受。

③ 目前主流的处理器已发展到 64 位，多数可完全兼容 32 位和 64 位操作系统；32 位处理器因为仅支持 32 位指令集而不能安装 64 位操作系统。对于更上层的应用而言，因其需要调用操作系统提供的服务来完成特定的任务，故 64 位操作系统通常能同时支持 32 位和 64 位应用的运行，而 32 位操作系统则无法运行 64 位应用。

Product Change Notification

Change Notification #: 116733 - 00
Change Title: Select Intel® Itanium® Processors and Intel® Scalable Memory Buffer, PCN 116733-00, Product Discontinuance, End of Life
Date of Publication: January 30, 2019

Key Characteristics of the Change:
Product Discontinuance

Forecasted Key Milestones:

Last Product Discontinuance Order Date:	January 30, 2020
Last Product Discontinuance Shipment Date:	July 29, 2021

图 2-3　Intel 宣布最后一代 Itanium 处理器 EOL 文件的部分截图

VLIW 和 EPIC 指令集是以软件定义方式优化处理器的先行者，其显著特征是在处理器运行前，指令调用与执行相关的所有任务均由编译器决定。尽管二者具有非常先进的设计思路，但产品的市场表现却不尽如人意。特别是对于 Intel 这种凭借高兼容性产品特点获得以往持续发展的厂商而言，在最初设计 IA-64 时为适配 VLIW 架构而抛弃对 x86 的兼容，是导致其在 64 位指令集发展初期竞争中落败的最直接原因。

以此为鉴，对于国产云计算供应链上下游的软/硬件产品，其新、旧产品间往往也存在诸多兼容性问题。虽然新产品的持续优化、快速迭代改进有助于厂商快速试错，但其也会为上层软件开发商乃至最终用户带来诸多的困扰。

CISC、RISC 和 VLIW/EPIC 指令集的简要对比如表 2-4 所示。

表 2-4　不同类型指令集的对比

对比项	CISC	RISC	VLIW/EPIC
典型指令集	x86	ARM/MIPS/Alpha	IA-64
指令字长	变长	定长	定长
指令格式	字段布局可变	字段布局固定	字段布局固定
指令语义	同时包含简单和复杂指令语义，且指令间存在依赖关系	指令语义几乎都是简单操作的	多数指令是简单、独立操作的
可访存指令	复杂，不加限制	仅 Load/Store 指令	仅 Load/Store 指令
通用寄存器数量	较少	较多	较多
硬件设计	微码	单条流水线	多条流水线

2. 复杂指令集典型产品

（1）Intel 处理器。1971 年 11 月 15 日，美国 Intel（中文名英特尔）公司推出了世界上第一款商用计算机微处理器①Intel 4004，该款处理器基于 10μm 制程工艺，拥有 45 条指令，支持 5 万条指令/秒的计算速度，虽然该数据在现在看来不值一提，但在当时却是“划时代的产品”，并开辟了个人计算机处理器的新市场。

Intel 处理器产品的发展史也可作为信息处理字长的进化史。信息字长可分为 4 位处理器、8 位处理器、16 位处理器、32 位处理器及目前主流的 64 位处理器。表 2-5 所示为 Intel x86 指令集产品发展历程。

表 2-5　Intel x86 指令集产品发展历程

时期	位数	典型处理器型号
1971—1972 年	4 位	4004、4040
1972—1978 年	8 位	8008、8080、8085
1978—1994 年	16 位	80386、80486
1995—2014 年	32 位	奔腾、奔腾 2、奔腾 3、奔腾 4、酷睿
1999 年至今	64 位	奔腾 4（2005 年后）、酷睿 2、酷睿 i 系列

表 2-6 所示为 Intel 已发布的全线处理器产品。

表 2-6　Intel 已发布的全线处理器产品

系列	类型	特性
酷睿（Core）	桌面	面向中高端消费者、工作站和发烧级处理器品牌，可用于商务和设计、游戏等场景
奔腾（Pentium）	入门级桌面	具备功能和性能的优势，可用于日常休闲与办公，支持进行轻量照片编辑、视频编辑和多任务处理工作等
赛扬（Celeron）	入门级桌面	具备可靠的性能和高性价比，可用于教学、办公和娱乐
至强（Xeon）	服务器、工作站	可用于构建政企数据中心、云计算等场景
安腾（Itanium）	服务器、小型机	面向高端市场，现已停止开发
凌动（Atom）	移动或嵌入式设备，如手机、平板和工控设备等	可在小型封装中获得强大的性能和超长电池续航时间，用于各种向外扩展的轻型工作负载
Quark	智能穿戴、物联网设备	在小巧外形中获得低功耗、集成的安全性及可扩展架构

随着 2005 年使用 Intel Prescott 微架构的奔腾 4 处理器在性能上被 AMD 的第 8

① Intel 4004 被称为第一款“商用”处理器的原因是，第一款真正意义的微处理器是由美国军方研制的、用于 F-14 战斗机的专用处理器。

代处理器超越，Intel逐步抛弃了以往处理器设计中频率至上的原则，转而以增加核心数的方式提升整体性能，通过不断提升制程工艺以提高处理器晶体管密度，并且在有限空间内放置更多的晶体管以支持更多的核心数量——处理器的制程工艺通常是指晶体管门电路的尺寸，常见单位为纳米（nm）。随着工艺越发先进、精度越来越高，同样的材料中也就可以容纳越多的晶体管。而Intel创始人戈登·摩尔（Gordon Moore）在查阅数据时发现每款新处理器上晶体管的数量约是前一代产品的两倍，若按此趋势发展，对应的处理器计算能力相对其更新周期将呈指数级上升。由此摩尔于1965年在《电子学》杂志（*Electronics Magazine*）上发表了影响科技业至今的“摩尔定律”，该定律的常见解读有以下3种含义。

- 集成电路芯片上所集成的电路数目，每隔18个月就翻一番。
- 微处理器的性能每隔18个月提高一倍，而价格下降一半。
- 用一美元所能买到的计算机性能，每隔18个月翻两番。

在过去的40多年中，基于此定律的发展趋势，Intel通过结合FinFET[①]（Fin Field-Effect Transistor）等先进技术及“Tick-Tock”发展战略，将处理器的制程由4004的10μm提升至Ice Lake的10nm，极大地优化了处理器性能及产品竞争力。

在处理器性能的提升方式中，处理器微架构的优化也是提升处理器性能的主要方式，并伴随着指令集的更新而更新。微架构的优化主要分为两个方面：一方面是通用性能的提升，即提升每一时钟周期内处理器可执行指令的数量，通常称其为IPC[②]（Instruction Per Clock）；另一方面是专用性能的提升，通常需要对代码进行优化和编译。处理器的通用计算性能由IPC、主频、指令数三者共同决定，其中IPC的提升是处理器通用性能提升的必要条件，而主频的提升通常依赖于处理器生产工艺的进步。

自2007年Intel宣布转变CPU微架构开发模式至今，其发展模式共经历了以下

① FinFET通常称为鳍式场效应晶体管，是对传统标准晶体管的创新性设计，旨在改善电路控制并减少漏电，大幅缩短晶体管的栅长，使得半导体元件可以突破原先25nm的瓶颈。

② IPC表示CPU每一时钟周期内所执行的指令多少，是计算处理器性能的关键指标——CPU性能 = IPC × 频率（MHz，时钟速度）。

3 个阶段。

- Tick Tock：2007—2014 年。
- Tick Tock Refresh：2014—2016 年。
- Process Architecture Optimization（PAO）：2016 年至今。

2007 年，Intel 借钟摆摆动周期提出“Tick Tock”模式，其中 Tick 年（大年）提高制程工艺，Tock 年（小年）优化微架构，按照两年的周期交替推进产品升级，从而有效规避因产品升级引入的潜在风险，同时缩短产品迭代周期以应对市场的持续变化。在此模式下，Intel 成功推进了 22～14nm 系列处理器的迭代，发布了面向服务器市场的至强（Xeon）系列处理器产品，在 2008—2015 年，凭借“Tick Tock”的发展模式，Intel 处理器的性能提升维持在年均约 15%，帮助 Intel 在服务器处理器领域奠定了无可撼动的领先地位[①]。

直到 2014 年，本应在这一年发布的“Tick”级产品（提高制程工艺），却在年中改为发布了与 2013 年发布的 Haswell 相同制程工艺（22nm）的 Haswell Refresh 处理器，这也成了 Intel CPU 微架构开发模式走向下一阶段的开端。

2016 年，Intel 宣布停止沿用多年的“Tick Tock”模式转而采用“制程、架构、优化”（PAO）发展战略，其中 P（Process）代表工艺，A（Architecture）代表架构，O（Optimization）代表优化。同时由于芯片[②]制造工艺升级的放缓，至强系列处理器产品的分类方式也从 E5、E7 调整为可扩展处理器系列，并按照 3 年的周期迭代发布。其命名方式也做出了如下调整。

- 由 CPU+芯片组+总线构成不同的 CPU 平台，如已经发布的 Brickland、Grantley、Purley 和 Whitley 平台，以及即将推出的 Eagle Stream 平台。

---

① 部分资料显示，国内的龙芯处理器也采用了类似的研发方式，即一个版本是 Tock，主要提升微结构，下一个版本是 Tick，主要提升主频和制程工艺。

② 广义的芯片包含数字芯片和模拟芯片两大类，前者又可细分为计算芯片和存储芯片。常见的计算芯片包括 CPU、GPU、FPGA 等，此处的芯片是指 CPU。

- 基于每一代平台发布多个产品系列，不同系列的架构、工艺、PCIe 控制器和内存控制器等模块均存在差异。如基于 Purley 平台研发的 SkyLake 和 CascadeLake 两款产品，均采用 14nm 工艺，最高为 28 核心，但所支持的内存通道数却从 6 通道升级至 8 通道，且 PCIe3.0 接口数也进行了扩容。
- 不同平台的各个系列产品拥有多种型号，如至强可扩展处理器系列下的 4 个型号：铂金（Platinum）、黄金（Gold）、银（Silver）、青铜（Bronze）。目前已发布至第 3 代。

Intel 处理器的型号命名与性能、功能等①指标有特定的对应关系，如 Intel 至强 Platinum 8362 处理器，其中“8”表示处理器级别，“3”表示处理器代次，第 3、4 位（6 和 2）则不代表任何特定功能，具体如表 2-7、表 2-8 所示。通常性能越高的处理器具有越大的 SKU②编号，处理器级别也就越高。

表 2-7　至强处理器命名规则中的“首位字母”含义说明

处理器级别	说明
9	铂金
8	铂金
6	黄金
5	黄金
4	银
3	青铜

表 2-8　至强处理器命名规则中的“第二位字母”含义说明

处理器代次	说明
1	第一代
2	第二代
3	第三代

此外，Intel 处理器部分型号带有特定意义的后缀，其相关含义如表 2-9 所示。

① 相关信息来源于 Intel 官方网站。

② SKU 通常是按照该代次和产品线中的处理器开发顺序分配的。在处理器品牌和代次的其他部分完全相同的前提下，较高的 SKU 一般表示具有更多功能。

表 2-9　至强三代处理器参数（源于 Intel 官方网站）

选项	第一代至强处理器（前身 Skylack）	第二代至强处理器（前身 Cascade lack）	第三代至强处理器（前身 Ice Lack-SP 或 Cooper Lake）
B	不适用	与相同处理器编号的非 SKU 相比，电气规格略有变化（不更改内核数量、频率、功能，不影响平台散热要求）	不适用
C	不适用	不适用	单插槽
F	支持集成 Intel Omni-Path-Connector 处理器的 Fabric 版本	不适用	不适用
H	为特定客户定制的 SKU，详细信息保密	不适用	仅适用于 4 插槽或 8 插槽配置的处理器。这些处理器原代号为 Cooper Lake。所有其他第三代 Intel 至强可扩展处理器（不带 H 后缀）以前代号为 Ice Lake，并且支持 1 插槽或 2 插槽配置。Cooper Lake 处理器和 Ice Lake 处理器在系统内无法互换
M	大型内存层	不适用	针对人工智能和媒体处理工作负载进行优化的处理器
N	不适用	专用于网络/网络功能虚拟化工作负载	针对通信/网络/NFV 虚拟化工作负载和操作环境进行了优化的处理器
P	支持集成 Intel FPGA	不适用	针对 IaaS 云环境优化的处理器
R	不适用	指定在上一代产品中已刷新 SKU	不适用
S	不适用	搜索引擎提供商的优化	支持 512GB（每处理器）的最大 Intel Software Guard Extensions（Intel SGX）围圈容量，在双插槽配置中提供高达 1TB 的 Intel SGX 围圈容量。8368Q 还支持高达 512GB 的围圈容量 Intel SGX
T	支持散热和长生命周期	支持散热和长生命周期	支持高达 10 年的可靠性。通常用于具有长期使用要求的操作环境中，并需要网络设备构建系统（NEBS）——散热友好规范支持
U	不适用	单插槽优化	仅在单插槽配置中受支持。仅单插槽配置也支持 8351N
V	不适用	专用虚拟机（VM）密度值	针对 SaaS 云环境优化的处理器规格
Y	不适用	支持 Intel Speed Select Technology-Performance Profile（Intel SST-PP）	支持 Intel Speed Select Technology - Performance Profile 2.0。此外，8352S、5318S、5318N 和 8352V SKU 也支持 Intel Speed Select Technology - Performance Profile 2.0

2021 年，Intel 发布了采用 7nm 制程工艺的 Eagle Stream 平台，并计划于 2023 年量产基于该平台研发的 Sapphire Rapids 处理器。未来，Intel 将为至强处理器系列打造性能核心（P-core）和高效核心（E-core）的双轨发展路线，并从原来的双优化平台升级为通用的行业定义平台，以最大化地提升在全行业中的竞争力。图 2-4 所示为至强处理器产品路线图。

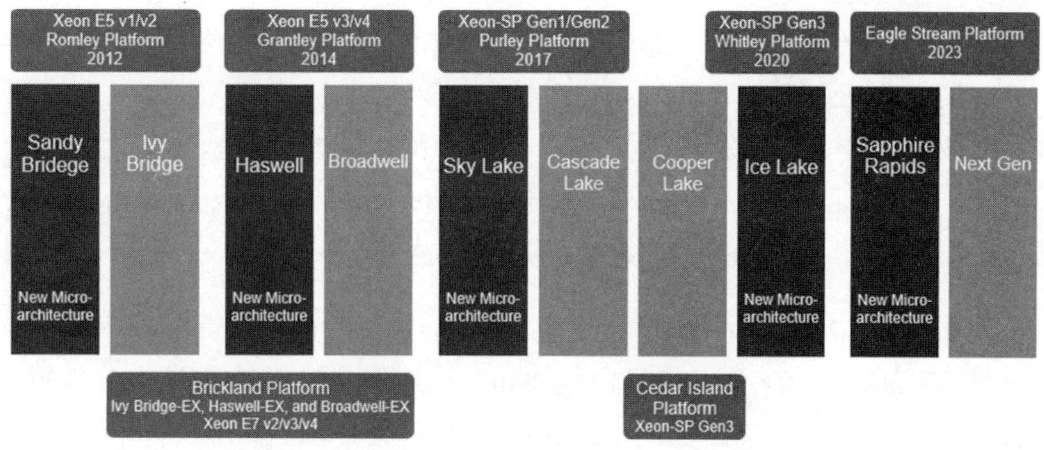

图 2-4　至强处理器产品路线图（源于 Intel 官方网站）

（2）AMD 处理器。美国 AMD 半导体（中文名超威半导体）公司成立于 1969 年，定位于为计算机、通信和消费电子行业设计和制造各类微处理器（如 CPU、GPU 和主板芯片组等），以及提供闪存和低功率处理器解决方案。

AMD 和 Intel 的成立仅相差一年，AMD 在成立之初技术实力落后于同领域的 Intel，也并不具备芯片的自主研发能力，需要依靠 Intel 授权生产芯片。因此 AMD 在当时的产品定位是凭借质优价廉的产品成为各类产品的第二供应商。尽管 AMD 初期技术实力有限，但其并未放弃自有处理器的研发。在 1996 年成功推出其自主研发的生产级 x86 指令集处理器——AMD-K5，相比于同期的 Intel Pentium（奔腾），K5 具有更加先进的技术架构及更大的缓存，整体性能上也领先于 Pentium 处理器。但由于该款型号首次面世，市场需要一定的响应时间，因此反响平平。但在 1996 年 AMD 收购 NexGen 公司后，新款的 AMD-K6 处理器的发布，逐渐引起了市场的关注，并充当着桥梁，帮助 AMD 在 1999 年推出下一代 AMD-K7 处理器（后来更名为 Athlon，中文名速龙）。Athlon 不仅可以兼容当时复杂的 Microsoft Windows 系统，其整体性能也因采用先进的 Smart MP 技术而获得了明显的提升，成为当时最快的 x86 处理器——这不仅为 AMD 和整个行业创造了很多的纪录，也使其成为行业发展历史上最著名的处理器产品之一，并自此拉开了 AMD Athlon 与 Intel Pentium 拉锯战的序幕。

2003 年，AMD 首次打破技术跟随的形象，率先在民用市场推出 64 位的 Opteron（皓龙）系列服务器处理器，又因其支持向下兼容 32 位应用，在与 Intel 对战的局势中获得了亮眼的成绩。随着 AMD 在 CPU 领域的崛起，不甘满足的 AMD 将研发领域拓展到了 GPU（Graphics Processing Unit），于 2006 年完成对 ATI[①]的收购，而 AMD 也成为个人计算机发展史上首家可以同时提供 CPU、GPU 及芯片组的公司。合并后的 ATI 成了 AMD 的图形开发部门，此后陆续发布了多款 GPU 产品，为 AMD 带来了丰厚的利益，并为新架构处理器的开发提供了资金上的支持。

2017 年，AMD 潜心多年研发的全新架构 Zen 伴随着 Ryzen（锐龙）系列处理器的发布浮出水面，随后向更多领域发起冲击，并于同年发布了采用最新 Zen 架构的 EPYC（霄龙）系列处理器（代号 Naples），EPYC 也同时借助 AMD Infinity Guard 技术实现了硬件层面更高的安全性，并替代 Opteron 成了 AMD 全新服务器处理器系列。

2019 年，AMD 发布了基于 Zen 2 架构的第二代 EPYC 系列处理器（代号 Rome）。相对前代产品明显的变化，一是核心微架构的升级，二是计算单元和 I/O 单元的分离。而拥有最高 64 颗核心的 Rome，相比于第一代其服务器工作负载的 IPC 性能提升了 23%。

2021 年，AMD 发布了基于 Zen 3 架构的第三代 EPYC 系列处理器（代号 Milan）。Milan 采用 7nm 工艺和 3D V-Cache 技术，搭载了 768MB 超大容量三级缓存。Synopsys VCS 仿真测试结果显示，它比 Rome 提升了约 66%的性能。Milan 目前已获得了诸多公有云服务商的青睐，被用于构建云数据中心，如 Google Cloud Platform、Microsoft Azure 和腾讯等，Milan 的市场占比也在逐年提升。

图 2-5 所示为 AMD 品牌处理器产品路线。

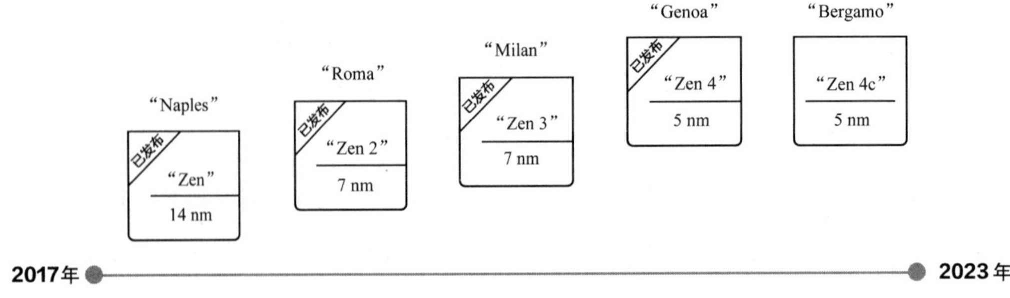

图 2-5　AMD 品牌处理器产品路线

① ATI 是世界著名的显示芯片生产商。

2022 年第四季度，AMD 面向云计算、企业和高性能计算等业务场景，发布了基于 Zen 4 架构的第四代 EPYC 处理器系列（代号 Genoa），Genoa 最多可拥有 96 颗基于 5nm 制程的 Zen4 核心，支持最高 12 通道内存、PCI-E 5.0 及 Compute Express Link 内存扩展等技术。另外，AMD 还计划于 2023 年发布基于 Zen 4c 的 128 核 Bergamo 处理器产品。

（3）兆芯处理器。兆芯成立于 2013 年，由上海市国资委下属企业与台湾威盛电子（VIA）合资成立，通过对 x86 指令集技术的引进、仿制、修改和创新，成功研发并量产多代处理器产品，形成“开先”和“开胜”两大产品系列，实现从双核到 8 核、从“处理器+芯片组”方案到 SoC 单芯片方案（含处理器、GPU 和芯片组）等多方面的发展与创新。

目前兆芯处理器产品包括面向服务器领域的 KH-40000、KH-30000 和早期的 KH-20000 系列，以及面向桌面和嵌入式领域的 KX-5000 系列、KX-6000 系列，具体如表 2-10、表 2-11 所示。

表 2-10　兆芯部分服务器处理器型号参数

兆芯服务器处理器						
系列	型号	工艺	核心	主频	内存通道	双路互联
KH-30000（2019）	KH-38800	16nm	8 核	3.0GHz	2	—
	KH-38800D			3.0GHz	4	支持
	KH-37800			2.7GHz	2	—
	KH-37800D			2.7GHz	4	支持
KH-20000（2017）	KH-26800	28nm	8 核	2.0GHz	2	—
	KH-25800			1.8GHz	2	—
产品特性						
✓　支持 DDR4-2666MHz 控制器（KH-30000） ✓　支持 DDR4-2400MHz 控制器（KH-20000） ✓　支持 ECC UDIMM/RDIMM 内存 ✓　支持 8MB L2 Cache ✓　支持硬件虚拟化技术 ✓　支持加密引擎（ACE） ✓　支持 SM3/SM4 国密算法						

表 2-11　兆芯桌面处理器部分型号参数

<table>
<tr><th colspan="7">兆芯桌面/嵌入式处理器</th></tr>
<tr><th>系列</th><th>型号</th><th>工艺</th><th>核心</th><th>主频</th><th>缓存</th><th>应用领域</th></tr>
<tr><td rowspan="5">KX-6000
（2019）</td><td>KX-U6880</td><td rowspan="5">16nm</td><td rowspan="3">8 核</td><td>3.0GHz</td><td rowspan="3">8MB L2</td><td rowspan="3">台式机、一体机、嵌入式等高性能领域</td></tr>
<tr><td>KX-U6780A
KX-U6780</td><td>2.7GHz</td></tr>
<tr><td>KX-U6580</td><td>2.5GHz</td></tr>
<tr><td>KX-U6640A</td><td rowspan="2">4 核</td><td>2.6GHz</td><td rowspan="2">4MB L2</td><td rowspan="2">笔记本、一体机、嵌入式等低功耗领域</td></tr>
<tr><td>KX-U6640MA</td><td>2.2GHz</td></tr>
<tr><td rowspan="3">KX-5000
（2017）</td><td>KX-U5680</td><td rowspan="3">28nm</td><td rowspan="2">8 核</td><td>2.0GHz</td><td rowspan="2">8MB L2</td><td rowspan="3">桌面、嵌入式通用领域</td></tr>
<tr><td>KX-U5580</td><td>1.8GHz</td></tr>
<tr><td>KX-U5540</td><td>4 核</td><td>1.8GHz</td><td>4MB L2</td></tr>
<tr><th colspan="7">产品特性</th></tr>
<tr><td colspan="3">KX-6000</td><td colspan="4">KX-5000</td></tr>
<tr><td colspan="3">✓ 支持睿频加速技术（KX-U6640MA）
✓ 支持 2 通道 DDR4-2666MHz 控制器
✓ 支持集成显卡 C-960
✓ 支持硬件虚拟化技术
✓ 支持加密引擎（ACE）
✓ 支持 SM3/SM4 国密算法</td><td colspan="4">✓ 支持 2 通道 DDR4-2400MHz 控制器（KX-5680/KX-U5580），DDR4-2133MHz 控制器（KX-5540）
✓ 支持集成显卡 C-860
✓ 支持硬件虚拟化技术
✓ 支持加密引擎（ACE）
✓ 支持 SM3/SM4 国密算法</td></tr>
</table>

KX-6000 系列采用 16nm 工艺，以及超标量、多发射、乱序执行架构设计等技术，是首款达到 3GHz 频率的国产处理器，也是第一款有完整的集成处理器、GPU、芯片组的 SoC 单芯片国产通用处理器。相比于上一代产品，其内核性能提升达 50%，同频下的性能功耗比是上代产品的 3 倍。表 2-12、表 2-13 所示为兆芯 KX-6000 与 KX-5000 纵向性能对比，以及兆芯 KX-6000 与 Intel 处理器的性能对比。

表 2-12　兆芯 KX-6000 与 KX-5000 纵向性能对比

测试项目	单位	KX-U5580	KX-U6780	KX-U6780 性能提升
CPU-Z 单线程	—	120	181	51%
CPU-Z 多线程	—	928	1401	51%
Cinebench R20 多线程	Cb	612	929	52%
Performance Test 9.0 单线程	秒	579	870	50%
Performance Test 9.0 多线程	秒	3793	5729	51%
7-Zip 多线程	PPS	14 405	21 038	46%
鲁大师 5.19 处理器性能	PPS	34 214	48 436	42%
性能百分比	—	100%	149%	49%

表 2-13　兆芯 KX-6000 与 Intel 处理器性能对比

类型	锐龙 53500X	酷睿 i5-9400F	奔腾 G 5420	酷睿 i5-7400	兆芯 KX-U6780
性能百分比（单线程）	130%	122%	102%	100%	44%
性能百分比（多线程）	194%	185%	72%	100%	82%
性能百分比（浮点）	197%	184%	70%	100%	72%
性能百分比（整点）	190%	178%	76%	100%	106%

对比测试结果可以看出，KX-6000 系列较上代 KX-5000 系列，在制程和内核的双重升级下，多项性能指标均有较大的提升。

兆芯通过与威盛创建的合资公司获得 x86 指令集授权，并一直在 x86 源代码和微结构基础上改进优化。但目前兆芯处理器在国产服务器领域份额占比相对较小，其优势主要集中在桌面处理器领域。

（4）海光处理器。海光信息技术有限公司成立于 2014 年，是中科曙光的参股子公司。2016 年，海光信息和 AMD 合资成立成都海光微电子技术有限公司、成都海光集成电路设计有限公司两家子公司，以引入 x86 指令集授权。其中，第一家公司拥有授权 IP 的所有权，负责处理器生产工作，第二家公司负责处理器设计及销售工作。

海光处理器技术源于 AMD Zen 架构的 IP 核授权，并于 2018 年发布首款基于 Zen 架构的 Dhyana（禅定）处理器。在借力 Zen 架构性能优势的同时，海光处理器也对 x86 指令集生态提供了较好的兼容性。目前海光处理器有面向数据中心的高性能 7000 系列处理器、面向行业用户的 5000 系列处理器，以及面向中低端市场的 3000 系列处理器。表 2-14、表 2-15 所示为海光 2 号、3 号系列部分型号参数。

表 2-14　海光 2 号系列部分型号参数①

系列	型号	核心/线程	主频（GHz）基准/最大	L3 Cache（MB）	内存通道数
7000 系列	7285	32/64	2.0/3.0	64	8
	7265	24/48	2.2/3.0		
	7280	32/64	2.0/-		
	7260	24/48	2.2/-		

① 根据多款在售的海光服务器配件信息汇总整理，未包含海光所有处理器型号信息。

续表

系列	型号	核心/线程	主频（GHz）基准/最大	L3 Cache（MB）	内存通道数
5000 系列	5285	16/32	2.5/3.0	32	4
	5280	16/32	2.5/-	32	
3000 系列	3285	8/16	3.0/3.2	16	2
	3235	4/8	3.0/3.2	8	

表 2-15　海光 3 号系列部分型号参数

系列	型号	核心/线程	主频（GHz）基准/最大	L3 Cache（MB）	内存通道数
7000 系列	7385	32/64	2.0/3.0	64	8
	7380	32/64	2.0/3.0		
5000 系列	5385	16/32	2.5/3.0	32	4
	5380	16/32	2.5/3.0	32	

由于海光获得的是 AMD 14nm Zen 架构 IP 授权而非完整的技术转让，其底层设计和技术、专利依然属于 AMD。从具体实现层面，海光处理器与 AMD EPYC 处理器除了厂商 ID 与产品序列的不同，二者在指令方面也存在一定的差异，如海光尚未开放 DIV 和 SQRT 等浮点指令集、AES 等加密指令集、AVX 等单指令多数据流指令集等。表 2-16 所示为海光与 AMD 指令吞吐量对比。

表 2-16　海光与 AMD 指令吞吐量对比

AnandTech	AMD EPYC Naplcs	海光 Dhyana
ADD/SUB	2 个周期	1 个周期
CMP/MULP*	2 个周期	1 个周期
ADDSUBP*	2 个周期	1 个周期
RCP*/RSQRT*	1 个周期	0.5 个周期
BLENDW	3 个周期	2 个周期
PMIN/MAX*	3 个周期	2 个周期
PAND/ANDN/OR/XOR	4 个周期	2 个周期
MOVs	4 个周期	2 个周期

海光是继兆芯之后国内第 2 家具备 x86 指令集处理器生产能力的品牌，通过授权方式对接相对成熟的 x86 生态。当前 AMD 最新的量产 Zen 服务器处理器已发展至第四代（Zen 4），而海光使用的仍是 AMD 第一代 Zen 架构。目前来看，海光和 AMD 暂无后续的合作计划，所以短时间内海光使用的 Zen 架构也不会改变。

在软件支持层面，海光处理器和 AMD 也存在一些区别。如对服务器操作系统的版本支持方面，海光支持 Windows Server 2016 或更高版本，AMD 则支持 Windows Server 2012 R2 或更高版本；在 Windows 桌面版支持方面，海光仅支持开通 Windows10 1809 或更高版本的虚拟机[①]。

3. 精简指令集典型产品

（1）飞腾处理器。天津飞腾是国产自主安全处理器研发厂商，致力于国产高性能、低功耗通用处理器的设计与服务。飞腾处理器的研发团队起步于 1999 年，团队先后尝试基于 x86、Epic、SPARC 和 ARM 4 种指令集类型进行处理器的研发，并以 SPARC 开源代码为基础设计了 FT-1000、FT-1000A 和 FT-1500 等处理器型号，后期由于生态等因素转为基于 ARM 指令集处理器的研发，是国内最早获得 ARMv8 指令集授权的处理器设计厂商之一。经过多年的发展，飞腾已形成完整的多样化算力产品谱系，旗下产品包括高性能服务器处理器、高效能桌面处理器及高端嵌入式处理器，支持为从端到云的各类设备提供核心算力支撑。

2020 年，飞腾对其三大产品谱系进行全面升级，其中高性能服务器处理器产品线统一以“腾云 S 系列”命名，高效能桌面处理器产品线统一以“腾锐 D 系列”命名，高端嵌入式处理器产品线统一以“腾珑 E 系列”命名。

飞腾 2020 年早期宣布的新产品规划如表 2-17 所示，但部分产品指标因国外技术限制影响预计会进行调整，请关注其官方发布的相关信息。图 2-6 所示为飞腾处理器产品图谱。

表 2-17　飞腾早期宣布的新产品规划

腾云 S 系列	腾锐 D 系列	腾珑 E 系列
腾云　S5000 7nm 工艺，支持 PSPA1.0 安全架构	腾锐　D2000 7nm 工艺，支持 PSPA1.0 安全架构	腾珑　E2000 14nm 工艺，支持 PSPA1.0 安全架构
腾云　S6000 5nm 工艺，整体性能翻一番，支持 PSPA2.0 安全架构	腾锐　D3000 14nm 工艺，单核性能提升一倍，支持 PSPA2.0 安全架构	腾珑　E3000 14nm 工艺，集成丰富的 I/O 接口，支持 PSPA2.0 安全架构

① 此处为海光官方材料给出的兼容性建议。实际项目落地实施过程中，在充分测试的前提下，可以尝试通过云平台为有特定需求的用户运行 Windows 的早期版本。

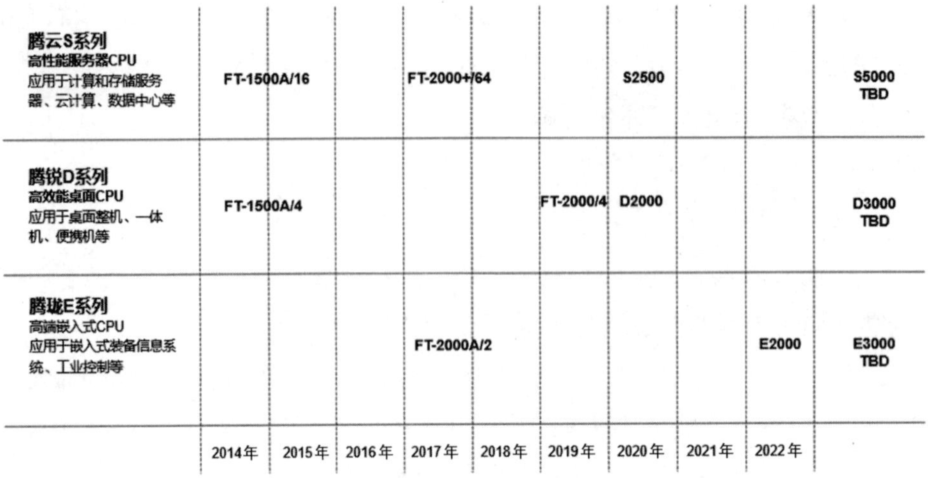

	2014年	2015年	2016年	2017年	2018年	2019年	2020年	2021年	2022年	
腾云S系列 高性能服务器CPU 应用于计算和存储服务器、云计算、数据中心等	FT-1500A/16			FT-2000+/64			S2500			S5000 TBD
腾锐D系列 高效能桌面CPU 应用于桌面整机、一体机、便携机等	FT-1500A/4					FT-2000/4	D2000			D3000 TBD
腾珑E系列 高端嵌入式CPU 应用于嵌入式装备信息系统、工业控制等				FT-2000A/2					E2000	E3000 TBD

图 2-6 飞腾处理器产品图谱

目前飞腾主推面向企业级高性能服务器的 FT-2000+/64 和 S2500，以及面向桌面终端的 FT-2000/4 和 D2000 处理器，相关产品信息如表 2-18 和表 2-19 所示。

表 2-18 飞腾服务器处理器参数信息

产品型号	FT-2000+/64	S2500
发布时间	2017 年	2020 年
主频	1.8～2.2GHz	2.0～2.2GHz
核心/内核	64/FTC662	64/FTC663
工艺	16nm	16nm
功耗	100W	150W
定位	高性能处理器	高性能处理器
特性	✓ 支持 32MB L2 Cache ✓ 8 通道 DDR4 控制器	✓ 支持 2 路、4 路和 8 路直连 ✓ 支持 64MB L3 Cache ✓ 8 通道 DDR4 控制器
应用领域	适用于高性能、高吞吐率的服务器领域，如对处理能力和吞吐力要求很高的行业大型业务主机、高性能服务器系统和大型互联网数据中心	

新一代腾云 S2500 与 FT-2000+相比，性能获得了大幅提升。

① 整机性能方面。双路 SPECint 分值为 1000 多，是原来的 2 倍，4 路的 SPECint 分值为 1800 多，是原来的 3.5 倍。

② 分布式数据库性能方面。双路服务器的 tpmC 值线性提升至原来的 2 倍，4 路服务器的 tpmC 值线性提升至原来的 4 倍。

表 2-19 飞腾桌面处理器参数信息

产品型号	FT-2000/4	D2000
发布时间	2019 年	2020 年
主频	2.2～2.6GHz	2.0～2.6GHz
核心/内核	4/FTC663	8/FTC663
工艺	16nm	14nm
功耗	10W	25W
定位	桌面高性能处理器	桌面处理器
特性	✓ 支持 2 通道 DDR4 控制器，支持 DDR 存储数据实时加密，兼容 DDR3、DDR3L ✓ 支持硬件虚拟化 ✓ 支持 PSPA1.0 安全标准，包括可信计算 3.0 标准 ✓ 支持完整国密算法，如 SM2、SM3、SM4 和 SM9	✓ 支持 2 通道 DDR4 控制器，支持 DDR 存储数据实时加密，支持 DDR4 和 LPDDR4 ✓ 支持硬件虚拟化 ✓ 支持 PSPA1.0 安全标准，包括可信计算 3.0 标准 ✓ 支持完整国密算法，如 SM2、SM3、SM4 和 SM9
应用领域	适用于构建有更高性能、能耗比和安全需要的桌面终端、便携式终端、轻量级服务器和嵌入式低功耗产品	

③ 云桌面相关能力方面。双路服务器支持 70 个虚拟机，是原来的 2.5 倍；4 路服务器支持 140 个，是原来的 5 倍。

图 2-7 是飞腾桌面处理器产品的性能对比，从中可以看出：新一代 8 核腾锐 D2000 相比于 FT-2000/4，在 Stream 测试中性能提升了 6.9%；Spec2006 INT 测试得分为 97.45，提升了 76.8%；Spec2006 FP 测试得分为 84.63，提升了 52.1%；UnixBench 测试得分为 4396，提升了 55.2%。其几乎在各个方面的性能均强于 16 核心的 FT 1500A/16。

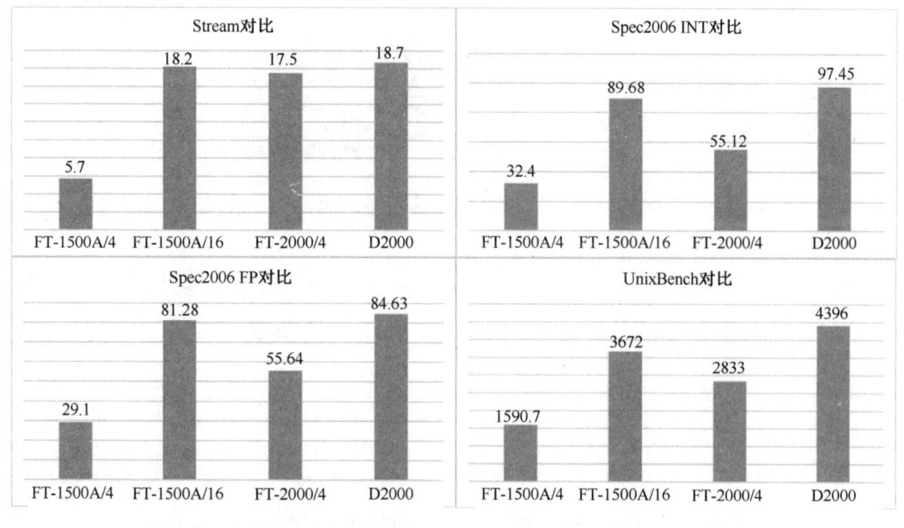

图 2-7 飞腾处理器性能对比（源于方正证券相关分析报告）

飞腾基于 ARM 指令集层级授权，其自主化程度相对较高并且兼容安卓应用，拥有较丰富的应用生态，市场空间广阔。目前飞腾已获得 ARMv8 指令集层级永久授权，并由中国电子（CEC）参与投资打造由飞腾处理器、麒麟操作系统组成的 PK 体系[①]，与国内千余家软/硬件厂商共同构建、完善相关生态。

目前，飞腾合作伙伴数量已超过 1000 家，累计研制了 6 大类 900 余种整机产品，已适配和适配中的应用和外设超过 2400 种，并发布了 4 大类、80 多个行业的联合解决方案，覆盖信创、电信、金融、能源、交通、医疗、数字城市、工业制造等行业。

（2）鲲鹏处理器。鲲鹏系列处理器是华为面向服务器领域打造的处理器产品，也是华为在计算产业所打造的“算、存、传、管、智”五大主力芯片之一。鲲鹏处理器基于 ARM 架构授权，通过对处理器核、微架构的自主设计，大幅提升处理器性能，并提供对全球 ARM 生态及基于 ARM 指令集的安卓应用的支持。华为五大主力芯片全景图如图 2-8 所示。

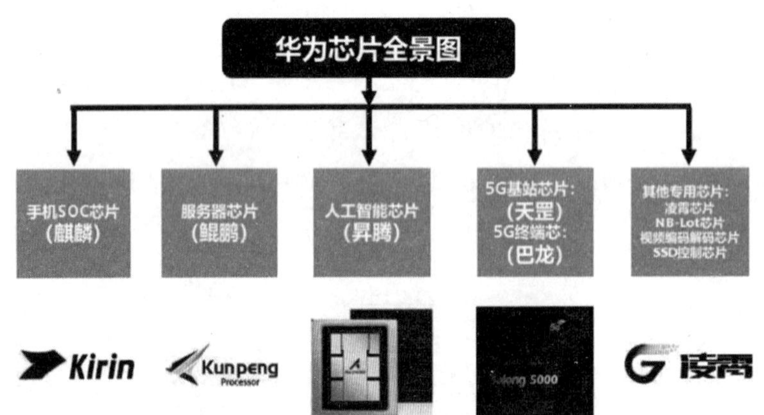

图 2-8　华为五大芯片全景图（源于方正证券研究报告）

近年来，随着对处理器主频与核数的提升，华为先后推出了 Hi1610（16 核）、鲲鹏 916（32 核，Hi1616）及鲲鹏 920（64 核，Hi1620）等处理器产品。表 2-20 所示为鲲鹏处理器参数信息。

① “PK”体系是由中国电子主导构建的全新绿色开放生态体系。字母 P 代表“Phytium 处理器”，字母 K 代表“Kylin 操作系统”。

表 2-20　鲲鹏处理器参数信息

系列	型号	核心数	主频（GHz）	TDP 功耗（W）	特性
鲲鹏 916	5130	32	2.4	75	✓ 支持 4 通道 DDR4-2400 内存控制器 ✓ 支持 32MB L3 Cache ✓ 支持 PCIe 3.0 及 CCIX ✓ 集成 10GbE 网络
鲲鹏 920	7260	64	2.6	180	✓ 支持 8 通道 DDR4-3200 内存控制器 ✓ 支持 64MB L3 Cache ✓ 支持 PCIe 4.0 及 CCIX ✓ 集成 100GbE 网络
	5250	48	2.6	150	
	5230	32	2.6	120	

2019 年发布的鲲鹏 920，是华为面向数据中心打造的低功耗、强性能的处理器产品，其整型计算能力已达到业界领先水平①，也是行业内首款采用 7nm 工艺的 ARM 处理器。基于 ARM 架构，华为研发团队通过引入分支预测算法、提升运算单元数量、改进内存子系统架构等一系列优化，进一步提升整体性能。表 2-21 所示为鲲鹏 916 系列和鲲鹏 920 系列与 Intel Skylake 系列性能对比。

表 2-21　鲲鹏 916 系列和鲲鹏 920 系列与 Intel Skylake 系列性能对比

型号		工艺（nm）	主频（GHz）	核心数	Spec INT2006 分值	TDP 功耗（W）	发布时间（年）
鲲鹏 916 32 核	鲲鹏 916-5130	16	2.4	32	290	75	2016
	Intel Skylake Gold 5115	14	2.4	10	270	85	2017
鲲鹏 920 64 核	鲲鹏 920-7260	7	2.6	64	938	180	2019
	Intel Skylake Platinum 8180	14	2.5	28	750	205	2017
鲲鹏 920 48/32 核	鲲鹏 920-5250	7	2.6	48	754	150	2019
	鲲鹏 920-5230	7	2.6	32	542	120	2019
	Intel Skylake Gold 6148	14	2.4	20	545	150	2017

从整体性能上看，48 核的鲲鹏 920 与 Intel Platinum 8180 性能相当，但鲲鹏 920 能耗比对方低 20%，而 64 核的鲲鹏 920 测试性能要优于 Platinum 8180 约 33%。这也证明采用 ARM 指令集的服务器处理器，在部分产品指标方面已具备赶超 x86 指

① 根据华为公开资料，鲲鹏 920 的 SPECint Benchmark 评分超过 930，超出业界标杆 25%，且能效优于业界标杆 30%。同时，得益于鲲鹏 920 的工艺升级到了 7nm，且对更多的内核数量进行了优化，该处理器型号比 Intel 公司的 Skylake 服务器处理器性能更高、功耗更低。

令集产品的能力。表 2-22 所示为鲲鹏 920 与其他服务器处理器对比。

表 2-22 鲲鹏 920 与其他服务器处理器对比

企业	处理器型号	指令集	主要性能指标
华为	鲲鹏 920	ARMv8	7nm 工艺；64 核心；主频 2.6GHz；集成 8 通道 DDR4，总内存带宽可达 1.5Tb/s；支持 PCIe4.0 及 CCIX 接口
高通	Centriq 2460	ARMv8	10nm 工艺；48 核心；主频 2.2GHz 可加速至 2.6GHz；热设计功耗最高 120W
Intel	Xeon Platinum 8180	x86	14nm 工艺；28 核心/56 线程；主频 2.5～3.8GHz；最高支持 768GB 的 7 通道 DDR4 内存；支持 PCIe3.0；热设计功耗最高 205W
亚马逊	Graviton	ARMv8	64 核心；主频 2.3GHz
飞腾	FT-2000+	ARMv8	16nm 工艺；64 核心；主频 2.0～2.4GHz；最高支持 256GB 的 8 通道 DDR4 内存
华芯通	昇龙 4800	ARMv8	10nm 工艺；48 核心；主频 2.6GHz；最高支持 768GB 的 6 通道 DDR4 内存；支持 PCIe3.0；热设计功耗最高 120W

基于鲲鹏 916 和鲲鹏 920 系列处理器，华为推出了 TaiShan 系列服务器。根据华为的产品路线规划，后续将逐渐退出服务器整机领域，聚焦于供应链上游的处理器、主板等产品。表 2-23 所示为 TaiShan 服务器系列。

表 2-23 TaiShan 服务器系列

服务器名称	处理器	服务型号	备注
TaiShan 100	鲲鹏 916	2280 均衡型 5280 存储型	适合大数据、分布式存储等应用场景
TaiShan 200	鲲鹏 920	2480 高性能型 2280E 边缘型 1280 高密型 2180 均衡型 2280 均衡型 5280 存储型 5290 存储型	适合大数据、分布式存储、原生应用、高性能计算和数据库等应用场景
TaiShan 200 Pro	鲲鹏 920	2480 高端型 2280 高端型 1280 高端型	TaiShan 200 增强版

（3）龙芯处理器。龙芯处理器作为国产通用处理器的代表产品之一，诞生于 2001 年的中科院计算所龙芯课题项目。在 20 年的发展历程中，龙芯中科相继发布的龙芯 1 号、2 号、3 号处理器系列，在诸多领域得到了广泛的应用。龙芯中科坚持

走自主创新与生态建设之路，从最初的 MIPS 指令集，到自主研发的 LoongArch 指令集，逐步实现了对处理器核心微结构和物理设计的全部自主研发。

在基于 MIPS 指令集的三个处理器系列中，龙芯 3 号系列是面向高端嵌入式计算机、桌面计算机、服务器、高性能计算机等领域打造的通用处理器产品，也是在信创领域大规模量产首推的产品系列之一，同时为了替代 AMD RS780+SB710 芯片组，全面实现国产化，龙芯面向 3 号系列量身设计了一款提供南北桥功能的配套桥片①7A1000，并于 2022 年发布其更新型号 7A2000。

2021 年 4 月，龙芯中科发布自主指令集 LoongArch，实现从顶层架构到指令功能、ABI②（Application Binary Interface）标准的完全自主可控。LoongArch 融合 x86、ARM 等国际主流指令集的主要功能特性，支持通过二进制翻译实现跨指令平台应用兼容。2021 年 7 月，龙芯中科面向桌面、服务器等信息化领域发布了基于 LoongArch 指令集的首个系列产品，包括 3A5000、3B5000 和 3C5000L。在 2022 年 6 月，龙芯又发布了面向服务器领域的通用处理器产品 3C5000③，相比于此前发布的最高规格的 3C5000L，最大差异在于 3C5000 使用一颗独立的 16 核心单芯片，而 3C5000L 是由 4 个 3A5000 封装集成的 16 核心处理器。此外，3C5000 通过搭配新一代龙芯 7A2000 桥片，使其 PCIe 吞吐带宽比上一代整体提升了 400%以上。在兼容性方面，3C5000 支持龙芯 3C5000L 的主板设计，并通过调整优化封装形式保持了对系统和应用的兼容性；但由于指令集的调整影响，对于已支持 MIPS 指令集的信创云产品而言，需重新进行适配才能兼容 LoongArch 指令集。

当前龙芯在信创领域的主推产品，包括面向桌面和服务器领域的 3A3000/3B3000、3A4000/3B4000 和 3A5000/3B5000，以及面向服务器领域的 3C5000L/3C5000。另外，2023 年将向产业链伙伴提供 3D5000 样片。表 2-24 所示为龙芯处理器参数信息。

---

① 传统的桥片分为北桥（North Bridge）、南桥（South Bridge）。北桥是离 CPU 最近的芯片，主要负责控制显卡、内存与 CPU 间的数据交换，向上连接处理器、向下连接南桥；南桥则负责硬盘、键盘及各种对带宽要求较低的 I/O 接口与内存、CPU 之间的数据交换。而随着芯片集成度的持续提高，目前北桥、南桥多采用二合一的融合设计形式。

② ABI 是操作系统为运行在其上的应用提供的“应用二进制接口”，其通常包含一系列系统调用定义和使用方法，以及允许应用使用的内存地址、寄存器的相关约定。

③ 2022 年 9 月 28 日，第一款基于龙芯 3C5000 的双路服务器正式发布，标志着龙芯 3C5000 在服务器领域产品化工作已完成。

表 2-24 龙芯处理器参数信息

产品型号	发布时间（年）	主频（GHz）	核心数	工艺（nm）	功耗（W）	应用
3C5000	2022	2.0～2.2	16	12	150	服务器
3C5000L	2021	2.0～2.2	16	12	130	服务器
3A5000/3B5000	2021	2.3～2.5	4	12	35	桌面/服务器
3A4000/3B4000	2019	1.8～2.0	4	28	40	桌面/服务器
3A3000/3B3000	2016	1.35～1.5	4	28	30	桌面/服务器
产品特性						
3A3000/3B3000 ✓ 2 通道 DDR3-1600 控制器 ✓ 支持 8MB L3 Cache ✓ 支持 2 路、4 路互连 3A4000/3B4000 ✓ 2 通道 DDR4-2400 控制器 ✓ 支持 2 路、4 路和 8 路互连 ✓ 支持 8 MB L3 Cache			3A5000/3B5000 ✓ 2 通道 DDR4-3200 控制器 ✓ 支持多级互联 ✓ 支持 16MB L3 Cache 3C5000/3C5000L ✓ 4 通道 DDR4-3200 控制器 ✓ 3C5000 支持 16 路互联 ✓ 支持 64MB/32MB L3 Cache			

尽管基于 LoongArch 指令集的龙芯 3 号 5000 系列性能远高于前代产品，但其相关的生态建设仍待加强。为支撑相关生态平滑过渡，龙芯研制了基于 LoongArch 二进制的翻译扩展指令，利用软/硬件结合的翻译优化技术，通过在宿主机[①]上使用与软件模拟目标机/客户机指令集兼容的 CPU，从而在宿主机上执行客户机的二进制代码，实现跨指令集、跨操作系统的应用兼容。龙芯通过 LATM（LAT from MIPS）、LATA（LAT from ARM）、LATX（LAT from X86）3 个二进制翻译系统，分别支持 MIPS、ARM、x86 平台的应用在龙芯平台安装运行。

同时，龙芯积极参与开源软件项目及社区，对 LoongArch 源码进行维护以“反哺”开源上游社区，如积极推动在上游社区建立与 x86、ARM 等指令集并列的 LoongArch 分支，并将其作为龙芯生态的根基。目前，LoongArch 已从 GNU 组织获得表征二进制格式的 ELF Machine 编号（258 号），二进制开发工具 binutils 及包括浏览器在内的部分基础软件已经并入开源社区，而 GCC、C 库、内核也正在并入开源社区。2022 年起，龙芯将每年投入一定的经费资助海外社区开发者的工作。在得到

① 宿主机，即物理服务器。

上游开源社区支持后，LoongArch 生态将随社区自动演进，从而极大丰富了支持 LoongArch 的软件版本，大幅减少了相关软件的迁移适配工作。图 2-9 所示为龙芯部分开源社区建设成果。

项目	支持与共享情况
Linux内核	内核官方版本正在实现对LoongArch的完善支持
GCC、LLVM、Golang	三大编译器社区正在实现对LoongArch架构的特性支持
Java虚拟机	JDK14贡献率居全球前四（Oracle、RedHat、SAP、龙芯、Google）
浏览器	V8 JavaScript已实现对LoongArch架构的原生支持
媒体播放器	FFmpeg已实现对LoongArch架构的原生支撑
.NET	.NET社区正在实现对LoongArch架构的支持

图 2-9　龙芯部分开源社区建设成果

（4）申威处理器。申威处理器最初源于美国 DEC 公司的 Alpha 21164 指令集，在 DEC 被惠普公司收购后，因惠普更侧重于 x86 指令集而不再更新 Alpha，同时恰逢我国科研机构有对应的引入需求，惠普与无锡江南计算所最终达成了转让协议。而后，依托于国家“核高基”重大专项资金，由上海高性能集成电路中心进行研制，对原先的 Alpha 指令集进行了扩展和微结构创新，使其具备完全的自主知识产权。

2006 年，上海高性能集成电路设计中心首次成功研制出基于 Alpha 指令集的 900MHz 申威 1 单核处理器。早期的申威处理器主要面向特定行业需求设计，出于安全和知识产权等因素考虑，在发布第一代基于 Alpha 指令集的产品后，便尝试将指令集替换为采用自主架构的申威 64 指令集，并于后续发布了一系列相应的产品型号，如申威 SW26010 等。

目前，申威处理器主要包括面向服务器和桌面的两大类产品，表 2-25 所示为其官网展示的主要产品型号[①]。

① 部分产品信息未在官网展示，如 2021 年中国 HPC TOP100 榜单中的 SW26010Pro。

表 2-25 申威处理器参数信息

类型	产品型号	工艺（nm）	核心数	主频（GHz）	定位
众核	26010	28	260	1.45	高性能计算处理器，用于太湖之光超级计算机
多核	221	28	2	2.0	高密度计算型嵌入式应用
	411	40	2/4	1.6	桌面处理器
	421	28	4	2.0	桌面处理器
	421M	28	4	2.0	低端桌面处理器
	831	不详	8	2.5	桌面处理器
	1621	28	16	2.0	服务器处理器
	3231	12	32	2.5	服务器处理器
单核	111	40	1	1.0	高密度计算型嵌入式应用

2020 年 1 月，中国电科首批申威服务器量产下线。在市场化探索初期，借助申威的自主可控技术路线和中电科的“电子信息产业国家队”的优势，双方联合成立了中电科申泰信息科技有限公司，以负责申威的产业推广工作。2020 年 7 月，申威全国首条服务器规模化生产线在上海松江区正式启用，这也标志着申威服务器已实现了规模化的生产。

4. 国产处理器发展史

随着半个多世纪的发展，国际主流处理器形成了以 x86 和 ARM 指令集为主，以 MIPS、Alpha、SPARC 等指令集为辅的技术格局。长期以来，由于处理器行业被国外龙头企业垄断，且由于知识产权限制，早期国产处理器并没有途径可以获取 x86 和 ARM 这两种指令集的使用权，而多选择了授权价格相对低廉、生态环境偏弱的指令集。

（1）飞腾处理器。早期使用 SPARC 指令集，目前已更改为 ARM。

（2）龙芯处理器。早期使用 MIPS 指令集，目前已更改为 LoongArch。

（3）申威处理器。早期使用 Alpha 指令集，目前已更改为 SW-64。

经历了多年的技术积累，国内目前已形成采用 ARM 指令集的华为海思、飞腾信息，采用 x86 指令集的兆芯、海光，采用 LoongArch 指令集的龙芯中科和采用 SW-64 指令集的申威科技共生共存的、具有中国特色的多处理器指令集生态。

目前，国产处理器所使用的技术授权[①]方式主要有两种，对于使用授权的企业来说，处理器的完成度越高，设计难度就越低，相应的自主化程度也越低。

（1）架构授权。架构授权允许被授权方修改处理器架构来兼容授权方的指令集，从而分享授权方构建的软件生态体系。由于指令集只是对处理器的抽象描述，使用该方式的被授权方也需要具备更强的研发实力，国内目前购买架构授权的品牌有飞腾、鲲鹏等。通常授权方将提供诸如指令定义、通用寄存器信息等标准文档，而寄存器传输级模型、布线等则需要被授权方自行设计。

（2）IP 内核授权，其又细分为软核授权和硬核授权两种。

软核授权通常以 Verilog HDL[②]等硬件描述语言形式提交给用户，经过寄存器传输级（Register Transfer Level，RTL）设计优化和功能验证，但其中不包含任何具体的物理信息，被授权者可设计出正确的门电路级设计网表，并进行后续的结构设计，具有较高的灵活性。同时借助 EDA[③]（Electronic Design Automation）综合工具可方便地与其他外部逻辑电路合成一体，根据各种不同半导体工艺设计成具有不同性能的器件，设计难度和自由度低于架构授权。

硬核授权是基于半导体工艺的物理设计，以电路物理结构掩模版图和相关工艺文件形式提供给用户，属于可直接投入生产的“开箱即用”式全套技术。由于硬核的设计和工艺已经完成而不能更改，授权厂商对其实行全权控制，对知识产权的保护相对简单，因而采用此类授权模式的产品其自主可控能力相对偏弱，但商业化成功的可能性最高。表 2-26 所示为各处理器厂商选择的授权方式及技术特色。

5. 处理器生态

处理器是典型的数字芯片，且多数产品遵循制程越小、性能越好的规律，因此处理器供应链与先进制程数字芯片供应链存在密切关系。目前，处理器供应链相关核心环节的主要企业大多集中在国外，通用型服务器处理器市场被 Intel 和 AMD 两家公司垄断；设备、材料、EDA/IP 等环节国内龙头企业与国外龙头企业差距较大，

① 指针对已验证的、可以重复使用的集成电路设计模块，即 IP 核的授权。

② 一种硬件描述语言，可用来表示逻辑电路图、逻辑表达式或数字逻辑系统完成的逻辑功能。

③ EDA 电子设计自动化，是基于计算机提供辅助设计能力，支撑进行超大规模集成电路芯片设计、验证等各个环节的任务。

国产化率较低；在制造环节，目前只有台积电和三星有 5nm 制程生产能力（前者 3nm 制程业已具备商业化量产能力），但均需使用美国设备；在封测环节，则由中国大陆、中国台湾和美国三分天下。图 2-10 所示为国外先进制程数字芯片供应链。

表 2-26　主流国产处理器授权方式及技术特色

品牌	鲲鹏	飞腾	龙芯	海光	兆芯	申威
指令集	ARM 授权+自研	ARM 授权+自研	MIPS 授权+自研 LoongArch	x86（AMD） 授权+自研	x86（VIA） 授权	Alpha 授权+自研 SW-64
授权层级/创新可信程度	ARMv8 指令集永久授权，自主化程度高	ARMv8 指令集永久授权，自主化程度高	已发布自研 LoongArch 指令集	x86 内核级授权，自主化程度相对较低	x86 内核级授权，自主化程度相对较低	已发布自研 SW-64 指令集
备注	ARM 前景广阔；产品线丰富，性能较强；党政+商用市场接接受程度较高	ARM 前景广阔；产品线丰富，性能不断提升；架构层级授权自主化程度较高	起步最早，适配厂商多，自主化程度高	x86 服务器处理器授权，性能较强，应用生态丰富	x86 应用生态丰富	在特定行业市场占有率高

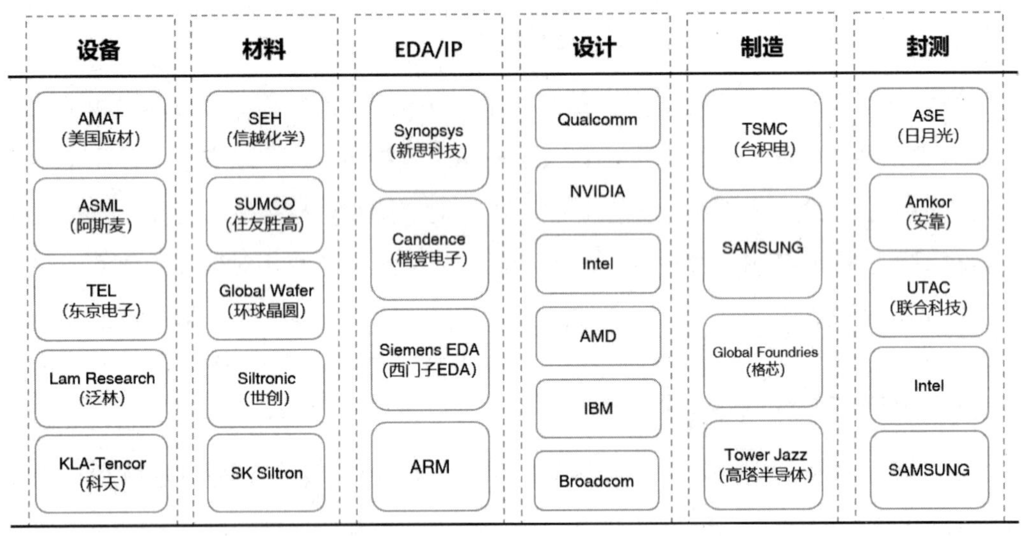

图 2-10　国外先进制程数字芯片供应链

目前，在国产处理器供应链的设计环节，华为、飞腾等龙头企业已经具备世界一流水平；封测环节，通富微电承接 AMD 7nm CPU 封测；设备、材料、EDA/IP、制造等环节与国外龙头企业差距较大，目前仍采用“外循环为主+内循环为辅”的模式。图 2-11 所示为国内先进制程数字芯片供应链。

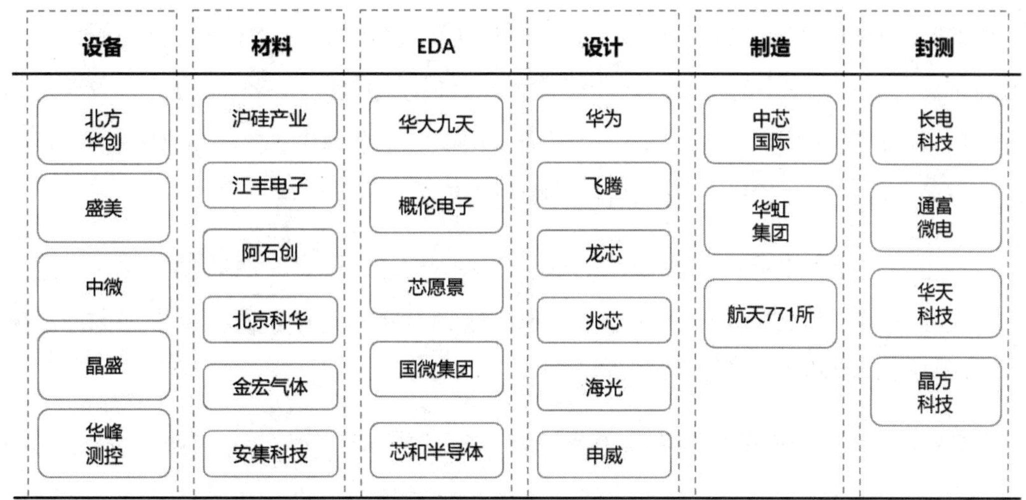

图 2-11　国内先进制程数字芯片供应链

国产处理器供应链除了先进制程等环节的短板，在处理器生态建设方面也有较大的提升空间。所谓生态，就是供应链上的企业之间形成的分工协作体系。以目前出货量最大的微处理器市场为例，典型的生态分为两类。

（1）在传统个人计算机（Personal Computer，PC）市场，Intel 和微软（Windows）构成了经典的“Wintel①联盟”。Intel 引领处理器的发展并联合个人计算机配件厂商为其生产配套设施，微软及合作伙伴则在操作系统和应用研发方面进行紧密协作。通常，当微软发布新版操作系统后会带动新一轮个人计算机升级热潮，进而提升 Intel 新处理器的购买需求，通过软/硬件的协同进步促使双方在各自领域具备竞争优势②。目前，Wintel 联盟在个人计算机操作系统市场形成“双寡头”垄断格局并占领 90%以上的市场份额。

（2）在智能移动设备市场上，ARM 和 Android 操作系统构成了“AA”体系。由 ARM 公司掌握 ARM 指令集的扩展更新、微结构设计和编译器的开发，对依附于 AA 体系的 IC 设计单位和公司出售指令集授权和微结构授权，而谷歌公司负责 Android 系统的维护、更新及软件生态的搭建。基于 AA 体系，移动设备厂商可通过

① Wintel 商业联盟，自 20 世纪 80 年代至今已垄断个人计算机领域长达 30 余年。

② 2019 年 10 月，微软发布了基于自产 ARM 指令集处理器的 Surface Pro X 产品，这对 Wintel 体系的后续稳定性产生了重大影响。但截至本书成稿之时，Surface Pro X 产品生态仍有很多待优化、解决的问题。

购买 CPU、GPU 及相关配件，生产出对应的全套设备并运行 Android 操作系统，由 Android 支撑上层应用的运行。AA 体系大幅降低了 ARM 阵营 IC 设计公司研发的技术门槛、时间成本和资金成本，并促成 ARM 占据全球 95%的移动处理器授权市场，以及 Android 占据全球 85%的移动操作系统市场份额。

从上述案例可以看出，典型的处理器生态结构通常由两个具有稳定协作关系的核心企业引领，并在实践中和其他企业形成较为稳定的商业模式，从而共同完成所在供应链端到端的流程贯通和竞争力构建。

目前，国内各处理器厂商在指令集选择上分属多个不同技术栈（x86、ARM 等），而通常多数应用开发商只会针对市场占有率最高的指令集进行相关产品开发。而国产处理器相对于国外产品销售量偏少，这就造成操作系统、中间件、数据库及应用开发商对国产处理器的适配积极性较低，尚未形成良好的生态协作机制。与此同时，近年来在部分领域，国内企业也在通过各种途径建设生态并取得了一定的效果。

（1）处理器和操作系统厂商联合打造的生态雏形已经显现。参考 Wintel 和 ARM-Android 的发展模式，中国电子开始加强对“PK 体系”的建设，即国产飞腾处理器与国产银河麒麟操作系统进行生态协作。此外，2019 年中国电子对旗下业务进行重大调整，旗下整机厂商中国长城参股天津飞腾，整机业务全面转向 PK 体系，补齐了国产处理器缺乏硬件支持的短板。

（2）国家积极推动基于国产处理器的整机品牌在党政部门的应用，通过应用带动生态建设。目前，服务器、笔记本、台式机、移动及嵌入式终端、外设企业多数都在参与国产处理器的适配工作，基于国产处理器的操作系统、通用软件及应用软件的开发推广工作都在有序进行，国产化软/硬件平台体系建设正逐步完善。

从目前的生态建设效果来看，供应链链条越短的领域，其生态建设通常效果越好。在整个计算机领域，由于服务器涉及的应用软件较少，所以国内厂商更多的是围绕整机、外设产品进行研发，各国产处理器研发设计企业周围都有大量的厂商聚集。相反，由于台式机和笔记本市场对于应用软件有较高的要求，目前的整机种类相对较少。表 2-27 所示为生产或销售基于国产处理器计算机的部分厂商。

表 2-27　生产或销售基于国产处理器计算机的部分厂商

项目	类型	主要厂商
龙芯	台式机	曙光、联想、方正、同方
	服务器	浪潮、706 所、清华同方、长城、宝德、曙光、五舟科技、瑞驰、百信云龙
	笔记本	方正、同方、山东超越、北京计算机研究所等
飞腾	台式机	长城（长城银河、长城信安）
	服务器	宝德、海康威视、Estor 鲸鲨、云海麒麟、五舟科技、天华星航、柏科数据、浪潮申泰、清华同方、瑞驰、联勤、长城、联想
	笔记本	长城
鲲鹏	服务器	华为
兆芯	台式机	联想、同方
	服务器	云海麒麟、火星舱、秉时、联想、清华同方
	笔记本	联想
海光	服务器	中科曙光
申威	服务器	海康威视、华诚金锐、扬州万方、江南计算所
	笔记本	方正
基础软件	操作系统	麒麟软件（银河麒麟、中标麒麟）、统信软件、深度、中科方德、普华
	数据库	达梦、人大金仓、南大通用、神州通用、瀚高、优炫、浪潮、东方国信
	中间件	东方通、中创、金蝶天燕、华盛信泰
应用软件	办公软件	金山、用友、钉钉、金蝶
	电子签章	e 签宝、法大大、上上签、数字认证
	设计工具	亿图图示、中望 CAD、PDF-shuffler 文档编辑工具
	互联网应用	火狐浏览器、360 浏览器、QQ、微信、360 云盘、金山毒霸、华宇即时通信、腾讯御点
外设	扫描仪	奔图、紫光、方正、虹光、影源
	打印机	奔腾、天津光电、立思辰、光电通、联想、理光
	高拍仪	紫光、迅宝、方正

2.2.2　固件

固件多指存储在服务器主板中的一段软件代码，是服务器加电启动时所加载的第一个软件程序，其设计初衷是为了向下兼容各种差异化的硬件，并向上支撑操作系统按需调度和执行底层的硬件指令。从某种意义上讲，固件是物理设备的抽象化软件层。

早期的固件多存储在不可改写的存储器中，升级时需要对整体部件进行替换。而随着具备重写能力的存储器的出现，目前多数固件都可支持版本升级操作，以支持更多新功能或修复已知问题。同时，多数固件也支持在特定场景下对固件版本执行降级，从而有效扩展了固件的灵活性。

从具体实现角度，不同业务领域的操作系统因其所面对的业务场景差异，在硬件资源调度方式上存在诸多不同，如 Windows 操作系统中的应用需要通过驱动程序才能操作 I/O 端口[①]，而某些专用设备所使用的操作系统则没有此类限制。为更好地适应这些变化，固件和操作系统间通过驱动程序对硬件功能进行再次封装与调用。驱动程序是硬件厂商根据不同操作系统类型编写的硬件调用信息配置文件，通过这些信息配置文件来实现上层软件与底层硬件间的通信和协同。

本节讲述的固件，特指服务器中进行服务器操作系统引导，以及对服务器进行远程控制管理的两类主流固件类型。

1. BIOS 固件

BIOS（Basic Input Output System），即基础输入输出系统，是固化在主板 ROM 芯片上不可篡改的启动程序，负责计算机系统自检程序和系统自启动程序，其作为服务器中软、硬件间的连接桥梁，还承担着保护信息安全与提升整体性能的职责，如表 2-28 所示。一方面，BIOS 是基础系统软件，能够设定硬件运行参数并支持通过可信计算控制上电，对于服务器的安全可控有着重要意义；另一方面，BIOS 通过引导操作系统的启动，支持通过集成特定应用提升开机效率，以实现多元化的安全管理。

表 2-28　BIOS 主要程序及实现功能

程序	具体实现
POST 自检程序	通过读取 CMOS 中的信息识别硬件配置，并对硬件自检，使硬件初始化
操作系统启动程序	硬件自检成功后，跳转到操作系统引导设备的引导分区，将引导程序读入内存，如成功读入，则进入相应设备上操作系统的启动过程
CMOS 设置程序	在开机自检中，按下进入 CMOS 设置的快捷键，则进入 CMOS 设置。结束后，若进行保持操作，则更新后的硬件信息会存入 CMOS 中，并重新进行自检，否则继续完成本次自检后续过程
I/O 和终端服务	软件在一些对硬件底层的操作中，需要中断服务或硬件 I/O 操作，这时需要 BIOS 充当软/硬件之间的临时桥梁

① 也通常表示为 IO 端口，其主要职责是通过计算机系统总线将 CPU 和外围设备进行连接，并解决 CPU 和外围设备间速度、编码标准和信号类型不一致的问题。

BIOS 通常分为 Legacy BIOS 和 UEFI（Unified Extensible Firmware Interface）BIOS。

Legacy BIOS 伴随着 1981 年 IBM 发布的个人计算机上市，初期使用汇编语言编写[①]。由于对底层硬件平台存在过多的依赖，在盛行二十年之后逐步被更具开放性、标准化的 UEFI BIOS 替换。UEFI BIOS 主要使用 C 语言编写，相对于汇编语言，C 语言具有支持屏蔽底层设备细节，解耦相关软/硬件依赖等优势。而 UEFI 的前身则是 Intel 针对安腾处理器平台推出的可扩展固件接口（Extensible Firmware Interface，EFI），2005 年 Intel 将其交由统一可扩展固件接口论坛（Unified EFI Forum）[②]推广和发展，也因此将其更名为 UEFI。

UEFI 是基于 EFI1.10 标准发展起来的。EFI 与 UEFI 在本质上是相同的，UEFI 也可以被视为 EFI 的规范化版本，也是 Legacy BIOS 的进化版，其最大优势是融合了传统 BIOS 割裂的生态并提供统一的接口给上层操作系统，且无须关注操作系统的类型，从而可以更好地完成硬件初始化、提供硬件的抽象及引导操作系统。目前，主流固件公司已逐渐转为采用 UEFI 模式，但为了给部分遗留系统提供向前兼容能力，其多数会支持 Legacy BIOS。

在信创领域，我们推荐使用更具可控性的 UEFI BIOS。

2. BMC 固件

BMC（Baseboard Management Controller）固件，即基板管理控制器固件，是监控和管理服务器的关键组件，负责对服务器的硬件、操作系统、运行健康状态和功耗等进行管理。在具体实现方面，BMC 被设计为相对独立的系统，即不依赖于服务器中的其他硬件（如 CPU、内存等），也不依赖于服务器中的软件（如 BIOS、操作系统），通常实现为集成在主板上的独立芯片[③]，对外则表现为一个标准的 RJ45 网口[④]。在拥有多台服务器的云计算集群中，管理人员通常使用 BMC 指令进行无人值守操

---

① 后期的 Legacy BIOS 产品中，也有部分能力基于 C 语言实现。

② 该论坛由 BIOS 开发商、操作系统开发商及芯片公司等行业参与者建立，建立于 2005 年。

③ 某些 BMC 产品的实现形式是通过 PCIE 接口插接在主板上。

④ 多数 BMC 口是专用的，但在某些型号的服务器中，允许用户通过特定的方式将该端口转换为标准网络接口使用。

作，包括对服务器执行远程管理、监控、安装和重启等。常见的 BMC 功能如下。

- 故障日志记录和报警信息发送。
- 系统事件、传感器状态等信息的查询。
- 设备上电、下电控制。
- 独立于服务器系统电源或工作状态的支持①。
- 键盘、鼠标、视频和文本控制台的重定向。
- 通过 Web 浏览器方式登录使用。

BMC 通常分为 BMC 芯片和 BMC 固件两部分，而对服务器的监控和管理体现在诸多方面，如监控服务器运行状况、记录事件并进行故障分析、部署操作系统、提供其他远程管理能力等。BMC 也支持访问服务器中的文件、内存。图 2-12 所示为 BMC 原理架构图。

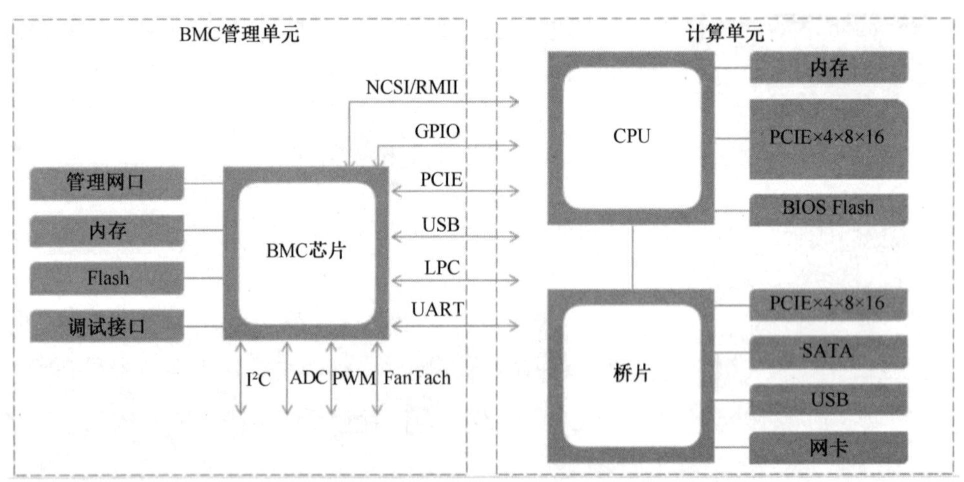

图 2-12　BMC 原理架构图

BMC 能够将数据发送到外部网络，并支持重新配置服务器网络接口。其独立运行的特性和高级别的操作权限设计，为服务器的运维人员带来了诸多灵活性，但同时也为潜在的攻击者提供了绝佳的操作入口。

① 指在服务器“关机”状态下，运维人员仍可通过远程访问 BMC 的方式开启服务器。

服务器远程管理指通过网络对服务器进行访问、控制和管理，常见的有远程控制服务器开机和关机，监控服务器硬件健康状态如CPU温度、风扇转速等，远程挂载操作系统安装盘、安装操作系统等。通过这种方式，运维人员可以在任意地点通过网络接入相应服务器进行管理与维护，而不再需要长时间驻守在嘈杂的实验室环境中。目前服务器远程管理主要有3种方式。

（1）带外（out-of-band）管理。管理控制信息和业务数据采用不同的网络路径发送，使用专用的管理网口。

（2）边带（side-band）管理。共享特定的业务网口，该网口在网络中会表现为两个独立的MAC和IP地址，通过业务网口的NCSI[①]（Network Controller Sideband Interface）功能，使用NCSI网口的IP地址可远程访问BMC，访问方法跟专用网口相同。

（3）带内（in-band）管理。通过业务网口进行连接，通过操作系统或第三方软件对系统进行访问、控制和管理。

从实现方式上看，带外管理、边带管理都基于智能型平台管理接口（Intelligent Platform Management Interface，IPMI）和BMC实现，其中IPMI提供远程管理的标准和接口，而BMC芯片则是提供远程功能的核心部件。两者均基于硬件方式实现，且支持在服务器关机、服务器有故障时和安装操作系统之前进行工作，区别是边带管理使用共享的业务网口，可节省一定的配件成本，而带内管理多基于操作系统实现，因无须配置特定固件故实现成本相对低廉，但必须在操作系统正常启动后才可使用。

IPMI是一组交互标准管理规范，由Intel、HP、Dell和NEC公司于1998年提出，主要用于服务器系统集群自治，监视服务器的物理健康特征如温度、电压、风扇转速、电源状态等，还负责记录各种硬件信息和日志用于告警通知、问题定位等。而BMC则是实现该标准管理规范的控制器硬件，BMC与其他组件如BIOS的交互，以及远程对关闭的服务器进行启动、重装、挂载ISO镜像等，均基于IPMI进行。

① NCSI是用于边带管理接口网络控制器的工业标准。

同时 IPMI 也约定使用低级硬件对服务器进行智能管理，在实现带外方式服务器管理的同时，避免操作系统承担传输服务器状态数据的相关任务。

3. 主流固件品牌

以 BIOS 为核心的固件产业在信创供应链中扮演着重要的角色，在固件供应链中，固件开发商在获得上游处理器厂商核心代码授权之后，才可获取处理器核心参数进行相关产品的研发。BIOS 是比操作系统更底层和基础的模块，也是计算机“点亮”后第一个被激活的系统程序，更是计算机软/硬件通信的桥梁。

在 2005 年之前，全球与 Intel 签订合作协议，可独立开发商业化 x86 指令集 BIOS 的厂商只有 Phoenix、AMI 和 Insyde 三家。2005 年，Intel 寻找 BIOS 中国大陆合作伙伴，并最终与中电科技和百敖科技达成合作，将 x86 指令集授权给两家公司，而前者在 2008 年由于种种原因不再持有 Intel 的授权。自此国产 BIOS 产品分成了两类，一类是基于国产处理器研发的中电科技，另一类则是主要基于 x86 指令集的百敖科技。图 2-13 所示为主流固件品牌与处理器间的对应关系。

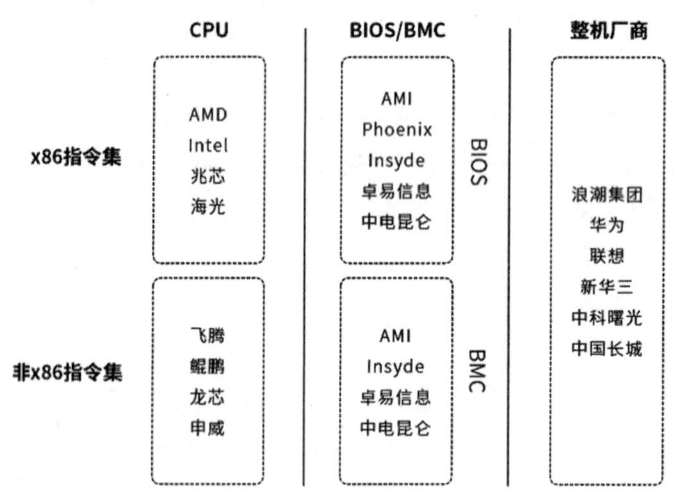

图 2-13　主流固件品牌与处理器间的对应关系

目前主流固件品牌如下。

（1）Phoenix。美资上市公司、BIOS 行业龙头，成立于 1979 年。产品线主要如下。

- Phoenix Award BIOS，主要面向 ODM 及低端市场。

- Phoenix BIOS/UEFI，主要面向高端台式机及笔记本市场。
- General Software BIOS，主要面向嵌入式市场。

（2）AMI。成立于1985年，公司总部位于美国，目前是世界上最大的BIOS固件供应商，BIOS行业的技术领跑者。AMI的主要研发中心是中国台湾，其BIOS工具价格比Phoenix更低一些。主要产品包括AMI Core、AMI Aptio，其中前者是传统BIOS，后者是EFI BIOS。

（3）Insyde。1998年，Insyde（系微）收购了美国SystemSoft（系腾科技）成立了该公司，并于2003年在中国台湾上市。不同于Phoenix和AMI的产品战略，Insyde在进入固件领域初期就聚焦于UEFI，其业务也高度集中于BIOS/BMC技术，产品覆盖Intel、AMD、微软等国际主流厂商。受益于中国台湾个人计算机市场的高速发展和Intel公司对UEFI BIOS的大力推广，Insyde快速坐上BIOS市场的第二把交椅。

（4）昆仑固件。中电科技成立于2005年，是中国电子面向国家战略安全核心领域布局的高新技术企业，提供以昆仑固件为核心的自主固件系列产品，旗下昆仑BIOS产品以可信计算技术为核心并具有自主知识产权，支持整机主板硬件初始化和操作系统引导，可应用于主流国产处理器平台的服务器、终端、移动设备和嵌入式设备。

昆仑固件目前在售版本为昆仑BIOS V4系列，并在安全可信、外设驱动、定制优化等方面进行了大幅度提升改进，广泛支持国产MIPS指令集的龙芯、ARM指令集的飞腾、鲲鹏及x86指令集的兆芯和海光，同时符合最新UEFI规范及国标、国军标和行业安全可信标准。

（5）百敖固件。卓易信息公司成立于2008年，其全资子公司百敖科技是全球第四家获得Intel x86指令集授权的BIOS厂商，目前最新在售固件版本为ByoCore V2，支持应用于服务器、终端和物联网设备，是基于UEFI规范化和模块化、通用化、可定制化等设计理念，具有自主知识产权的BIOS产品，支持主流x86、ARM和MIPS等多种指令集。

（6）服务器厂商自研固件。部分国产整机厂商也具备固件研发能力，如华为、长城等。

随着云计算领域对于集群规模的要求越来越高，大型集群的状态监控与自治变得尤为重要。BMC 固件则在此发挥了重要的作用，提供了独立于服务器的 CPU、固件和操作系统等软/硬件的管理和监视功能，以及计算机系统的带外管理和管理员操作监视功能。在 BMC 固件产品方面，其主流产品如下。

（1）Aspeed。成立于 2004 年，是一家总部位于中国台湾新竹的 IC 设计公司，在 2016 年收购了 Boardcom 旗下的 Emulex Pilot 远程服务器管理芯片业务，目前已成为全球主要的服务器 BMC 芯片供应商。Aspeed 公司旗下的 BMC 芯片是国内服务器厂商的首选固件产品，但其 BMC 固件多数采用美国 AMI 公司的产品。

（2）AMI。AMI 的 MegaRAC 系列 BMC 远程管理固件解决方案被广泛应用于 Aspeed 系列 BMC 芯片中。

国内服务器产品多数在用 Aspeed BMC 芯片+AMI BMC 固件的组合来对服务器进行状态监控和远程控制，这也为国产服务器厂家加快自主研发 BMC 的脚步提出了更高的要求。目前，随着国产基础软/硬件业务需求的提升，作为核心基础软件的固件也必将迎来快速发展期。

2.2.3 操作系统

操作系统管理着计算机系统的全部软/硬件资源，利用处理器指令集进行硬件管理及资源抽象，是底层基础软/硬件与上层数据库、中间件和应用的连接纽带。回溯历史，1946 年诞生的全球第一台现代电子计算机 ENIAC[①]（Electronic Numerical Integrator And Computer）并没有使用操作系统，而是通过旋钮与插线板的组合进行指令输入；20 世纪 50 年代，第二代计算机使用晶体管替代真空管，大幅减少了功耗、体积并提升了计算能力，此时传统低效的人机交互方式与处理器计算能力间的效率矛盾日益突出，进而促成了单道与多道批处理系统、分时系统和实时系统的发展，并逐步演化成支持多用户、多任务的 Unix 操作系统，以及由其派生的 Linux 操作系统等。

---

① ENIAC 为电子数字积分计算机，是继仅支持线性方程组计算的 Atanasoff–Berry 之后的全球第二台电子计算机，但由于其应用了二进制、可重用存储等现代计算机设计思想，故通常被认为是全球首台通用计算机。

操作系统随着硬件技术的发展不断迭代更新，主要分为以开源方式免费发行的 Unix 和 Linux[①]、以商业形式发行的微软 Windows 和苹果 macOS 等，其中 Unix 和 Linux 多数用于服务器操作系统，Windows 和 macOS 则多用于个人计算机操作系统。本节将通过回顾操作系统的发展历史，简要分析现有市场格局的形成历程。图 2-14 所示为现代主流服务器操作系统图谱。

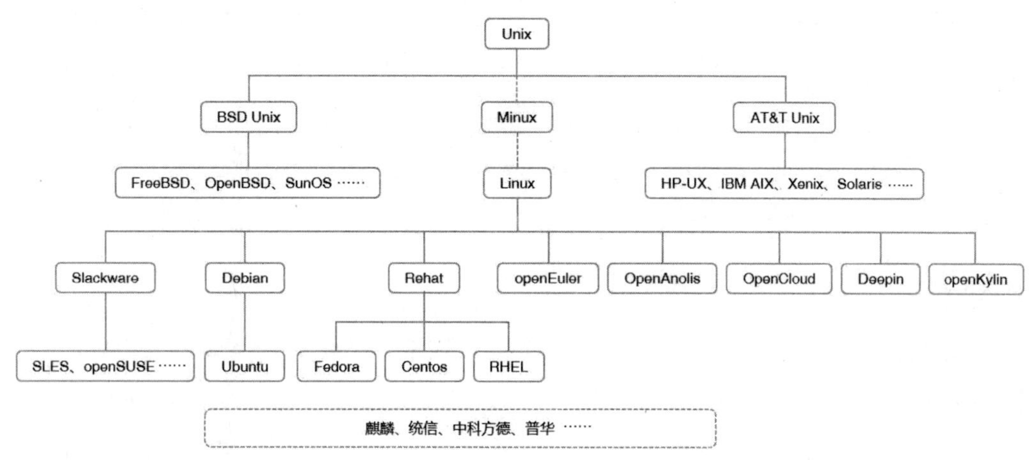

图 2-14 现代主流服务器操作系统图谱

1. Unix 操作系统

Unix 的发展史最早可以追溯至 1965 年，源于美国 Bell 实验室开展的一项名为“MULTICS”的多进程操作系统研发计划。尽管该计划因种种原因未能顺利结项，但遗留成果却在次年被其组员 Ken Thompson 改进并应用于 PDP-7 小型机，成为 Unix 操作系统的原型——因该系统当时仅支持两位用户，故也被称为“Uniplexed Information and Computing Service”，简称 UNICS，谐音为 Unix。Unix 开发初期，由于受到反垄断法的限制，AT&T 并未针对 Unix 进行任何商业化管理，其源代码也处于半公开状态。但随着 Unix 的广泛推广，AT&T 为获取商业价值于 20 世纪 70 年代在 Unix 第 7 个版本发布后收回了源代码的所有权。这也促使 Unix 操作系统走向了两条发展路线：一类是商业化的 AT&T 版本，衍生出了微软 Xenix、IBM AIX、Sun Solaris 和 HP-UX 等产品；另一类则是半开源的 Berkeley BSD（Berkeley Software Distribution）

① 只有部分 Unix/Linux 是开源操作系统，如 FreeBSD、Ubuntu 等。

Unix，衍生出 FreeBSD、OpenBSD、NetBSD 和 SunOS 等产品。

2. Linux 操作系统

1983 年，为反对 AT&T 软件私有化，Richard Stallman 发起了 GNU 计划推动源代码开放，并创立了自由软件体系 GNU 和自由软件基金会 FSF（the Free Software Foundation），拟定普遍公用版权协议 GPL（General Public License），并在 Unix 源代码未公开的情况下编写了“Minix”操作系统。而让操作系统格局发生深刻变革的，则是芬兰大学生 Linus Torvalds 针对 Intel 80386 开发了一套与 Unix 有近乎一致的体系结构和设计方式的类 Unix 操作系统“Linux”，并且完全免费且允许自由传播。目前，Linux 已在全球发行了数百个衍生版本，如 RedHat、Debian 等。

（1）RedHat。成立于 1993 年的 RedHat（红帽）是一家开源解决方案供应商，旗下的 Linux 操作系统产品是国内使用最多的品牌，相关产品系列包括 RHEL（Red Hat Enterprise Linux）、CentOS（Community Enterprise Operating System）和 Fedora。RedHat 的商业模式是将开源社区项目产品化，通过免费提供的方式在庞大用户群体中验证其新功能的可用性，通过收集 Bug 以进行升级迭代，逐步将趋于稳定的新功能添加到付费的企业发行版 RHEL 中。

（2）CentOS 即社区企业操作系统。CentOS 是目前国内云产品中使用最多的 Linux 发行版之一，早期版本基于 RHEL 再编译而成，并在 RHEL 基础上修正了诸多已知 Bug，相对于其他 Linux 发行版也具有更高的稳定性。因此也可以将其理解为 RHEL 社区版，是一个完全免费开源的版本。

CentOS 主要分为两个版本：CentOS Linux 和 CentOS Stream。在红帽系的系统中其生态位置为 CentOS Stream—RHEL—CentOS Linux。

CentOS Linux 版为传统 CentOS 系统，系统的基本源代码由 RHEL 对应版本的开源代码提供，也是 RHEL 的下游版本。当 RHEL 更新后，CentOS Linux 根据 RHEL 更新的内容进行更新并修复其中的漏洞。CentOS Linux 版本略落后于 RHEL，新特性更新速度较慢，通常每 2 年发行一次并提供 10 年的安全维护支持，同时每个版本也会每隔 6 个月更新一次以支持新上市的硬件设备。由于 CentOS Linux 与 RHEL 同源且具有相对较高的稳定性，这也使其成为开发者的首选，很多政企用户采用其作为服务器操作系统，以降低相关的信息化投入成本。

CentOS Stream 为滚动更新版，因此也没有固定的版本号，而是以小版本方式滚动更新，系统的基本源代码也由 RHEL 对应版本的开源代码提供，但其代码更新策略更加激进，是合并 RHEL 前的一个试验场，它会优先使用各种新特性和新内核，待稳定之后再发布 RHEL 版本，可视为 RHEL 的上游。

2014 年，红帽公司宣布与 CentOS Linux 开源社区合作，将 CentOS 团队收编，并成为 CentOS Linux 背后的支持者。红帽公司于 2019 年被 IBM 收购，2020 年红帽公司突然宣布终止原先发布的 CentOS 维护计划，而拥有 10 年支持的 CentOS 8 也在 2021 年底结束维护，取而代之的是把开发工作的重心逐渐转移到 CentOS Stream。此项调整的主要原因，是希望 CentOS Stream 可以率先使用各种新特性和新内核，让其成为 RHEL 生态系统的主要创新中心。但 CentOS Linux 的停服，让 CentOS Stream 貌似成了 RHEL 企业付费版的测试版本，对于政企用户最为看重的稳定性、可靠性等特点均无法得到有效保障。表 2-29 所示为 CentOS 各系统生命周期。

表 2-29　CentOS 各系统生命周期

操作系统	停止时间
CentOS Linux 7	2024-06-30
CentOS Linux 8	2021-12-31
CentOS Stream 8	2024-05-31
CentOS Stream 9	预计在 2027 年

虽然 CentOS 停服事件对许多企业级用户的云计算系统研发和实施规划产生了巨大的冲击，但也为中国发展服务器操作系统提供了重要契机。一方面，中国拥有巨大的服务器操作系统市场需求，市场整体收入上亿美元，空间巨大；另一方面，据中国信息通信研究院预测，在“十四五”期间国内数字经济发展规模预计达 60 万亿元，这也对底层基础设施的可靠性、稳定性和算力多样性支持提出了更多新需求。

（3）Debian。Debian 由德国人 Ian Murdock 于 1993 年创建，由非营利性的 Debian 计划组织维护，其开发团队包括世界各地的志愿者。Ian Murdock 是 Debian GNU/Linux 发行版的创始人，也是商用 Linux 发行商 Progeny 公司的创始人。他曾就职于太阳微系统公司（Sun Microsystems），在加入该公司之前，Ian Murdock 曾是

Linux 基金会的首席技术官和 Linux 平台交互标准 LSB（Linux Standard Base）的主席。Debian 不仅是一种 Linux 发行版，也是一个包含多种不同操作系统的内核分支的组织框架，包括最为著名的、使用 Linux 内核的 Debian GNU/Linux 系统，采用 FreeBSD 内核的 Debian GNU/FreeBSD 系统，以及采用 NetBSD 内核的 Debian GNU/NetBSD 系统等。

（4）Ubuntu。Ubuntu 是一款基于 Debian 开发的、以桌面应用场景中的易用性著称的 Linux 操作系统，于 2004 年 10 月发布第一个版本。其特点是封装了许多工具类应用，用户界面绚丽、拥有强大的包管理系统及丰富的软件源支持。

3. Windows 操作系统

Windows 操作系统的研发始于 1983 年，其最初目标是在微软 MS-DOS 命令行操作系统基础上提供一个多任务的图形用户界面。1985 年发布了第一个版本，但直到 Windows 3.0 发布后才逐渐获得较为广泛的使用。而在服务器操作系统市场中，Windows 相关份额却远不敌 Linux。据赛迪数据显示，2021 年中国服务器操作系统市场主要的产品有 Linux、Windows 和 Unix，随着近几年 Linux 开源系统逐渐受到用户的青睐，其以 79.1%的高比例占据服务器市场的绝对领先地位，而 Windows 仅占 20.1%、Unix 占 0.8%。

4. 国产操作系统

我国操作系统起步于“七五”计划期间，源于中国科学院软件研究所承接的 Linux 内核自主产权操作系统的研发项目。1999 年 8 月发布了用于政府部门的红旗 Linux 1.0，正式开启了操作系统国产化之路。随后冲浪软件、中科红旗、蓝点等诸多国内厂商开始研发基于 Linux 内核的国产操作系统，先后发布了 Xteam Linux[①]、红旗 Linux 和 Bluepoint Linux 等产品，其技术路线多为基于 Linux 内核进行二次开发。本世纪初，银河麒麟操作系统作为 863 计划重大攻关科研项目投入研发，并于 2007 年正式投入使用；“十一五”期间[②]“核高基”项目也为国产操作系统的研发提

① Xteam Linux 发布于 1999 年 4 月 8 日，是国内首款基于 Linux/Fedora 的国产操作系统。2000 年，Xteam Linux 发行主体北京冲浪软件在港交所挂牌上市。2003 年，由于相关应用生态构建等问题，Xteam Linux 在发布 5-pre 版本后宣布停更。

② 时间为 2006—2010 年。

供了研究经费的支持。2014 年 5 月 16 日，中央政府采购网公布《关于进行信息类协议供货强制节能产品补充招标的通知》，明确禁止政府采购计算机中安装 Windows 8 操作系统。自此，各级政府国产操作系统采购名单中，以麒麟、深度和中科方德为代表的国产产品占比明显提高。而随着国产云计算产业的快速发展，国产操作系统也迎来了新的发展机遇。

目前国产操作系统的主要产品品牌包括以下几种。

（1）麒麟操作系统。麒麟软件是中国电子集团旗下专注于操作系统产品研发的企业，由中标麒麟软件有限公司和天津麒麟信息技术有限公司整合而成，拥有“中标麒麟”和“银河麒麟”两大产品品牌，既有面向通用领域的安全创新操作系统产品，又有面向国防专用领域的高安全性、高可靠性操作系统产品，范围涵盖服务器、桌面和嵌入式操作系统，且同时支持飞腾、鲲鹏、龙芯、申威、海光、兆芯等主流国产处理器。目前，国产云计算领域常见的麒麟操作系统包括银河麒麟桌面和服务器版操作系统 V4、中标麒麟桌面和高级服务器版操作系统软件 V7、银河麒麟桌面和高级服务器版操作系统 V10 等三大类型、多款产品。

银河麒麟操作系统早期版本基于 BSD 内核开发，支持 Intel IA64、SUN SPARC 和 SGI MIPS 等当时较为主流的处理器体系结构。后为摆脱 BSD 内核更新缓慢、硬件支持能力弱、上层软件生态链脆弱等问题，从麒麟操作系统 V3 开始由 BSD 架构切换至 Linux 架构。同时为了配合国产飞腾处理器的发展，于 2014 年推出了银河麒麟 V4 系列，可同源支持国产飞腾 FT-1500、FT-2000 和 FT-2000+系列处理器及主流 x86 处理器。银河麒麟 V4 系列主要用于国家关键行业服务器应用领域，具有高安全性、高可用性、高处理效率及支持虚拟化等特性，兼容浪潮、联想、曙光等国内主流品牌的服务器型号，以及达梦、金仓、神通等数据库产品和中创、东方通、金蝶天燕等中间件产品，满足用户对系统安全性、性能及扩展性等方面的需求。其主要特性如下。

- 提供核内核外一体化的安全防护体系，实现自研 Kysec、BOX 等安全机制和开源强制访问控制兼容管控。同时支持 SM 系列国密算法和自主可信计算规范 TPCM，安全等级达到 GB/T20272 第四级。

- 支持强实时处理能力；支持外部中断源与内部定时器协同机制、轻量级事件通信和异步回调机制及快速中断处理和转发机制。
- 支持多路处理器虚拟技术以适应高负载应用环境。
- 支持 LSM、SELinux、加密文件系统及对文件和目录的许可权限控制。
- 采用 i18n 技术和标准，支持 GB 18030—2005、GB 18030、GB 2312、GBK 等中文字符编码。

中标麒麟高级服务器操作系统软件 V7，是中标软件有限公司基于 Linux 架构研发的国产操作系统，通过在系统安装、多库工具链、内核支持、Docker、LuaJIT①、软/硬件深度优化适配等方面的设计研发，形成稳定性高、功能丰富、安全可靠的国产服务器操作系统，适用于构建大型数据中心、高可用集群和负载均衡集群、分布式文件系统等。主要特性如下。

- 同源支持龙芯、飞腾、申威、兆芯、海光、鲲鹏等国产处理器。
- 支持 TCM/TPCM、TPM2.0 等可信计算技术②，适配并支持国产加密算法和国产安全软/硬件产品。
- 提供系统备份和恢复功能，以及意外情况下系统掉电保护机制。
- 支持达梦、金仓、MongoDB、MySQL 等数据库和中创、东方通、南大通用等中间件。

银河麒麟高级服务器操作系统 V10 是针对企业级关键业务，适应虚拟化、云计算、大数据、工业互联网时代对主机系统可靠性、安全性、性能、扩展性和实时性的需求，自主研发的新一代自主服务器操作系统，也是两家公司整合后推出的首款操作系统。可用于构建大型数据中心服务器高可用集群、负载均衡集群、分布式集群的文件系统、虚拟化应用和容器云平台等业务场景，同时支持部署在物理服务器和虚拟化环境，以及私有云、公有云和混合云环境中。其主要特性如下。

---

① LuaJIT 为采用 C 语言编写的 Lua 解释器。

② 可信计算（Trusted Computing，TC）是一项由可信计算组（可信计算集群，也称为 TCPA）推动和开发的技术，广泛应用于计算和通信系统中硬件安全模块支持下的可信计算平台，以提高系统整体的安全性。

- 同源支持飞腾、龙芯、申威、兆芯、海光、鲲鹏等国产处理器。
- 优化支持 KVM、Docker、LXC 虚拟化，和 Ceph、GlusterFS、OpenStack、Kubernetes 8 等原生技术生态，实现对容器、虚拟化、云平台、大数据等云原生应用的良好支持。
- 支持自研生物识别框架，提供指纹、指静脉等多种身份认证机制，内置独创的 kysec 技术与私有数据隔离保护技术，以及支持国密算法和可信计算 TCM/TPCM、TPM2.0 等，安全等级达到 GB/T 20272 第四级。
- 支持数据安全管理功能，基于内部集成的麒麟备份还原工具，可提供系统备份、数据备份等支持。
- 针对不同的国产处理器，在内核安全、RAS 特性、I/O 性能、虚拟化和国产硬件（桥片、网卡、显卡、AI 卡、加速卡等）及驱动等方面进行优化增强。
- 支持国内外主流中间件产品，包括中创、东方通、普元、金蝶、用友等，以及 WebLogic、Tuxedo、WebSphere 等。

目前，麒麟软件已将 V10 作为其主推产品，后续规划中 V4 与 V7 则不再进行大规模的功能更新，而仅对原有版本做有限的维护性开发。

（2）统信操作系统。统信软件成立于 2019 年 11 月，专注于操作系统等基础软件的研发与服务，致力为不同行业的用户提供安全稳定、智能易用的操作系统产品与解决方案。统信操作系统基于完全开放源代码和自下而上的研发形式，支持快速、轻松地优化和定制操作系统，其服务器版操作系统通过采用多模态（用户态、系统态等）、模块化的设计理念，全面支持在物理机、公有云、私有云、混合云或超融合环境中构建生产环境，并通过连接传统和新基础设施简化用户 IT 环境，助力用户改造升级。其主要特性如下。

- 支持国产主流 CPU 指令集（x86/ARM/MIPS/SW-64/LoongArch）和相关处理器品牌、型号。
- 支持 KVM、QEMU、Libvirt 等多种虚拟化技术栈。

- 支持多种部署模式，包括 OEM/ODM 整机厂商工厂预装、独立安装介质、到云管理平台镜像交付，以及小规模 PXE 网络批量部署等，且提供完整解决方案与部署工具，满足用户在部署环节的个性化需求。
- 提供对 Docker、Kubernetes、Harbor 等多种开源容器技术在国产处理器平台的同源异构支持。
- 支持基于上游 Debian 社区所适配的 OpenStack 稳定版，通过对 OpenStack 核心项目（Nova、Cinder、Neutron 等）进行二次适配，满足云服务运行过程中对操作系统的稳定性和性能要求。
- 提供国产全生态硬件与国外主流硬件驱动的系统级支持，支持企业和消费级应用软件在开发、调试和生产运行环境中使用基于硬件、生物特性的多因子认证。
- 提供丰富高效的管理工具对系统组件进行优化配置，支持 OpenSSL 国密 SM2、SM3 算法及内核 SM4 算法。

统信操作系统的桌面版、服务器版为同源版本，因而应用程序在适配桌面版后，可快速适配服务器版本。目前，统信服务器操作系统 V20 主要被用于高可用集群、中间件、云计算、容器等应用场景，支撑党政、金融、证券、能源等行业，以及通用型企业用户的应用需求。

（3）openEuler。openEuler 是由开放原子开源基金会[①]（OpenAtom Foundation）孵化及运营的国产开源操作系统项目，其基于 Linux 内核，由全球开源贡献者共同构建的高效、稳定、安全的开源操作系统，支持 Intel、鲲鹏和飞腾等多个处理器品牌，适用于数据库、大数据、云计算、人工智能等应用场景。openEuler 也是一个面向全球的操作系统开源社区，通过社区合作的方式打造创新平台，构建支持多处理器、统一和开放的操作系统，推动软/硬件应用生态的发展。相关核心组件包括基础加速库、虚拟化、内核、驱动、编译器和 OpenJDK 等，分为以下部分。

① 开放原子开源基金会是国内首个开源基金会，由阿里巴巴、百度、华为、浪潮、360、腾讯、招商银行于 2020 年 6 月联合发起，服务范围包括开源软件、开源硬件、开源芯片及开源内容等，旨在为各类开源项目提供中立的知识产权托管，以保证项目的持续发展不受第三方影响，并通过开放治理寻求更丰富的社区资源的支持与帮助。

- 应用中间件层。提供多种类型的中间件，提供数据库、桌面、机密计算等系统软件，支持其上的应用软件共享资源。
- 运行时及加速库层。提供程序运行时库和加速库。
- 虚拟化及容器层。提供虚拟化和容器能力，可根据用户需求选择使用。
- 内核层。提供多种帮助应用安全访问底层硬件的软件，负责管理系统的进程、内存、设备驱动程序、文件和网络系统等。
- 芯片层。提供多种类型的驱动，提供硬件设备的访问和管理，支持硬件设备的访问和管理。
- 工具链。提供开源项目中开发和使用到的多种提升效率的工具。

其对应架构如图 2-15 所示。

图 2-15　openEuler 架构图（源于 openEuler 官网）

目前，已有多个国产操作系统品牌基于 openEuler 发布了对应的商业版本，包括麒麟、统信、麒麟信安、中科傲来、普华和红旗等。

（4）OpenAnolis。OpenAnolis（龙蜥社区）成立于 2020 年 9 月，是一个由国内外操作系统、处理器和云计算等领域企事业单位、高等院校、科研单位、非营利性组织和个人，在自愿、平等、开源、协作的基础上共同组成的开源社区及创新平台，致力于通过开放的社区合作，构建国内自主 Linux 开源发行版及开源创新技术。龙蜥操作系统（Anolis OS）搭载了 RHCK 和 ANCK 两种不同版本的内核，可以与国际主流 Linux 厂商发行版达到 100%兼容，支持通过其提供的配套迁移工具，帮助用户平滑迁移至龙蜥操作系统 Anolis OS，其短期目标也包含为用户提供一种 CentOS 停服应对方案，满足 CentOS 停服后的各领域、各行业用户的使用需求。

OpenAnolis 已发布的 Anolis OS 主流版本如表 2-30 所示。

表 2-30　Anolis OS 主流版本

版本	描述
Anolis OS 7.7 GA	继龙蜥操作系统 7 系列后发布的第一个版本，与 CentOS 7 100%兼容，搭载双内核 RHCK（RHEL Compatible Kernel）和 ANCK（OpenAnolis Cloud Kernel）。其中 ANCK 由社区 Cloud Kernel SIG 组基于上游 4.19 LTS Kernel 研发，支持 x86 和 ARM 指令集，包括 Intel、飞腾、海光、兆芯、鲲鹏等
Anolis OS 7.9 GA	继龙蜥操作系统 7 系列后发布的第二个版本，与 CentOS 7 100% 兼容，搭载双内核 RHCK 和 ANCK，支持 x86 和 ARM 指令集
Anolis OS 8.2 GA	Anolis OS 8 的首个正式发布小版本，与 CentOS 8 100%兼容。搭载双内核 RHCK 和 ANCK，支持 x86 和 ARM 指令集
Anolis OS 8.4 GA	Anolis OS 8 发布的第二个正式版本，与 CentOS 8 100%兼容。搭载双内核 RHCK 和 ANCK，支持 x86 和 ARM 指令集
Anolis OS 8.6 GA	Anolis OS 8 发布的第三个正式版本。与 CentOS 8 100%兼容。搭载双内核 RHCK 和 ANCK，支持 x86 和 ARM 指令集

Anolis OS Cloud Kernel 在支持 Intel 等通用处理器品牌的同时，也支持国产主流处理器品牌和型号，如表 2-31 所示。

表 2-31　Anolis OS 支持的国产平台

厂商	指令集	典型 CPU 型号
飞腾	ARM	飞腾 S2500、FT-2000+
鲲鹏	ARM	鲲鹏 920
海光	x86	海光 7185 等
兆芯	x86	兆芯 KH-37800D
龙芯	LoongArch	龙芯 3C5000L

在硬件生态方面，OpenAnolis 已与 Intel 及国内芯片厂商进行合作，兼容 Intel、海光、兆芯、飞腾、鲲鹏、龙芯等诸多处理器品牌。

5. 操作系统小结

在上面介绍的操作系统中，当前活跃的产品大致可分为开源的 Unix/Linux、特定商业联盟 Wintel（Windows 和 Intel）两种类型，支撑这些产品持续发展的主要因素有以下几点。

（1）开源产品具有相对更高的灵活性，能够帮助用户以更低的成本获取适合的产品。同时，其通过庞大的源代码编写、测试服务和文档撰写志愿者团队推进版本的快速迭代，有效满足了用户对新功能的追求，进而促使其获得更长远的发展。

（2）Windows 操作系统通过与 Intel 处理器组成联盟，由 Intel 按照摩尔定律不断提高芯片性能，微软则持续对 Windows 系统进行升级换代，两者深度适配并捆绑销售，从而成功取代了 IBM 在个人计算机市场的主导地位并垄断市场达 30 年之久。

（3）传统操作系统通过与新技术不断融合创新，在云计算、大数据、物联网等领域推出了众多具有融合属性的优势产品，通过在特定行业领域的应用、对新市场潜力的挖掘，推动了技术的持续创新和发展。

与此同时，我们应清楚地认识到操作系统中运行的各类业务应用才是政企用户直接使用的软件，因而安装在各种操作系统中的应用是否丰富、对应的生态是否成熟，以及用户使用体验是否友好等，都和操作系统自身的技术水平同等重要。

从市场占有率角度，根据 StatCounter 发布的相关数据，目前全球个人操作系统市场仍然被微软公司 Windows 系统所垄断[①]。从国内数据看，截至 2022 年第一季度，Windows 占国内个人操作系统市场 85.82%的份额；作为对比，2021 年国产麒麟操作系统占国内个人操作系统市场 3.78%的份额，统信操作系统则为 2.12%。

---

① 注意本段提供的不是服务器操作系统的市场占有情况，但可反映出国产操作系统在推广方面仍具备较大的提升空间。

2.2.4 服务器

服务器是现代数据中心的基本组成单元，其通过交换机与其他网络设备相组合，共同为云计算产品提供所需的基础硬件环境。

近年来随着政企数字化转型的深入，中国服务器市场保持着持续的增长态势。根据咨询机构 IDC[①]（International Data Corporation）相关预测数据，到 2025 年中国区 x86 指令集服务器市场规模将达到 407 亿美元，复合年均增长率约 12.8%。从出货量和市场规模角度来看，中国服务器所占全球市场的份额也在持续提升，对应市场规模占比从 2016 年的 15.85%提升到了 2021 年的 25.29%，出货量占比从 2016 年的 23.95%提升到了 2021 年的 28.89%，已成为仅次于美国的全球第 2 大服务器市场。

从供应链整体角度看，由于国内使用的 x86 指令集相关核心部件，如 CPU、内存、硬盘和 GPU 等高度依赖国外进口，导致国内服务器厂商更多的是从事供应链下游的组装与服务相关工作，缺乏对核心技术、定价权的掌控能力。同时，参考 IDC 定期发布的《全球服务器季度跟踪报告》相关数据，2021 年 x86 指令集服务器占据全球服务器 97%以上的市场份额——其中 Intel 处理器份额占比为 88.9%、AMD 处理器占比为 5.54%，所有国产处理器总占比不足 5%。

1. 常见服务器形态

随着科技的不断发展，计算机的种类也在逐渐丰富。从性能方面来看，可将计算机分为超级计算机、网络计算机（服务器、工作站等）、工程控制计算机及个人电脑（台式机、笔记本、嵌入式设备等）。在构建云计算数据中心时，通常选用服务器作为基础设备。

目前市面上常见的服务器形态主要有塔式服务器、机架服务器、刀片服务器和机柜式服务器 4 种，其中机柜式服务器相对特殊，它不是一款单独的服务器产品，而是通过专用安装箱为服务器存放提供的预置环境，并由机架式、刀片式服务器和其他网络设备组合而成。其他三种服务器形态的主要区别如表 2-32 所示。

---

① IDC 即国际数据公司，是全球著名的科技市场研究机构。

表 2-32 不同形态服务器的主要区别

对比项	塔式服务器	机架式服务器	刀片式服务器
外形	立式机箱，体型大，通常无须和机柜搭配	机架式机箱，体型中等	机架式机箱内可安装多个卡式服务器单元，体型小
扩展性	纵向扩展性好	扩展性适中	纵向扩展性差
优劣势	✓ 维护方便，成本较低 ✓ 占用空间较大，不适用于使用服务器较多的场景	✓ 统一工业标准生产 ✓ 散热较差	✓ 单机售价低，适用于服务器较多的场景 ✓ 厂商锁定，服务器刀片只能在其他厂商的机箱里使用 ✓ 纵向扩展性较差，横向扩展升级手段灵活、便捷
应用场景	中小企业及入门级客户	中型/大型企事业单位及 IDC[①]	机房空间紧张时

由于塔式服务器空间占用大、横向扩展性受限，多应用于小型传统单体式业务系统场景，由于其在协同工作时空间占用和系统管理上受限，故已不适用于多数云计算项目实施环境[②]。机架式服务器产品、型号众多，其在采购成本、空间占用等方面也具备一定优势，特别是目前主流的 2U[③]双路[④]机架式服务器，被广泛应用于云计算项目。刀片式服务器是一款经过特殊设计的高密度服务器类型，其实现形成是在一个标准高度的机架式箱内插装多个卡式服务器单元，并将网络、管理、供电和散热等配件集成于一体。这种方式与机架式服务器相比提供了更高的计算密度，但其高密度的特性也导致在扩展性方面往往不如机架式服务器灵活，故障排查、配件更换也相对复杂，且极致的高密度设计方式也使得不同品牌产品间存在诸多不兼容现象。

为有效支撑人工智能、5G、物联网、大数据等业务的发展，满足用户业务在不同阶段的差异化需求，云平台对服务器各类指标提出了更多的要求。通常来说，当业务特征相对单一时，可选用各项指标相对均衡的通用型服务器。后续可随业务的发展按需选择具备特定属性的服务器，典型的如计算密集型应用为主的业务，可选配有更多高主频处理器的计算优化型服务器，数据归档类业务则可选择提供更多存储容量的存储优化型服务器等[⑤]。

① 此处的 IDC 指互联网数据中心。

② 针对服务器数量较少的边缘云环境，可考虑使用塔式服务器。

③ U 为 Unit 的缩略语，是一种表示服务器外部尺寸的单位，具体尺寸由美国电子工业协会制定。1U=1.75 英寸 =4.445 厘米，常见的有 1U、2U 和 4U 服务器，较为少见的有 6U、8U 服务器等。

④ 常见的有单路、双路服务器，较为少见的有 4 路和 8 路服务器等。

⑤ 某些服务器型号可通过对内部配件的调整，分别应对计算密集型、存储密集型的业务使用场景。

2. 服务器与云计算的关系

在云计算技术尚未普及时，信息系统多以集中式架构为主，将业务数据的计算、存储集中在数量有限的几台高性能服务器中进行，通常采用纵向扩展[①]方式提升整体的处理能力，并基于硬件和相关专用软件的集群机制提升系统可用性。集中式架构的主要优势是部署结构相对简单，服务器之间的分布式协作逻辑相对单一，软/硬件相互配合的成熟度高。其劣势是硬件设备故障的影响范围广、系统扩展性差，且往往对特定品牌的软/硬件供应商存在技术、服务等方面的依赖性，因此对服务器自身性能、稳定性指标要求较高，而重载型业务的处理往往需要依赖算力更强的小型机等高端设备，如金融行业的核心业务系统，由于其并发性要求高、数据量大且需遵循事务和交易数据的强一致性，目前仍有诸多部署实例运行在大型或小型机之上。

云计算技术是典型的分布式架构，相对于传统的集中式架构，其最大的特点是以软件定义方式对服务器进行管理，包括通过软件方式实现跨服务器的分布式协同计算、并发能力支持等，不再过多看重单台服务器的运算能力，而是更关注各台服务器间的能力均衡性、横向扩展[②]性等指标，典型的指标如下。

（1）处理器核心数。云计算产品的交付方式是将硬件进行虚拟化切分后分享给不同用户使用，而处理器作为服务器中提供算力的关键组件，其核心数量的多少直接决定了该服务器所能承载的用户数量。因而可以看到，在多数服务器厂商的推荐型号中，面向云计算优化的产品往往会采用物理核心数量较多的处理器型号。

（2）内存容量。和处理器类似，内存容量也是云计算产品重点关注的关键指标。一方面，云计算会采用核心数量较多的服务器，而对应的内存量也同样水涨船高[③]；另一方面，为保证云计算系统的整体稳定性，多数云产品在实际使用时不宜对内存进行虚拟化切分，如处理器按 1∶4 进行虚拟化而内存不做虚拟化，这也更加剧了云计算系统对内存量的要求。在实际交付的多数云计算项目中，内存通常会先于处理

① 纵向扩展多指在硬件设备数量不变的情况下，通过替换或增加设备中关键配件规格的方式，实现对系统整体性能的提升。如将处理器从 1 颗增加到 2 颗、内存从 128GB 扩展到 512GB、网卡把 4 个千兆口替换为 4 个万兆口、增加 2 块 GPU 加速卡等。

② 横向扩展即通过替换或增加硬件设备，实现对系统整体性能的提升。和纵向扩展相比，其优势是可大大降低采购集中式架构初始设备时为后续扩展预留资源所消耗的采购成本，可按需引入新型设备来线性提升性能。

③ 以虚拟机为例，通常虚拟处理器核心数和内存数按 1:2 或 1:4 来进行配置，即 1 颗虚拟处理器核心搭配 2GB 或 4GB 内存。

器资源消耗殆尽。

（3）内置存储容量。和传统架构不同，云计算系统中的存储资源往往以软件定义的方式实现，将不同服务器内置存储容量进行统一管控，并以一个虚拟化的存储资源池提供给上层使用。因此对于云计算系统而言，对单台服务器的最大存储容量要求并不像传统方式那样敏感，反而更加关注不同服务器之间存储容量的配置均衡性。

（4）服务器间的配置一致性。以云计算领域流行的超融合基础架构（Hyper Converged Infrastructure，HCI）为例，其由国际知名云计算产品提供商 Nutanix 于 2013 年引入中国市场，是一种新型的软件定义信息技术基础设施，包括虚拟化计算、分布式存储、软件定义网络等，典型特征便是云计算集群中的所有服务器均使用完全相同的软/硬件配置。

（5）关键配件对虚拟化的支持。一方面，服务器中的主要关键部件都应采用支持云计算技术的版本，如处理器、GPU 卡、操作系统等；另一方面，部分配件需使用面向云计算进行优化的型号，以云计算中的分布式存储组件为例，其对 RAID 卡的要求包括支持 JBOD 模式，以及队列深度高于 512 等。

在云计算产品中也使用了大量数据分片、读写分离、横向扩展等新型技术，从而将每台服务器编排为系统中的独立运行单元，单一服务器失效并不会影响系统整体的可用性；同时，各类资源提供的任务被分散到不同服务器中分别执行，从而有效降低了对单台服务器的性能和稳定性的要求。云计算技术还可以通过软件定义方式实现跨服务器的系统整体高可用，从而支持用相对廉价的服务器应对严苛的关键业务系统支撑要求。

此外，传统服务器中的主要计算任务由处理器完成，而随着构建在云平台之上的人工智能类应用的高速发展，深度学习、语音识别和无人驾驶汽车等业务领域也对服务器的算力提出了更多挑战。在此背景下，越来越多的服务器厂商发布了支持各类加速卡配件的机型，利用加速卡分担部分通用处理器的计算任务，以在加强系统整体稳定性的同时，支撑相关应用对云平台所开通虚拟资源的更高算力需求。

2.3 云之上：上层软件

基础软/硬件虽然可视为云计算供应链的根基，但诸多历史实践[①]证明，若没有上层软件开发商的有力配合，仅靠基础软/硬件绝不可能获得相关生态的主导权。上层软件是云计算供应链中下游供应商所研发的产品，具体包含数据库、中间件、应用和信息安全软件等，也是基础软/硬件可用性与价值的主要体现。

目前，上层软件开发商正积极开展国产云产品的适配工作，而推动厂商积极开展兼容适配工作的原因主要有 3 个。首先，上层软件适配范围和对应的实施案例数量往往是用户关注的关键指标之一，即上层软件的兼容性越强、市场竞争优势就大；其次，适配过程中针对兼容性问题的应对解决方案，也是上层软件开发商重要的隐性优势，用户也更倾向于和具备更多经验的厂商形成长期合作；最后，完成适配的厂商间会通过合作，共同开拓和推广其组合产品的销售渠道。上层软件和国产云产品间的相互适配，将成为云计算供应链后续发展中长期存在的一项关键工作。

2.3.1 数据库

数据库即按数据结构来组织、存储和管理数据的仓库，是一个长期存储在计算机内有组织、可共享、统一管理的大量数据的集合，通过数据库管理系统（Database Management System，DBMS）进行统一的管理和控制。通常将数据、DBMS 及关联应用统称为数据库系统，简称数据库。

1. 数据库分类

数据库系统诞生于 20 世纪 60 年代，早期采用层次式数据库（树形模型，仅支持一对多关系）和网络式数据库（支持多种关系）模型，属于一种简单但并不灵活

---

① 除了本书第 2 章介绍的 Intel IA-64 指令集 Itanium（安腾）案例，还可参考其他资料中 20 世纪 80 年代美国、日本争夺 x86 指令集生态主导权的案例。

的导航型数据库产品。20 世纪 80 年代，随着关系型数据库逐渐兴起并商业化，关系型数据库进入了飞速发展阶段。20 世纪 90 年代，面向对象的数据库开始出现并逐渐成为主流数据库产品。随着互联网 Web2.0 时代的到来，非结构化数据量井喷式爆发，为快速处理互联网时代容量大、多样化、流动性强的非结构性数据，非关系型数据库（Not only SQL，NoSQL）应运而生，但 NoSQL 并非是为彻底替换关系型数据库的，而是针对特定场景的一种数据库类型的补充。未来，随着云计算、人工智能、物联网等技术的发展，数据库在数据收集、存储、管理和利用方面也将不断取得新的突破。

目前，按照不同的分类方式可将数据库分为多种类型。如按照数据模型可划分为关系型数据库、时序数据库、图数据库、空间数据库、XML 数据库等；按照存储方式可划分为行式存储、列式存储、文档存储、键值存储等类型的数据库；按照系统架构又可划分为集中式数据库和分布式数据库。

所谓集中式数据库就是指由一台或多台主计算机组成中心节点，整个系统的所有业务单元和数据都集中部署与存储在这个中心节点上，系统所有功能也由其集中处理。在集中式系统中，每个终端或客户端计算机仅负责数据的录入和输出，而数据存储与控制处理则完全由中心节点来完成。集中式系统最大的特点是部署结构简单，通常采用 IBM、HP 等厂商生产的大型主机，因此无须考虑如何对服务器进行多节点的部署，也不用考虑各节点间的分布式协作问题。但由于其采用单机部署模式，很可能导致系统大而复杂，从而产生难于维护、存在单点故障、扩展性差等问题。

随着大数据时代的到来，业务量急剧增大使得诸多问题逐渐暴露出来，如集中式系统多只能纵向扩展而难于横向扩展，即只能通过扩展数据库服务器的处理器、内存和硬盘来获得性能和容量的有限提升，同时其虽然能较好地应对高并发查询场景，但一旦需要访问的并发量突破了单点设备所能提供的存储容量上限或计算能力上限，剧烈的资源争抢会导致系统整体性能显著下降。

为了应对上述问题，分布式数据库逐渐走入人们的视野。分布式数据库是指在物理上离散的多个服务器中各自部署部分存储计算单元，并利用网络设备将其连接起来形成逻辑上统一的单个数据库。随着技术的不断发展，在传统分布式基础上又出现了存储与计算单元分离的分布式架构，即横向上为存储与计算单元均是多节点的分布式架构，纵向上为存储层与计算层通过高速网络连接的分离式部署架构，简称“存算分离”架构。

2. 国产数据库产品

国产数据库始于20世纪90年代，在近30年的发展过程中，涌现出许多优秀的国产数据库产品。早期的数据库产品研发大多数依托于高校和科研机构，如达梦、南大通用、人大金仓和神舟通用等。表2-33所示为国产传统数据库厂商。

表2-33 国产传统数据库厂商

类型	达梦	南大通用	人大金仓	神舟通用
OLTP	DM8 + DSC DM8+DataWatch	GBase 8s	KingBase ES	神通数据库
OLAP	DM8 + DM Mpp	GBase 8a	KingBase Analystics DB	神通 Kstore 神通 K-Cuber 联机分析处理器系统
HTAP	DM8 + TDD	GBase UP	KSOne	神通（MPP 集群版）数据库
NoSQL	GDM	—	—	—
工具	DMHS DMETL	集群企业管理器 集群监控工具 集群 AI 管理器 集群间同步工具 RTSy nC MTK	KDI KDataCompare KFlySync KDMS	神通 K-Fusion 数据集成系统 神通异构库同步软件 神通 binglog 同步工具 神通数据迁移工具
是否开源	否	否	否	否
成立时间	2000 年	2004 年	1999 年	2003 年

（1）达梦。武汉达梦数据库有限公司成立于2000年，其前身为华中科技大学数据库与多媒体研究所。目前其为中国电子信息产业集团（CEC）旗下基础软件企业，专业从事数据库管理系统的研发、销售与服务，并提供大数据平台架构咨询、数据技术方案规划、产品部署与实施等服务。其现有产品及解决方案包括达梦数据库管理系统DM、达梦透明分布式数据库（DMTDD）、达梦数据交换平台软件（DMETL）和达梦数据实时同步软件（DMHS）等。在解决方案领域，达梦的行业解决方案涉及政务、司法、能源、金融、铁路等30多个行业领域。表2-34所示为达梦数据库产品及解决方案。

表 2-34　达梦数据库产品及解决方案

产品或解决方案	具体内容
达梦数据库产品	达梦数据库管理系统（DM8）、达梦数据库管理系统（DM7）、达梦透明分布式数据库（DMTDD）、达梦数据交换平台软件（DMETL）、达梦数据实时同步软件（DMHS）、达梦大规模数据处理集群软件（DMMPP）、达梦数据共享集群软件（DMDSC）、达梦读写分离集群软件（DMRWC）、达梦数据守护集群软件（DM Data Watch）
达梦大数据平台	大数据平台 DMBDP、数据管理系统 DMRC、资源目录管理系统 DMRCS、共享交换平台 DMEXCHANGE、大数据分析处理平台 DMUDB、大数据开放式分析平台 DMIA、大数据可视化平台 DMDV

（2）南大通用。南大通用是南开大学下属的天津南开创元信息技术有限公司控股子公司，是国内领先的新型数据库产品和解决方案供应商。旗下核心数据库产品 GBase 系列包括分析型数据库 GBase 8a、分布式并行数据库集群 GBase 8a Cluster、高端事务型数据库 GBase 8t、高速内存数据库 GBase 8m/AltiBase、可视化商业智能 GBaseBI、大型目录服务体系 GBase 8d、硬加密安全数据库 GBase 8s 和分布式交易型数据库 GBase 8c 等。表 2-35 所示为南大通用产品图谱。

表 2-35　南大通用产品图谱

产品或解决方案	具体内容
GBase 8a	a=analytic。GBase 8a 包括单机的 GBase 8a 和集群版的 GBase 8a MPP Cluster。如果不单独指出是单机，默认指集群。主要市场是商业分析和商业智能市场。产品主要应用在政府、党委、国防、统计、审计、银监、证监及其他安全敏感领域，以及电信、金融、电力等拥有海量业务数据的行业
GBase 8d	d=directory。GBase 8d 用来保存描述性的、基于属性的详细信息。广泛应用于 PKI/PMI 系统中，以及大型企事业单位的身份标识管理系统中，并在电子政务建设中得到应用
GBase 8s	s=security。GBase 8s 后来和 informix 的 8t 合并后，沿用 8s 的命名。GBase 8s 达到安全数据库四级标准（国际 B2），支持国密算法，支持 SQL92/99、ODBC、JDBC、ADO.NET、GCI（OCI/OCCI）、Python 接口等国际数据库规范和开发接口。支持分布式部署、集中式部署、共享存储高可用部署、两地三中心高可用部署。适用于 OLTP 应用场景，包括金融、电信行业的关键核心业务系统，安全、党政、国防等行业对信息安全性有较高要求的信息系统，以及大型企业的经营类、管理类信息系统
GBase UP（统一数据平台系统）	UP = Unified Platform。是融合了 GBase 8a MPP、GBase 8s、开源 Hadoop 生态系统的大数据平台产品，能够适应 OLAP、OLTP 和 NOSQL 3 种计算模型业务场景，是构建企业数据平台的重要基础设施
GBase 8c	金融级分布式交易型数据库产品，具备高性能、高可用、弹性伸缩、高安全性等特性，可部署在物理机、虚拟机、容器、私有云和公有云之上，为金融核心系统、互联网业务系统和政企业务系统提供安全、稳定、可靠的数据存储和管理服务

（3）人大金仓。人大金仓是中国人民大学最早在国内开展数据库教学、科研、开发的一批专家于 1999 年创立的，目前也是中国电子科技集团有限公司（CETC）

成员企业。自成立以来，人大金仓专注于数据管理领域，并拥有关系型数据库 KES、分布式数据库 KSone、分析型数据库 KADB、解决异构库之间数据同步问题的产品 KFS，以及数据比对工具 KDC。表 2-36 所示为人大金仓产品及解决方案，图 2-16 所示为人大金仓数据库技术架构。

表 2-36　人大金仓产品及解决方案

产品或解决方案	具体内容
数据存储计算产品 DATA STORING & COMPUTING	金仓数据库管理系统（KingbaseES），金仓分析型数据库系统（KingbaseADB），金仓大数据平台（KingbaseDP），金仓 HTAP 分布式数据库（KSOne），金仓分布式视频数据库系统（KingbaseDVDB）
数据采集交换产品 DATA INTEGRATION	金仓数据整合工具（KingbaseDI），金仓数据比对工具（KingbaseDC），金仓异构数据同步软件（KingbaseFS）
数据应用产品 DATA APPLICATION	金仓数据资源管理平台（KingbaseDRP），金仓商业智能平台（KingbaseBI）
数据库解决方案	复杂政务数据流转与交换业务，业务连续性灾容，数据的持续高频、实时、可靠写入，大规模并发处理，端到端的数据平滑迁移，全国产环境的电子政务数据存储处理
大数据解决方案	大数据统一管理与服务平台，大数据采集与整合，大数据存储与计算，大数据治理与管控，大数据统一服务接口，大数据展现与分析，数据资源管理，企业数据资产管理，政务信息资源管理

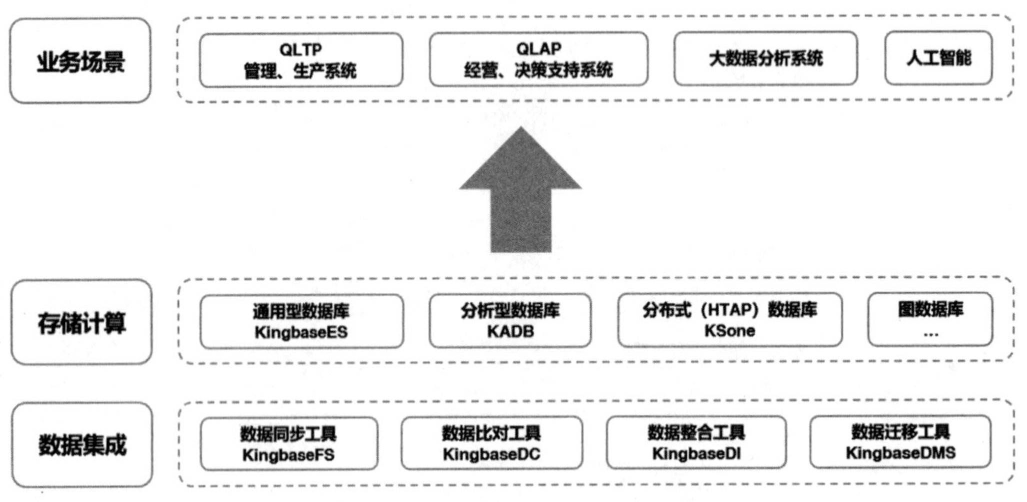

图 2-16　人大金仓数据库技术架构

人大金仓的数据库代表性产品是金仓数据库管理系统 KingbaseES，其是面向事务处理类、兼顾分析类应用领域的新型数据库产品，专注于解决高并发、高可靠数据存储计算问题。图 2-17 所示为人大金仓 KingbaseES V8R3 技术特性。

（4）神舟通用。神舟通用由北京神舟航天软件技术有限公司、天津南大通用数据技术有限公司、东软集团股份有限公司和浙大网新科技股份有限公司共同投资组建，隶属中国航天科技集团公司。神舟通用致力于神通国产数据库产业化，主要产品包括神通关系型通用数据库、神通 KStore 海量数据管理系统、神通 xCluster 集群件、神通商业智能套件等系列产品的研发，可支持交易处理、MPP（Massively Parallel Processing）数据库集群和数据分析与处理等业务场景。表 2-37 所示为神舟通用数据库技术参数。

人大金仓KingbaseES V8R3技术特性

高度容错
稳定可靠

KingbaseES V8R3提供可在电力、金融、电信等核心业务系统中久经考验的容错功能体系，通过如数据备份、恢复、同步复制、多数据副本等高可用技术，确保数据库7天×24小时不间断服务，实现99.999%的系统可用性

应用迁移
简单高效

针对从异构数据库将应用迁移到KingbaseES的场景，KingbaseES V8R3一方面通过智能便捷的数据迁移工作，实现无损、快速数据迁移；另一方面，KingbaseES V8R3还提供高度符合标准（如SQL、ODBC、JDBC等）、并兼容主流数据库语法（如Oracle等主流数据库97%的语法）的服务器端、客户端应用开发接口，可最大限度降低迁移成本

人性设计
简单易用

KingbaseES V8版本提供了全新设计的集成开发环境（IDE）和集成管理平台，能有效降低数据库开发人员和管理人员的使用成本，提高开发和管理效率

性能强劲
扩展性强

针对企业业务增加带来的数据库并发处理压力，该版本提供了包括高度容错、并行计算、索引覆盖等技术在内的多种性能优化手段，此外提供了基于读写分离的负载均衡技术，让企业能从容应对高负载大并发的业务

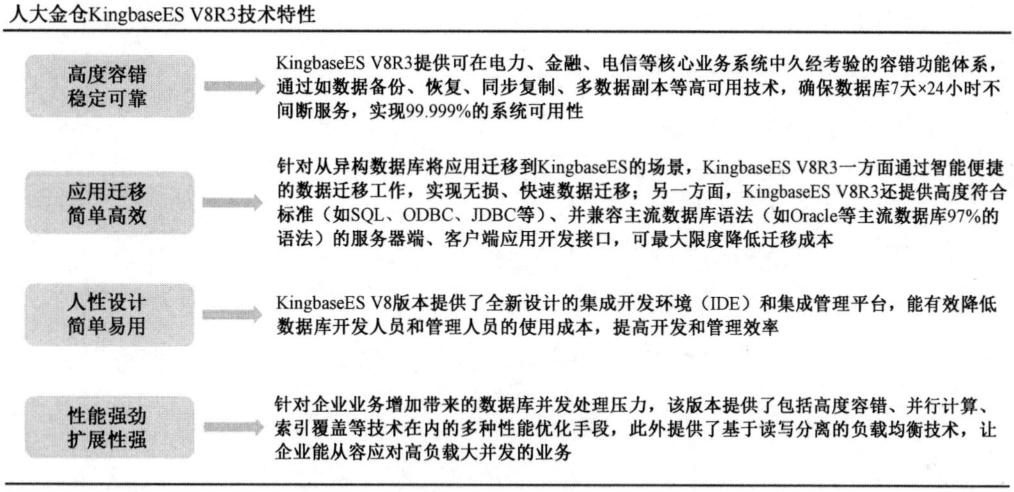

图 2-17　人大金仓 KingbaseES V8R3 技术特性

表 2-37　神舟通用数据库技术参数

参数	限制类型	参数值	参数	限制类型	参数值
单表容量	最大值	无限制	每个数据库中表空间数量	最大值	1024
大对象容量	最大值	4GB-1	文件路径长度	最大值	255
最大并发数	最大值	>10000	SQL 语句长度	最大值	≥256K
块大小	内值	8KB	存储过程长度	最大值	8K
区大小	内值	64KB	PL/SQL 函数参数个数	最小值	0
数据文件大小	最小值	4MB		最大值	64
	最大值	操作系统支持的大小与 32TB 之间的小者	表中行长度	最大值	8000
单个数据库中的数据文件个数	最大值	1024	查询属性数	最大值	4096
数据库大小	最大值	单个数据库中的最多数	每张表的列数	最大值	1500

神通数据库企业版采用关系数据模型作为核心数据模型，支持 SQL 通用数据库查询语言，提供标准 ODBC、JDBC、OLEDB/ADO 和.Net Data Provider 等数据访问接口，并具有海量数据管理和大规模并发处理能力。

2.3.2 中间件

在传统的软件系统架构中，位于操作系统之上、应用程序之下的中间层系统，通常被称为中间件。中间件屏蔽了底层操作系统的复杂性，改善了分布式环境中的数据传输、数据访问、应用调度、系统构建、系统集成和流程管理等问题，为高效开发、部署和运行应用系统提供交互代理及共性的基础服务，使开发人员面对更加简单而统一的开发环境，从而降低程序设计的复杂性。

在应用兼容操作系统不同品牌和版本时，往往存在技术实现难、实现成本高等问题，而中间件就是用于规避这些问题的软件。应用开发商只需编写业务逻辑相关代码，底层功能则通过调用中间件来减少业务系统实现难度高所带来的风险。

1968 年 IBM 发布了 CICS 交易事务控制系统，使得应用软件与系统服务分离，是中间件技术萌芽的标志。但由于 CICS 不是分布式环境的产物，因而业界不将其作为正式的中间件系统，直到 1990 年 AT&T 公司的 Bell 实验室研发了解决分布式交易事务控制问题的 Tuxedo 系统。Tuxedo 被视为严格意义上的中间件诞生的标志性产品，也是最早的交易中间件。

1. 中间件分类

从中间件的通用性和成熟程度角度，可将其分为基础中间件、集成中间件、行业领域中间件及新型中间件等。其中基础中间件最为成熟，通用性最好；集成中间件主要作用于不同系统之间的集成整合，通用性略差；行业领域中间件则针对某个行业，通用性较为一般。新型中间件是随着新兴技术发展而产生的，其具体分类、定义还有待技术的进一步发展。表 2-38 所示为常见的中间件类型。

表 2-38 常见的中间件类型

类型	说明
应用服务器	主要应用于 Web 系统，位于客户浏览器和数据库之间，其主要作用为把商业逻辑暴露给客户端，同时为商业逻辑提供的运行平台和系统服务，并管理对数据库的访问。应用服务器为 Web 系统下的应用开发者提供了开发工具和运行平台
消息中间件	一种基础中间件，其主要作用是建立网络异步通信的隧道，实现不同计算机系统之间或同一计算机系统内部应用之间的通信，为网络环境下分布式应用系统的运行起到解耦的作用，通常用来在各个系统或者组件间发送消息数据
交易中间件	一种基础中间件，其主要作用是高效地传递交易请求，协调事务的各个分支，保证事务的完整性，调度应用的运行，保证整个系统运行的高效性
集成中间件	主要用于异构系统（如不同的数据库系统、业务应用系统等）之间的资源整合，以实现互连互通、数据共享、业务流程协调统一等功能，并构建灵活可扩展的分布式企业应用
工作流中间件	一种用于定义、运行和管理工作流程的中间件或平台软件。工作流软件主要用于业务处理的自动化，用于方便地制定业务处理方案，把多项业务串接起来自动地处理，同时能对流程的执行状况进行即时监控
企业服务总线	提供了连接企业内部及企业间各类应用软件系统的能力，为用户提供符合 SOA 架构的中间件运行环境和开发、管理工具，通过分布式企业服务总线和服务化技术，为用户应用集成提供支撑
数据交换中间件	把不同来源、格式、特点的数据在逻辑上或物理上有机地集中，通过数据交换和集成整合业务系统信息，彻底解决数据孤岛问题，使各业务系统的私有数据成为企业各系统间的共享信息，提高数据的利用率和价值
行业领域应用平台	为了满足特定行业、企业的需要，便于快速地构建应用而在原有基础中间件、集成中间件等的基础上开发的中间件。根据所提供的服务不同，行业领域应用平台有支持文件交换管理、数据共享交换，以及支持云计算和物联网的平台中间件

表 2-39 所示为国内外主流的中间件产品。

表 2-39 国内外主流的中间件产品

产品名称	国外商用产品	国内商用产品	开源产品
应用服务器中间件	Oracle WebLogic	中创 InforSuite AS、东方通 TongWeb、金蝶 Apusic、宝兰德 BES	Tomcat、jboss
消息中间件	IBM WebSphere MQ Oracle WebLogic JMS	中创消息中间件 InforSuite MQ、东方通 TongLINK/Q、宝兰德 BES MQ、普元 Primeton MQ、金蝶 Apusic MQ	Kafka、Rocket MQ、Rabbit MQ、Pulsar、Active MQ、Artemis、HornetQ、ZeroMQ、Qpid
企业服务总线	Oracle Service Bus IBM WebSphere ESB	中创 InforSuite ESB、普元 Primeton ESB、金蝶 Apusic ESB、东方通 TongESB	Talend Open Studio for ESB，Mule ESB
工作流中间件	IBM BPM on Cloud	中创 InforSuite Flow、普元 Primeton BPS、炎黄盈动 AWS BPMS、东方通 TongBPM、斯歌 K2 Platform、易正 FlowPortal	Activiti、Flowable、Camunda
数据交换中间件	Informatica	中创 ETL 工具、普元 Primeton DI、东方通 TongDXP、金蝶 Apusic ADXP	Kettle

2. 主流中间件产品

目前，国产品牌中间件市场份额虽然逐年增加，但依然无法打破国外厂商主导的市场格局。IBM 和 Oracle 凭借其品牌优势、技术优势及数据库、服务器等良好的配套支持优势，长期占有国内中间件市场的主要份额。国产中间件厂商虽然起步较晚，但目前已掌握应用服务器中间件、消息中间件、交易中间件、数据与应用集成中间件等传统中间件的核心技术，在部分领域已接近或达到国际水平，具有突破国际巨头的垄断的潜力。当前国内中间件用户所使用的主要产品包括 IBM、Oracle、东方通、中创、金蝶天燕等。

（1）IBM。长期以来 IBM 在全球中间件行业中一直处于领先的地位，并通过收购 DataPower、iLOG、Lombardi 等多家知名企业，不断加强 WebSphere 应用开发和平台优势，进行业务的再次整合与创新。IBM 中间件产品几乎涵盖了中间件市场的所有领域。表 2-40 所示为 IBM 在中间件领域的收购案例。

表 2-40　IBM 在中间件领域的收购案例

收购公司	收购时间	情况介绍
DataPower	2005 年	加强 SOA
iLOG	2008 年	加强 IBM 业务流程管理（BPM）和 SOA，涉及 WebSphere 等平台
Lombardi	2010 年	加强 IBM 业务流程管理（BPM）和 SOA
Platform Computing	2011 年	全球领先的分布式计算环境集群和网络管理软件公司
Red Hat	2018 年	Linux 巨头，产品包含混合云基础架构、中间件、敏捷集成、云原生应用开发及管理和自动化解决方案

IBM 中间件产品包括 WebSphere、Rational、Lotus 等 5 大类型，其中 WebSphere 是其中最重要和最基础的中间件，也是互联网 Web 应用和跨平台、跨产品解决方案所需的整个中间件基础设施，而 WebSphere Application Server 则是该设备的基础，其他所有产品都在其上运行，IBM MQ 则是 IBM 最重要的消息中间件。

（2）Oracle。Oracle 在企业级基础设施软件市场中占有举足轻重的地位，主要依靠兼并和收购的运营模式不断发展壮大。在中间件领域，Oracle 在 2008 和 2010 年先后收购了中间件领先厂商 BEA，以及 IT 服务提供商 Sun，从而有效增强了其在中间件底层技术及产品化方面的能力。表 2-41 所示为 Oracle 在中间件领域的收购案例。

表 2-41 Oracle 在中间件领域的收购案例

收购公司	收购时间	情况介绍
BEA	2008 年	Java 中间件软件公司，核心产品有 WebLogic 等，中间件市场份额一度超过 IBM
Sun	2010 年	开发了 Java 技术，主要产品为工作站和服务器
AmberPoint	2010 年	加强 SOA

Oracle WebLogic 是 Oracle 旗下一款面向企业级用户的高性能应用服务器，其多重租赁技术极大提升了产品的独立性与安全性，降低了客户使用成本，而其持续可用性则旨在将多数据中心的宕机时间降至最低。

Java 是 Sun 公司推出的一款开源编程语言，有开发工具、开发类库等完整的配套产品。Java 分为 ME（Micro Edition）、SE（Standard Edition）、EE（Enterprise Edition）3 个分支，其中 Java EE 通过将大量 Web 服务及企业业务常用功能集成于开发类库，面向以服务器为主要应用场景的企业用户。2010 年，Oracle 通过收购 Sun 公司将 Java 纳入旗下。

尽管受到基础软件国产化的冲击，Oracle 依然保持了稳定的市场份额。

（3）东方通。东方通是国内首家在 A 股上市的基础软件厂商，承担了多项国家重大科技专项研制任务。经过近 30 年的发展，东方通研发出了 Tong 系列中间件软件，涉及基础类、数据集成类、云计算类等，包含应用服务器产品 TongWeb、消息中间件产品 TongLINK/Q、交易中间件产品 TongEASY、分布式数据缓存中间件软件 TongRDS、API 网关软件 TongGW、应用适配网关平台 TongWebGate，以及数据交换平台 TongDXP 等产品。

随着云计算、大数据等新一代信息技术的发展，东方通中间件面向新应用场景推出了新一代高性能消息传输、分布式交易、应用服务器等中间件，以满足云原生、微服务、智能运维、应用安全需求。其核心产品应用服务器 TongWeb 中间件产品具有如下优势。

- 支持国家安全等保 2.0 合规要求与国密算法，提供应用安全防御能力及 JAAS、SSL、安全管理器等关键安全功能，具备多样的安全管理特性。
- 提供应用移植方法步骤说明和相关支撑工具，可快速实现应用移植。
- 支持对多台服务器进行统一管控与代码级的应用性能诊断，具备集中管理、应用性能管理等多种管理特性。

- 支持集群节点智能化自动管理，提供用户无感知的资源动态调整。
- 支持云环境部署，可用于微服务等新型技术架构。
- 支持国内外主流的操作系统、数据库和硬件平台。

（4）中创。中创中间件公司隶属于中创软件，其产品系列涵盖中创应用服务器 InforSuite AS、中创消息中间件 InforSuite MQ、中创运维监控管理工具 InforGuard UMP、中创业务信息和电子文件交换系统、中创企业服务总线产品 InforSuite ESB 和中创 PaaS 平台等。中创应用服务器产品特点如下。

- 兼容 WebLogic 独有的应用特性，具备 WebLogic 应用快速平滑迁移的能力，具有大型集群能力。
- 满足分保及等保 2.0 要求，产品通过代码漏洞全面分析扫描、权威工具外部探测及攻击验证、渗透测试，具有更好的应用安全性。
- 全面支持主流开发框架如 SpingBoot、SpringCloud、Struts2、Spring、Hibernate、MyBatis 和 Log4j 等的应用，对云环境及微服务架构有很好的支撑能力。
- 支持国内外主流的操作系统、数据库和硬件平台。

（5）金蝶天燕。金蝶天燕始创于 1993 年，旗下公司包含专注于企业管理软件及互联网服务市场的金蝶软件（中国）有限公司，专注于小微企业云服务市场的金蝶蝶金云计算有限公司，专注于电子商务云业务的上海管易云计算软件有限公司。

金蝶中间件拥有较为完善的基础平台产品体系，涵盖支撑传统应用架构的应用服务器产品（Apusic Application Server，AAS）、企业服务总线产品（Apusic Enterprise Service Bus，AESB）、消息中间件产品（Apusic Message Queue，AMQ）和监控平台（Apusic Monitor Platform，AMP）等产品。

2.3.3 其他软件

其他软件主要是指应用软件，如办公软件、业务软件、ERP 软件、政务应用软件、社交软件等，以及信息安全类软件，如边界安全产品、终端安全产品等。应用软件是建立在基础软件之上，直接面向用户层的软件部分。作为贴近客户的使用端，应用软件无论是通用产品还是信创产品，在整体发展上相对于其他供应链环节已经非常成熟。但在信创领域的应用软件中，目前发展最好的是办公软件和 OA[①]（Office Automation）系统，这也是由于这两种软件对于用户来说更换的成本更低，对于业务的影响也更小，不会影响用户的生产经营。

1. 办公软件

在办公软件领域，以电子文档为核心的电子化办公逐渐成为企业日常办公的核心场景。长期以来，以流式软件、版式软件和电子签章为代表的基础功能性软件经历了充分发展，产品形态已较为成熟。

（1）流式软件。以 Word 文档、PPT 演示文稿为代表的流式软件是一种便于用户对文档进行操作的编辑工具，可编辑性较强，但安全性较弱，流式软件编辑的结果可以固化为版式文件。典型的流式软件是微软 Office 系列产品，其默认文件保存格式即为流式文件。由于流式文件的内容具有“流动性”，所以在不同设备上，流式文件的呈现效果可能会存在差异性。如同一个 Word 文档在不同版本 Office 软件或不同分辨率的计算机显示器上，所对应的显示效果可能存在差异，即出现“跑版”现象。因而，流式文件往往并不适合做内容高度严肃、版面高度精确的文档的载体，如电子公文、电子证照和电子凭据等。流式软件主流产品有微软 Office、WPS（金山办公）和永中 Office（永中软件）等。

（2）版式软件。版式软件是编辑和阅读版式文档的办公软件。版式文档在跨平台、多系统环境中维持固定版面效果，可编辑性较弱，阅读性、安全性较强，如 Adobe Acrobat DC 保存的 PDF 文档就是典型的版式文档。相比于流式文档，版式文档不会出现“跑版”问题，在不同设备上显示和打印的效果具有高度一致性。版式文件形成后，不可进行二次编辑，只允许在其上附加注释和印章等信息。因而版式文档非常适合成为高度严肃、版面高度精确的文档的载体。

版式软件目前有两种标准，分别为国际版本 PDF 和中国国家标准 OFD，后者一

① OA 的传统含义为办公自动化系统，目前在多数场景下也特指协同办公。

般应用于国内的政府类的公文等。

（3）签章软件。签章软件将电子图章和数字签名相结合，以电子化形式来代替传统的纸质盖章签名效果，同时也保证了签章后电子文档的完整性和法律效力。签名软件的核心技术是身份认证设计、数字签名和时间戳，通过将电子合同的签署人、签署内容和签署时间固化，来保证电子签名具备真实性、防篡改性和完整性，常被用于政府机关中的公文流转等场景。

常见的国产电子签名软件有 e 签宝、法大大、契约锁和上上签等。

2. OA 系统

目前，信创背景下的 OA 系统更多的是作为在基础办公中集成了高度业务拓展功能的平台，如以公文、事务、会议管理、督查督办等场景为核心的政务协同办公应用，可提供智能办公、移动门户、合同管理、数字运营等一体化解决方案，帮助用户改造整体协同办公环境，并针对不同场景提供更高效、安全、稳定的办公软件与服务。图 2-18 所示为信创 OA 的典型架构。

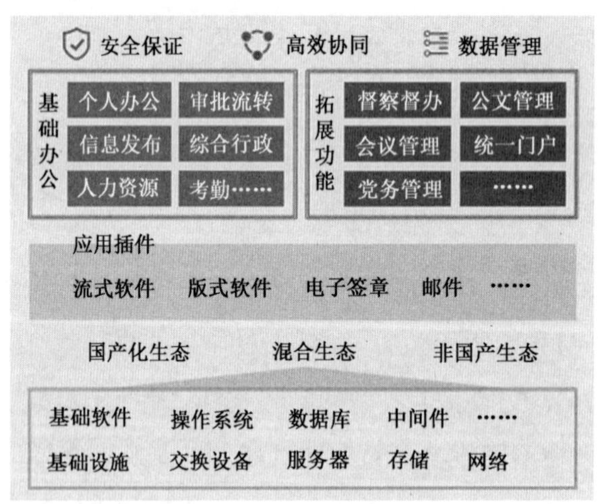

图 2-18　信创 OA 的典型架构

目前主流的国产 OA 系统有泛微、蓝凌和致远互联等。

2.4　风险及应对

2.4.1　风险分析

云计算供应链的持续发展依赖于上下游各环节厂商间的紧密协作，相关产品供应商覆盖全球，涉及处理器、操作系统、数据库、智能终端、网络设备等诸多领域，并且 Intel、Microsoft、Oracle、Google、Cisco 等国外厂商占据了多数市场份额。

随着逆全球化浪潮来袭，国际多边贸易形势不断变化，国家之间贸易争端时有发生，部分国家凭借其在基础软/硬件领域的技术领先优势对我国实施封锁与遏制。在此国际局势瞬息万变的时代，国内云计算领域的技术发展更应该保持相对自主性、开放性和先进性。

结合前述章节对云计算供应链的阐述，其主要风险可归纳为 3 个方面。

1. 基础软/硬件

基础软/硬件风险主要指基础软/硬件的设计、研发、生产、测试等环节，在关键技术、配套工具和生产工艺方面所存在的短板。

（1）授权方式方面的风险，具体包括 IP 核、开源软件在使用授权方面的诸多限制所引发的不确定因素等。

（2）先进制程的芯片流片方面，芯片制造（代工）行业所需的光刻机[①]、刻蚀机等设备决定着芯片的制程工艺，是芯片生产中不可少的关键设备。因其内部结构精密复杂而具有极高的技术门槛，目前全球各大芯片生产厂家，如台积电、三星和中

① 光刻机又称掩模对准曝光机，是制造处理器等各类芯片的核心装备。其采用和照片冲印相似的技术，将掩膜版上的精细图形通过光线曝光印制到硅片之上。

芯国际等，均受制于支持更高级别工艺的光刻机产品[①]。

（3）特定领域软件方面，如操作系统软件、用于高端 IC 设计的 EDA 工具等。以后者为例，由于芯片设计各环节的复杂工艺、精细化分工和多技术综合协调方面的诉求，必须由 EDA 软件工具集来协同多种技术。同时，鉴于芯片类成品的不可更改性所导致的高昂试错成本，所有芯片厂商都关注如何用 EDA 软件先行进行虚拟设计、模拟和仿真，以便减少设计成本和时间成本。目前 EDA 工具几乎被 Cadence、Synopsys 和 Mentor 三家国外公司垄断，国内相关供应商则包括华大九天、概伦电子和广立微等。

我们应清楚地认识到，对于云计算供应链中的基础软/硬件相关技术短板，需要在统筹规划的基础上进行持续改进，其间虽然可以尝试优化各个阶段的研发效率，却往往较难实现跨越式发展。在产品化方面，目前供应链上下游产品间的协作仍处于相对松散的状态，且部分领域存在重复性研发多、低效竞争多的现象，导致无法在供应链特定环节形成有效合力。

2. 应用生态

纵观 Wintel 等业界成熟应用生态，良好的向前兼容性、跨厂商产品的联合优化机制等为其长久稳定的发展提供了有力支撑，如 x86 指令集的主流 Intel 处理器型号可运行数十年前开发的应用程序。从应用生态风险角度看，由于生态建设的复杂性，其所需时间要远大于处理器产品的研发周期，管理重点主要在于基础软/硬件与上层软件间如何进行快速适配、广泛的协同推广和持久的兼容性保障。具体而言，基础软/硬件的能力制约着应用的稳定性、性能和用户体验，其各项产品能力也需要通过上层软件来提供给最终用户。同时，上层软件的推广范围和被认可程度，又反过来制约基础软/硬件的发展进程。

目前，为了缩小和国际主流产品间的差距，诸多基础软/硬件产品正以极快的速度迭代发展[②]，而在此过程中其新版产品的向前兼容能力往往被作为相对低优先级的

① 主流光刻机包括 DUV 和 EUV 光刻机。前者通常用于生产 7nm 及以上制程的芯片，如 14nm、28nm 芯片等；后者可生产 7nm 及以下制程的芯片，如 5nm 芯片等。

② 以统信操作系统为例，从 2021 年 3 月第一版发布后 1 年时间内，累计更新了 10 多个新版本。

工作任务。特别是当基础软/硬件层面执行技术栈调整时，将导致上层软件的版本迭代更新速度无法和基础软/硬件保持同步，使得底层、上层之间形成一道无形的屏障，并在很大程度上减缓了国内云计算供应链端到端的迭代更新和扩展速度。

同时，多种国产基础软/硬件技术栈间复杂的组合关系，以及相关产品更新频率、成熟度和配套设施完备度的不一致性，使其无法以统一的形态支撑上层软件的运行，也对供应链中各类软件服务商业务的开展提出了诸多的挑战。而对于以应用、数据库和中间件为代表的上层软件而言，如果其希望实现对接不同的基础软/硬件技术栈，则需采购大量不同品牌、版本的研发测试设备及配套软件，同时还需处置这些产品间的兼容性问题。

3. 信息安全

近年来信息技术产业信息泄露事件层出不穷，涉及基础软/硬件和上层软件的典型事件如下。

（1）2013 年 6 月，被《华盛顿邮报》曝光的美国政府机密文件中所披露的“棱镜计划”，表明美国国家安全局和联邦调查局对各类通信方式进行了多渠道监控，跟踪范围涵盖用户邮件、聊天记录、音视频和照片等信息，涉及谷歌、雅虎、微软、苹果、YouTube、Facebook 等多家跨国公司。

（2）2017 年，Google 旗下的 Project Zero 团队发现了一些由处理器预测执行设计策略所引发的芯片级漏洞，包括“Spectre”（包括 CVE-2017-5753 和 CVE-2017-5715 两个变体）和“Meltdown”（CVE-2017-5754），这 3 个漏洞都是先天性质的架构设计缺陷导致的，可使非特权用户访问到系统内存并获取到敏感信息。同时，Project Zero 研究员还发现每一颗 1995 年后发布的处理器都会受到影响，涉及 x86、ARM 等指令集的处理器产品。

（3）2021 年 12 月公开的 Apache Log4j2 远程代码执行漏洞，致使黑客可利用该漏洞实现远程代码执行，轻松远程操控计算机执行任意代码。而 Apache Log4j2 被大量用于现代业务系统的日志记录环节，其优异的性能使之在漏洞爆发前被广泛应用，故许多媒体形容其为“核弹级”漏洞。

2.4.2 应对方案

有别于普通信息技术软件产品，多数云计算产品承载着关键业务系统，其安全性、稳定性和可靠性至关重要。同时，云计算产品的安全不仅取决于自身，也不仅是在部分环节、少数指标上的突破，供应链各环节的安全可靠性均会对其整体安全性产生重大影响。

从国家发展角度讲，创新是引领发展的第一动力，是提升综合国力与国家核心竞争力的关键因素。从国家安全角度看，全部采用国外技术发展产业生态只会失去主导权，应该把科技创新成果牢牢掌握在自己手中，通过供应链相关厂商的紧密协作，配合建立独立自主的信息技术体系和产业生态，突破信息壁垒与业务藩篱。在十九届五中全会通过的《中共中央关于制定国民经济和社会发展第十四个五年规划和二〇三五年远景目标的建议》中，明确提出要以推动高质量发展为主题，深化供给侧结构性改革为主线，多次提到“高质量”“安全”“供应链”等关键词，充分表明供应链安全是产业高质量发展的根基，也为相关产业的发展明确了方向。

基于上述讨论，无论是出于供应链断链风险的考虑还是为保证我国的信息安全，云计算供应链的自主可控都势在必行。

1. 夯实基础

夯实基础包括基础软/硬件核心技术能力的提升，如处理器和操作系统自主研发能力、处理器计算能力和相应的生产工艺等。如图 2-19 所示，根据中国海关相关数据，2013 年以来，我国每年进口集成电路金额超过 2000 亿美元，2018 年和 2019 年则超过 3000 亿美元，2019 年我国进口的处理器及控制器相关器件数量约为 1207 亿块，金额为 1424.77 亿美元，同比增长 12.8%。对比海关其他统计数据可以看出，处理器及控制器是我国进口数量最多、金额最高的集成电路产品之一。

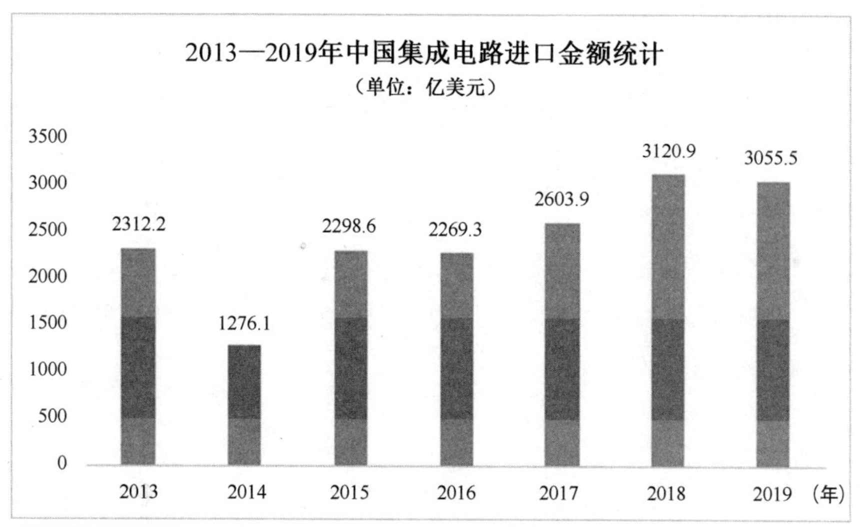

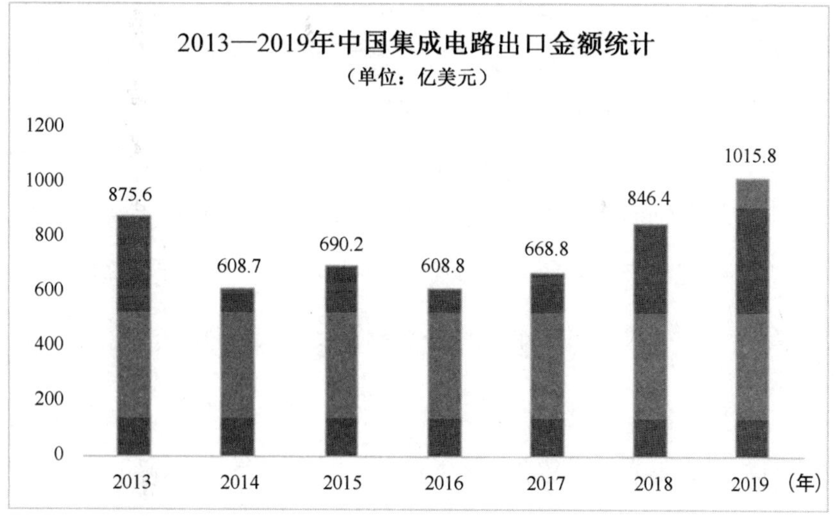

图 2-19　2013—2019 年中国集成电路进/出口金额统计

但从云计算供应链整体来看，所谓的“夯实基础”绝不应仅限制于基础软/硬件。对于供应链的最终用户而言，其直接使用的是具体的应用而不是处理器、操作系统等基础软/硬件，且用户更关注的是系统的综合体验，包括应用运行的稳定性、性能和兼容性等诸多指标。因此，**对于云计算供应链而言，基础软/硬件、云计算产品和上层软件的能力都是不可或缺的内容，任何一个层面的短板都会影响到整个供应链，需要供应链中成千上万厂家共同付出多年的努力。**如前述内容中所介绍的 Intel 公司的 Itanium 处理器，由于其超前的设计思路和对上层软件开发者的不友好性，短短几年中便被性能更弱、但兼容性更好的处理器产品所击败。

纵观全球 IT 供应链的发展历程，具备处理器研发能力的公司远不止数百家，但敢于构建自主生态的却屈指可数。从国产云计算供应链建设角度来看，只有科学认识到上层软件在生态中不可或缺的重要性和研发的复杂性，突破“应用少—用户少—应用开发商后续投入少—用户量更少”的发展桎梏，才能为整个供应链的安全提供保障。而在此过程中，处于供应链中层的云计算产品可通过在产品设计、实现环节屏蔽或减少基础软/硬件在稳定性、扩展性等方面的弱项，为上层软件的研发提供有力支撑并缩减相关的成本。

2. 标准化

相对于国外更成熟并占主导地位的 x86 指令集生态而言，国内多指令集并存、市场主导生态尚未确立的实际情况，决定了相关供应链的标准化能力必将是提升国内云计算供应链安全不可或缺的因素。以基础软/硬件中的操作系统为例，其需要针对不同主板和处理器进行适配。在 Wintel 体系中，其之所以能够实现不同主板及处理器的操作系统二进制兼容，背后便是该体系各成员间所遵循的统一标准，涵盖指令集、地址空间布局、中断系统、多核心互联架构、I/O 接口规范等。

具体而言，云计算供应链中的标准化体现在以下几个方面。

（1）各产品自身的标准化，主要是指产品对外部提供接口的向前兼容性。如处理器指令集的新旧版本间的兼容性、操作系统新旧版本在使用体验方面的延续性等。

（2）相关联技术领域的标准化。以处理器产品为例，如国产 x86、ARM 指令集都对应有两个以上的处理器品牌，其相互之间可以在某些层面形成有效协调，共同推动所在指令集生态的完善。

（3）跨技术领域的标准化。典型的如通过云计算技术屏蔽基础软/硬件间的差异，实现上层软件和基础软/硬件的解耦，从而支撑上层软件的高效发展。一套完整的云计算系统包含从底层芯片到上层应用、中间件及数据库系统等多个层面，涉及诸多生态厂商基于不同技术栈所研发的产品。其中，对于上层生态厂商，应重点关注如何精简其产品所需面对的国产基础软/硬件复杂组合，以及基础软/硬件的稳定性和扩展性弱点；对于下层生态厂商，应重点关注如何缩减其产品所需对接的上层生态产品适配工作，快速形成相关兼容能力。

标准化也有助于合理、有效地对接和利用各种开源社区的成果。从全球范围来讲，开源社区是获取先进技术、开发者和用户群体，以及通过众包方式对新产品进行验证的最佳选择之一。而与此同时，我们也需关注 Linux、Android 等开源社区成果在研发标准不可控、生态碎片化等方面的经验教训，尽早开展并持续进行国产云计算供应链相关的兼容性、标准化方面的工作，避免相关生态建设达到一定规模后再耗费高昂的成本进行技术重构工作。

3. 完善环境

当前，全球 IT 生态格局正在从传统的“单极”向“两级”甚至“多级”演变，为我们建立自主可控的信息技术底层架构与标准、形成自有的开放生态提供了成长的沃土。科学技术是第一生产力，创新是引领发展的第一动力，而重大原始创新成果往往萌芽于深厚的基础研究，产生于学科交叉领域。信创即信息技术应用创新，其以信息技术产品生态体系为基础框架，通过对 IT 系统架构的基础软/硬件进行创新和升级以达到关键核心技术的自主可控，核心内涵是构建自主可控的生态体系，以消除底层技术、数据存储、信息安全等方面存在的风险。

信创产业是中国坚持走信息技术应用自主创新之路的必然结果，其以“863”计划为起点，共经历了“觉醒”“起步”“加速”“可靠”“整体布局”5 个阶段。2021 年是“十四五”的开局之年，也是我国开启全面建设社会主义现代化国家新征程的第一个五年，作为“十四五”发展目标的重要抓手，信创产业通过科技创新形成以基础软/硬件为核心的自主可控生态体系，为我国整个信息技术体系可生产、可用、可控和安全提供系统性保证，也为现代化产业建设提供有力支撑。与此同时，信创产业作为“新基建”的重要组成部分，随着“新基建”的发展迎来了新的历史机遇。新基建是传统基建的延伸，突破了以铁路、公路、桥梁、水利为代表的传统基建模式，被赋予“数字化”“科技化”的内涵，其发展重点更倾向于基于新一代信息技术演化生成的基础设施及传统基础设施的数字化转型与创新。信创产业则是新基建的安全之基，它让基础设施具备了自主可控的特性，解决了新基建面临的最突出的安全问题。

信创产业作为国家科技创新、数字经济化转型和提升供应链发展的关键，助推信创产业实现蓬勃发展是奔向科技创新的“星辰大海”，也是实现核心技术自主可控的重要布局。图 2-20 所示为信创产业发展路径。

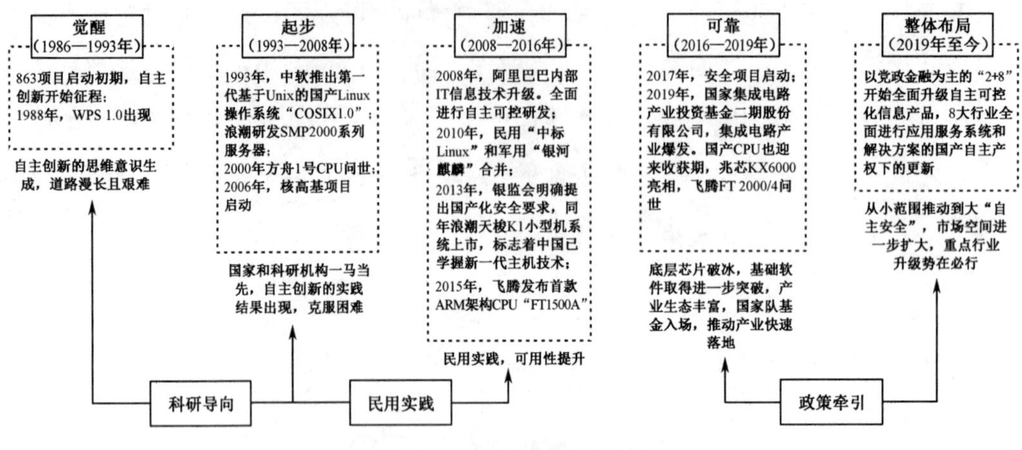

图 2-20　信创产业发展路径

2.5　小结

本章对云计算供应链的定义、组成层级，以及各层级在不同历史阶段的典型产品进行了介绍。从最基础的物理处理器开始，其上层的固件、云平台、操作系统等在接管下层资源的同时，使用软件定义的方式将其封装并提供给更上层的调用者。这种逐层叠加的方式实现了不同层级间的解耦，使得对应层级产品的开发商能够相对专注地聚焦于自身业务方向。图 2-21 所示为云计算供应链的不同层级。

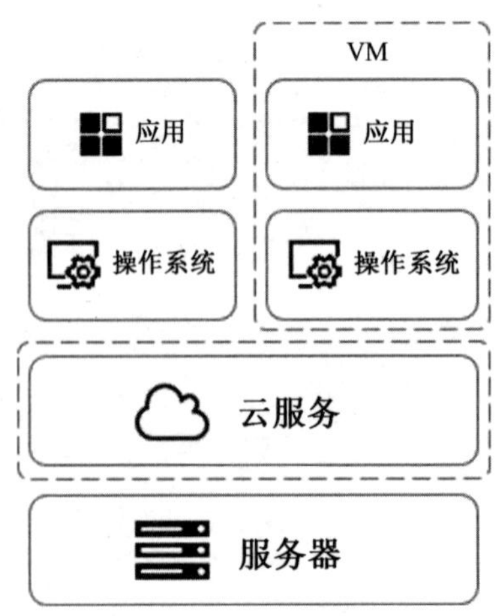

图 2-21　云计算供应链的不同层级

在这些层级中，云平台层级有着显著的特点。首先，从传统技术角度来看，云平台是一个可选的中间层级，但绝大多数现代信息系统建设环节均已应用了云计算相关技术和方案；其次，云平台层级可在整个供应链中起到承上启下的支撑作用，并针对国内拥有多种基础软/硬件底层技术栈（如 x86、ARM、LoongArch、SW-64 四种指令集等）的现实情况，有效精简相关技术差异对上层软件的影响。

从各层级角度来看，每一个层级及不同层级之间都有诸多亟待解决的痛点，典型的如下。

（1）处理器研发领域的摩尔定律，随着其生产制程工艺接近极限而不再有效，即通用处理器很难通过提升制程工艺或主频的传统方式提升算力。故此，多核处理器、异构计算架构等新兴技术，已成为算力提升的主流技术探索方向。

（2）算力资源富裕已成为现代通用处理器在项目运营环节的显著特征。从云平台角度，无论是大、中型还是小微型云环境，往往最先达到瓶颈的多是内存或存储资源[①]，而处理器资源则往往会在多数场景下处于非饱和运行状态。如何能够将富裕的算力资源统一管理、合理调度并有效利用，是云产品设计环节应重点关注的内容。而对于算力相对偏弱的国产处理器而言，相应的处置策略又应具备何种独到之处，则是信创云产品设计中值得思考的内容。

（3）如何更好地实现云计算供应链不同层级间、不同技术栈间、不同开发商间，以及同一开发商不同代次产品间的均衡性发展，而不过分强调局部突破。

（4）如何平衡有效利用以往信息系统建设成果、新建系统的合规性和技术升级换代相关诉求间的矛盾，做好新旧系统间的平滑过渡。

（5）如何应对供应链不同层级技术栈快速、持续变化所引发的各类风险。

在下一章，我们将结合上述痛点，论证云平台在云计算供应链中的意义。

① 某些特定场景，如以运行计算密集型应用为主的云环境除外。

第 3 章　信创云的意义

本章将尝试给出信创云的定义，并通过对相关市场环境进行分析，论证信创云所承载的历史使命。

3.1　定义

目前国内信息系统相关产业可大致分为基础硬件（处理器、存储和通信设备等）、基础软件（操作系统、数据库、中间件和云平台等）、应用软件（办公软件、业务软件等）和信息安全（防病毒软件、入侵检测系统和安全备份系统等）4 个领域，随着近年来政企数字化转型的不断深化，云计算相关产品作为连接基础硬件和应用软件的基础软件之一，其应用价值已经被绝大多数用户所认可。

传统政府和企业信息化建设主要以业务系统为中心，各个系统分别建设 IT 资源支撑平台，系统间往往会形成相对独立的信息化烟囱架构①。由于各业务系统或部门各自拥有服务器、存储等资源，跨系统的硬件资源无法有效进行弹性调度与配置，从而造成基础软/硬件资源的浪费，其利用率仅可以达到 30%甚至更低水平。这种现象一方面导致新系统建设环节的采购成本居高不下，另一方面也引发系统日常运营环节中的富余资源浪费。而云计算技术的逐渐成熟和推广应用，为传统信息化建设引入了诸多转型契机，如通过虚拟化等新型技术将计算能力从硬件平台抽象出来，从而有效整合、统一分配跨信息系统的计算资源，降低信息系统的建设和运营成本。

---

① 以往政府或企业的数据中心或信息系统多基于单个或单类项目规划建设，不同项目各自为烟囱式架构，尽管每个部门和信息系统都有适应于自身特征的数据存储、设备和数据，但不同信息系统间往往难于实现数据共享和信息互通，从而导致信息化建设中的“资源孤岛”和“信息孤岛”现象。

总的来看，云计算技术的推广和应用对于政府和企业具备广泛的意义。首先，政企上云有利于更好地促进各类先进信息技术的普及与应用；其次，云技术能够有效整合设计、生产和市场资源，推动供应链上下游产品间更加灵活地对接和协同；同时，政企借助运行在云平台之上的应用和服务，可以提高工作效率，优化业务流程，降低信息系统建设投入，加速培育新的产品、模式和业态。

目前，关于“信创云”一词尚未有权威机构给出标准定义。在此根据作者的已有认知，尝试给出一个参考定义：

信创云可简单理解为“信创领域的云”，是云计算技术在信息技术应用创新领域的应用，即部署并运行在国产基础软/硬件之上，为应用、数据库和中间件提供运行环境支撑的云计算管理软件平台。

信创云所涉及的服务类型覆盖云计算领域的 IaaS、PaaS 及 SaaS 等多个层级，和传统云计算技术发展历程类似，信创云也是从IaaS层开始逐步向更高层级发展的。根据艾瑞咨询相关研究报告，IaaS 产品目前占据着绝大多数的信创云市场份额，并已超过中国整体云市场（包含通用型云部分）中 IaaS 的份额占比——这也从侧面说明，现阶段信创云仍以 IaaS 基础设施建设为主。同样，参考传统云计算的发展历程，随着相关技术的持续演进，未来信创云市场中的 PaaS、SaaS 的份额占比预计会逐步提升。

从交付形式角度来看，目前已落地实施的信创云项目多以私有云形式进行交付。同时，这些项目往往会涵盖从基础软/硬件到应用、中间件和数据库等上层软件的全方位信息系统建设。因此信创云项目的建设过程，也可看作基于我国自主软/硬件的数字化升级与改造过程，其常见的主要工作内容是把基于 x86 指令集通用型处理器建设的云平台，改造为基于 x86、ARM、LoongArch 和 SW-64 等多种指令集国产处理器搭建的云平台。

随着各地政府和国有企业信创云建设从引入过渡到深化调优阶段，涌现出诸多面向各领域业务优化的、具有行业特色的云计算产品，如面向政府领域的“政务云”、面向国有企业的“国资云”等。

（1）政务云是指运用云计算相关技术，面向政府机构提供的基础设施、支撑软件、应用功能、信息资源、运行保障和信息安全等综合性电子政务服务，其主要作用是提高政府的公共服务水平和社会管理能力[①]。同时，国内政务云项目中通常采用矩阵式管理模式，即地方政府和垂直管理部门同时具有管理权限。

根据建设牵头单位的不同，常见的政务云可大致分为综合性政务云和特定行业政务云两种类型。其中，综合政务云是指由地方政府牵头搭建的、用于承载政府各项公共服务的云平台；行业政务云则是指由公安、税务、海关等行业主管部门，为满足各委办局办公需求而建设的、具有明显行业属性的云平台。同时，由于综合政务云与行业政务云之间的数据存在交叉互通，且为避免重复建设，相关项目在实际建设过程中，往往由综合政务云针对当地委办局需求进行统一规划。

（2）国资云通常是指由各地国资委牵头投资、设立和运营，为保障国有数据资产安全和推进国有企业数字化转型提供国资监管、国企管理和数字化运营等服务的云平台。国资云的本质是从由第三方托管的公有云，转化为由国资专属运营的行业云或分布式云，其主要建设和运营方为地方国资企业或国资平台公司，而技术与产品的支撑方通常为专业云服务商[②]。

虽然政务云、国资云和信创云在业务领域等方面存在一定差异，但其本质却有诸多相同之处。

（1）从用户角度来看：政务云服务于各政府部门，关注“用在哪”的问题；国资云虽服务于国资委，像是政务云的一个组成部分，但其最大的特点是连接国资委与国有企业，助力实现国资国企一盘棋的战略驱动，关注“谁来用”的问题；信创云则强调自主可控与可信赖的特点，关注“如何用”的问题。

（2）从使用效果角度来看：政务云能有效促进政府各部门之间的互连互通和业

① 这里给出赛迪顾问股份有限公司在其发布的《2021—2022 年中国政务云市场研究年度报告》中给出的“政务云”定义供参考：政务云是由政府部门主导，专业技术服务机构实施，通过虚拟化等云计算技术，为各级政府部门提供基础设施、支撑和应用软件、信息资源、运行保障和信息安全等服务，实现政务信息资源共享和办公协同的电子政务综合性服务云平台，提供随时获取、按需使用、随时扩展、按使用付费的云计算服务。

② 和信创云类似，国资云一词目前没有权威机构给出的标准定义。作为参考，赛迪顾问与浪潮共同发布的《国资云建设白皮书（2021 年）》中给出了国资云的另一个定义：由国有企业建设和运营、专门服务于国有企业的云平台，旨在保障国有数据资产安全和推进国有企业数字化转型，可以提供国资监管、国企管理和数字化运营等服务，覆盖包括 IaaS（基础设施即服务）、PaaS（平台即服务）、DaaS（数据即服务）和 SaaS（应用即服务）在内的综合云服务。

务协同，避免产生各系统间的信息孤岛；国资云主要用于促进国有资产信息化和数字化转型，并对国有数据资产的安全提供保障；信创云则强调基于国产基础软/硬件，结合可信计算、访问控制、数据加密等安全防护机制，保证所搭建云平台的安全可控性。

综上所述，政务云、国资云主要从资本和运营角度出发，通过掌握基础设施、运营服务来保证数据安全，而信创云则更多是从技术角度，通过减少各类后门漏洞来确保信息的安全。从本质上看，政务云、国资云和信创云都注重信息安全性，但在落地形式、服务对象和业务场景等方面，则根据其各自所面对的领域进行了差异化的实现。

3.2 市场分析

从长期来看，信创云相关产品和技术未来终究会走出国门，融入全球云计算供应链体系之中，但就短、中期而言，信创云仍将会聚焦于满足国内市场用户的需求。

3.2.1 市场规模

根据国泰君安证券研究机构发布的信创市场调研数据，预计到2025年，信创领域个人计算机整机及服务器整机市场规模将分别达到536亿元和400亿元，操作系统、数据库和中间件三大基础软件市场规模分别达到90亿元、228亿元及88亿元，办公软件及保密软/硬件市场规模分别达到40亿元、44亿元。在此数据支撑之下，OA、ERP和私有云等产品开发商将迎来新的发展机遇，整体信创系统集成市场规模预计将突破2000亿元。而从信创行业整体市场规模上看，根据艾媒咨询《2022年中国信创行业发展研究报告》中的相关数据，2021年中国信创产业规模已达13 758.8亿元，2027年有望达到37 011.3亿元，如图3-1所示。

近十余年来，借助于相关政策的带动和5G、物联网、人工智能等诸多新兴技术的兴起，国内云计算市场始终维持着较高的发展水平。回顾云计算技术发展历程，2006年亚马逊公司利用虚拟化软件技术开创了“硬件即服务”商业模式，标志着公众可感知到的云计算时代的开启，并经历了概念探索期、技术落地期和应用繁荣期等发展阶段。2020 年，全球云计算市场虽依旧保持持续增长态势，但全球新冠肺炎疫情导致经济的大幅萎缩，云计算市场增速已由前几年的 20%以上降低到 13.10%，如图 3-2 所示。

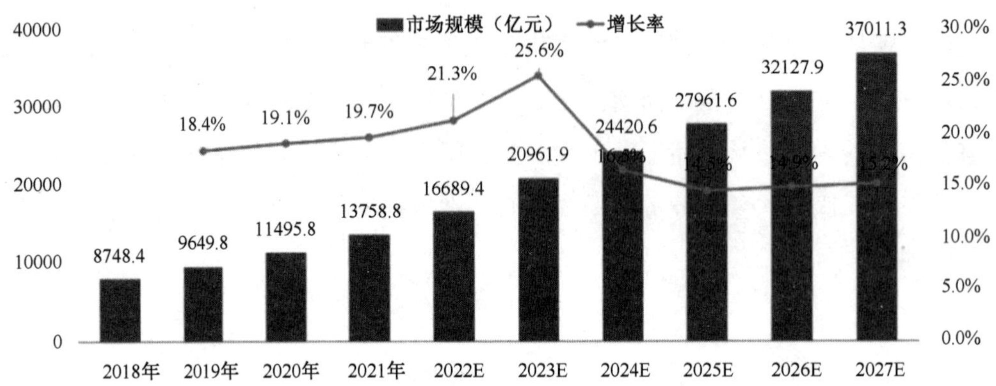

图 3-1 2018—2027 年中国信创产业规模及预测（源于艾媒咨询）

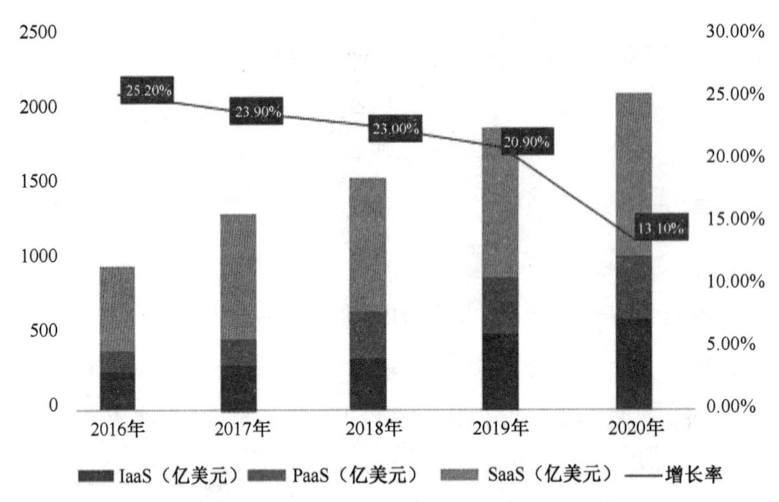

图 3-2 全球云计算市场增速

同时，从云计算交付方式来看，2020 年云计算整体市场规模为 2091 亿元，较上一年增长了 56.6%，其中公有云市场规模达 1277 亿元，增速为 85.2%，私有云市场规模达 814 亿元，增速为 26.1%[①]。

① 本节相关数据，均引用于国泰君安证券相关研究报告。

3.2.2 供应商分类

有别于本书第 1 章介绍的以服务模式或交付方式进行划分的云产品，信创云更强调其所用基础软/硬件及核心技术的自主可控程度，因而信创云产品的竞争力往往取决于其开发商能否通过有效整合资源，打通供应链上下游并推动形成相对完善的生态体系。通常而言，信创云产品生态构建顺序是自下而上的，即先确定和适配基础软/硬件的相关技术栈和标准，而后再为以应用、数据库和中间件为代表的上层软件提供支撑，同时需依赖供应链各环节相关厂商的互相支持与协同。目前，信创云市场的发展仍处于初期阶段，多数产品开发商仍聚焦于基础硬件的替换和改造，而云计算技术在产品功能、模式架构方面的持续演进，容器、微服务和 DevOps[①]为代表的新兴云原生技术的逐渐成熟，以及大数据、人工智能、边缘计算等新兴技术在政企数字化转型建设进程中的相互融合等，均为信创云的发展提供了诸多新动能和新思路，使其在具备更高便捷性、时效性和灵活性的同时，呈现出许多应用新技术进行跨越式发展的机遇。未来，必将有更多新兴技术成果以各类云计算服务的形式呈现给使用者。

目前，信创云领域主要产品开发商大致分为两类：一类是具有国资背景的厂商，如中国电子、中国电科、中国电信和中国联通等；另一类是具有一定技术实力和相对丰富的用户服务经验的民营企业，如华为、华云数据等。图 3-3 所示为信创云产品开发商的分类，以下对其中一部分进行描述。

（1）中国电子基于旗下公司所研发的飞腾处理器（Phytium）和麒麟操作系统（KylinOS），以相互支撑的形式构建了“PK 体系”，并在 2019 年 11 月战略投资了云产品开发商易捷行云。中国电信和中国联通虽然不涉及通用处理器和操作系统的研发[②]，但采用了与中国电子类似的投资策略，2021 年中国电信完成了对云产品开发商云轴科技的战略投资，同年中国联通也完成了对云产品开发商云宏的战略投资。

① Development 和 Operations 两个词的组合，即过程、方法和系统的统称，旨在推进研发、运维等团队间的有效协作，共同提升软件产品的交付质量。

② 2021 年 11 月，中国联通和中国电信分别发布了基于 openEuler 定制的操作系统 CULinux 和 CTyunOS，但主要用于支撑其自身业务运行。

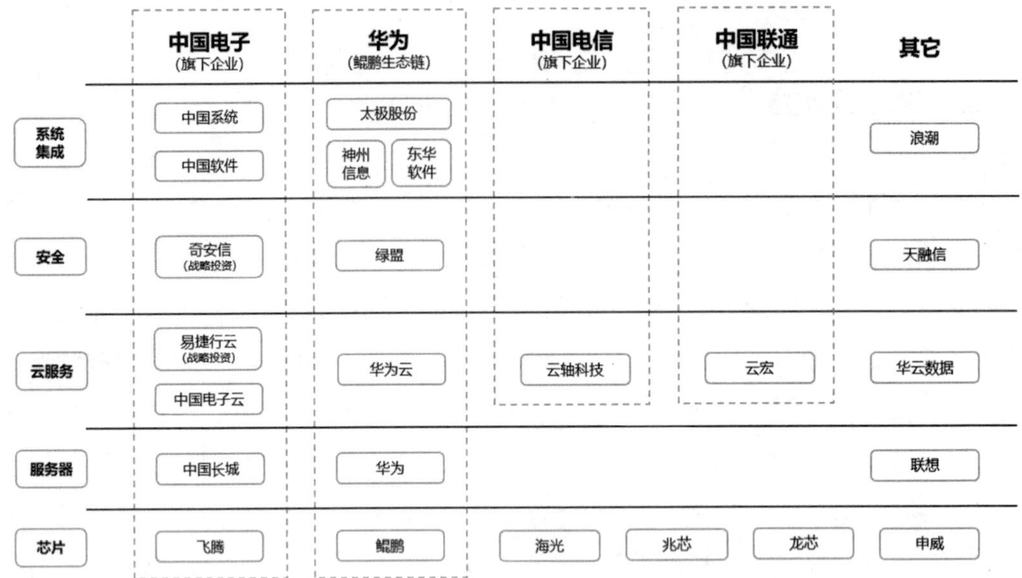

图 3-3　信创云产品开发商的分类

（2）华为围绕其设计研发的 ARM 指令集鲲鹏处理器，构建了集鲲鹏处理器、鲲鹏服务器、操作系统和云计算产品互相联动的信息化基础设施、行业应用及相关服务，并通过产业联盟、开源社区、开放实验室、行业标准组织等形式共同建设完善相关生态。

（3）华云数据作为独立第三方专业云计算产品研发企业，自成立以来一直坚持自主研发与开拓创新，基于软/硬件解耦的产品设计原则打造支持“全芯全栈”的云计算产品解决方案，以自研国产通用型云操作系统为核心构建完备的信创云生态兼容和支撑体系，协同各个国产处理器、操作系统，以及国产数据库、中间件和应用等软/硬件开发商共同完善自主创新的信创云生态圈。

云计算技术的持续发展，不仅为政企数字化建设的云化和推广提供了坚实的技术基础，也加速推动信创云向其他行业的横向渗透。亿欧咨询相关统计数据显示：党政部门是信创产业的培育者和先行示范者，在 2020 年最早进入相关国产设备的规模化采购阶段；金融行业信息化基础较强，在信创推进中仅次于党政部门；电信、交通、石油和航空航天行业则处于信创渗透率的第二梯队；教育、医院领域目前处于第三梯队。

3.2.3 短板分析

在海比研究院发布的《2021 年中国信创生态市场研究报告》中，对信创市场的短板进行了细分：从信创用户角度来看，信创生态目前的主要短板体现在应用范围过窄、兼容性与可扩展性较弱、性能指标相对较低等方面；从信创开发商角度来看，信创生态的主要短板则是可扩展性不强、性能指标无法满足要求、兼容性差、价格过高和技术成熟度有待提升等。把供、需两个维度进行对比，可以看出兼容性、可扩展性和产品性能是其共同认定的信创生态短板。而其他比较项还包括开发商更侧重于关注技术和价格，用户则更注重应用范围和通用性等。图 3-4 所示为信创生态的主要短板。

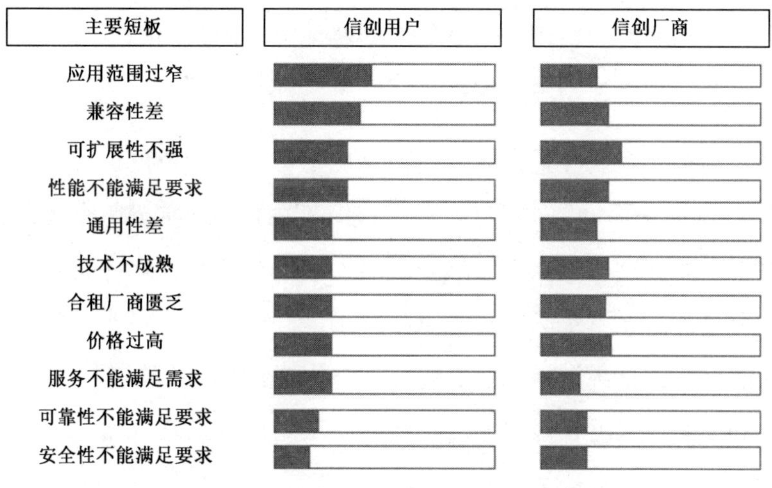

图 3-4 信创生态的主要短板（源于海比研究院）

海比研究院的报告还对细分领域调研结果做了进一步分析。从技术成熟度来看，信创领域在 IaaS[①]、芯片、低代码、PaaS 和中间件等方面的技术成熟度较低，仍需加大发展力度，而在网络设施、安全硬件、云服务平台[②]、办公套件和安全软件等方面技术成熟度相对较高，并具有一定技术优势。图 3-5 所示为信创领域技术成熟度分布情况。

① 见本书中介绍信创云产品的基础设施能力部分。

② 此处主要指构建在 IaaS 和 PaaS 之上，并对其资源进行统一调度的上层云管理平台。

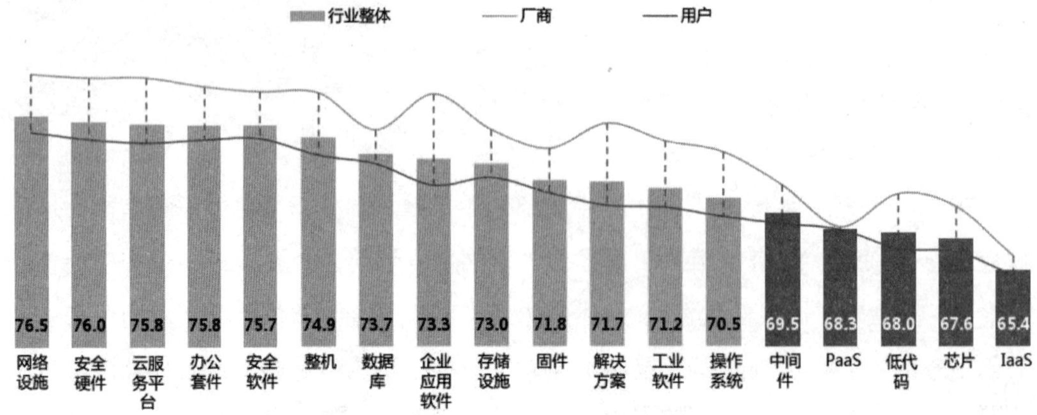

图 3-5　信创领域技术成熟度分布情况①（源于海比研究院，2021）

由此可见，借助于传统云计算供应链已有的成熟生态体系，通用型云计算领域的各层级产品开发商可以更专注于自身技术的迭代更新。而信创云领域的产品开发商除了提升自身产品能力，还需联合供应链各环节厂商共同推进技术创新和协作方式的优化与完善，才能够为用户构建真正可用、好用的信创云产品。

从同类产品历史发展经验来看，回顾 ARM 数十年的发展历程，为了规避和强大竞争对手 Intel 的正面冲突，其在很长一段时期内通过“放弃”个人计算机处理器市场、专注于面向移动和嵌入式领域处理器需求进行产品优化并获得了绝对的市场优势。但时至今日，无论是 x86 还是 ARM，其臃肿的生态及越来越重的历史包袱，已然成为这些成熟指令集进一步发展的桎梏。而对于国产处理器相关厂商②而言，当下普遍存在的生态成熟度相对较低的现状，既是短板，也是机遇。

3.3　意义分析

综上所述，信创云的意义可以从以下 3 个方面进行归纳总结。

① 表内分值：满分为 100 分，70 分以下为不成熟，70～90 分为成熟。

② 部分国产处理器厂商也使用 x86 和 ARM 指令集，但其面对的问题与机遇和国外类似产品有诸多不同。

3.3.1 助力传统IT升级

当前云计算相关技术已成为政府和企业推动数字化转型升级的首选方案，其不仅可以提高政企的业务流程管理水准和工作效率，也可以降低生产运营环节的投入，从而为政企用户创造显著的经济效益。2021 年 3 月，由国有资产管理监督委员会发布的《2020 年国有企业数字化转型典型案例》中，30 多个优秀案例均应用了云计算相关技术①。

以目前信创云应用最为广泛的党政部门为例，在传统电子化政务系统架构中，信息系统往往以各级政府的职能部门为中心分别建立，这也造成了不同部门信息系统之间相对独立，相关数据资源难于集中、共享。而信创云的推广建设恰好为类似问题提供了行之有效的解决思路，通过基于云计算技术高效整合各类信息系统的运行环境，在保障各信息系统管理一致性、运行可靠性的同时，大幅降低其先前独立运行所产生的部署和运营、运维成本，现已成为政府实现数字化转型的首要选择，相关经验和技术成果也逐步被其他有类似痛点的行业借鉴应用。

同时，全球新冠肺炎疫情的持续及远程办公、在线教育等应用的加速发展，极大地推动了政企数字化转型战略的普及，并降低了教育成本，相关信息系统的云化改造得到提速。在此进程中，云计算技术通过自身强大的算力有效支撑疫情防控的各个环节，进一步加速了云经济整体的发展。政策方面，中央全面深化改革委员会第十二次会议也明确提出，要鼓励运用大数据、人工智能、云计算等数字化技术，在疫情监测分析、病毒溯源、防控救治和资源调配等方面更好地发挥支撑作用。

3.3.2 精简基础设施复杂性

在信创云的落地使用过程中，不同于通用型云产品，信创云要面对的特殊需求和问题主要体现在如下几个方面。

---

① 本段内容来源：中国信息通信研究院《云计算白皮书 2021》，略有修改。

（1）复杂多变的业务需求与不同底层技术栈之间的协同。通用型云产品所使用的处理器通常为Intel处理器，在方案设计环节无须过多考虑处理器关联技术栈的选型和配套问题；而信创云面对的则是指令集、品牌和型号多样化的国产处理器，同时还要考虑用户业务所属区域、行业相关管理规范要求的差异性，在产品规划和方案设计环节存在诸多不可控因素。从信创云自身角度，如何有效平衡不同技术栈在性能、功能和兼容性等方面的差异，也是信创云产品设计环节所必须解决的问题。

从全球上层软件研发实力角度，目前国内应用开发者群体具备较为明显的优势，而数据库、底层基础软件等方面的研发力量相对偏弱，如何通过技术手段在这些不同领域开发者间创造良好的协同工作环境，共同为国产云计算供应链贡献力量，是信创云产品实现和推广环节需要面对的问题。

此外，对于新、旧云系统共存的业务场景，还需考虑通用和国产处理器之间、不同指令集的国产处理器之间，以及同一国产处理器不同代次产品之间的业务数据互通和统一运维等问题。

（2）基础软/硬件快速迭代更新，与上层软件希望运行环境保持相对固定的诉求间的矛盾。依托于数十年的技术积累，通用型云平台采用的基础软/硬件在技术栈和历史版本方面都具有较好的兼容性；而对于国产基础软/硬件来说，由于当前正处于高速发展阶段，所涉及的技术栈、产品型号或版本频繁迭代更新，且多数新、旧产品间往往存在兼容性问题。所以对于起着承上启下作用的信创云来说，首要的工作则是需要解决底层不同技术栈、不同产品型号或版本间的兼容性问题，以降低上层软件的适配成本并保障其稳定运行。

信创基础软/硬件的快速迭代引发了与供应链各环节稳定性相关的连锁反应，涉及服务器固件、操作系统、存储设备等，由于不同产品开发商自身迭代周期、迭代策略的差异，往往无法在同一时间为信创云提供具有一致性的最新软/硬件产品①，从而提高了信创云产品兼容性规划的复杂性。

① 如处理器每隔18个月发布一款新型号，操作系统每隔3～5个月发布一个新版本，存储设备每隔36个月才更新一次，从而导致用户在某个时间点选择所采用的处理器型号、操作系统版本和存储设备型号时，往往无法对早期处理器型号、最新操作系统版本、早期存储设备型号同时提供兼容性支持，只能结合业务诉求舍弃某些型号或版本的支持能力，或者开发用于支持不同型号或版本组合的多套代码包——而这会大幅增加开发商的测试和运维成本。

（3）基础软/硬件之间发展不均衡的矛盾，包括如下两个方面。

- 同类基础软/硬件间发展的不均衡性。如不同国产服务器品牌或型号的部分功能存在差异，有些厂商产品同时支持 UEFI 和 Legacy 两种启动模式，而有些仅支持 UEFI 一种。
- 不同基础软/硬件间技术能力发展的不均衡性。如采用相同指令集的不同处理器品牌，使用同一款国产操作系统时，支持开通的虚拟机最大虚拟核心数上限相差 50%[①]。

为有效识别并屏蔽底层基础设施的兼容性问题，信创云产品实现环节需进行大量的功能、性能和稳定性覆盖测试，并和关联开发商就特定技术参数、型号或版本的研发进度、发布时间进行反复确认，共同推进多方产品的联动优化。

从技术实现角度，信创云作为典型的分布式软件系统，优势是可以基于软件定义的方式，通过技术手段在云平台层面屏蔽或弥补不同基础软/硬件的缺项、弱项，并以统一的标准化接口为上层软件提供一致化、向前兼容的云服务；其弱势则是分布式技术可能导致部分业务场景下的系统性能，弱于传统的硬件设备集中式方案[②]。在信创云产品的设计过程中，除了关注技术实现的问题，设计人员还需综合考虑与供应链伙伴联合设计产品的研发进度、部署策略等，并最终做出符合实际的、可落地的交付方案。

（4）传统 x86 生态与国产基础软/硬件生态间的矛盾。以往通用型云平台的生态都以 x86 指令集为主，同时国产基础软/硬件所需的应用开发环境仍在持续完善过程中，因而应用开发商通常会选择先在通用型云平台上进行对应的产品研发，而后再移植到特定信创云环境中适配。因此通用型云产品与信创云产品在性能、稳定性和扩展性等方面的差异，将对上层软件的运行产生直接影响，并可能引发调用链超时导致的请求失败、系统锁死等问题。信创云厂商需考虑如何对此进行优化处置，以降低应用在适配环节的复杂性。

---

① 这里引用的是华云数据云操作系统测试环节所发现的真实案例。类似案例还有很多，反映出目前信创云对比通用型云产品所面临的突出问题，即除了性能指标，在关联产品的成熟度等方面也有诸多亟待提升的改进点。

② 典型的例子，如使用普通服务器内置存储搭建的 3 节点超融合云平台，其存储性能通常弱于使用 FC-SAN 专业集中式存储设备的 3 节点云平台。

同时，通用型云产品之上的应用已开始针对云原生、云边协同等新兴技术领域实施优化改造，而信创云无论是基础设施还是上层软件，其成熟度均无法达到与通用型云产品同等的水平，暂时还无法满足构建同等“信创云原生”开发环境的要求，其主要问题包括适用于信创软/硬件的云原生组件版本过低，特定版本、型号的云原生应用组件与国产基础软/硬件还无法完全兼容，需要应用开发商单独配置或进行二次开发等。因此，信创云如何支撑上层软件平滑、稳定地转向新兴技术领域，也是信创云产品实现环节所必须面对的关键问题。

3.3.3 补齐技术短板

拥有自主可控的云计算相关技术，是保障我国信息技术产业有序发展不可或缺的部分。本书第 2 章“风险分析”小节所列举的信息技术安全事件[①]，再次明确了对于任何主权国家，掌握核心技术是确保相关信息化系统建设安全稳定的前置条件。

从用户角度看，云计算产品属于复杂的现代化分布式系统，如何在其生命周期中能够正常进行产品升级与换代、获取开发商提供的各类服务等，是确保云产品之上的上层软件良好运行的前提。而无数客观事实说明，完全依赖国外相关产品或技术会导致信息系统建设中的诸多不可控风险。与此相关的典型事件如下。

（1）2018 年 4 月，美国商务部发布公告称，美国政府在未来 7 年内禁止中兴向美国企业购买敏感产品；2019 年 5 月，美国商务部声称，将华为技术有限公司及其附属公司列入管制实体名单。这直接导致中兴、华为无法使用美国企业及美国所控制的、位于其他国家的相关企业所生产的高科技产品、服务和软件授权。

（2）全球云计算领先品牌 VMware 在 2022 年 3 月发布《关于乌克兰的声明》，宣布暂停在俄罗斯和白俄罗斯的所有业务运营活动，包括在这两个国家的所有销售、支持和专业服务，此举直接影响俄罗斯信息技术基础设施的稳定运行。而在此之后，Red Hat、SUSE、Docker、微软等云计算相关领域企业也陆续采取了类似的行动。

（3）2022 年 8 月末，英伟达发布公告称，美国已通知其向中国和俄罗斯出口用

① 具体安全时间的清单，可参考本书第 2 章“风险分析”小节内容。

于超级计算和人工智能场景的 A100 和 H100[①]芯片将需要申请新的许可证。同时，英伟达 DGX（AI 系统产品组合）或任何其他包含 A100 或 H100 芯片的产品，以及未来性能高于 A100 的芯片也都将受到类似管制。

从研发方式来看，构筑自主可控的信创云相关技术体系，并不等同于采取完全封闭的自行研发策略，而是要推动信创云及其相关产品，在借鉴开源社区成熟的组织与运营经验，有效对接全球开发者资源的同时，更加合理地应用开源社区技术成果。

3.4 与通用型云的区别

结合本章给出的信创云定义，本节将从技术成熟度和运行环境等方面来分析信创云产品和通用型云产品的主要差异。

3.4.1 技术方面

1. 一般性规律

创新是现代技术发展的核心驱动力。通常技术的发展会呈现出先线性、后指数的趋势，即早期阶段往往是线性的缓慢积累，而一旦跨越拐点将转变为指数级的增长。因而在信创云领域，只有对相关技术创新及其发展建立起行之有效的评价、跟踪机制，才能适时抓住新技术带来的新机遇。

中国国家标准《科学技术研究项目评价通则》（GB/T 22900—2009）中，对科学技术研发项目的投入产出效率评价提供了一套科学、规范的指导方法，我们可以参考实现对技术研发类项目实施量化管控。该标准依据技术的研究层次，将其划分为基础研究、应用研究和开发研究项目，并分别给出了对应的技术就绪水平量表，如表 3-1 所示。

① 2022 年发布的 H100，性能约为 2020 年发布的 A100 的 6 倍。与此对应的更早一代产品是 2017 年发布的 NVIDIA Tesla V100。

表 3-1　开发研究项目技术就绪水平量表[①]

等级	特征描述	主要成果形式
第一级	观察到基本原理并形成正式报告	报告
第二级	形成了技术概念或开发方案	方案
第三级	关键功能分析和实验结论成立	验证结论
第四级	研究室环境中的部件仿真验证	仿真结论
第五级	相关环境中的部件仿真验证	部件
第六级	相关环境中的系统样机演示	模型样机
第七级	在实际环境中的系统样机试验结论成立	样机
第八级	实际系统完成并通过实际验证	中试产品
第九级	实际通过任务运行的成功考验，可销售	产品、标准、专利

标准定义中的开发研究是指“利用从基础研究、应用研究和实际经验中所获得的现有知识，为了生产新的产品、材料和状态建立新的工艺、系统和服务，以及对已经产生和建立的上述各项做实质性的改进和进行系统性的工作”。对于信创云产品而言，只有达到第九级“实际通过任务运行的成功考验，可销售”的相关能力，对应产品才可视为达到企业级标准。

技术就绪水平量表可以帮助产品开发商对自身技术水平进行客观的评估，但与此同时，典型的产品技术发展从萌芽到大规模推广、从前期线性积累过渡到指数型成熟期，往往需要经历 10 年甚至更长时间，其各自的演变过程也有诸多相似之处。知名咨询研究机构 Gartner 提出的、用于跟踪技术创新发展阶段的技术成熟度曲线，就是结合技术的社会化接受程度，辅助企业进行特定技术发展各阶段的跟踪，从商业化角度更加客观地评价引入特定技术创新的最佳时机。

如图 3-6 所示，技术成熟度曲线将新技术的发展过程分为以下 5 个阶段。

（1）萌芽期。某项技术的发布往往会引起人们的兴趣，而基于该技术开发的第一代产品虽然不够成熟，但仍然会吸引一批早期的技术尝鲜者。

（2）过热期。随着技术尝鲜者惊喜于该项技术带来的潜在价值，其优点也会放大，而媒体的相关炒作也会不断推高大众的期望。盲目的追捧者、跟风的初创公司陆续进入该领域，从而推动该技术进入过热的期望膨胀期。

① 引用自 GB/T 22900—2009。

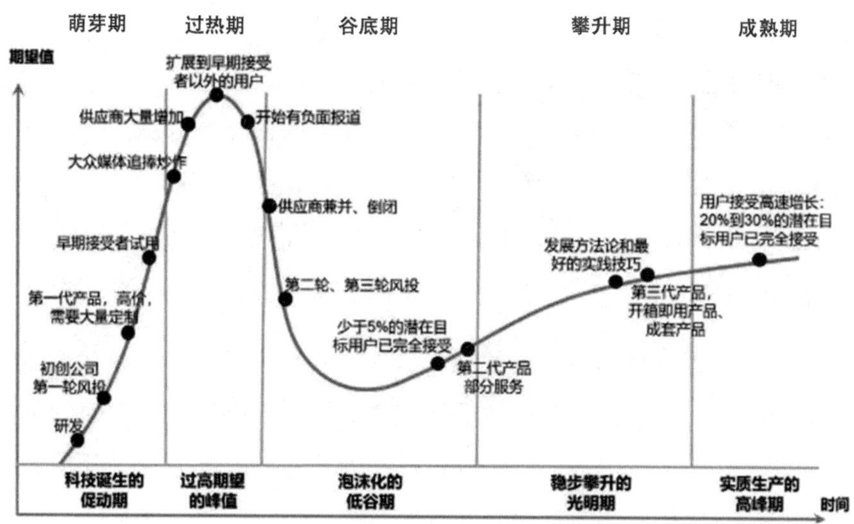

图 3-6 Gartner 技术成熟度曲线

（3）谷底期。用户对新兴技术可能产生实用价值的期望越来越高，而第一代产品因其成熟度不够，往往难以在预期周期内实现理想的财务回报。随着媒体对该技术所面临的挑战与风险的争相报道，大量跟风者陆续被淘汰，相关技术发展进入泡沫化的谷底期。

（4）攀升期。跌入谷底后，少量具备较强技术实力的公司开发出第二代产品，技术曲线开始进入稳步爬升的光明期，此时潜在用户虽不及总用户体量的 5%，但这些用户已完全接受新的技术，并借力于新技术获得全新的竞争优势。

（5）成熟期。随着技术的进一步成熟，第三代更容易被用户接受的产品开始涌现，潜在用户数量也逐步提升，早期参与者也开始迎来高额回报，大众开始坦然接受该项技术，并开始在各领域大规模应用。

2. 技术成熟度

参考上述技术发展一般性规律，结合信创云相关技术发展的客观实际，不难总结出信创云产品在技术成熟度方面与通用型云产品的显著差异。

（1）底层技术栈复杂度不同。**从整体层次和质量水平上看，国内底层技术栈发展现状相对于国外产品是不充分的，且存在较为明显的发展不均衡特征。**以基础软/硬件中最为核心的处理器为例，信创云所面对的常见国产处理器有 5 种指令集、6 个品牌[①]，虽然尚未形成较为明显的市场占有率划分，但已形成了较为稳定的市场竞争格局，短中期内出现使用全新指令集或品牌的可能性较小。此外，不同指令集和品牌的处理器在自主程度、性能、生态建设等诸多方面均存在差异，对应的发展存在明显的不均衡性。而通用型云产品使用的处理器则以 x86 一种指令集下的 Intel、AMD 两个产品品牌为主，且以其中的 Intel 处理器品牌为市场主要供应商。同时通用型云产品相对更长的产品发展史，也决定了其在多个领域具备更加深厚的技术积累。

此外，为了有效支持通用市场的用户需求，以及满足用户将原有云平台数据迁移到信创云的需求，信创云产品往往需要兼容通用型云产品所使用的底层技术栈。如华云数据的云操作系统产品，既可以运行在国外的 Intel、AMD 处理器和操作系统之上，也可以兼容国产主流处理器与操作系统。

图 3-7 所示为信创云产品和通用型云产品底层技术栈范围对比。从底层技术栈角度，国内外产品也有诸多不同之处。以 ARM 指令集领域为例，其早期的处理器产品定位主要面向低功率应用场景优化，如移动设备芯片等，但近年来为适应云边协同、万物互联场景对处理器安全与性能等指标不断提升的需求，ARM 于 2018 年推出了 Neoverse 产品系列[②]，包括面向高性能计算、人工智能和机器学习需求优化的高性能 Neoverse V1/V2 系列，面向云计算、边缘应用需求优化的 Neoverse N1/N2 系列，以及面向高数据吞吐量需求优化的 Neoverse E1/E2 系列，如图 3-8 所示。而随着亚马逊、谷歌等公司陆续开始使用定制的 ARM 指令集处理器[③]，在超大规模云服务集群、高性能计算等场景中，未来 ARM 指令集服务器预计会和 x86 指令集一样成为主流服务器处理器指令集，但国内外市场大概率会由不同的处理器品牌所主导，从而形成与 x86 指令集完全不同的国内外技术发展历程[④]。

---

① 使用 x86 指令集的海光和兆芯品牌、使用 ARM 指令集的飞腾和鲲鹏品牌、使用 MIPS 和 LoongArch 指令集的龙芯品牌和使用 SW-64 指令集的申威品牌。其中，目前 MIPS 指令集已根据龙芯自身的产品路线规划逐步退市，由 LoongArch 指令集相关产品型号替代。

② 和 ARM 面向消费者市场的 Cortex 产品系列不同，该系列专注于服务器市场领域。

③ 对于拥有数以百万计服务器规模的大型企业而言，基于 ARM 指令集并结合自身的业务特性，设计符合自身业务要求的 ARM 处理器及其他服务器主要配件，可以有效地提高其产品的性价比。目前已有亚马逊、谷歌、阿里巴巴等多个大型互联网公司应用了此类策略，并发布了诸如亚马逊 Graviton 2、阿里巴巴倚天 710 等代表性产品。

④ 主流国内外 x86 指令集处理器品牌都有较长的运营周期，因而多数近年来上市的信创云产品都可以对其提供良好的兼容性支持。而 ARM 指令集因其授权模式的特殊性，使得新老开发商都在陆续发布历经修改的不同品牌与型号的 ARM 指令集处理器，其中国外以亚马逊、谷歌和微软等为代表，国内以华为、飞腾等为代表，这也在一定程度上引发了 ARM 指令集生态的破碎性风险。

（2）推荐部署策略的不同。由于部分国产处理器型号面向云计算技术进行优化的时间尚短，为了确保云平台性能能够满足业务需求，部分在通用型云产品中较成熟的技术如超融合部署策略等，目前还无法作为国产处理器支撑云产品运行时的主推部署策略，而是更多地使用融合部署或传统分离部署的策略[①]。

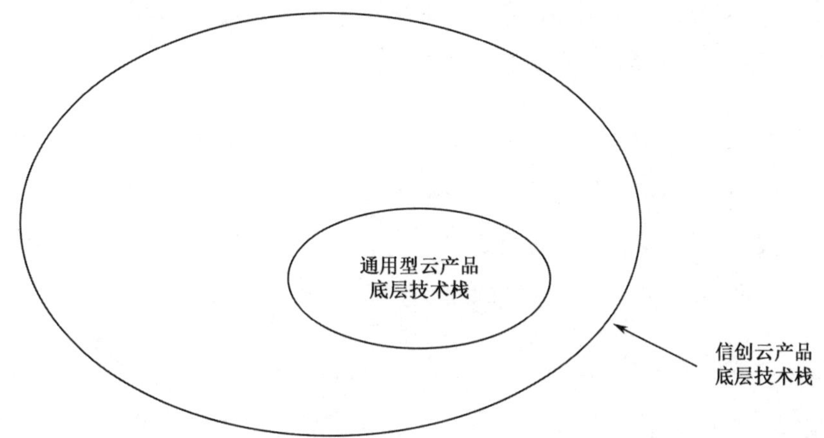

图 3-7　信创云产品和通用型云产品底层技术栈范围对比

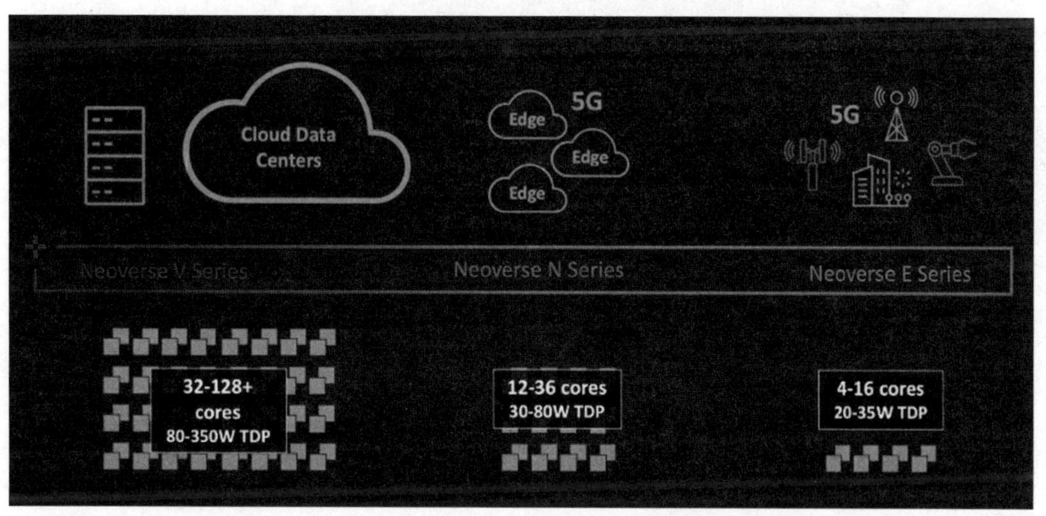

图 3-8　ARM Neoverse 产品系列（源于 ARM 官方网站）

推荐部署策略的不同，也导致信创云在部分产品实现方面和通用型云产品存在差异，如高可用设计、弹性扩展策略和容量管理策略等。

① 有关这部分的详细介绍，可参考本书第 7 章“部署架构”部分的介绍。

（3）新兴技术的涵盖范围不同。和推荐部署策略的情况类似，近年来在通用型云领域非常热门的云原生技术，由于在信创云环境中存在部分相关组件版本过低，或尚未进行国产化适配等问题，导致该技术目前还无法在信创云中大规模推广应用。另外，在通用型云产品领域已较为成熟的基于虚拟机的容器化方案，在信创云环境中往往因算力偏弱等原因而无法提供良好的用户体验，也不建议在信创云中使用，而更推荐使用基于物理服务器的容器化方案①。

（4）技术迭代策略的不同。近年来，为了赶超国际主流产品，或满足特定用户在信创云领域的技术预研要求，国产基础软/硬件厂商多采用较为激进的技术迭代策略，产品迭代的速度明显高于同类通用型产品。与之对应，信创云产品通常也会同步更新对应的产品版本，以支持基础软/硬件的最新型号或版本。

此类较为激进的迭代策略也引入了新的业务场景，即在通用型云领域较为少见的基础软/硬件的测试版、渠道定制版等，这在信创云领域变得更为常见。而这些特殊型号或版本通常是为满足项目特定要求而提前发布的非正式产品，其在后续的出货量、技术支持等方面都将受到限制，而信创云开发商也需为使用此类产品的渠道用户定制开发对应的云产品版本，以满足其项目交付或已购置设备的利旧需求。

（5）发展机遇方面的不同。当前信创云供应链上下游厂商间的协作模式仍处于持续调整和优化阶段，部分环节仍亟待更多新厂商的进入，其供应链也具备重大创新的机遇，包括基础技术创新、生态创新、云产品自身创新和服务模式创新等。

3.4.2 运行环境

信创云和通用型云所面对的运行环境差异是显而易见的，可以从以下两个层面进行梳理和分析。

1. 基础软/硬件的不同

云平台建设方面，在前一节介绍产品技术成熟度时曾提到，信创云产品所面临

① 基于物理服务器的容器化部署策略虽然可以提升性能，但往往需要舍弃基于虚拟机部署容器所具有的高可用、自动资源均衡等产品能力。

的底层技术栈复杂度明显高于通用型云产品，其主要原因是信创云各种底层技术栈尚处于高速发展阶段，无论是产品开发商还是最终用户，都无法锁定其所用产品的中、长期技术栈类型，且未来可能会面临更换或引入新技术栈的风险。这也将导致前期采购的基础软/硬件，在更换技术栈后无法利旧使用，如初期使用海光处理器构建信创云，后期更换为龙芯处理器时，若想在云环境中联合使用[①]海光、龙芯两种处理器产品，则取决于所使用的信创云产品是否具备多技术栈的兼容能力。

云平台运维方面，信创云常见问题多与基础软/硬件的兼容性密切相关。此外，多数用户在信创云引入初期会先实施试点项目，而针对试点项目成果的扩展，以及保障扩展过程中系统的稳定性、向前兼容性等，也是信创云建设环节需关注的重点。

同时，近年来由于新冠肺炎疫情导致的物流问题、全球半导体芯片短缺导致的生产原材料问题，以及应用高端生产工艺的国产基础软/硬件所面临的产能问题等，极大地影响着通用型云产品和信创云产品的研发和相关项目实施过程[②]。目前常见的问题[③]如下。

（1）如何提供更灵活的供应商选择，特别是诸如处理器、阵列卡和网卡等关键服务器配件的供应商。如在选定一款信创云项目所采用的处理器品牌后，信创云产品是否能兼容同指令集下其他品牌的处理器，或兼容其他指令集的基础软/硬件以作为项目建设的备选方案。

（2）如何降低搭建信创云的最低要求，包括对信创云环境部署所需的最少服务器数量要求，以及对专用设备品牌或型号的强依赖要求等。

（3）如何在确保云平台稳定运行的前提下，有效挖掘、提升已有基础软/硬件的使用率。包括通过流量管控和均衡性管理策略来控制不同用户间的资源分配，以及采用云资源性能优化策略等。

---

① 典型的产品包括华云数据云管理平台等，相关介绍可参考本书第 8 章。

② 在 2021 年，多数品牌的服务器交货周期长达 90 天甚至 120 天以上，而之前的服务器交货周期通常为 15 天以内。

③ 从非产品设计层面也可以引入一些预防措施，如战略性采购（提前备货）、延长已采购设备的使用周期、优化业务应用对资源的占用，以及订购公有云资源等。

2. 上层软件的不同

信创云上层软件与底层基础软/硬件存在类似的问题，即多数应用未发布国产化版本，使得现有产品无法运行在信创云环境，或者仅支持运行在特定软/硬件型号或版本之上的信创云环境①。

目前，多数上层软件的原始研发环境是基于 Intel 处理器的通用型云环境，在此完成研发后再移植到信创云环境中。这种开发模式存在两类问题。

（1）运行在 Windows 操作系统环境中的上层软件，只能选择基于 x86 指令集基础软/硬件搭建的信创云作为其运行环境。

（2）上层软件的原始研发环境是面向 Intel 处理器调优的，在运行特征、测试方式等方面和国产处理器存在部分差异。当研发环境切换为信创云时，上层软件若仅做基础软/硬件的功能适配，而不涉及性能、稳定性和兼容性的深度调教，其对应指标的运行状态将受到较大的影响。

因此，从中、长期来看，上层软件开发商应逐渐尝试以信创云原生方式搭建原始研发环境进行相关工作，从产品设计之初就开始最大化挖掘国产基础软/硬件的能力，促使研发成果在信创环境下能够获得性能、稳定性和兼容性的深度优化。

3. 关键配件和设备的不同

信创云和通用型云在相关配件和外设等方面也存在差异，如各类加速卡、存储设备、加密机、打印机和高拍仪等在驱动兼容性、固件稳定性和性能方面，在信创云环境中往往存在一定程度的兼容性问题，需信创云厂商与外设厂商、操作系统厂商协同给出对应的适配方案。

同时，信创云实施环节也会经常遇到国产配件或外设无法支持虚拟化，而只能先以直通方式②对接云平台使用的情况，典型的如加密卡设备等。

---

① 如某款国产数据库虽具备信创特性，但仅对 x86 指令集的海光品牌处理器进行过全功能覆盖测试，而无法用于基于其他国产处理器品牌的部署环境。

② 直通方式是云平台中调用基础软/硬件资源的一种特殊形式，其和标准调用方式最大的区别是不启用基础软/硬件的虚拟化能力，而是用类似透传的方式，将基础软/硬件直接绑定给云平台中某个虚拟资源使用。当特定基础软/硬件不支持虚拟化技术，或性能指标达不到虚拟资源使用者期望时，可以尝试使用该方式。

3.4.3　其他方面

除了技术和运行环境方面的差异，在用户群体、建设目标和标准方面，信创云与通用型云也有诸多不同之处。

1. 用户群体的不同

目前，信创云主要用户群体是党政部门和国有企事业单位，其他行业尚在试行推广阶段；而通用型云则已作为替代传统信息系统基础设施的新一代技术架构，面向所有行业用户及个人消费者群体[①]提供了全方位的产品能力和支撑服务。但从中、长期来看，信创云和通用型云的用户群体将趋于一致。

2. 建设目标的不同

目前，已实施和规划中的信创云项目，通常需要满足特定区域、特定场景下的合规性要求，因此在建设目标方面与通用型云项目存在诸多不同。

（1）非技术类指标的不同。对于多数通用型云项目而言，采购成本往往是决定项目是否获批的关键选型依据。但在信创云项目特别是早期的试点项目中，用户所选用的基础软/硬件和信创云产品组合“是否能用”则是项目决策者最为关心的内容。与之类似，在通用型云产品选型中备受关注的用户体验指标，在信创云中则被放在了较低的优先级。如国产操作系统代替 Windows 操作系统后，因为操作习惯、系统界面的差异，通常会在一段时期内引发用户使用体验的降级。

（2）技术类指标的不同。如性能、高可用指标等会受限于国产软/硬件的实际支持能力。因此在设定信创云建设目标时，需要与所有项目干系人共同调研、设计符合信创云能力的建设目标，而并非简单引用通用型云产品的相关材料。如在某些国产基础软/硬件环境中，暂时还无法使用通用型云产品最常用的超融合部署方式。

---

① 目前信创云也有少量面向个人消费者群体的案例，如华云数据所提供的公有云服务中，包含了基于 ARM 指令集的云手机服务，可以为个人消费者或中小型企业用户提供个性化的云手机服务。

（3）实施范围的不同。在具体功能层面，多数信创云厂商会对其通用型云产品进行功能裁剪，以降低相关项目实施环节的难度。在多数场景下，这些裁剪是有益于总体建设目标顺利达成的，并需要所有项目干系人对此达成一致。

为规避对应技能缺失所引发的项目实施风险，多数信创云项目会优先选择将非核心业务系统迁移至信创云，通过该过程快速积累相关经验，在达到预定建设目标并对相关运维、运营方式进行验证之后，再执行核心业务系统的迁移。

3. 建设周期的不同

目前，对于诸多已实施或正处于规划环节的信创云项目，最终的实施方案往往是用户期望与客观现实平衡后得出的一种过渡方案，主要原因在于部分基础软/硬件暂时还不支持完全自主化改造，因而只能先行进行局部改造，随着相关信创产品技术能力提升再逐步进行全局改造。另外，对于某些因源码及研发资源缺失，或运行时需绑定 Windows、Oracle 等特定软/硬件而无法进行改造的上层软件，其自主化改造方案需根据实际情况进行综合评估分析，并拆分为多个阶段进行实施。

3.5 小结

本章首先尝试给出了信创云概念的定义，而后从市场规模和技术限制等多个方面对其意义进行了细化分析。随着更多产品开发商进入信创云供应链各个环节，供应链整体复杂性不断提高，对应的产品研发和产品间适配成本也随之提升。因此，供应链成员间如何通过更紧密地联动，持续提升产品间对接界面的标准化程度变得尤为重要。同时，也要求供应链中的平台型产品应具备良好的弹性与兼容性，以帮助供应链灵活适应不断变化的业务诉求。此外，产品的标准化与灵活性设计策略往往又是相互矛盾的，而如何结合产品自身的定位和企业相关资源保障，从而有效平衡和缓解这个矛盾，是目前信创云供应链构建与优化环节的难点所在。

与第 2 章对比我们不难看出，信创云的发展主要参考了通用型云产品的发展历程，按部就班地以渐进的方式推进，并逐步构建从量变到质变的路线。渐进式创新路线需要由需求引领，根据市场情况并结合主管部门的各类合规性要求，以及企业自身资源的配置情况脚踏实地逐步推进，争取让各步骤的优化和改进成本更低、效率更高、风险更小，并推动上下游产品开发商共同促进供应链整体能力的提升。同时，在持续改进过程中，还需不断地提炼和总结，把个性化的需求提取转化为通用技术和方案，进而尝试开辟新的技术和业务领域，以及更多创新的机制与方法。

目前，随着与 5G、人工智能、物联网、大数据等新兴技术的深入融合，信创云正逐渐成为承载政企数字化、智能化升级的核心基础设施。与此同时，我国产业升级不断深化，政企用户数字化转型需求日益迫切，而大力推动政企上云，并和上层软件开发商一起共同提升发展水平和发展效率，对于促进我国产业升级、打造数字经济至关重要。鉴于复杂多变的国际形势和信息通信技术在国家安全和经济发展中的重要性，信创云作为其中的重要支撑环节，其自主性已成为促进各产业发展、维护国家网络信息安全的迫切需要，而从处理器、操作系统到生态体系的核心技术自主研发，更成为保障信创云长远、可持续发展的必由之路。

综上所述，如何化解**云计算供应链相关产品发展不平衡、整体成熟度待提升的现状，与经济发展对云计算相关产品在技术能力、适应性等方面的高指标诉求间的矛盾**，是目前信创云产品实现环节所必须面对的问题——从云计算供应链整体来看，信创云作为运行在基础软/硬件上，为应用、数据库和中间件等上层软件提供虚拟资源池服务的基础平台性产品，如何能够对处于不同发展阶段、不同技术栈的基础软/硬件进行融合，并以统一资源池形式提供给上层软件，通过对供给侧的结构性优化支撑整个供应链生态的持续完善，是信创云产品在目前阶段所担负的历史使命。

为更好地论证信创云实现的有效方式，我们将在下一部分对信创云所面对的典型场景进行系统性分析，并在后续章节论证信创云实施的因素、条件和最佳实践。

让我们进入本书的第二篇。

第二篇　信创云产品实现

本书第二篇将对信创云产品所面对的典型业务场景进行拆解和梳理，并重点探讨信创云产品的设计策略，以及在具体项目实施环节所需关注的内容。

鉴于目前市面上已有诸多讲述通用型云产品[①]相关知识内容的书籍，故本书将主要聚焦在云产品实现过程中，如何有效应对供应链安全类问题展开论述。同时需强调的是，由于云产品基于复杂的分布式技术研发，其功能数量的多少并不是评判产品优劣性的唯一指标，特别是在现阶段国内相关技术仍处于快速发展阶段的客观现实之下，用户往往更关注信创云产品的稳定性、兼容性和扩展性等非功能指标。

鉴于云计算领域主流技术栈和相关生态均与处理器指令集类型密切相关，因此本书将从不同处理器指令集角度分别进行阐述。

希望通过本部分的内容，帮助有关产品开发商梳理符合政企发展现状的信创云产品实现思路，或帮助产品服务商和用户规划特定需求信创云项目实施的最佳方案。

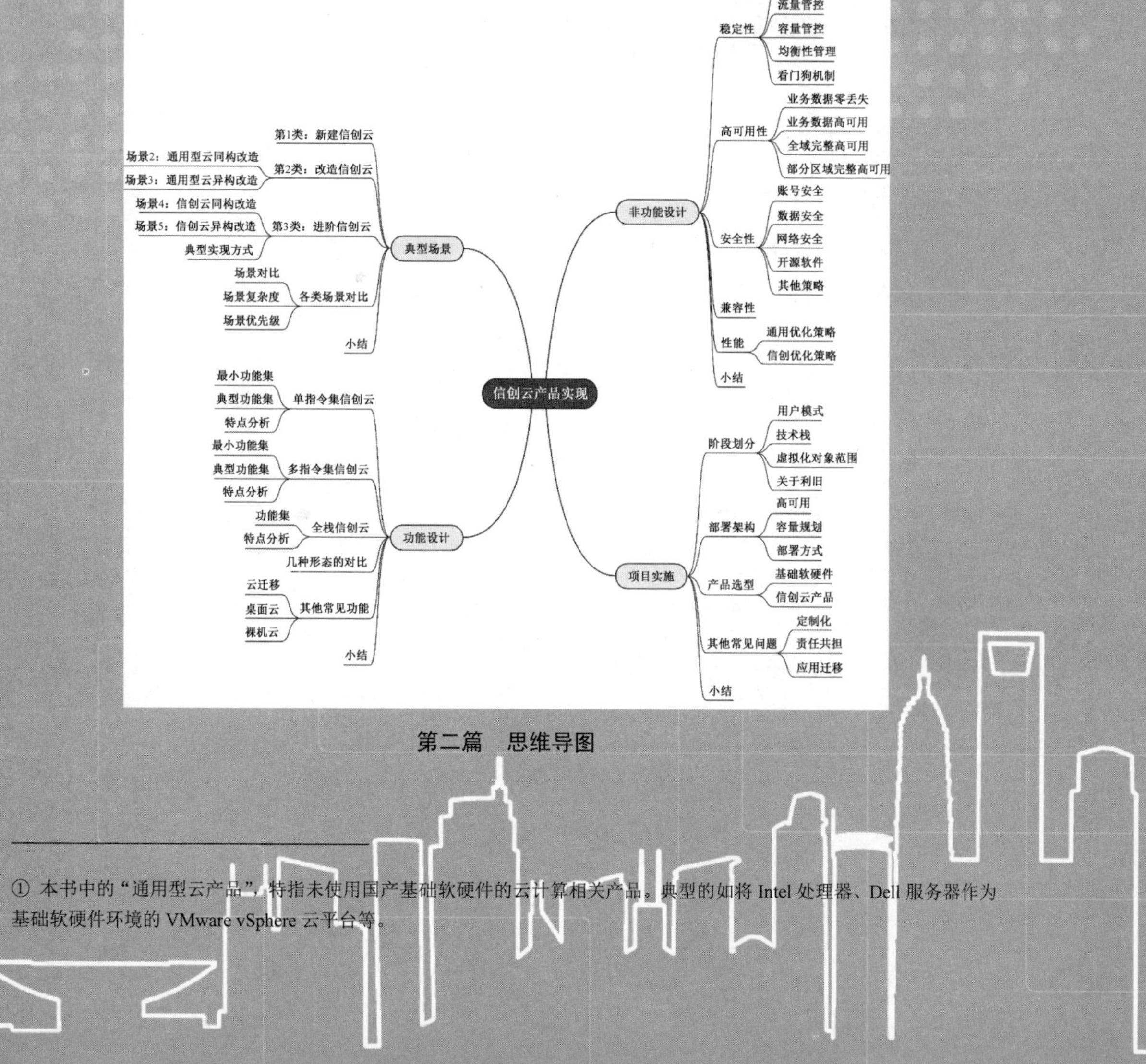

第二篇　思维导图

---

① 本书中的“通用型云产品”，特指未使用国产基础软硬件的云计算相关产品。典型的如将 Intel 处理器、Dell 服务器作为基础软硬件环境的 VMware vSphere 云平台等。

第 4 章　典型场景

本章将对信创云产品所要应对的各类典型业务场景进行系统地分析和梳理，尝试将其归类并从产品实现角度给出相对应的优先级建议。

“场景”一词是戏剧领域的专业词汇，指在特定时间、空间内发生的动作行为或生活片段，而信息技术领域的“场景”则是移动互联网时代技术发展衍生的产物。以各类互联网产品的规划环节为例，研发团队的产品经理常会对“用户场景”“细分场景”“垂直场景”等进行细化地分析，并以此作为产品需求定义及产品设计的重要参考依据。

罗伯特·斯考伯（Robert Scoble）和谢尔·伊斯雷尔（Shel Israel）在图书《即将到来的场景时代》中指出，场景具备大数据、移动设备、社交媒体、传感器和定位系统五个要素，即“场景五力”，并认为“五种原力正在改变你作为消费者、患者、观众或者在线旅行者的体验”。场景与技术有相辅相成的紧密关系，二者相互促进彼此发展，并进而形成互为支撑的发展格局。

信创云作为一种新型的云计算产品形态，其典型场景的分析过程是将用户使用过程中面对的业务诉求进行抽象化总结，并结合国产云计算供应链上下游产品技术发展现状进行关联分析。同时，从信创云产品实现环节可供选择的各基础软/硬件技术栈间的差异性、用户业务需求、实施现场物理环境和基础软/硬件技术发展现状等多个角度综合考量，本书将信创云典型场景分为新建信创云、改造信创云和进阶信创云 3 种类型、5 个场景，具体如表 4-1 所示。

表 4-1　信创云典型场景分类

类型	类型下属场景	备注
类型 1：新建信创云	场景 1：新建信创云	全新建设
类型 2：改造信创云	场景 2：通用型云同构改造 场景 3：通用型云异构改造	现有云平台的改造
类型 3：进阶信创云	场景 4：信创云同构改造 场景 5：信创云异构改造	类型 1 的扩展需求

在产品设计环节，一个复杂的场景往往被拆分为多个子场景。当设计人员在产品规划阶段面对用户需求时，既要从宏观角度出发理解用户的业务背景，又要结合客观发展规律对相关场景进行深入的分析，将其拆分为若干个更加明确的子场景，以便更好地分析真实需求、避免遗漏，同时也限定单一场景的覆盖范围，从而更加有针对性地设计解决方案。如场景 1：新建信创云，可根据所选国产处理器品牌的差异，将其拆分为 6 个子场景，如新建龙芯信创云、新建飞腾信创云等。

本章将对信创云产品实现环节所面对的各类典型场景进行具体分析，通过对比不同场景及其分支子场景间的差异，深度剖析信创云产品的实现背景，为读者提供有价值的参考。

特别需要说明的是，龙芯处理器当前正经历新、旧指令集的更迭，因而市面可见的龙芯处理器既有基于前一代 MIPS 指令集的 3B4000 处理器，又有基于新一代 LoongArch 指令集的 3B5000、3C5000L 和 3C5000 等型号的处理器。同时，两种指令集间的差异性，使得信创云产品在适配龙芯处理器时需考虑的场景相对复杂。一方面，目前存在诸多仍使用 3B4000 处理器的存量用户；另一方面，随着 LoongArch 指令集生态的持续完善，3C5000 处理器已成为龙芯处理器的主推产品。

本书不会对龙芯 MIPS 和 LoongArch 指令集的具体差异进行展开介绍，有兴趣的读者可以参考龙芯官方的相关公开材料。后文所描述的龙芯处理器相关内容，除非特殊说明，默认以最新的 LoongArch 指令集为标准进行阐述。

4.1 第1类：新建信创云

本书第 3 章中提到，信创云可理解为“信创领域的云”，和通用型云产品相比最典型的特征便是部署并运行于国产处理器之上。为了便于理解，**本章在做场景分解时使用了较为宽泛的信创云定义，即对最为核心的处理器国产化属性进行限定，而在狭义的信创云定义中，国产化属性则涵盖全套基础软/硬件，即国产处理器、服务器固件、操作系统，以及国产存储等其他外部设备等。**

本节所述的新建信创云，是信创云建设过程中所面对的第 1 个典型场景，其下仅包括场景 1：新建信创云。

新建信创云，多指前期未使用过任何云平台系统的用户[①]，采用 2.2 节介绍的 6 种国产处理器之一建设新信创云项目的场景。该场景可进一步细分为 6 个子场景。

- 子场景 1：新建龙芯信创云。
- 子场景 2：新建飞腾信创云。
- 子场景 3：新建兆芯信创云。
- 子场景 4：新建申威信创云。
- 子场景 5：新建海光信创云。
- 子场景 6：新建鲲鹏信创云。

特别地，若某个信创云项目规划采用两款处理器品牌，在建设期间通常会对基于两款处理器的信创云单独进行建设。与之对应，在建设第一朵信创云时，可归属于场景 1；在建设第二朵信创云时，根据处理器指令集的差异，归属于后续内容所描述的场景 4 或场景 5，例如下面的场景。

- 第一朵云使用海光 7285 处理器，第二朵云使用海光 5285 处理器，此组合归属于场景 4：信创云同构改造。
- 第一朵云使用海光 7165 处理器，第二朵云使用兆芯 KH-40000 处理器，此组合归属于场景 4：信创云同构改造。
- 第一朵云使用飞腾 S2500 处理器，第二朵云使用海光 7380 处理器，此组合归属于场景 5：信创云异构改造。

4.2 第2类：改造信创云

改造信创云是指将基于 Intel 等通用处理器的已有云平台，逐步替换为基于国产处理器运行的信创云。从定义可以看出，改造过程是将已上线的通用型云计算环境

① 还可包括前期已建设有一套（或多套）通用型云或信创云平台，但本次新建信创云不与前期所建云平台进行关联管理（如合并组成一套混合云等）的用户。

改造为信创云环境，通常需经历从与通用型云并存的局部替换，到最终的全部替换[①]的过程，具体过程可概括为图 4-1。

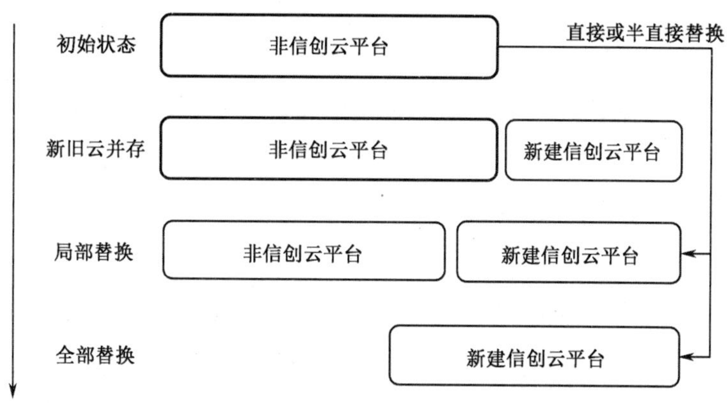

图 4-1　改造信创云的几种典型情况

自主创新是推动信创云长期发展的必要条件。鉴于通用型云平台及基础软/硬件拥有相对成熟的技术、广泛的用户规模及大量的市场份额，如何帮助政企完成信创云的改造，也成为首要的问题。常见的改造过程可大致分为以下 3 个阶段。

（1）新旧云产品并存阶段。该阶段是指在某个特定时间段内，通用型云、信创云业务共存并以分离方式各自运行。该阶段存在的主要原因是通用型云中的基础软/硬件、应用和数据库等多以国外产品和技术栈为主，而信创云相关技术发展时间较短，在底层技术栈、行业生态、运营和运维人才储备等方面均存在不足，需通过并存阶段进行相关的准备工作。

（2）业务替换阶段。业务替换阶段的最终目的是实现信创云的全面替换，为用户业务系统提供虚拟资源服务。针对不同用户的业务情况，替换过程又可细分为直接替换、半直接替换和先局部再整体替换（见图 4-1）等多种不同的实施策略。

（3）全面创新阶段。全面创新阶段是信创云发展过程中的第三个阶段，是指当信创云对通用型云业务完成整体替换后，基于信创云环境的独立研发与自主创新。

① 注意该场景的最终目的是全部替换，而非通用型云、信创云并存且共同为用户提供虚拟资源——在某些业务场景下，如部分信息系统不具备改造条件时，会将这种新旧云并存作为阶段性建设目标，并通常需要将新旧云进行互通以形成统一化管理的异构资源池。具备相关能力的典型产品有华云数据的云管理平台产品等。

根据改造前后处理器指令集的不同，可分为以下两种场景。

- 场景 2：通用型云同构改造。
- 场景 3：通用型云异构改造。

以下将对这两种场景进行拆解分析。

4.2.1 场景2：通用型云同构改造

通用型云同构改造是指从基于非国产处理器的通用型云，转向基于国产同类指令集处理器的信创云，其特点是改造前、后的处理器指令集不会发生改变。当前主流非国产处理器多为采用 x86 指令集的 Intel 处理器①，而同类指令集的国产处理器主要是海光和兆芯②，因此通用型云同构改造可拆解为两种子场景。

- 子场景 1：从 Intel 通用型云转向海光信创云。
- 子场景 2：从 Intel 通用型云转向兆芯信创云。

以下从改造范围和改造步骤两方面，对通用型同构改造场景进行阐述。

1. 改造范围

在处理器改造方面，由于海光和兆芯均采用 x86 指令集，与 Intel 处理器相同的指令集也让其拥有底层技术栈的同构优势，可直接兼容面向 Intel 处理器研发的 Windows 操作系统及上层应用。

在云平台改造方面，主要是针对基于 Intel 处理器搭建的 VMware 云环境进行改造。由于 VMware 采用的是自研 ESXi 技术体系③，而国内多数云厂商采用的是开源的 KVM 技术体系，因此改造过程需要对底层云平台的计算虚拟化、存储虚拟化和

---

① 咨询机构 Gartner 在 2022 年 3 月发布的研究报告 *Market Share: Servers, All Regions, 4Q21 Update* 显示：2021 年第四季度的全球服务器出货量中，Intel 品牌占比 75.62%，AMD 占比 20.86%，其他品牌占比 3.51%；在 2020 年第四季度，Intel 品牌占比 88.52%，AMD 占比 10.27%，其他品牌占比 1.21%。

② 虽然都采用 x86 指令集，但不同处理器品牌间仍会存在部分专属指令。

③ VMware 也有部分开源的产品组件，如 VMware vSphere Hypervisor。

网络虚拟化等核心组件进行整体替换，所对应的工作量大、复杂度和风险相对较高。

云平台的改造范围还包括对开通虚拟资源所使用操作系统的改造，如在通用型云环境中，多基于 CentOS 操作系统开通，但在信创云中通常会根据业务需求替换为麒麟或统信等国产操作系统。

2. 改造步骤

通用型云同构改造场景的典型步骤，可分为以下 3 个阶段。

（1）并存阶段。该阶段主要是完成信创云硬件相关的上架调试、环境部署。在新环境中将依据性能、容量等需求指标评估虚拟资源的规格与数量，进行对应虚拟资源的调优。还包括将原有云平台中的用户权限、计量计费规则等运营所需信息导入新的云环境①。

（2）替换阶段。替换阶段主要包括对原有云平台中的业务数据、虚拟资源的迁移。对于停机时长受限的关键业务应用，替换阶段的重点工作还包括需尽量缩短迁移过程造成的业务系统服务中断时间。

（3）创新阶段。该阶段主要是在完成基础软/硬件、云平台和已有业务数据的改造后，根据信创云的特征和前期积累的运营、运维经验，在新环境中进行后续业务应用的研发和调优工作，最大化挖掘和利用信创云的技术特征。

4.2.2　场景3：通用型云异构改造

通用型云异构改造主要是指从采用 x86 指令集处理器的通用型云，转向基于国产非 x86 指令集处理器的信创云。目前国内采用非 x86 指令集处理器的品牌共有 4 种，包括采用 ARM 指令集的飞腾与鲲鹏处理器、采用 MIPS 和 LoongArch 指令集的龙芯处理器、采用 SW-64 指令集的申威处理器，因此通用型云异构改造场景可细分为 4 种子场景②。

---

① 多数信创云的改造过程，也会同步对原有云平台的运营规则进行优化，因此该步骤往往不是简单的数据导入，而是对原有运营数据进行收集，按新运营规则进行数据清洗，再将清洗后的运营数据导入新建的云平台中。

② 如果考虑同样采用 x86 指令集的 AMD 处理器，可进一步细分为 8 种子场景。

- 子场景 1：从 Intel 通用型云转向龙芯信创云。
- 子场景 2：从 Intel 通用型云转向飞腾信创云。
- 子场景 3：从 Intel 通用型云转向申威信创云。
- 子场景 4：从 Intel 通用型云转向鲲鹏信创云。

和前面的通用型云同构改造相比，通用型云异构改造需注意以下几点。

（1）上层软件对应的改造。由于云环境底层基础软/硬件指令集发生了改变，运行在云平台中的上层软件无法进行平滑迁移，需要对上层软件按新指令集特性进行相关改造。

（2）迁移范围由迁移虚拟资源和数据缩减为仅迁移数据。由于部分操作系统仅支持运行在 x86 指令集环境中，而无法运行在国产处理器上（表 4-2 中标识为“-”的单元格）。因此在新建信创云时需对原有云平台虚拟资源进行重建，再将原有业务数据导入新建信创云。

表 4-2　常见操作系统主流版本对不同指令集的兼容能力

操作系统	x86	ARM	MIPS/LoongArch	SW-64
CentOS	支持	支持	—	—
Ubuntu	支持	支持	—	—
Windows	支持	—	—	—

综上所述，信创云的改造除了对与业务紧密相关的上层软件进行改造，还涉及对底层的基础软/硬件和云平台层面的改造，包括处理器、操作系统、云平台和虚拟资源，以及云平台运营相关数据的转移等，而改造过程若全部由人工处理，会存在难度大、周期长、风险高等问题。对此，部分云平台开发商针对此类场景设计并提供了较为便捷的改造方案，如华云数据的云管理平台产品，通过将 VMware 和新建信创云进行统一管理，在一套管理界面中完成对新、旧云平台并存、替换和创新阶段的全过程支持，并支持按需将新、旧云平台的虚拟资源以相对独立或混合使用的方式对外提供一致化的云服务。

4.3 第3类：进阶信创云

前两类典型场景（新建信创云、改造信创云）的实施，均可以完成信创云环境的构建。但随着用户业务和信创相关技术的迭代更新，信创云也将迎来新的升级或改造诉求，而根据处理器指令集的不同，又可细分为以下两种场景。

- 场景 4：信创云同构改造。
- 场景 5：信创云异构改造。

改造信创云和进阶信创云的最大区别是，前者的初始状态是通用型云平台，因而改造的目标多是新、旧云平台替换，后者的初始状态已为信创云平台，因而改造的目标通常是新、旧云平台共存。

以下将对这两种场景展开描述。

4.3.1 场景4：信创云同构改造

信创云同构改造通常是指对现有信创云环境进行多场景的扩容。由于每种指令集下有多个国产处理器品牌，因此改造过程又可分为同指令集下的同处理器品牌改造、同指令集下的不同处理器品牌改造两类。

1. 同指令集同品牌改造

同指令集同品牌改造涵盖 6 种国产处理器品牌，如 ARM 指令集下基于鲲鹏处理器的信创云到基于鲲鹏处理器的信创云的改造，可细分为以下 6 个子场景。

- 子场景 1：龙芯信创云改造。
- 子场景 2：飞腾信创云改造。
- 子场景 3：兆芯信创云改造。

- 子场景 4：申威信创云改造。
- 子场景 5：海光信创云改造。
- 子场景 6：鲲鹏信创云改造。

此处所说的“改造”具体包括以下两种实现形式。

（1）单个云集群的扩容改造，即在已有的信创云中进行扩容。

（2）跨多个云集群的改造，即新建一套信创云，并将新、旧信创云相互连接组成一个容量更大或性能更高的虚拟资源池，以一致化的形式提供给用户。

典型实现方式可参考本章后续小节的描述。

2. 同指令集不同品牌改造

同指令集不同品牌改造，是指相同指令集下存在多个不同处理器品牌时的改造，如 ARM 指令集下的飞腾与鲲鹏两种品牌[①]、x86 指令集下的兆芯与海光两种品牌，具体可细分为 4 种子场景。

- 子场景 7：鲲鹏信创云新增飞腾信创云。
- 子场景 8：飞腾信创云新增鲲鹏信创云。
- 子场景 9：海光信创云新增兆芯信创云。
- 子场景 10：兆芯信创云新增海光信创云。

这里所说的“新增”具体包含两种实现形式，即：

（1）新增后，新、旧信创云共存，并通过一套云平台进行统一管理。

（2）新增后，旧信创云逐步分离运行，并通过两套云平台管理界面对新、旧信创云分别进行管理。典型的如在完成对原有集群业务数据和虚拟资源的同步后，原有集群降级为测试专用环境并进行独立的运营管理。

---

① 从更加严谨的角度来看，飞腾和鲲鹏处理器虽然都基于 ARM 指令集，但其所采用的指令集小版本并不一致，且在主频、多路扩展能力等参数方面存在明显的不同。

3. 几种特殊情况

信创云同构改造涉及的产品品牌、代别较多，因此存在部分特殊情况。

（1）品牌和代别。相对于国外先进产品，国产处理器在生产制程工艺、性能等方面的优化提升空间较大，其对应的研发迭代更新频率也较高，存在相同品牌不同代别、不同品牌不同代别的特殊情况。典型示例如表 4-3 所示。

表 4-3　信创云改造场景

所属场景	所属子场景	改造前、后处理器型号
场景 4：信创云同构改造	子场景 1	龙芯 3B4000—龙芯 3C5000L 龙芯 3C5000L—龙芯 3B4000（逆向改造）
	子场景 4	申威 1621—申威 3231 申威 3231—申威 1621（逆向改造）
	子场景 5	海光 7185—海光 7280 海光 7280—海光 7185（逆向改造）
	子场景 6	鲲鹏 916—鲲鹏 920 鲲鹏 920—鲲鹏 916（逆向改造）
	子场景 7	鲲鹏 920—FT-2000+
	子场景 8	FT-2000+—鲲鹏 920
	子场景 9	海光 5280—兆芯 KH-40000
	子场景 10	兆芯 KH-40000—海光 5280

如表中所示，存在龙芯 3B4000 和龙芯 3C5000L、申威 1621 和申威 3231、海光 7185 和海光 7280、鲲鹏 916 和鲲鹏 920 等相同处理器品牌不同代别①间的改造，分别归属于信创云同构改造的子场景 1、子场景 4、子场景 5、子场景 6。同时，如特定应用在改造后产生暂时无法解决的兼容性问题时，会执行从新一代产品降级为前一代产品的逆向改造。又如鲲鹏 920 和 FT-2000+、海光 5280 和兆芯 KH-40000 等不同品牌、不同代别的组合，前者归属于信创云同构改造的子场景 7 或 8，后者归属于信创云同构改造的子场景 9 或 10。

（2）同品牌不同指令集情况。典型的如龙芯处理器同时存在 MIPS 指令集的 3B4000 等型号，以及全新设计的 LoongArch 指令集 3B5000、3C5000L 和 3C5000 等型号，虽然这两种指令集的处理器无法实现相互兼容，但考虑到龙芯后续将主推

① 这里所提到的代别除了与处理器厂家的官方定义有关，还应从信创云产品实现角度进行划分，如切换到同种处理器品牌的不同型号产品时，若云产品需要进行源码级改造才能完成适配，则也将切换前后的处理器型号视为不同代别的处理器。

LoongArch 指令集处理器，所以在场景分析时作者依旧将其归入信创云同构改造的子场景 1。

（3）不同处理器品牌产品定义的区别。国产处理器常见参数包括产品系列、产品型号、核心数、主频、多路扩展能力和功耗等，某些品牌还对型号、部分参数采用非公开的管理形式，也让用户在项目前期规划时产生诸多困惑。然而，虽然华为研发的鲲鹏处理器核心参数的所属系列、型号、核心数、主频数和内存通道等相关信息是公开的，但这些关键参数却常常被用户忽略。以鲲鹏 920 型处理器为例，该型号包括 24 核、32 核、48 核和 64 核等多种规格，且部分核心数还存在多个具有不同主频、内存通道[①]的型号。考虑到这些参数对信创云的主要功能影响有限，本书均将其归属于信创云同构改造的子场景 6、7、8 中的同一系列鲲鹏处理器，而并未做进一步的区分。表 4-4 所示为华为鲲鹏 920 系列处理器的常见型号参数。

表 4-4　华为鲲鹏 920 系列处理器的常见型号参数[②]

系列	型号	核数	主频（GHz）	内存通道
鲲鹏 920	7265	64	3.0	8
	7260	64	2.6	8
	5255	48	3.0	8
	5250	48	2.6	8
	5230	32	2.6	8
	5220	32	2.6	4
	3210	24	2.6	4

4.3.2　场景5：信创云异构改造

信创云异构改造，是指从基于使用某一种指令集的国产处理器的信创云，切换为基于使用另一种指令集的国产处理器的信创云。如业务需求期望在已有申威 3231 集群基础上再新增一个海光 5280 集群时，由于新的云集群使用了与现有集群不同的指令集处理器，此时需要执行信创云异构改造过程。根据不同指令集对应处理器品牌数量的不同，信创云异构改造过程又可细分为一种指令集对应单一处理器品牌的

① 对鲲鹏 920 而言，内存通道的不同会直接影响使用该款处理器的服务器所支持的最大物理内存容量。

② 图表截取自华为企业业务网站《华为 TaiShan 服务器 Data Sheet》文件。

改造和一种指令集对应多种处理器品牌的改造。

和场景 4 中的同指令集不同品牌改造类似，场景 5 也包含两种常见的实现形式。

（1）改造后，新、旧信创云共存，并通过一套云平台进行统一管理。这是目前常见的异构云改造场景，但复杂度相对较高。

（2）改造后，原有信创云逐步将相关业务数据迁移至新建信创云平台，并最终分离独立运行，通过两套云平台对新、旧信创云分别进行运营管理。该形式实施复杂度较低，但需要同时对两套云平台的用户权限和虚拟资源等进行独立管理，由此产生的运营成本较高。

异构改造的常见风险是改造前后使用了不同品牌的云产品，产品设计理念的差异，往往会导致新旧信创云在使用、运维和运营等环节存在诸多不同，以及由相关管理流程调整、人员技能培养等产生额外的成本。

1. 单品牌指令集的产品改造

指令集之下只有单一处理器品牌的改造，具体对应于 MIPS/LoongArch 指令集的龙芯处理器、SW-64 指令集的申威处理器两种情况，具体可拆分为以下 10 种子场景。

- 子场景 1：龙芯信创云新增飞腾信创云。
- 子场景 2：龙芯信创云新增兆芯信创云。
- 子场景 3：龙芯信创云新增申威信创云。
- 子场景 4：龙芯信创云新增海光信创云。
- 子场景 5：龙芯信创云新增鲲鹏信创云。
- 子场景 6：申威信创云新增龙芯信创云。
- 子场景 7：申威信创云新增飞腾信创云。
- 子场景 8：申威信创云新增兆芯信创云。
- 子场景 9：申威信创云新增海光信创云。

- 子场景 10：申威信创云新增鲲鹏信创云。

2. 多品牌指令集的产品改造

单指令集下有多种处理器品牌的改造，主要针对 ARM 指令集的飞腾处理器和鲲鹏处理器、x86 指令集的兆芯处理器和海光处理器。具体可拆分为以下 16 种子场景。

- 子场景 11：飞腾信创云新增龙芯信创云。
- 子场景 12：飞腾信创云新增兆芯信创云。
- 子场景 13：飞腾信创云新增申威信创云。
- 子场景 14：飞腾信创云新增海光信创云。
- 子场景 15：兆芯信创云新增龙芯信创云。
- 子场景 16：兆芯信创云新增飞腾信创云。
- 子场景 17：兆芯信创云新增申威信创云。
- 子场景 18：兆芯信创云新增鲲鹏信创云。
- 子场景 19：海光信创云新增龙芯信创云。
- 子场景 20：海光信创云新增飞腾信创云。
- 子场景 21：海光信创云新增申威信创云。
- 子场景 22：海光信创云新增鲲鹏信创云。
- 子场景 23：鲲鹏信创云新增龙芯信创云。
- 子场景 24：鲲鹏信创云新增兆芯信创云。
- 子场景 25：鲲鹏信创云新增申威信创云。
- 子场景 26：鲲鹏信创云新增海光信创云。

4.3.3 典型实现方式

从具体实现方式角度出发，进阶信创云的典型实现方式包括以替换为最终目的的改造和以扩容为最终目的的改造，其中前者通常用于已有信创云在性能、扩展性或其他特定指标无法满足业务诉求时，后者则多见于原有信创云环境资源容量不足时。具体形式[①]可细分为 6 种，如表 4-5 所示。

表 4-5 信创云具体实现形式

实现方式	分类	第 1 步	第 2 步	第 3 步
以替换为最终目的的改造	横向扩容	新建（同构、不同集群）信创云	同构新旧云互联	原信创云下线
		新建（异构、不同集群）信创云	异构新旧云互联	
以扩容为最终目的的改造	纵向扩容	在已有服务器中新增处理器等关键配件	—	—
	横向扩容	扩建（同构、同集群）信创云	—	—
		新建（同构、不同集群）信创云	同构新旧云互联	—
		新建（异构、不同集群）信创云	异构新旧云互联	—

从技术角度出发，忽略实现方式和分类形式，上表所列的 6 种进阶信创云具体形式可以精简为 4 种，如表 4-6 所示。

表 4-6 精简后的信创云具体实现形式

类型	第 1 步	第 2 步	备注
1	新建（同构、不同集群）信创云	同构新旧云互联	跨集群改造
2	新建（异构、不同集群）信创云	异构新旧云互联	
3	在已有服务器中新增处理器	—	同集群改造
4	扩建（同构、同集群）信创云	—	

从表中可以看出，进阶信创云实现方式主要有两种，以下进行详细说明。

1. 同集群改造

同集群改造，是指在不改变原有部署架构的前提下，在已有信创云集群内进行

① 在这些具体形式中，未包含作者不推荐的在单一集群中使用不同指令集处理器的情况——这种形式虽然技术可行且有极少数产品已宣称支持，但会在项目建设、新旧信创云对接和后续的运维环节，带来诸多不可控因素。

扩容，具体实现方式分为横向和纵向扩容两种，通常只需一个步骤即可。

（1）横向扩容。在同一个集群内，进行服务器或存储设备数量的扩容。

- 使用分布式存储的 6 节点鲲鹏 920 集群，扩容至 10 节点集群。
- 使用 2 套 IP-SAN 的 10 节点海光 7280 集群，扩容至 18 节点集群。
- 使用 2 套 IP-SAN 的 10 节点海光 7280 集群，扩容至 4 套 IP-SAN 存储。

（2）纵向扩容。在同一个集群内，对任意节点的处理器、内存、硬盘等配置的扩容。

- 使用分布式存储的 16 节点申威 3231 集群，为其中的 5 个节点各增加 4 块 4TB 硬盘。
- 使用 2 套 IP-SAN 存储的 32 节点飞腾 S2500 集群，为其中的 16 个节点各增加 8 根 16GB 内存条。
- 使用 2 套 IP-SAN 存储的 32 节点飞腾 S2500 集群，为每套 IP-SAN 增加 40TB 存储空间。

2. 跨集群改造

跨集群改造指的是通过增加第 2 个同构或异构信创云集群，实现原有信创云资源的扩容。跨集群改造方式有同构集群扩容和异构集群扩容两种，扩容后往往还需要实现新旧信创云集群间的网络、数据互通，以便形成统一的虚拟化资源池供用户使用。

（1）同构集群扩容。在不对原有信创云集群进行任何改动的前提下，新增任意数量的同指令集处理器的信创云集群。

- 使用 4 套 IP-SAN 的 20 节点龙芯 3C5000L 集群，新增使用分布式存储的 10 节点龙芯 3C5000L 集群。
- 使用 4 套 IP-SAN 的 20 节点龙芯 3C5000L 集群，新增使用 4 套 IP-SAN 的 10 节点龙芯 3C5000L 集群。
- 使用分布式存储的 16 节点鲲鹏 920 集群，新增使用分布式存储的 16 节点飞腾 S2500 集群。

- 使用分布式存储的 32 节点鲲鹏 920 集群，新增使用 2 套 IP-SAN 的 12 节点鲲鹏 920 集群。

（2）异构集群扩容。在不对原有信创云集群进行任何改动的前提下，新增任意数量的不同指令集处理器的信创云集群。

- 使用 2 套 IP-SAN 的 20 节点龙芯 3C5000L 集群，新增使用分布式存储的 10 节点鲲鹏 920 集群。
- 使用 2 套 IP-SAN 的 20 节点龙芯 3C5000L 集群，新增使用 2 套 IP-SAN 的 16 节点海光 7280 集群。
- 使用分布式存储的 32 节点鲲鹏 920 集群，新增使用分布式存储的 16 节点海光 5280 集群。
- 使用分布式存储的 32 节点鲲鹏 920 集群，新增使用 2 套 IP-SAN 的 16 节点申威 3231 集群。

3. 更多改造方式

前述实现方式是根据可能遇到的业务场景进行的理论分析，而在实际项目中通常会遇到更加复杂的多种改造方式混和使用的情况。

- 已有信创云使用分布式存储的 16 节点兆芯 KH-37800D 集群，需要先进行横向扩容，再进行同构集群扩容。
- 已有信创云使用 2 套 IP-SAN 的 20 节点飞腾 S2500 集群，需要先进行纵向扩容，再进行横向扩容，最后进行异构集群扩容。
- 使用分布式存储的 36 节点海光 5380 集群，需要同时进行横向、纵向和同构集群扩容。

因为相关的组合情况太多，本书无法对这些改造方式进行穷举分析，但这些场景均可基于本章所列举的各类基本场景和子场景，通过多场景组合方式分解为特定步骤进行实现。

4.4 各类场景对比

4.4.1 场景对比

1. 改造与进阶信创云的对比

对比改造信创云和进阶信创云两个场景，其主要区别还是体现在最终形态方面，即改造信创云的最终形态是新建的信创云，进阶信创云的最终形态既包括新、旧信创云共存，也包含新、旧信创云经历共存阶段之后将原有信创云独立运营或下线的情况。

改造信创云和进阶信创云的主要共同点是，二者多数子场景执行步骤中都包含新建信创云场景。具体而言，无论是改造还是进阶信创云，只要实现步骤中包含新建集群过程，都需要执行场景 1 定义的新建信创云步骤。

2. 两种同构改造的对比

场景 2 通用型云同构改造和场景 4 信创云同构改造有很多共通之处。从改造目的角度看，二者均聚焦于实现基于国产处理器的信创云建设；从改造方式来看，前者是在 x86 指令集下进行处理器品牌的转换，后者目前主要是在国产 x86 或 ARM 指令集下进行处理器品牌的转换，且二者在改造前、后均使用同一种处理器指令集。

在改造细节方面，前者会涉及对国外主流云平台如 VMware 及国外存储设备的替换，而后者则是在已有国产云平台和存储设备的基础上进行扩容和改造；在改造前后的处理器品牌方面，前者是从 Intel 处理器转向海光处理器或兆芯处理器，不存在改造前后存在相同处理器品牌的子场景，而后者却存在改造前后处理器品牌相同的子场景，如基于海光处理器信创云的扩容场景等。

3. 两种异构改造的对比

和两种同构改造类似，场景 3 通用型云异构改造和场景 5 信创云异构改造相比，从改造方式来看，通用型云异构改造是从基于 x86 指令集的通用处理器转向国产 ARM、MIPS/LoongArch、SW-64 指令集的处理器，信创云异构改造则是在国产 x86、ARM、MIPS/LoongArch、SW-64 指令集间进行改造，二者的改造方式均涉及对不同处理器指令集的切换。在改造细节方面，前者可能会涉及对国外云产品（如 VMware 等）及国外存储设备的替换，而信创云异构改造则通常仅限于信创云自身。

4.4.2　场景复杂度

场景复杂度的界定是信创云产品规划过程中不可避免的问题，将影响信创云厂商的产品定位，以及信创云用户的云平台运营策略。本节将对 5 种典型场景的复杂度进行分析。

如表 4-7 所示，信创云典型场景的建设复杂度从低到高的排序依次是新建信创云、通用型云同构改造、信创云同构改造、通用型云异构改造、信创云异构改造[①]。场景复杂度的高低评判与场景中子场景数量的多少并无直接关系，而需在前文客观分析的基础上，重点结合以下两类因素进行评估给出。

表 4-7　信创云典型场景复杂度表

编号	场景类型	场景	子场景数量	复杂度
1	新建信创云	新建信创云	6 种	最低
2	改造信创云	通用型云同构改造	2 种	低
3		通用型云异构改造	4 种	高
4	进阶信创云	信创云同构改造	10 种	中
5		信创云异构改造	26 种	最高
小计	3 种类型	5 种场景	48 种子场景	5 种复杂度

（1）是否存在新旧业务割接。从前文所述可以看出，除了场景 1 属于全新创建的云平台，其他场景均存在对新旧云平台所支撑业务执行割接的过程[②]。

（2）建设前后的云平台形态，所使用的处理器指令集是否发生改变。从前文所

① 这里特指需要将两种异构指令集云平台进行互通的情况。如果异构指令集云平台间无须互通，则复杂度相对较低。

② 在某些用户业务背景下，场景 1 新建信创云也会涉及将运行在传统物理服务器上的应用系统和相关数据迁移到新建信创云中的需求。但此类需求可参考通用型云平台建设环节的类似经验，有关风险的识别和管控难度相对较低。

述可以看出，场景1、2、4中指令集未发生改变，场景3、5则发生了改变。

需要说明的是，本节所述的场景复杂度只是从基本业务层面进行的分析，而在产品实际设计和实施环节往往会面临更多、更复杂的问题，如实施完成后是否会有多种指令集的云集群需同时进行管理（甚至分别运行虚拟机、容器或裸机等不同类型的工作负载）①。更多的相关信息可参考本书第5、6章的内容。

4.4.3 场景优先级

除了各场景复杂度的对比，各场景间的优先级也是产品实现环节重点考虑的问题，规划人员需要基于细致的分析，反复论证各场景在实现环节的优先级和必要性。同时，场景优先级评估和场景复杂度之间通常是没有直接关系的，却会对产品实现策略的明确产生影响。

如表4-8所示，信创云典型场景优先级从高到低依次是新建信创云、通用型云同构改造、通用型云异构改造、信创云同构改造、信创云异构改造。需要特别说明的是，场景优先级的评判没有固定的标准，不同政府和企业自身资源情况、不同的信创云发展阶段、不同的地区性政策等因素都会影响评判。以下给出作者在评判时的思考过程供参考。

表4-8 信创云典型场景优先级

编号	场景类型	场景	子场景数量	优先级
1	新建信创云	新建信创云	6种	最高
2	改造信创云	通用型云同构改造	2种	中
3		通用型云异构改造	4种	高
4	进阶信创云	信创云同构改造	10种	低
5		信创云异构改造	26种	最低
小计	3种类型	5种场景	48种子场景	5种优先级

（1）从技术实现难易程度来看，新建信创云的过程未涉及已有云业务和数据的

① 目前最常见的是x86和ARM指令集的云集群并存——这类现象在国外的一些陆续引入ARM指令集处理器的企业中也普遍存在。从非技术角度来看，因其运营、运维的复杂性相对于单一指令集云平台更高，因而其并不是云计算项目的推荐实施方案，而往往是用户基于客观现实压力做出的选择。

迁移、改造、共存等复杂操作，且仅涉及一种处理器指令集和品牌，因而该场景所对应的实现投入产出最高，对应的优先级也应最高。

（2）通用型云同构改造与通用型云异构改造，都较为完整地经历了信创云从新建到已有业务迁移的各个环节，因此需将其放在一起进行对比。

虽然通用型云同构改造在某些场景下存在天然优势，如可支撑 Windows 操作系统及 Windows 相关应用的运行等，但目前采用 x86 指令集的国产处理器均使用 IP 授权方式生产，在产品自主性方面偏弱。通用型云异构改造可以将已有通用型云转化为基于更高自主性指令集处理器搭建的云平台，从信创建设角度看改造效果更好，因而将通用型云异构改造场景的优先级设置为高，通用型云同构改造场景的优先级设置为中。

（3）信创云同构改造与信创云异构改造。这两种场景是在用户已有信创云基础上进行的，并不是当前常见的信创云用户需求①。因此将这两种场景归纳到一起进行比较。

考虑到只有完成初期信创云建设后，才会触发后续的信创云同构或异构改造，因而信创云同构改造、信创云异构改造场景的优先级要低于其他 3 种场景；同时，考虑到上层软件在不同处理器指令集间迁移过程的复杂性，通常建议延续已有的信创云指令集进行扩容，避免轻易更换指令集②。基于这些考虑，作者将信创云同构改造的优先级标记为高于信创云异构改造。

除了各个场景间的优先级，对于不同指令集处理器的各类子场景而言，也存在不同的优先级。如赛迪顾问《2021—2022 年中国政务云市场研究年度报告》中相关数据显示，2021 年实施的所有非 x86 指令集③的政务云系统中，应用于 ARM 指令集的政务云产品占比高达 93.8%。由于此类组合关系繁多且受外部政策要求、供应商产能和采购成本等非技术类因素影响较大，需要用户结合自身情况进行深入分析后做出选择。

① 截至 2022 年 6 月，作者所见的信创云项目多处于初始建设或正常运营中，改造类项目比例较低。

② 非业务因素导致的更换要求，往往不受用户所控制。典型的包括处理器产能影响、操作系统发布时间延期、固件存在短期无法修复的问题，以及国外特定限制性政策的出台等。

③ 注意这个数据中未合入基于 x86 指令集的海光、兆芯处理器品牌的政务云。

4.5 小结

本章对信创云产品实现的业务需求进行了系统性分析，将其归结为 3 种类型、5 种典型场景和 48 种细分子场景，并在对各场景间的联系、复杂度和优先级进行论证的基础上，就一些对比指标尝试给出了参考标准。

同时，尽管前一章和本章着重于论证基础软/硬件在云计算供应链中的风险与问题，但信创云所支撑的上层软件是否丰富、好用，以及如何保持这一部分的持续高速发展与完善，也是云计算供应链整体成熟度体现所不可或缺的部分——参考安腾等处理器发展历史的教训，**更加贴近用户的上层软件往往被企业决策者和主管部门所忽视，但却可能在不经意间成为供应链整体健康发展的瓶颈**。

需要再次强调的是，尽管本章给出了信创云产品需要应对的各种典型场景，但在实际产品实现和项目实施环节，信创云产品开发商和用户往往还需从预算等方面进行综合考量，并结合自身发展所对应的产品定位、业务诉求、人力与设备等必要资源的配置情况，进行更为详细的统筹规划。同时，本章所列场景主要是从基础软/硬件层面，对目前高速发展的信创云需求进行的高度抽象，并不能涵盖中、长期信创云产品需应对的所有典型场景。在进行信创云产品设计和实现时，我们应始终放眼全局，以动态发展的眼光结合业务诉求的最新变化情况，对产品需支持的场景做深入思考。

在下面 3 章中，作者将尝试对信创云产品设计和实现环节的相关工作内容，进行扩展性讨论。

第5章　功能设计

在本书第 4 章中，我们简要梳理和分析了信创云产品实现环节可能涉及的各种典型场景。从产品设计角度看，典型场景体现的是业务需求，功能设计则是从实现角度对业务需求进行分析，并给出对应的解决方法。而如何确定信创云产品功能涵盖范围、最佳实现策略和后续产品能力提升方式等，则是功能设计环节所需关注的主要问题。

与通用型云产品相比，信创云要应对供应链中多种基础软/硬件所采用的技术栈，以及它们之间交叉组合形成的诸多特定场景。本章将从信创云产品实现角度出发，对前一章中所列举的 3 大类、5 种信创云典型场景，从技术层面论证相应的产品实现方式，即从对基础软/硬件支持能力角度出发，将信创云产品所实现的能力按以下 3 种类型进行描述。

（1）单指令集信创云。对应前一章所述典型场景 1、场景 2 和场景 4 下的各个子场景需求，同时其也是多指令集信创云的基础。

（2）多指令集信创云。对应前一章所述典型场景 1～5 及其下的多数子场景需求。多指令集信创云也是全栈信创云的基础。

（3）全栈信创云。其产品能力可覆盖典型场景 1～5 及其下所有子场景的需求。

本章将结合当前主流信创云产品的实际情况，对这 3 种分类分别按最小功能集、典型功能集做细化分析，从产品研发和最为核心的兼容性类问题视角进行论证，并对后续产品的持续迭代提出参考建议。

5.1　单指令集信创云

若信创云环境在某时段内仅包含一种指令集处理器，且支持至少一款国产处理器型号时，即可将该时段内的云形态称为单指令集信创云，如表 5-1 中初始、中间和阶段性稳定状态中标记着重号的部分。

表 5-1　单指令集信创云形态变化情况

初始状态	中间状态	阶段性稳定状态	描述	场景①
A 指令集	A 指令集+A 指令集	A 指令集	指令集未发生变化，但切换前后出现以下 3 种情况之一： 1.处理器品牌和型号均未改变，但新增了服务器数量； 2.更换为同品牌处理器的不同型号； 3.更换为新的处理器品牌	2、4
	A 指令集+B 指令集	B 指令集	切换为新的指令集，中间状态为 2 种指令集处理器并存	3、5
	—	A 指令集+A 指令集（不同品牌）	指令集未发生变化，但增加了新的处理器品牌，且通常每个处理器品牌对应一个相对独立的云集群	4
	—	A 指令集+A 指令集（同品牌）	指令集未发生变化，但切换前后出现以下 2 种情况之一或全部： 1.引入了同品牌不同型号的处理器； 2.新增了相对独立的信创云集群	4
	—	A 指令集+B 指令集	-	5

5.1.1　最小功能集

最小功能集（Minimal Viable Product，MVP）是埃里克·莱斯（Eric Ries）在其所著《精益创业实战》中所提出的概念，即“最简可行产品”，指用最快、最简明方式建立可用的产品原型来表达设计者期望的效果，从而既能为用户交付价值，又能以最小的先期投入获得用户的反馈，并通过持续迭代策略不断演进和完善产品。

从通用型云产品角度分析，目前其最小功能集支持的典型用户环境，多为 3～12 台同等配置规格②服务器组成的单集群云平台，并使用虚拟机作为主要的云资源类型。

（1）3～12 台服务器，按每台可承载 10～20 台虚拟机计算，相当于传统信息化

① 具体场景描述请参考前述内容。

② 服务器的规格指其所配置的处理器、内存、RAID 卡、磁盘、网卡等关键配件的型号、数量和容量。

架构下的30～240台物理服务器，足以应对绝大多数中小型政企用户业务系统的支撑需求。

（2）采用同等配置规格服务器，是为了适应云平台自维护、弹性扩展的特性，避免在服务器故障恢复和扩容等场景下引发资源均衡、兼容性和性能等方面的问题。

（3）使用单集群，是为规避多个集群在数据同步、权限管控和资源均衡等方面的复杂性，降低云平台日常的运营和运维成本。同时，多数云平台产品都可支持单集群管理32台或更多的服务器，可以满足多数用户的业务需求。

（4）使用虚拟机作为主要的云资源类型，是因为目前在政企私有云项目实施过程中，真正应用云原生方式研发的上层软件比例仍相对较低——但从中长期来看，采用 Serverless①等架构风格研发的新应用会逐渐增多，并促使更多上层软件使用基于容器的虚拟资源类型。

以下从兼容性、功能要求及所涵盖典型场景3个方面，对单指令集信创云的最小功能集做拆解和分析。

1. 兼容性要求

通用型云产品和信创云产品的最大区别是对国产基础软/硬件的兼容程度。单指令集信创云的最低兼容性要求如下。

（1）支持单一品牌特定型号的国产处理器，如支持基于x86指令集5280型海光处理器品牌的服务器。

（2）支持单一品牌特定版本的国产操作系统②，如支持基于麒麟品牌x86指令集的V10 SP2版操作系统。

最小功能集因仅支持特定的基础软/硬件组合，因而常见于由新建信创云的厂商所研发的产品，或为某个定制化项目研发的专用云平台版本。

---

① 即无服务器，是一种新兴的云架构思想和服务模型，旨在让开发者无须关心基础软/硬件的管理，而是专注于应用业务逻辑层面。在部分资料如2019年2月美国加州大学伯克利分校发表的“Cloud Programming Simplified: A Berkeley View on Serverless Computing”论文中，该概念被视为未来云计算发展的重要趋势。

② 部分评测机构认为，支持至少两种品牌的国产操作系统才可称为信创云。

2. 功能要求

针对单指令集信创云产品的最小功能性要求，借鉴现有多个云计算相关标准中的通用化要求[①]，给出以下参考清单。

（1）虚拟资源管理方面：支持虚拟机和镜像，支持具备 vCPU 绑定特性的虚拟机，支持本地存储或分布式块存储，支持虚拟网络，支持在物理服务器出故障时已创建的虚拟资源能够继续提供服务，支持业务数据保护，如传输加密和安全组功能等。

（2）运营管理方面：支持虚拟资源间的隔离，支持虚拟机远程访问，支持对登录密码强度、有效期进行设置，支持双因子认证能力，支持访问控制，如权限分离、权限管理等。

（3）运维管理方面：支持对云集群、服务器、虚拟资源的多级别监控，支持对监控进行按需设置。

由此可以看出，信创云最小功能清单主要以通用型云产品能力为参考基础，通过适当裁剪保留了基础设施即服务（IaaS）模式中最基本的计算虚拟化要求，以及部分运营和运维类要求。同时需要注意的是，部分信创云项目要求在单指令集处理器上运行云原生应用，即涵盖 IaaS 和 PaaS 相关的能力，但鉴于其要对已有业务系统进行面向云原生架构的重构改造，相应的研发资源投入大、实施周期长，目前不是信创云交付环节所需应对的典型场景。

3. 所涵盖的场景

按最小功能集实现的信创云产品，结合第 4 章所列举的典型场景，可以对比出其所涵盖的典型场景范围，如表 5-2 所示。

表 5-2　单指令集信创云最小功能集可应对的典型场景

场景	涵盖子场景范围	描述
场景 1：新建信创云	6 个子场景中的 1 个	仅支持特定的处理器指令集/品牌/型号和操作系统的组合
场景 2：通用型云同构改造	—	不支持非国产处理器
场景 3：通用型云异构改造	—	不支持非国产处理器

① 包括部分尚处于编制过程中的标准。

续表

场景	涵盖子场景范围	描述
场景 4：信创云同构改造	子场景 1～6 中的 1 个	仅支持特定的处理器指令集/品牌/型号和操作系统的组合，且不支持跨多个云集群的实现形式
场景 5：信创云异构改造	—	涉及至少 2 种指令集，故无法支持

从表中可以看出，单指令集信创云的最小功能集只能涵盖两个典型场景下的少数子场景，存在较多局限性。

5.1.2 典型功能集

与最小功能集侧重于收集用户反馈不同，产品的典型功能集应具备相对完备的、可应对大多数用户业务需求的功能范围。单指令集信创云产品的典型功能集如下。

（1）支持某单一国产处理器品牌的所有量产型号。以海光品牌为例，支持海光品牌所有已量产处理器型号，涵盖海光 5000、7000 产品系列[①]，如 5380 型、7380 型等。

（2）支持多个主流国产操作系统品牌的正式版本。如支持麒麟操作系统 x86 指令集下的 V10 SP1、V10 SP2 版本，以及统信操作系统 x86 下的 UOS V20 1030、1040、1050 版本等。

目前已有诸多云产品厂商发布了多款支持单指令集的云产品，且这些产品的实际能力均已超出了上述典型功能集范围，这里将其归类于典型功能集的拓展性要求，主要如下。

（1）支持非国产的 Intel 处理器品牌的主流型号，如至强二代和三代处理器等。

（2）支持同指令集下多个品牌的国产处理器[②]，并支持更多基于该处理器的服务器品牌和型号。

（3）支持基于同一处理器品牌的不同服务器利旧混用，如支持基于海光 2 号

① 海光处理器还拥有 3000 产品系列，但因该系列产品的核心数较少，通常应用于工作站和边缘计算服务器等领域，而非云计算场景。

② 采用 x86 或 ARM 指令集的有多种国产处理器品牌，而 MIPS/LoongArch 和 SW-64 指令集目前则分别只有一种国产处理器品牌。

7285 处理器、海光 3 号 7380 处理器的服务器混合使用。

（4）支持虚拟资源的负载均衡、弹性伸缩。

（5）支持更多存储类型如 IP-SAN 等。

（6）对多级组织、资源审批流程的管理。

（7）支持同时管理两个或两个以上集群。

以典型功能集扩展版信创云为例，结合上一章所列举的典型场景，可以得到其涵盖的典型场景范围，如表 5-3 所示。

表 5-3　单指令集信创云典型功能集扩展性能力涵盖场景

场景	涵盖子场景范围	描述
场景 1：新建信创云	6 个子场景中的 1 个或 2 个	
场景 2：通用型云同构改造	2 个子场景中的 2 个或 0 个	当支持 x86 指令集时，2 个都满足
场景 3：通用型云异构改造	—	涉及至少 2 种指令集，无法支持此类场景
场景 4：信创云同构改造	子场景 1～6 中的 1 个或 2 个； 子场景 7～10 中的 2 个或更少	根据所适配指令集的不同，对应不同的涵盖范围
场景 5：信创云异构改造	—	涉及至少 2 种指令集，无法支持此类场景

从表中可以看出，单指令集信创云的典型功能集最多可涵盖 3 个典型场景下的部分子场景。

5.1.3　特点分析

针对单指令集信创云的特点，我们从产品复杂度和形态两方面做细化分析。

1. 复杂度分析

单指令集信创云支持有限的国产处理器、操作系统和存储类型组合，可以用公式来进行简化的表示。当使用最小功能集来进行功能设计时，最小功能集对应的组合形式数量为：

1 种处理器型号×1 种操作系统×1 种存储类型=1 种组合形式

当使用典型功能集来进行功能设计时，从目前国产处理器各品牌实际情况来看，每种品牌的量产处理器型号至少有 2 种。如飞腾品牌有 FT-2000+、S2500，且后者还细分为 2 路、4 路等配置形态；申威品牌有 1621、3231，且后者分为 2 路、4 路配置形态；鲲鹏品牌 920 处理器分为 32、48、68 等不同核心数[①]的型号，且支持 2 路、4 路配置形态。从操作系统的版本看，每个品牌的主流版本至少有 3 个，如麒麟操作系统常见的版本有 V7U6、V10 SP1、V10 SP2，统信操作系统常见有 1030、1040、1050 等。从存储类型看，可大致分为本地存储、SAN 存储和分布式存储 3 种。因此，典型功能集对应的组合形式数量为：

2 种处理器型号×6 种操作系统版本×3 种存储类型=36 种组合形式

典型功能集扩展版信创云，因增加了对非国产处理器，以及同一指令集下不同国产处理器品牌的支持，所以对应的组合形式会变得更多。同时，其他影响单指令集信创云复杂度的因素还有以下几个方面。

（1）对更多国产操作系统品牌的支持。国产操作系统品牌除了需支持统信、麒麟的服务器版本外，常见的国产操作系统还包括中科方德、openEuler 等，以及统信、麒麟和中科方德的桌面版操作系统[②]。同时，每种操作系统品牌还存在多个不同的版本系列、分支版本等，如麒麟的服务器操作系统版本分为银河麒麟高级服务器操作系统 V10、银河麒麟服务器操作系统 V4、中标麒麟高级服务器操作系统软件 V7.0、中标麒麟安全操作系统软件 V7.0 四个系列，银河麒麟高级服务器操作系统 V10 又包含 V10 SP1、V10 SP2 等具体版本。图 5-1、图 5-2 所示为麒麟操作系统版本。

（2）x86 指令集下对 Windows 操作系统的兼容性支持。目前通用型云产品中常见的 Windows 操作系统包括服务器专用操作系统 Windows Server 2016 Standard/Datacenter、Windows Server 2019 Standard/Datacenter、Windows Server 2022 Standard/Datacenter，以及桌面专用操作系统 Windows 7 Professional、Windows 10 Professional、Windows 11 Professional 等。具体到国产处理器品牌和型号上，Windows 版本往往还存在某些特定的限制，如海光处理器官方宣称所支持的 Windows 10 版本为 1809 或更高版本，或采用定制的 Windows 10 神州网信政府版等。

---

① 另有 16、24 等核心数的型号。但这些核心数较少的型号多以传统整用型裸机方式使用，用于支撑数据库等重载型业务运行，而不推荐用于云平台。

② 在信创云产品中，桌面版操作系统常用于桌面云业务。

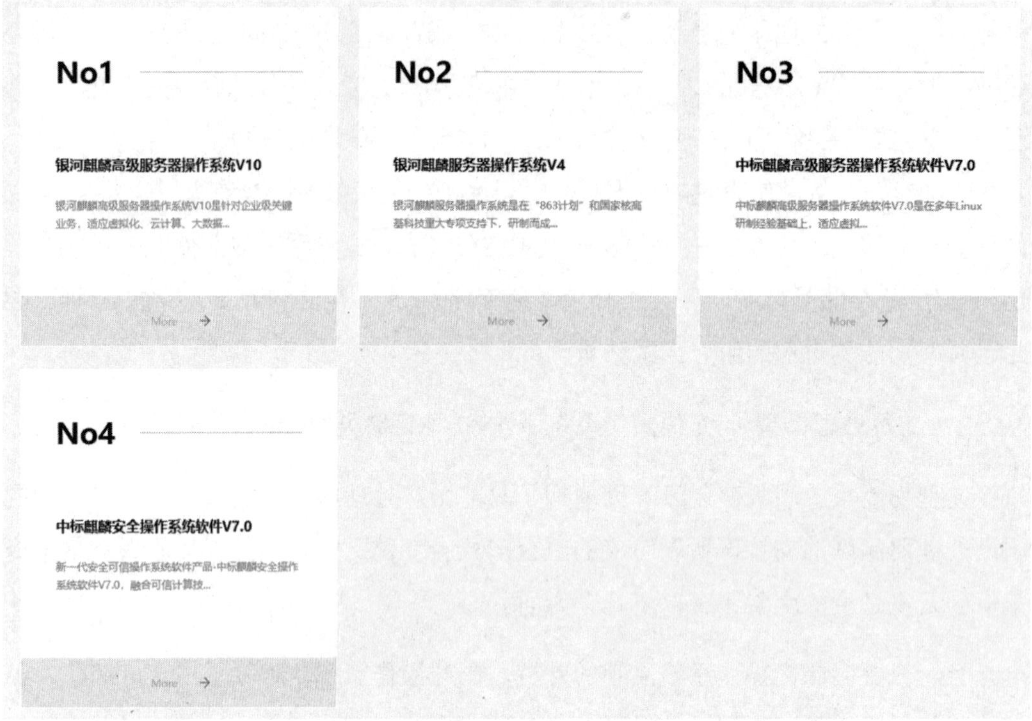

No1
银河麒麟高级服务器操作系统V10
银河麒麟高级服务器操作系统V10是针对企业级关键业务，适应虚拟化、云计算、大数据...
More
No2
银河麒麟服务器操作系统V4
银河麒麟服务器操作系统是在"863计划"和国家核高基科技重大专项支持下，研制而成...
More
No3
中标麒麟高级服务器操作系统软件V7.0
中标麒麟高级服务器操作系统软件V7.0是在多年Linux研制经验基础上，适应虚拟...
More
No4
中标麒麟安全操作系统软件V7.0
新一代安全可信操作系统软件产品-中标麒麟安全操作系统软件V7.0，融合可信计算技...
More

图 5-1　麒麟品牌服务器操作系统（源于麒麟操作系统官方网站）

No1
银河麒麟桌面操作系统V10
银河麒麟桌面操作系统 V10 SP1 是一款适配国产软硬件平台并深入优化和创新的...
More
No2
银河麒麟桌面操作系统V4
银河麒麟桌面操作系统是软硬件兼容性优秀的国产桌面操作系统，拥有绚丽的人机交互界面...
More
No3
中标麒麟桌面操作系统软件V7.0
中标麒麟桌面操作系统软件V7.0是新一代面向桌面应用的图形化操作系统，产品实现对...
More

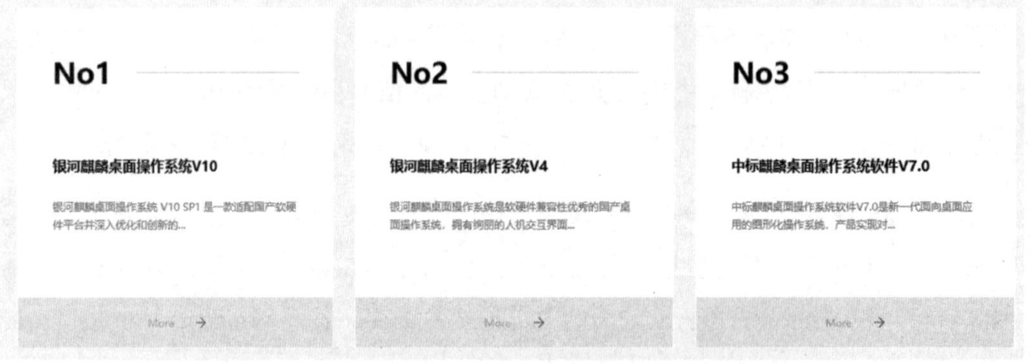

图 5-2　麒麟品牌桌面操作系统（源于麒麟操作系统官方网站）

（3）对非国产开源操作系统的兼容性要求。典型产品如 CentOS 7.9.2009、Ubuntu Server 18.04 LTS 等，其分别在 x86 和 ARM 指令集下拥有不同的版本发行分支，比如支持 ARM 指令集的 CentOS 7 等，如图 5-3、图 5-4 所示。

CentOS Linux

8 (2105) | 7 (2009)

ISO	Packages	Others
x86_64	RPMs	Cloud | Containers | Vagrant
ARM64 (aarch64)	RPMs	Cloud | Containers | Vagrant
IBM Power BE (ppc64)	RPMs	Cloud | Containers | Vagrant
IBM Power (ppc64le)	RPMs	Cloud | Containers | Vagrant
ARM32 (armhfp)	RPMs	Cloud | Containers | Vagrant
i386	RPMs	Cloud | Containers | Vagrant

Release Notes　Release Email　Documentation

End-of-life

2024-06-30

图 5-3　CentOS 7 在不同指令集下的版本分支（源于 CentOS 官方网站）

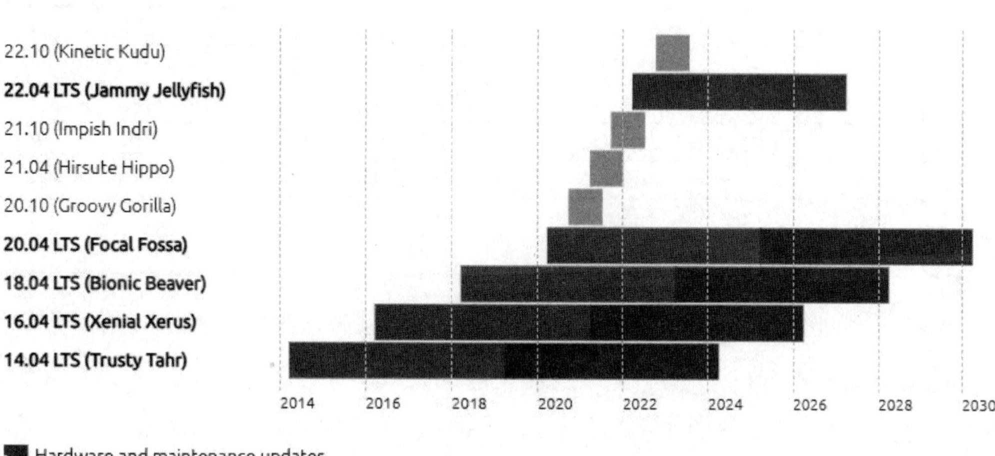

图 5-4　Ubuntu 可用的服务器版本分支（源于 Ubuntu 官方网站）

（4）存储类型的差异性。存储类型的差异性主要体现在信创云与不同 RAID 卡、HBA 卡等的兼容性上。另外，当单个信创云集群同时使用多种存储类型，如分布式存储、IP-SAN 时，由于跨物理存储设备数据复制开销过大，可能引发虚拟资源无法执行跨存储类型迁移等问题。

（5）对多云管理平台的诉求。对于拥有多个集群的单指令集信创云而言，其运营和运维人员通常希望云平台可以支持跨集群的统一资源、权限管理，因此如何实现基于集中式管控界面对各集群虚拟、物理资源实施管理，也是影响单指令集信创云产品设计复杂度的关键因素之一。

2. 常见产品形态

从技术视角分析，单指令集信创云更适用于专注特定技术栈基础软/硬件的产品，这些产品通常在商业策略上，与信创云基础软/硬件或应用软件、数据库和中间件存在某些依存关系，如隶属同一个集团公司，或产品间有战略合作等。

由于不同指令集处理器品牌的各异，信创云产品的实现策略也有所不同。如 x86 和 ARM 指令集下，拥有国产、非国产的多个处理器品牌，故存在信创云产品首个版本处理器型号选用策略的问题。而 MIPS/LoongArch 和 SW-64 指令集仅有一种国产处理器品牌，故不存在不同策略的选择问题。具体情况如表 5-4 所示。

表 5-4　单指令集信创云产品在不同指令集下的实现路径

序号	指令集	起始	第一步	举例
1	x86	通用型	同指令集国产处理器	Intel—海光
2		信创	同指令集另一品牌国产处理器	海光—兆芯
3	ARM	通用型	同指令集国产处理器	Marvell[①]—飞腾
4		信创	同指令集另一品牌国产处理器	飞腾—鲲鹏
5	MIPS/LoongArch	信创	—	—
6	SW-64	信创	—	—

Intel 是目前使用最为广泛的 x86 指令集处理器品牌，因而单指令集信创云常见的实现策略是先在 Intel 环境中完成产品功能的开发，而后适配并验证对 x86 指令集下的海光或兆芯[②]处理器的兼容性，执行图 5-5 中 1、3 两种细分实现路径。

上述实现路径的主要优势如下。

- 开发、测试环境的搭建相对简单。
- 硬件兼容性容易控制，构建成本相对较低。
- 可利旧使用原有非国产服务器设备。
- 部分实现环节可在桌面计算机或虚拟机中完成。

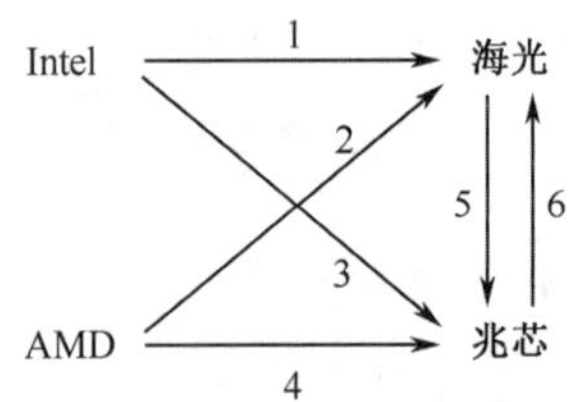

图 5-5　x86 指令集下单指令集的信创云细分实现路径

① 中文名美满科技，成立于 1995 年，总部位于美国加州圣克拉拉，核心业务涵盖存储、网络和计算等领域，拥有十余年的高性能多核心处理器研发经验。其最新服务器处理器为兼容 ARMv8.3 指令集的 ThunderX3 产品系列。

② 支持任何一种即满足单指令集信创云最小功能集要求。

- 开发、测试工具环境相对齐全。
- 可参考的技术资料相对较多。

其他 x86 指令集下的可选细分实现路径还有 4 种，具体如表 5-5 所示。但这 4 种实现路径均存在较多的限制因素，因而不建议使用。目前也暂时没有按此路径实现的商业化产品。

表 5-5 其他 x86 指令集的实现路径

	实现路径	优势	劣势
#2	先支持 AMD，再适配海光	—	无法支持从 Intel 迁移
#4	先支持 AMD，再适配兆芯		
#5	先支持海光，而后支持兆芯	只适配国产处理器，研发人工投入少	无法支持从 Intel、AMD 迁移 纯国产开发环境限制多
#6	先支持兆芯，而后支持海光		

从现实角度出发，尝试实现支持单指令集的信创云产品，往往是云产品开发商进入信创领域的第一步。随着后续业务和技术的发展，这些产品往往会从初始的 3～12 台同等配置服务器的云环境，且使用虚拟机作为主要的虚拟资源类型的形态，逐步向更多服务器、更多集群，以及支持更多指令集的信创云进行扩展和转化。

5.2 多指令集信创云

如果云环境在某时段内的形态由多个不同指令集的信创云组成，即可称该时段内的云形态为多指令集信创云，见表 5-6[①]中初始、中间和阶段性稳定状态中标记着重号的部分。

表 5-6 多指令集信创云形态变化情况

初始状态	中间状态	阶段性稳定状态	描述	场景
A 指令集	A 指令集+A 指令集	A 指令集	指令集未发生变化，但切换前后出现以下 3 种情况之一： 1.处理器品牌和型号均未改变，但新增了服务器数量；	2、4

① 该表中与 5.1 节中的表格基本一致，不同之处为着重号标记位置。

续表

初始状态	中间状态	阶段性稳定状态	描述	场景
A 指令集			2.更换为同品牌处理器的不同型号； 3.更换为新的处理器品牌	
	A 指令集+B 指令集	B 指令集	切换为新的指令集，中间状态为 2 种指令集处理器并存	3、5
	—	A 指令集+A 指令集（不同品牌）	指令集未发生变化，但增加了新的处理器品牌，且通常每个处理器品牌对应一个相对独立的云集群	4
	—	A 指令集+A 指令集（同品牌）	指令集未发生变化，但切换前后出现以下 2 种情况之一或全部： 1.引入同品牌不同型号的处理器； 2.新增了相对独立的信创云集群	4
	—	A 指令集+B 指令集	—	5

需要注意的是，多指令集信创云涵盖了单指令集信创云的所有功能范围，因而前者可视为后者研发的前置条件。

5.2.1 最小功能集

为了方便和单指令集信创云对比，这里仍从兼容性和功能要求，以及所涵盖的典型场景 3 个方面，对多指令集信创云的最小功能集做拆解和分析。

多指令集信创云的最低兼容性要求如下。

（1）支持两种主流指令集处理器，且每种指令集下支持至少一种国产处理器型号。如同时支持 x86 指令集的 7280 型海光处理器、ARM 指令集的 S2500 型飞腾处理器。

（2）支持两种指令集对应的某一主流操作系统品牌。如同时支持 x86 指令集下的麒麟品牌 V10 SP1 版操作系统、ARM 指令集下的麒麟品牌 V10 SP1 版操作系统。

多指令集信创云中各个指令集云环境下的最小功能要求，同“单指令集信创云”。结合本书第 4 章所列举的典型场景，可得到多指令集最小功能集信创云典型适用场景，如表 5-7 所示。

表 5-7　多指令集信创云最小功能集场景范围

场景	涵盖子场景范围	描述
场景 1：新建信创云	6 个子场景中的 2 个	仅支持特定的处理器指令集/品牌/型号和操作系统的组合
场景 2：通用型云同构改造	—	不支持非国产处理器
场景 3：通用型云异构改造	—	不支持非国产处理器
场景 4：信创云同构改造	子场景 1～6 中的 2 个	仅支持特定的处理器指令集/品牌/型号和操作系统的组合，且不支持跨多个云集群的实现形式
场景 5：信创云异构改造	26 个子场景中的 2 个	

从表中可以看出，多指令集信创云的最小功能集只能涵盖 5 个典型场景下的 6 个子场景，但相对于单指令集信创云最小功能集涵盖范围有所提升。

5.2.2　典型功能集

相对于最小功能集，多指令集信创云的典型功能集如下。

（1）支持更多处理器品牌与型号。如支持海光处理器、飞腾处理器等品牌已量产的全系列处理器，通常每个处理器品牌下至少有两个主流型号。

（2）支持两款处理器指令集下的多个主流国产操作系统品牌的常见版本。如支持麒麟操作系统 x86 和 ARM 指令集的 V10、V10 SP1、V10 SP2[①]，以及统信操作系统 x86 和 ARM 的 UOS V20 1030、1040、1050 等。考虑到云平台需支持的操作系统还分为服务器版本、桌面版本，因而每种指令集下至少支持 6 个常见的操作系统版本。

（3）提供对相同指令集的不同处理器品牌的互通性支持。如 ARM 指令集下飞腾、鲲鹏处理器品牌间的互通性支持。

参考目前已发布的多款云平台产品，多指令集信创云典型功能集的拓展性要求如下。

（1）支持非国产的 Intel 处理器品牌的主流型号，如至强二代和三代处理器等。

（2）支持两个指令集下的多个品牌国产处理器，并支持更多基于该处理器的服

① 在不同指令集下，单一操作系统品牌的最新版本号可能存在差异。如麒麟操作系统的龙芯、申威指令集版本，其发布时间往往晚于采用同样版本号命名的 x86 和 ARM 版本。

务器品牌和型号。

（3）不同指令集下处理器间的互通性支持。如 ARM 下的飞腾环境、x86 下的海光环境间的互通性等。

（4）分布式云能力的支持。多个不同架构的云，在逻辑架构上，在各自独立运行的同时，可按需在中心云进行统一的运营和运维管理，以支撑云边协同等分布式云业务场景。

实现包含拓展性典型功能集的信创云，结合上一章所列举的典型场景，可以比对出其所涵盖的各场景范围，如表 5-8 所示。

表 5-8　多指令集信创云典型功能集扩展性能力涵盖场景

场景	涵盖子场景范围	描述
场景 1：新建信创云	6 个子场景中的 2 个	
场景 2：通用型云同构改造	2 个子场景中的 2 个或 0 个	当支持 x86 指令集时，2 个都满足
场景 3：通用型云异构改造	4 个子场景中的 2 个或更少	实际涵盖能力取决于实际支持范围和用户业务的交集
场景 4：信创云同构改造	子场景 1～6 中的 4 个或更少；子场景 7～10 中的 4 个或更少	根据所适配指令集的不同，对应不同的涵盖范围
场景 5：信创云异构改造	26 个子场景中的 2 个	

5.2.3　特点分析

为了便于和单指令集信创云进行类比，本节同样从复杂度、产品形态两方面对多指令集信创云展开分析。

1. 复杂度分析

复杂度分析仍使用公式表示国产处理器、操作系统和存储类型的组合。

（1）最小功能集。最小功能集对应的组合关系为：

指令集 A 下 1 种处理器型号 × 1 种操作系统 × 1 种存储类型

+

指令集 B 下 1 种处理器型号 × 1 种操作系统 × 1 种存储类型

共 2 种组合形式。

（2）典型功能集。和最小功能集类似，典型功能集对应的组合关系为：

2 种处理器型号 × 6 种操作系统版本 × 3 种存储类型 × 2 种指令集

共 72 种组合形式。多指令集信创云产品的其他特点如下。

（1）对多个云集群管理能力存在需求。和单指令集信创云相比，多指令集信创云部署场景通常会涉及两个以上的集群，而用户往往希望能在统一的云平台中对所有集群进行管控，因而对多个云集群的管理能力，以及对采用不同指令集的异构多云集群的兼容性支持，是多指令集信创云产品功能设计环节需考虑的内容。

（2）存在多种跨指令集的研发策略。如可针对每种指令集有针对性地开发特定云产品版本，或用同一套代码针对不同指令集进行产品所有功能组件的同源异构适配开发，也可根据实际情况选择部分组件跨指令集复用、部分组件仅用于某种指令集的形式。

（3）产品适配支持的指令集类型有限。当前支持多指令集的信创云产品，以同时支持 x86、ARM 两种异构指令集为主，只有少数云产品可支持更多指令集类型。

2. 常见产品形态

从技术视角分析，多指令集信创云产品可完全覆盖单指令集云产品能力，同时其通过提供对更多典型场景的支持，可以为用户提供更好的灵活性、适应性和可维护性。

同时，考虑到多指令集信创云面对的基础软/硬件组合更多、更复杂，但多数已发布的信创云产品只支持相对有限的指令集范围，对于能够支持所有主流指令集的云产品，本书称其为“全栈信创云”。

5.3　全栈信创云

此处先引用一个典型产品设计案例。作为全球最大的家用电器制造商之一，惠而浦在20世纪80年代启动全球化经营时，曾对全世界范围内的电器市场做过调研，发现多数消费者的需求存在高度相似性，以至于不同产品间可以共用同一个技术平台——这样的设计会极大地降低相关研发成本，并有效提升产品的创新速度。通过推行基于该理念的一系列优化措施，2005 年惠而浦产值从先前的 35 亿美元增长到 130 亿美元。

参考惠而浦的案例，全栈信创云也在产品设计环节引入公共平台理念，用同一套源代码和技术架构来应对基于不同处理器指令集的基础软/硬件。对比国内提供单指令集、多指令集信创云产品的开发商数量，目前具备全栈信创云产品研发意愿及能力的开发商相对较少。从市场环境和研发投入等角度分析，造成此类差距的主要是以下原因。

（1）直接应用全栈信创云的业务需求较少。多数信创云用户尚未形成对应的运维能力，因而在项目建设初期往往会选择一种或有限几种基础软/硬件技术栈进行试用，而通常只有信创实验室、科研机构等特定领域用户在初始建设环节才具有较为明确的全栈信创云需求。然而，随着用户对信创相关技术的逐渐探索和积累，扩容或切换到和其业务诉求更为贴合的底层技术栈，往往会成为其后续信创云建设的正式规划——此时全栈信创云将会发挥其在兼容性方面的优势，协助用户在有效保护前期投入的同时，平滑引入采用新技术栈的基础软/硬件。

（2）为应对各技术栈间发展不均衡问题，对应的研发和实施成本高。包括实现环节需准备全栈信创云的开发、测试环境，并对所有常见部署场景进行覆盖测试，所需时间多，设备采购与研发人员成本也很高。

（3）项目管理难度高。信创云相关基础软/硬件更新迭代速度快、供货周期不可控等诸多非技术性风险，导致同步引入多技术栈时，整体项目管理难度指数级上升，因而有全栈需求的用户往往也会采用逐步实施的方式，通过将项目周期分为多阶段的方式降低全栈信创云建设的技术复杂度，但会导致对应的项目管理难度变高。

5.3.1 功能集

全栈信创云可视为多指令集信创云产品的功能加强版，支持所有主流基础软/硬件设施，包括主流国产处理器、操作系统和存储设备，并支持对跨多个同构或异构指令集云集群进行统一管控。

需要明确的是，由于少数国产操作系统、服务器固件和版本的限制，全栈信创云不会覆盖所有国产基础软/硬件间的任意组合，而同样受限于参与组合的不同层级组件间的实际兼容能力，麒麟 V10 操作系统无法兼容早期型号的申威处理器等。

5.3.2 特点分析

全栈信创云可广泛适用于在云平台中、长期规划方面，有着对国产基础软/硬件广泛兼容性诉求的场景，典型的场景如下。

（1）信创云项目中、长期技术栈规划无法锁定的用户。此类用户通常希望预先通过执行一个或多个试点项目，对不同国产基础软/硬件技术栈进行深入的适应性评估，而后依据结果选择符合自身业务需求的中、长期技术路线。典型的如国有大中型企业的信息化管理部门等，因现有信息系统数量多、业务需求变化频繁等特点，在信息化建设不同阶段将会根据业务需求选择不同技术栈，且后续存在变更风险，进而对信创云产品的适应性要求也会更高。

（2）具备明确广泛兼容性要求的用户。典型的如各类信创软/硬件适配基地、实验室、培训或测评机构等，这些用户往往需要对所拥有的国产基础软/硬件进行云化管控，并以虚拟资源、OpenAPI 接口等标准化方式提供给下游用户，如信创应用开发商等。

（3）助力用户优化以设备国产化为主导的粗放式信创建设模式，实施更为精细、深化的信创云建设过程。具体包括对国产设备使用率进行优化提升，尝试多技术栈资源池融合，以及基于信创云探索跨越不同技术栈的统一运营、运维管理策略等。

为满足上述兼容性要求，全栈信创云产品多推荐使用软/硬件解耦的设计方式进行研发，即不绑定特定品牌和型号的服务器、存储和网络设备，基于各类设备的通用能力进行上层云平台的构建，并需要处理好不同底层技术栈之间的协同问题。

5.4 几种形态的对比

上述 3 种信创云产品形态的对比如表 5-9 所示。

表 5-9 信创云产品形态对比表

对比项	单指令集信创云	多指令集信创云	全栈信创云
场景涵盖度[①]	低 涵盖场景 1、场景 2、场景 4 的部分子场景	中 涵盖场景 1～5 的部分子场景	高 涵盖场景 1～5 的全部子场景
兼容性	多绑定特定硬件	多数对特定硬件存在倾向性	多采用软/硬件解耦设计
扩展性	低 支持同构扩展，如调整架构需另行建设或定制	中 支持同构扩展、有限的异构扩展	高 支持同构、异构扩展，灵活满足信创云各建设阶段需求
研发复杂度	低	中	高
对供应链的贡献	可对限定的同构信创软/硬件组合定向优化，形成面向特定应用领域的专用方案	在限定范围内，为应用、中间件和数据库减少底层基础软/硬件间的差异性	可最大化地为应用、中间件和数据库减少底层基础软/硬件间的差异性

从所面对的主要目标的角度，单指令集信创云更关注满足特定技术栈领域的业务需求，解决的中心偏重于相关底层技术的研究和深入探索，如物理资源利用率提升、性能和稳定性指标的优化等；多指令集信创云、全栈信创云则更关注如何跨越多个技术栈进行结构性优化，相对于单指令集信创云而言更偏重于更高层面的技术实现，如跨异构集群的互通性、安全性和兼容性优化等。

从与基础软/硬件间的关系角度，单指令集信创云往往与特定品牌、型号（或版本）的基础硬件设备和基础软件间存在更为紧密的关系，并需随着这些基础软/硬件的持续迭代更新进行对应的升级和改造；多指令集信创云、全栈信创云则往往倾向于对基础软/硬件进行解耦性设计，使之不受制于基础软/硬件的变化。

从云计算领域基础软件技术发展的历史情况角度，对于那些上市时间不长、成

① 以各产品形态的典型功能集的拓展性能力为准进行评估。

熟度相对较低的产品而言，其往往会有更为频繁的迭代更新。图 5-6 展示了知名咨询机构 Gartner 针对 5 种开源软件项目在 7 年时间内的代码行数增长的统计，可以明显看出上市较晚的 Docker 软件代码量 7 年中增长了 170 倍，而相对成熟的 Linux kernel、Spring Framework 则只有不到 2 倍的变化。

Open-Source Project ↓	Lines of Code in 2012 ↓	Lines of Code in 2019 ↓	Growth ↓
Spring Framework	949,840	1,301,119	1.37 times
Apache Kafka	29,550	341,982	10 times
Linux kernel	10,309,703	17,592,787	1.7 times
Istio	19,286 (Project inception: December 2016)	430,142	>21 times
Docker	52,727	9,236,254	170 times

图 5-6 部分开源软件代码量的增长对比（源于 Gartner，2019.4）

同样，考虑到政企数字化转型环节业务需求变化快、扩展性要求高、多技术栈并行使用等相关特点，全栈信创云尽可能为上层软件屏蔽基础软/硬件在项目初始化建设和后续扩容环节的差异性，即通过软件定义方式在云平台层面拓展国产基础软/硬件的能力，实现对供应链上游供给侧能力的结构性优化，从而有效支撑信创领域各类信息化软件、服务能力的跨技术栈延伸，解耦用户业务发展诉求与特定国产技术栈之间的依赖，使上层软件和最终用户的信创云规划、扩容和日常运营与维护环节不再受基础软/硬件复杂性的制约，成为加速信创产业生产方式升级、生产关系变革和新型产业发展的数字化引擎。

5.5 其他常见功能

除了前述几种信创云形态，信创云产品设计环节还需应对以下几类业务需求。

（1）云迁移需求，重点解决如何将运行在传统物理服务器上的业务系统迁移上云，或将运行在通用型云中的各类应用便捷地迁移到新建信创云中。

（2）桌面云需求，包括如何在信创云中引入云桌面服务能力，并支持 Windows 各类应用运行。

（3）裸机云需求，包括如何在信创云中引入整用型裸机云能力，以支撑国产数据库等对服务器并发性要求较高的上层软件高效运行。

以下分别展开阐述。

5.5.1 云迁移

如何将前期已上线的应用和业务数据，以相对合理的投入和对业务影响最小的方式，移植到新建信创云平台，是所有信创云典型场景中所需应对的关键问题。云迁移产品就是一种面向此类场景专门设计的、涵盖应用与业务数据转移功能的工具类软件，目前已成为信创云项目实施环节最常用的辅助工具。

云迁移工具常见的业务场景是，借助其提供的可视化操作界面，通过较少的步骤将现有物理服务器或云平台上的虚拟机迁移到新建信创云之中，从而将以往复杂的云迁移工作变得简单和标准化。同时，部分开发商所研发的云迁移工具可支持在待迁移环境中部署的应用不停机情况下，对相关操作系统、用户信息、网络配置等内容执行迁移，提供对整个迁移过程的可预测性和实时管理，并在迁移完成后即刻自动切换到新环境中，从而实现应用在迁移过程中不间断地对外提供服务。

1. 常见形式

信创云迁移有 4 种常见形式，如表 5-10 所示。

（1）从物理服务器迁移到信创云（Physical to Virtual，P2V），如将运行在 Intel 服务器上的应用和业务数据，迁移到基于海光处理器的信创云环境中。

（2）从已有云平台迁移到信创云（Virtual to Virtual，V2V），如将运行在 Intel 服务器上的 VMware 虚拟机，迁移到海光服务器上运行的信创云中，或将鲲鹏服务器上的虚拟机，迁移到另一个基于鲲鹏服务器的信创云中。

（3）数据迁移。数据迁移常用于迁移源、目标云平台使用不同技术栈基础软/硬件时的场景（如从 Intel 服务器环境，迁移到飞腾服务器环境），此时多数应用会因跨指令集兼容性问题无法直接进行应用级别的迁移，而只能先在目标环境中安装应用，而后在数据层面完成业务数据的迁移。同时，这种迁移场景往往受限于应用实现方式及源、目标云平台的部署方式，需要根据业务实际情况对执行过程进行定制设计[①]。

（4）转换云平台部署类型。如将基于私有云运行的相关应用和业务数据迁移到公有云或专属云等。

（5）转换虚拟机管理器类型，主要指基于 ESXi 虚拟机管理器的 VMware 云平台中的虚拟机迁移至 KVM 架构。因国内搭建的 VMware 运行环境多基于 x86 服务器，故在信创云迁移中应用通常是从 Intel 服务器迁移到海光服务器。

表 5-10　信创云迁移的常见形式

迁移形式	源	目标	备注
P2V	通用型裸机	信创云	
V2V	通用型云	信创云	
	信创云	同构信创云	
数据迁移	通用型裸机	异构信创云	有业务中断风险
	通用型云	异构信创云	有业务中断风险
	信创云	异构信创云	有业务中断风险
转换部署类型	通用型云	信创云	有业务中断风险
	信创云	同构信创云	
转换虚拟机管理器类型	通用型云	信创云	有业务中断风险

2. 常见实现方式

从云迁移工具的实现方式来看，常见的有直接迁移和中转迁移两种类型。以华云数据通用型云操作系统所附带的云迁移工具为例，其可支持以下类型。

（1）直接迁移，即直传模式，指将源端数据直接传输到目标云平台，执行前需确保迁移源可以访问目标云平台的接收端。该模式在执行过程中会占用迁移源对外的上行带宽，若源端业务对上行带宽有特定依赖，则迁移环节需启用限速或其他迁

① 部分应用、数据库、中间件和云产品开发商，已对特定场景提供了相对成熟的数据迁移方案和实施工具。

移模式（中转模式）。直传模式可支持多路并发迁移。图 5-7 所示为直接迁移的常见实现方式。

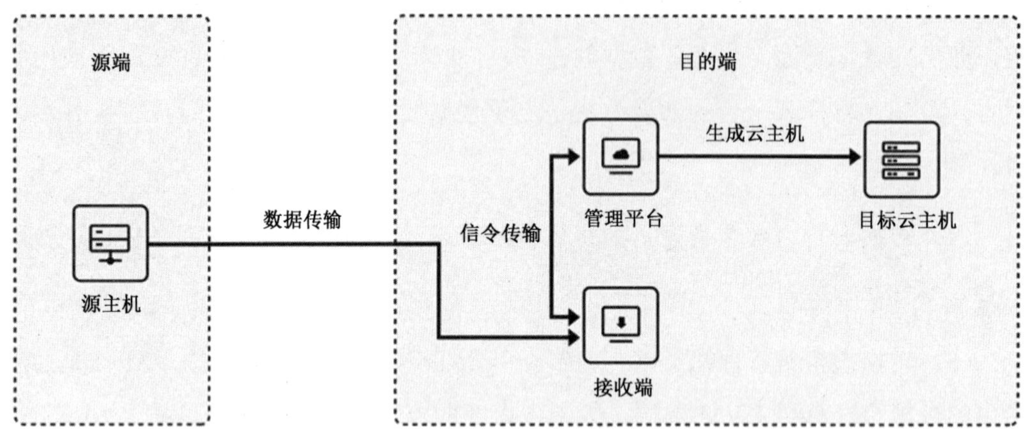

图 5-7　直接迁移的常见实现方式[①]

（2）中转迁移。中转模式特指将源端数据通过转发端中转传输到目标云平台，对源端是否可以访问目标云平台没有要求，只需转发端支持访问目标云平台即可执行迁移过程，从而规避因特定业务网络管控策略限制导致的迁移源、目标端网络无法直接互通的情况。中转迁移通常可支持多路汇聚并发迁移。图 5-8 所示为中转迁移的实现方式。

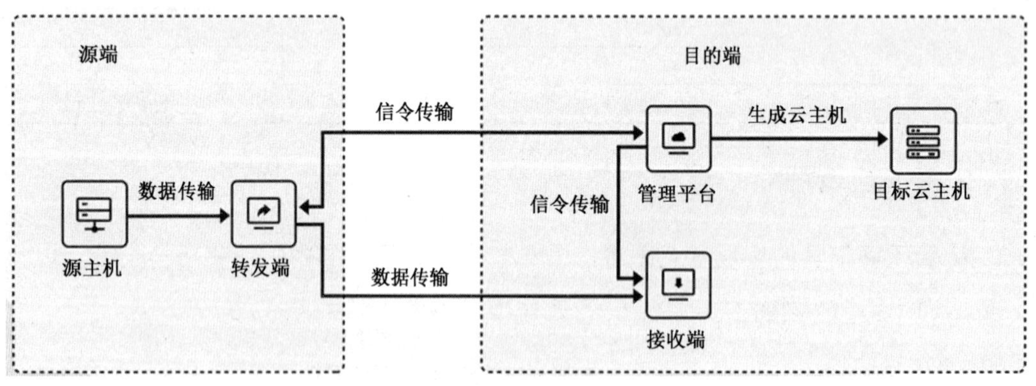

图 5-8　中转迁移的实现方式[②]

① 摘自华云数据《云操作系统产品白皮书》。
② 摘自华云数据《云操作系统产品白皮书》。

3. 其他需考虑内容

信创云迁移环节需考虑的因素还有很多，以下列举其中较为常见的部分及对应的功能设计建议。

（1）如何处置无法迁移的Windows类应用。若迁移应用尚未适配国产操作系统，可通过类API转换技术（实现Linux映射Windows相关函数来调用动态链接库）运行Windows应用，常见的方式有通过Wine应用在国产操作系统中运行Windows应用；若迁移应用没有Linux版本，且希望运行于其他非x86指令集处理器环境（如LoongArch指令集的龙芯处理器），可使用龙芯研发的二进制翻译工具LATX[①]（Loongson Architecture Translator from x86）支撑x86应用的运行。图5-9所示为在基于LoongArch指令集的龙芯处理器上运行Windows等应用。

<table>
<tr><td rowspan="2">LoongArch Linux Apps</td><td>x86 Windows/Linux Apps</td><td>ARM Android Apps</td></tr>
<tr><td>LAT from x86</td><td>LAT from ARM</td></tr>
<tr><td colspan="3">Loongnix on LoongArch</td></tr>
<tr><td colspan="3">LoongArch</td></tr>
</table>

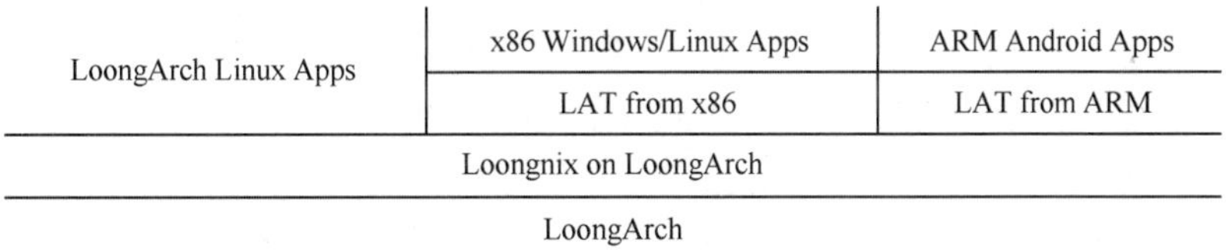

图5-9 在基于LoongArch指令集的龙芯处理器上运行Windows等应用

若上述两种方案均无法解决Windows类应用运行问题，还可考虑引入应用虚拟化技术[②]在国产基础软/硬件中运行Windows应用。如华云数据的桌面云软件产品提供的应用虚拟化模式，通过软件定义的方式支持应用与操作系统类型解耦，支持用户个人计算机无须安装应用和特定版本的操作系统，即可使用部署在服务器端的Windows类应用。

（2）信创环境缺少相关驱动。诸多传统共享式存储、打印机等外设[③]尚未研发支持在信创环境中使用的驱动程序。此类问题常见的应对方案包括面向设备研发通用型驱动程序，如华云数据自研的、支持多个品牌共享存储设备的异构存储统一化驱

① 另外，还有支持从ARM到LoongArch的体系结构翻译器LATA（Loongson Architecture Translator from ARM）。

② 应用虚拟化是采用类似虚拟终端的一种技术，通过将应用的人机交互逻辑（界面、键盘和鼠标操作、音频输入输出等）与计算逻辑进行解耦，使用时用户计算机只需要把人机交互逻辑传送到服务器端，由服务器端通过独立的计算逻辑空间运行，并把执行结果对应的人机交互逻辑传送给客户端进行展示，从而使用户获得与运行本地应用相同的体验。

③ 包括终端计算机连接的设备，以及服务器端连接的设备。

动程序；或基于二进制翻译方式，在信创环境采用虚拟化方式运行 Windows 原生驱动程序，如龙芯在其研发的 Loongnix 操作系统中提供的二进制翻译器等，如图 5-10 所示。

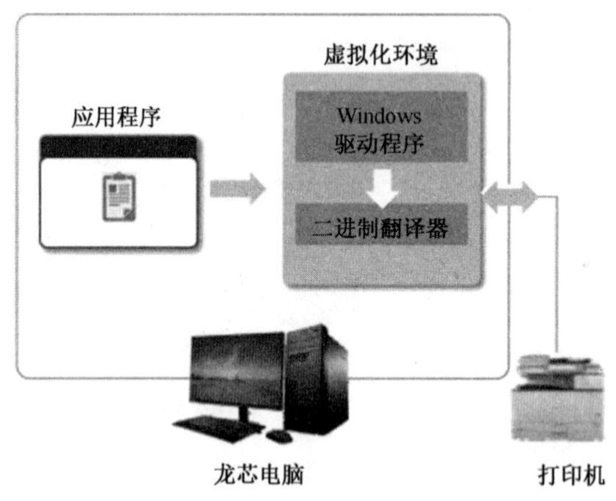

图 5-10　Loongnix 操作系统的二进制翻译器

（3）源端软件定制化带来的迁移复杂性问题。如业务系统使用的是定制版操作系统，且部分应用使用了定制版操作系统的专用接口，如修改内核版本号、增加个性化功能或补丁包等；再如某些业务系统采用了非通用型部署方式，如部署 Linux 时启用了多个 boot 分区，或在部署 Windows 操作系统时未将系统盘设置为 C 盘等。对于此类定制引发的迁移复杂性问题，常见的应对方式是将迁移方式降级为数据迁移方式，即通过在迁移目标端预先部署全新应用，再将源端业务数据进行迁移。

（4）源端硬件定制化带来的迁移复杂性问题。如在业务系统中使用大容量数据盘，其超大的容量往往导致数据盘[①]信息复制环节耗时过长，从而严重影响迁移整体进程。同时，因现代云平台通常会面向更轻巧、无状态的云原生类应用进行优化，而需要使用大数据量的传统业务系统往往存在性能优化短板，迁移后的虚拟资源性能可能存在无法满足业务需求的风险。再如某些业务系统对专属型号的硬件存在依赖，如待迁移应用依赖于某种专用硬件（已停产的某型号加速卡等），或对特定品牌、设备型号存在绑定性依赖等。对于此类定制硬件引发的迁移复杂性问题，通常建议

① 包括物理单盘，以及应用了某种 RAID 后形成的大容量逻辑盘。

先将对应的应用进行“云化”改造，并撤除对定制硬件的强依赖关系，而后再执行云迁移过程。

5.5.2 桌面云

传统政企信息化系统建设过程中，办公设备的管理往往存在配置复杂、软/硬件升级成本高、机密数据分散存储及数据安全保障机制欠缺等风险和问题，具体包括以下4个方面。

（1）数据安全。传统办公PC的位置分散在不同的业务区域，且数据通常在本地处理和保存，不仅容易被病毒软件恶意窃取、攻击，计算机USB等数据接口也常常因缺乏有效管理而被非法接入，存在数据泄露风险。因此，如何有效地规避办公PC数据安全风险，已成为政府和企业信息化建设中亟待解决的痛点。同时，一些对业务数据安全性要求更高的特殊部门，通常需要基于受控的安全桌面进行日常工作，以有效保护数据的安全。

（2）升级成本。办公计算机的采购成本及各类业务系统[①]的授权费用，造成高昂的采购成本。同时，在日常运维管理环节，管理员也需要对分布在不同地域的办公设备的操作系统进行维护、应用安装与配置等，而随着应用、设备数量的增多，相关的维护成本也将持续上升；此外，目前主流的办公计算机设备功耗往往在200瓦以上，每年耗电量约为800～1000度，不符合目前倡导绿色环保、低碳经济的趋势，且处理器、机箱的散热风扇运行噪音干扰也较为严重，在办公成本控制和环境保护等方面都存在一定的影响。

（3）灵活性。现代化移动办公已成常态，对办公场地的灵活性要求也越来越高，用户期望可以在任何时间、地点，通过任意设备登录自己的办公桌面开始工作，而普通办公计算机的灵活性却远远无法满足此类要求。在某些特殊时期，居家灵活办公诉求会有增加。

（4）运维复杂性。当传统办公环境中的计算机发生故障后，通常需要维护人员

① 如操作系统Windows、图形图像处理软件AutoCAD等。

亲临现场修复，严重影响员工的工作效率。同时，普通办公计算机通常 4～5 年就需进行更新，而如何改进这种循环往复的低效运维工作，成为制约政企用户信息化水平的一大难题。

为有效应对上述痛点，基于云计算技术的桌面虚拟化方案逐渐进入人们的视野，并受到越来越多的关注、推广与应用（见图 5-11）。通过应用桌面虚拟化，可将一台物理服务器虚拟出若干虚拟机，用户或管理员可以在该虚拟机中按需安装操作系统和各类应用，当用户想访问和使用虚拟桌面时，通过云计算终端和网络连接到虚拟机即可使用。更重要的是，桌面云特有的虚拟办公 PC 提供的集中部署、集中管控等功能大大减少了日常运维的工作量，其数据统一集中存储的特性也能有效支撑政企用户对数据安全的需求。

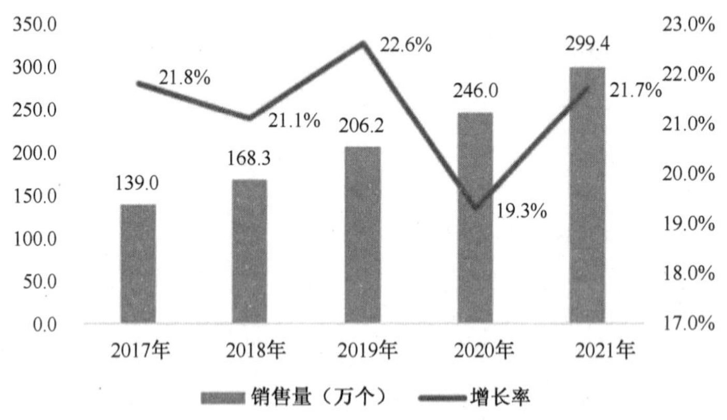

图 5-11　2017—2021 年我国桌面云整体解决方案销售量（源于 CCW Research，2021.11）

桌面云系统是云计算的一种高级服务模式，主要利用虚拟化技术将办公计算机资源池化，并将池化后的传统电脑桌面或应用通过网络交付至各类终端，从而实现资源的统一管理、集中调度和按需分配，提升信息系统的安全等级。而信创桌面云则是以信息技术应用创新为核心的桌面云解决方案，在衔接传统办公及应用模式，对终端设备、桌面环境统一管理与维护的同时，有效促进信息基础设施的自主性，并支撑日常办公、移动协同等数字化转型的需求。

目前，部分桌面云中运行的应用已完成对信创云的适配，后续工作将会聚焦于性能、稳定性等层面的优化；而对于尚未适配信创云的应用，则需要尽快在国产基础软/硬件上进行对应的适配工作。

信创桌面云目前尚处于初始的探索阶段，预计短、中期内会出现多种技术方案应对业务诉求的情况，特别是对于目前政企办公中使用的大量 Windows 类应用，需在云平台、应用等层面引入更多创新实现方式，以支撑办公环境平滑的中转与过渡。

1. 四种实现形式

广义的“桌面云”主流实现形式包括 4 种。

（1）RDS（Remote Desktop Services），共享云桌面架构（见图 5-12），通过特定的多用户操作系统自身能力，在服务器端创建云桌面后，允许具备特定权限的用户通过专用协议连接到云桌面使用。

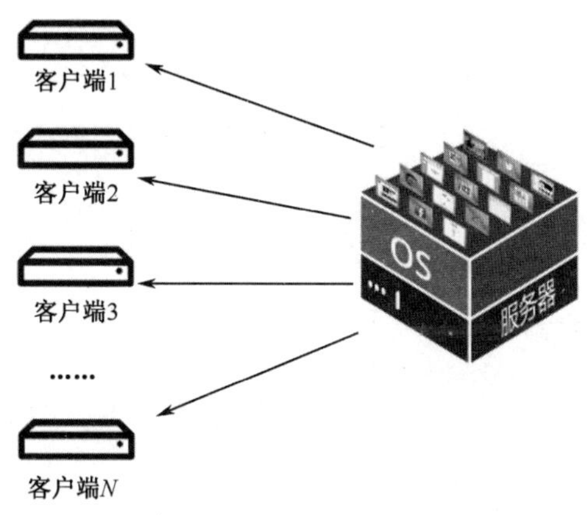

图 5-12 共享云桌面架构

典型的共享云桌面架构使用 Windows Server 操作系统的自身服务能力实现，但用户需单独购买对应的软件功能授权。图 5-13 所示为 Windows Server 操作系统内置的 RDS 功能。

（2）VDI（Virtual Desktop Infrastructure），虚拟云桌面架构（见图 5-14），通过在专用服务器上创建虚拟云桌面资源池，实现桌面的计算、存储和网络的虚拟化，并通过专有协议让用户连接到云桌面。

（3）VOI（Virtual OS Infrastructure），虚拟系统架构（见图 5-15），终端多采用“PXE 无盘 + 缓存”的技术方案。但因在具体实现层面未应用虚拟化等云计算相关技术，故通常不能将其算作真正意义上的“云桌面”方案。

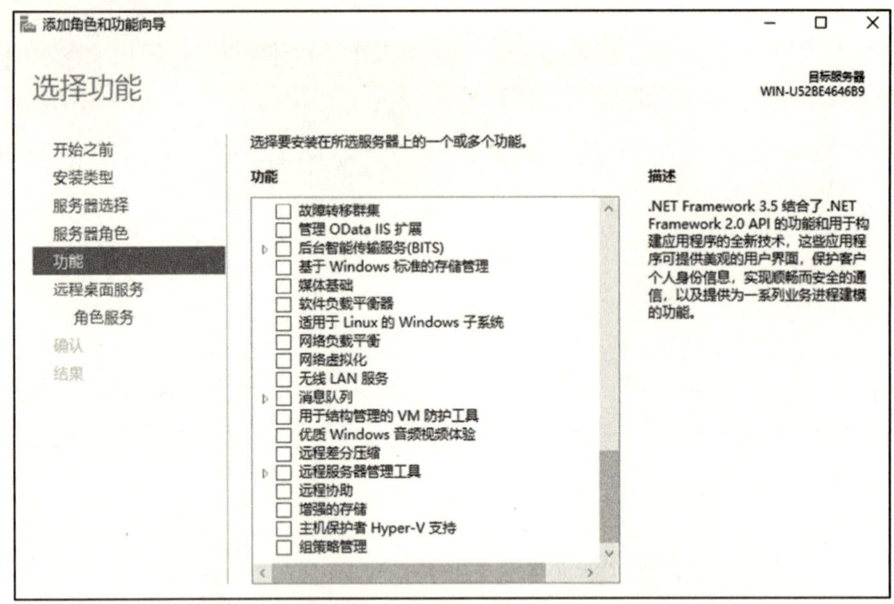

图 5-13　Windows Server 操作系统内置的 RDS 功能

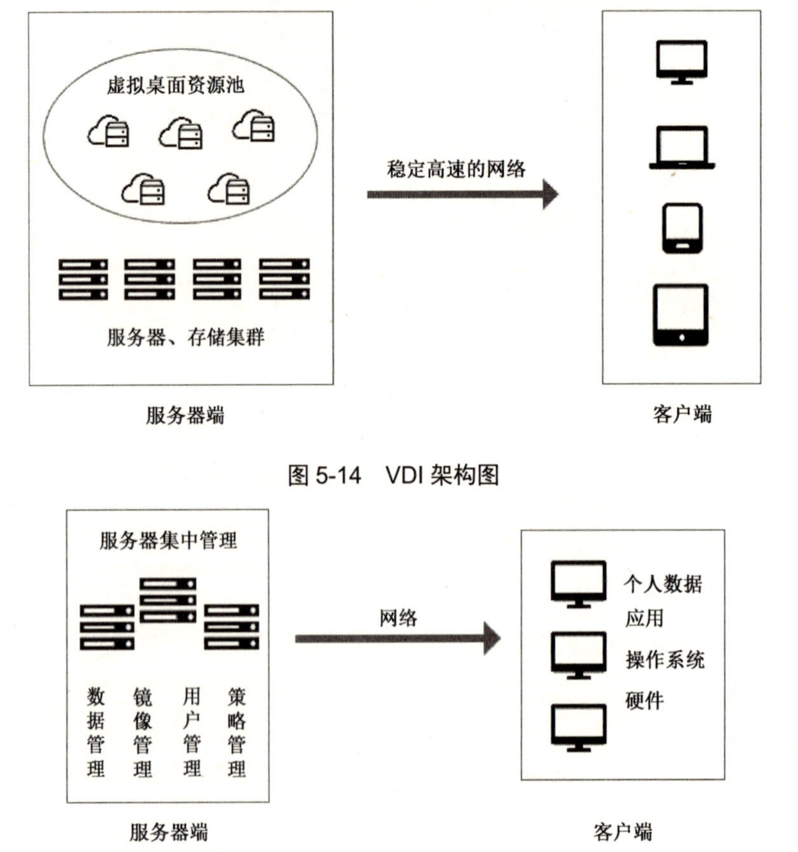

图 5-14　VDI 架构图

图 5-15　VOI 架构图

（4）IDV（Intelligent Desktop Virtualization），智能桌面虚拟化架构（见图 5-16），主要特征是采用服务器端集中管理、虚拟系统在终端本地运行。和 VOI 相比，因其在实现层面引入了虚拟化技术，因而对应用运行环境的灵活度要求较高，可按需创建业务所需的虚拟资源类型。

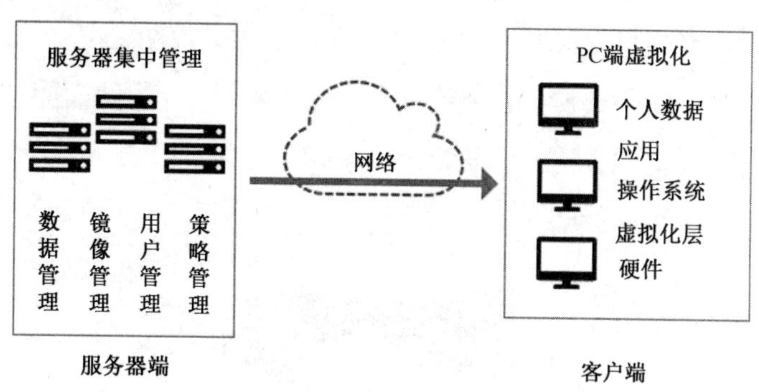

图 5-16 IDV 架构图

上述 4 种桌面云常见形式的技术面对比信息如表 5-11 所示。从用户角度来看，几种实现形式间没有明显的领先或落后之分，应根据使用场景的不同灵活选择对应的实现形式。

表 5-11 常见的桌面云实现形式对比

对比项	RDS	VDI	VOI	IDV
系统架构	集中存储、集中计算	集中存储、集中计算	分布存储、分布计算	集中存储、分布计算
富/半富终端信创	支持，可使用多种	支持，可使用多种	支持，可使用多种	支持，可使用多种
瘦终端信创	较少	常见	不支持	不支持
移动端支持	支持	支持	不支持	不支持
服务端信创	硬件支持，操作系统需使用 Windows	支持	不支持	支持
数据安全性	高	高	低	中
性能特征	依赖服务器	依赖服务器	依赖终端	依赖终端，且对终端算力要求高

从技术自主性角度来看，狭义的桌面云特指桌面运行位置在服务器端的方案，按此定义则只有 RDS、VDI 两种形式属于桌面云，但由于 RDS 需依赖于 Windows 操作系统内置能力的支持，故能够实现完整技术自主性的桌面云只有 VDI 一种形式①。

① 根据信创桌面云系统测试大纲定义，使用 Windows Server 操作系统的云平台无法满足相关测评要求。

在下一节，我们将对 VDI 的实现方式进行简要介绍。

2. 典型实现方式

如图 5-17 所示，VDI 形式的信创桌面云通常以“瘦终端+网络+桌面”的模式构建，允许多个用户桌面以虚拟机形式独立运行，同时共享处理器、内存、网络连接和存储器等底层物理硬件资源。这种架构可使得不同用户使用的虚拟桌面彼此隔离，同时可以实现精确的资源分配，从而保护用户免受由其他用户活动所造成应用崩溃或操作系统故障所带来的影响。

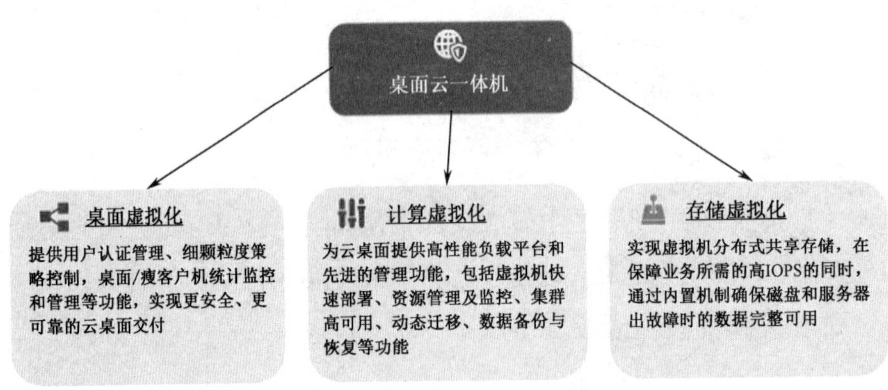

图 5-17　VDI 形式的信创桌面云实现方式

具体而言，信创桌面云通常由负责访问接入的终端、会话协议、桌面管理、虚拟化 4 个层面构成。

（1）访问接入层。主流的桌面云平台客户端支持多种场景，支持移动设备的接入和管理，并可实现用户虚拟桌面的自动登录。对于运维人员而言，其支持通过代理访问远程桌面，实现对终端进行集中管控，实现版本升级、状态管理、信息监控和日志管理等功能。

常见的桌面云终端分为软终端和瘦客户机两种。其中软终端可以以客户端软件方式安装在用户的传统办公计算机或其他类型终端设备上，支持的操作系统如 Windows 7、Windows 10 等；瘦客户机则是基于 ARM 或 x86 指令集处理器的无盘工作站，具备外形小巧、无噪声运行和低耗电量等特征，是真正意义上的环保型计算机设备。两种桌面云终端都支持按需随时连接到桌面云平台，不仅可获得与传统办公计算机一致的访问体验，还提供了较好的安全性和广泛的可扩展性。同时，通过桌面云管理平台还可实现对所有用户桌面的集中管控，从而极大简化了对传统办公计算机的运维和管理工作。

（2）会话协议层。桌面云平台的传输协议用于与远程系统进行用户交互，是专门为虚拟桌面或远程应用的高效交付而设计的，并面向低带宽传输、外设兼容性进行诸多优化，是影响桌面云平台用户体验的关键技术。以华云数据自研的桌面云软件协议为例，其相对于传统桌面协议具有文字与图像显示更清晰、视频播放更清晰流畅、声音音质更饱满，以及兼容性更好、带宽占用更低等特点，同时还具备以下特征。

- 支持多个虚拟通道，各虚拟通道可承载不同的上层软件协议。通过虚拟通道既可以最大化确保各通道的通信安全，也可规避不同通道间的资源争夺、干扰风险，从而优化用户基础体验，提高键盘鼠标的虚拟通道响应速度，并实现画面通道独立处理等。
- 协议兼容性强，不受所运行应用的类型限制。普通文本、自然图像、视频和3D图形等传输内容均可使用高效压缩算法，从而在保证画面高质量传输的同时，有效提升兼容性。
- 支持利用芯片硬件接口进行视频编解码加速，使视频播放更清晰、流畅。
- 引入重复图像免传输等策略，进一步降低带宽消耗，提升用户体验。
- 提供丰富的协议管理策略，可依据桌面、设备类型等进行独立的通道策略控制，充分确保每个用户的通信安全与质量。

（3）桌面管理层。桌面管理层与资源管理层协同工作，通过消息总线与桌面云平台的数据库及各服务组件进行通信，实现桌面管理、终端管理、用户认证、策略管理和日志管理等功能，提供高性能、高可靠的桌面信息投送。

对于多数桌面云产品而言，通过桌面管理层还可简化虚拟桌面的管理、调配和部署，帮助用户安全、便捷地访问虚拟桌面，协助运维人员集中处理升级、补丁修补任务，以及高效地管理数百甚至数千个桌面，有效降低运维的时间和资源投入。

（4）虚拟化层。在桌面云系统中，虚拟桌面拥有虚拟化层统一提供的处理器、内存、磁盘等虚拟资源，与传统办公计算机一样。常见桌面云平台的虚拟化层多通过底层超融合管理软件实现，通过超融合管理软件，将服务器物理资源整合并云化处理为统一的计算、存储、网络、GPU 等类型的资源池，供桌面云用户调度使用。典型的如华云数据桌面云软件，其底层默认使用[①]华云数据的云操作系统产品。

3. 其他需考虑内容

桌面云产品需实现的能力还有很多，此处选取部分典型的内容进行介绍。

（1）国产服务器的支持，包括对基于主流国产处理器的服务器的支持，如华云数据的桌面云软件产品，目前已支持国产海光 5000 和 7000 系列、兆芯 40000 系列、鲲鹏 920 系列和飞腾腾龙 S 系列处理器。

（2）国产终端的支持，包括对基于主流国产处理器的终端的支持，如华云数据的桌面云软件产品，目前已支持使用兆芯、鲲鹏、飞腾、龙芯和申威处理器的终端。

国产终端支持还包括对国产外部设备和国产应用的支持。常见的外部设备包括 U 盘、移动硬盘、指纹仪、高拍仪、集成键盘、存折打印机、U 盾，以及游戏手柄和移动网卡等；常见的国产软件包括邮箱、电子签章、终端安全、输入法、版式软件、流式软件、浏览器、图形软件、音视频软件、杀毒软件、即时通信软件、压缩软件，以及网盘和政务平台等。

（3）混合部署支持。混合部署是指由信创桌面云资源池、通用型桌面云资源池共同为用户提供服务的情况，其常见于政企用户信创云建设的过渡环节。图 5-18 所示为国产和非国产桌面云混合部署。

（4）信创相关性能优化。典型优化策略如下。

- 数据盘分离策略，即通过创建两类不同速率的存储后端，将虚拟桌面的系统盘部署在 SSD 等高速存储设备中，将数据盘部署在 HDD 等低速存储设备中，从而在降低设备配置成本的同时保障桌面云性能。
- 限制资源回收策略，即通过特定资源回收条件触发策略，监控在一定的配

① 也支持运行在其他品牌的底层云平台之上。

置时间内，桌面鼠标、键盘无输入情况下释放用户云桌面资源，从而提升资源池整体的利用率。

- 重载型云桌面优化策略，如使用 GPU 等类型的加速卡硬件能力，对云桌面进行性能优化等。

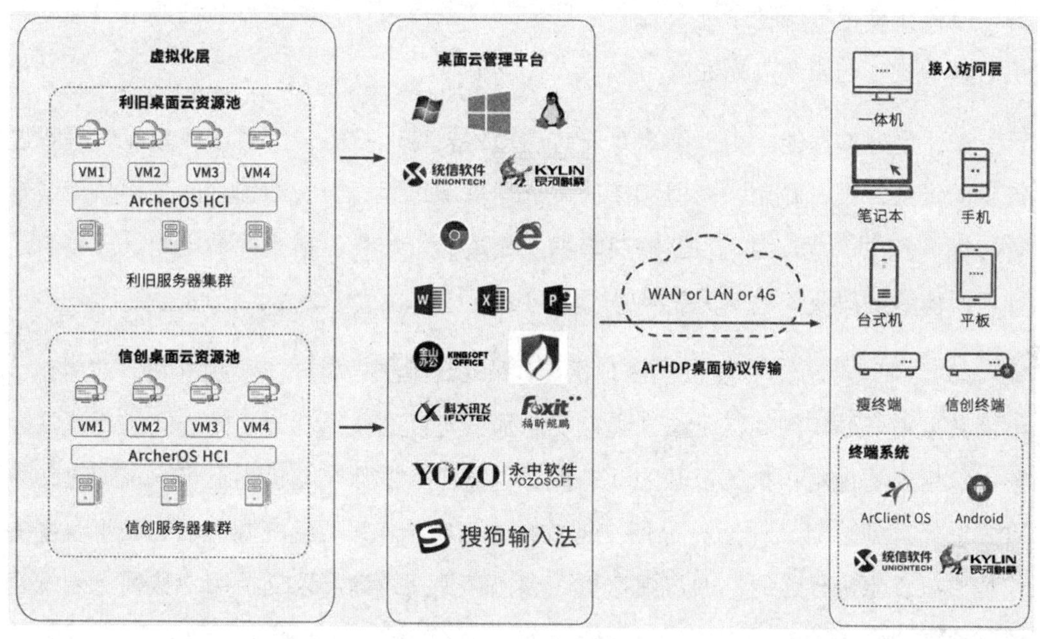

图 5-18　国产和非国产桌面云混合部署

（5）安全管理，包括分权管理、备份支持和域功能支持等。

分权管理即三员分离管理的支持，使得云桌面中不同角色的管理员操作权限不同，如分为管理员、普通用户和安全审计人员等。备份支持包括管理员级别支持的对虚拟桌面备份、用户侧的自助备份等。域功能支持指对接用户已有的 AD/LDAP，对其中的信息进行导入，以及后续变更自动同步等。

（6）移动终端支持，如支持手机、平板电脑接入并访问云桌面。

5.5.3　裸机云

裸机云是云计算中基础设施即服务（IaaS）的一种特殊情况，其允许用户向使用虚拟机一样，直接操控和使用真正意义上的物理服务器，从而在利用云计算技术灵活、可扩展性优势的同时，兼顾物理服务器在可预测性、性能和安全性等方面的优势。其主要特点如下。

（1）用户能够直接控制物理服务器。常见的裸机云产品可提供裸机上下电、操作系统安装、软重启等操作能力，同时由于使用者可独享一台真正意义上的物理设备，避免在虚拟资源使用环节与其他用户共享物理内存、数据盘和加速卡等设备，从而具备更好的安全隔离性。

（2）更好的性能。由于不需要安装虚拟化软件，裸机云节省了虚拟化管理程序自身的资源开销，并允许应用直接调用物理资源。因而当应用预期的工作负载较重时，裸机云往往是较为理想的解决方案，相关典型场景包括支撑数据库管理系统运行、媒体编解码及其他 I/O 密集型应用的运行环境。

（3）灵活度较低。和虚拟化资源相比，裸机云无法为用户屏蔽底层硬件的信息，因而其可用资源实例规格无法像虚拟资源那样可以通过软件定义的方式进行灵活配置，包括无法由用户执行资源的动态扩容类操作（多数产品仍需运维人员通过传统方式进行）。但主流云平台产品所支持的裸机云功能，其裸机资源可以和云平台中的其他虚拟资源进行连通，如与虚拟机、虚拟存储互通等，以支持用户按需选用裸机或其他虚拟资源。

在信创云中，裸机云的典型业务场景包括以下几方面。

（1）提供给对性能或并发能力指标要求较高的上层软件使用，如数据库等。同时需支持部署这些上层软件的裸机和其他虚拟资源间进行互通。

（2）为云原生特定应用搭建运行环境，典型的包括在裸机上直接安装容器编排程序 Kubernetes，从而规避以往通过虚拟机安装和运行 Kubernetes 所引入的嵌套虚拟化问题，提升系统整体运行效率，改善用户使用体验。

（3）支持某些特定应用的运行，如在专用物理加密 U 盘插入后才可正常启动并运行的应用等。

（4）老款服务器的利旧。如将某些已部署应用的服务器，以裸机方式接入新建的信创云，从而使信创云平台运维人员可以在信创云管理界面对该服务器进行远程监控和管理等，并可按需将其分配给新业务系统共享使用。同时，利旧还包括对不支持云计算技术或对云计算仅提供有限支持能力的国产服务器设备，应用裸机云以尽可能有效发挥其最佳性能指标。

5.6　小结

文章针对信创云产品实现环节的功能设计，讲述了 3 种典型的实现形态及其对比，并对产品设计环节常见的其他功能做了简要介绍。

对于国内不同信创云产品开发商而言，其产品所对应的实现形态或许存在一定的差异，但这并不能作为评判其技术优劣的唯一标准，而往往只是不同开发商综合评估其对业务诉求和技术发展现状的理解、企业自身定位及研发所需资源配置情况后做出的选择。对处于云计算供应链中不同环节的开发商而言，应在相互尊重的基础上探索如何更加有效地协同，避免在特定环节出现技术短板，合力推进端到端供应链成熟度的持续提升。

同时，信创云在基础软/硬件选型、最小功能集和技术特点等多个方面均有别于通用型云计算产品。对于通常不具备类似产品规划、设计经验的广大政府和企业用户而言，除了关注第 4 章的典型场景及本章所描述的几种实现形态，还需结合业务的发展情况，避免耗费精力与成本于与自身业务关联性较低的领域①。

从云计算产品的设计角度，除了核心功能，信创云实现环节还有许多非功能性需求应进行实现，我们将在下一章对相关内容进行阐述。

① 从无数信息技术产品的研发历程可以看出，如果设计人员缺乏相关的产品规划和业务经验，往往会发生过度设计行为。

第 6 章　非功能设计

本章将结合前述章节提到的信创云典型场景，对信创云实现环节的非功能设计进行阐述。

非功能性需求是指为满足用户需求必须具备的，有别于功能需求的产品特性。本章拟从稳定性、高可用性、安全性、兼容性和性能等角度出发，对区别于通用型云产品的信创云常见非功能性需求进行分析，并尝试提出对应的设计思路。

随着现代软件技术的发展，更多软件系统使用了高复杂度的分布式技术进行构建，云计算产品就是其中的典型代表之一，其实现方式中的计算虚拟化、存储虚拟化、网络虚拟化和安全虚拟化组件，均可视为各自独立的分布式软件系统。在信创云领域，云操作系统运行于多种国产基础软/硬件之上，而如何能在产品功能取舍、稳定性、安全性及性能等方面获得相对的平衡，是所有信创云产品在实现环节所必须面对的课题。

6.1　稳定性

根据现代控制理论相关定义，稳定性指某个系统在扰动消失后，由初始偏差状态恢复到原平衡状态的能力，是系统自身的一种动态属性[①]。尽管理论上不存在绝对稳定的软件系统，但往往可通过在实现环节引入适当的策略，制定符合特定业务需求的最佳方案。

信创云稳定性主要受云平台自身各组件运行的稳定性，以及云平台创建与管控

---

① 该定义引用于王宏华主编《现代控制理论（第 2 版）》。

的各类虚拟资源的稳定性两方面的影响。

（1）云平台自身稳定性。云平台自身稳定性是指通过合理控制信创云的负载情况，减少系统动态复杂度，并通过多种自动化巡检策略和机制，对相关风险快速地预警、规避与处置。

（2）虚拟资源稳定性。虚拟资源稳定性是指识别并合理控制云平台所承载的数据流量与容量，以及优化云平台所使用基础软/硬件资源的均衡性等，从而在提升系统整体性能的同时，避免局部负载过高所引发的不稳定性因素。

6.1.1　简单化

“简单化”是提升软件产品稳定性最为直接、经济的设计原则。对信创云产品来说，该方式可细分为内置功能的简单化和运行环节的简单化。

1. 简化内置功能

目前，云计算技术存在两个截然不同的发展方向，即面向边缘计算和融合“边云协同互动”的场景，以及初始中、小规模部署，后续持续按需扩容的场景。针对信创云领域特有的基础软/硬件间组合关系多、兼容性差的问题，如何高效地使某一类技术栈独有能力与信创云产品的通用性要求相均衡，并以标准化的形式进行交付，降低后续升级和日常运营管理中的投入，是当前信创云需要解决的首要问题。

为消除上述痛点，可在信创云产品设计中引入基于插件的动态功能扩展能力，通过对不同产品功能组件的分类，将其按需以不同功能插件组合的形式交付给最终用户。引入动态功能扩展能力后的产品功能可分为以下几类。

（1）固有功能。固有功能常见于基于最小功能集[①]提供的产品功能，其往往也是不同基础软/硬件所用技术栈均可支持功能的交集，典型的如对虚拟机的全生命周期管理等。

固有功能还包括可按需配置的功能。这些功能会默认安装，但允许按需在云平

① 最小功能集的相关解释，可参考本书第 5 章。

台中进行动态配置，以实现对相关功能的调整或禁用。典型的如创建和管理高性能虚拟机等，由于其启用后会影响云产品所特有的弹性扩展能力，因而只有在性能敏感型业务场景下才会被启用。

（2）通用扩展功能。这些功能可按需选择部署，且通常在部署后也支持灵活配置以实现对相关功能的调整或禁用。如在已有多套信创云环境的基础上，扩展部署实现跨多套云环境进行虚拟资源互通的功能组件等。

（3）专用扩展功能。这些功能可按需选择部署，主要包括针对部分处理器指令集实现的专有功能，以及针对通用扩展功能提供的产品能力再扩展等。如信创云管理平台可按需部署裸机云专用扩展组件，为数据库运行提供支撑；再如可按需部署阿里云专用扩展组件，以支持私有云、公用云资源的混合使用等。

基于插件的动态功能扩展能力，对信创云的实现也引入了诸多新的挑战，典型的如下。

（1）更复杂的功能组件间依赖关系，包括不同插件间的依赖关系、插件和基础功能间的适配关系等。在云平台升级包、补丁集的设计和制作环节，往往也需考虑如何维护对应的依赖关系。

（2）更复杂的功能组件授权管理机制。云平台需根据插件的变化情况，为用户提供初始授权、延续和调整授权的能力。

（3）更复杂的测试要求。灵活的插件机制往往会导致云平台研发环节的测试路径更加复杂，对应的测试成本也会更高。

2. 简化运行环节

现代云产品在运行环节的目标是，为不同用户提供像水、电一般按需获取的虚拟资源，以及对应的计量、维护等信息。但由于云平台需同时支持各类用户动态的虚拟资产环境，因此在满足目标的同时也引入了许多不确定性因素。但对于信创云而言，在此基础上又因不同国产基础软/硬件存在兼容性差异，对于云平台的扩容、维护和日常运营环节，如何妥善处理好不同技术栈之间的联动和融合，使之能为信创云之上的应用、数据库和中间件提供一致的调用界面及平滑的改动趋势，也是信创云在稳定性设计方面所要考虑的问题。

为有效应对上述要求，需要实现的内容如下。

（1）功能调用接口的一致性，如 OpenAPI 接口，需保持向前的兼容性。

（2）版本间的协同性，包括在信创云的实际用户环境中，不同阶段部署的信创云版本间，如何通过技术手段满足新老版本的协同。常见的技术策略包括版本升级、老版业务数据迁移到新版信创云、由新版兼容纳管老版信创云、通过一致的 OpenAPI 调用策略实现协同等。

6.1.2　流量管控

在通用型云产品领域，通常使用 Noisy neighbors 即“嘈杂邻居”这一专业术语来描述那些过度占据带宽、磁盘 I/O、处理器及其他资源的云平台用户，这些用户的行为往往会导致其他用户云资源性能的降低，如图 6-1 所示。

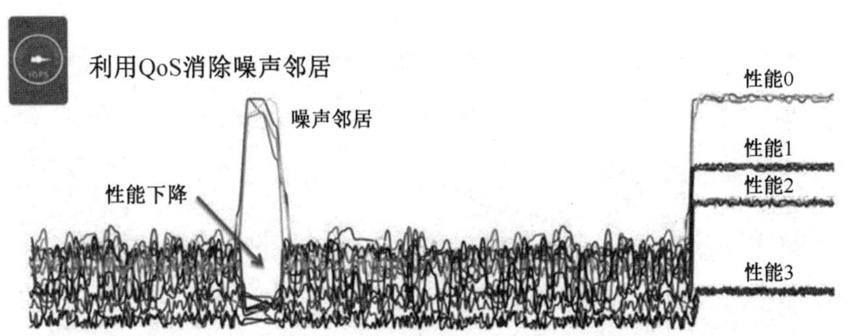

图 6-1　“嘈杂邻居”示意图

为了有效规避“嘈杂邻居”所带来的影响，最大化挖掘国产基础软/硬件有限的算力资源，可在信创云产品实现环节引入多维度的流量管控措施，结合相关策略对信创云中的计算、存储和网络等资源使用进行合理的约束，在提升系统整体运行效率的同时，减少因流量过载或争用所引发的不稳定风险[①]。

1. 计算流量管控

① 除了引入技术手段进行规避，还可以通过设计不同的用户模式来防止用户间的干扰。具体请参考本书第 7 章相关内容。

信创云计算流量管控的目标，主要针对物理服务器中处理器和内存资源的调用方式及额度进行管理，在同类虚拟资源出现争用时给出对应的调度优先级。常见可管控的范围如下。

（1）超配比。超配比是指真实的物理资源能力值与经过云计算虚拟技术转化后展示给用户的新可用额度值的比值。常见通用型云产品的超配比特指物理处理器的超配比，多取值为 1:3 或 1:4 等，即代表将一颗物理处理器核虚拟成 3 颗或 4 颗虚拟处理器核来使用[①]。

从技术实现角度而言，虽然物理内存、磁盘也可通过虚拟化技术超配使用，但这种操作往往会引入一定的风险。以超配物理内存为例，如果某时间点云平台所有虚拟资源所使用的实际内存总和，达到物理服务器内存与物理机虚拟内存之和，往往就会导致部分虚拟资源因无法获得内存而被系统强制关闭，或某些云平台自身服务出现停止响应的情况，进而导致云平台用户业务的异常。因此，为最大限度地保障稳定性，在信创云产品实现环节建议仅允许启用对物理处理器的超配策略，避免对物理内存、磁盘进行超配[②]。

（2）虚拟处理器资源管理。虚拟处理器资源管理包括对每台虚拟机所占用的物理处理器频率上限进行管理，以及预先设定在处理器资源出现争用时，不同虚拟资源间对处理器的调度优先级策略。

（3）虚拟内存分配策略。虚拟内存分配策略包括预先分配和动态分配两种，其中后者是通用型云产品中常见的默认策略，但在信创云场景下可尝试使用预先分配策略以提升虚拟资源的性能，即在虚拟资源的创建环节就完成对所需内存的强制占用，以尽可能提升虚拟资源的性能。

（4）NUMA[③]（Non-Uniform Memory Access）策略。在 NUMA 构架中，不同处理器核心与内存从属于不同的 NUMA Node，各个 Node 都有自己专属的内存控制

① 部分 Intel 处理器型号如 Intel Xeon Gold 6326，在选择开启超线程特性的情况下，该数值需按 2 倍计算。多数 AMD 处理器和少数 ARM 指令集处理器也存在类似的能力。

② 对稳定性、安全性较高的运行环境而言，应避免使用超配功能。但目前也有部分云平台产品，在默认情况下即启用了非处理器资源以外的超配功能，这些产品能力可以在研发、测试为主的业务场景中受限使用，但仍不建议用于正式生产环境。

③ NUMA 非一致性内存访问。不同处理器品牌和型号对 NUMA 的设计策略并不统一，但通常而言，启用虚拟 NUMA 的前提是虚拟资源使用了偶数数量的虚拟处理器核心。

器，而同一个 Node 中各处理器核心之间的通信效率要比不同 Node 中的处理器核心通信效率更高。如图 6-2 所示，虚拟机 1（VM1）的处理器与内存全部在 NUMA Node1 中，因而在资源调配层面比跨 NUMA Node 创建的虚拟机 2（VM2）效率更高。在信创云产品设计环节，可采用技术手段对虚拟资源的创建进行控制，优先执行 NUMA 对齐策略，从而尽可能使虚拟资源的计算与内存资源分布在同一个 NUMA Node 中，以提升虚拟资源的性能指标。

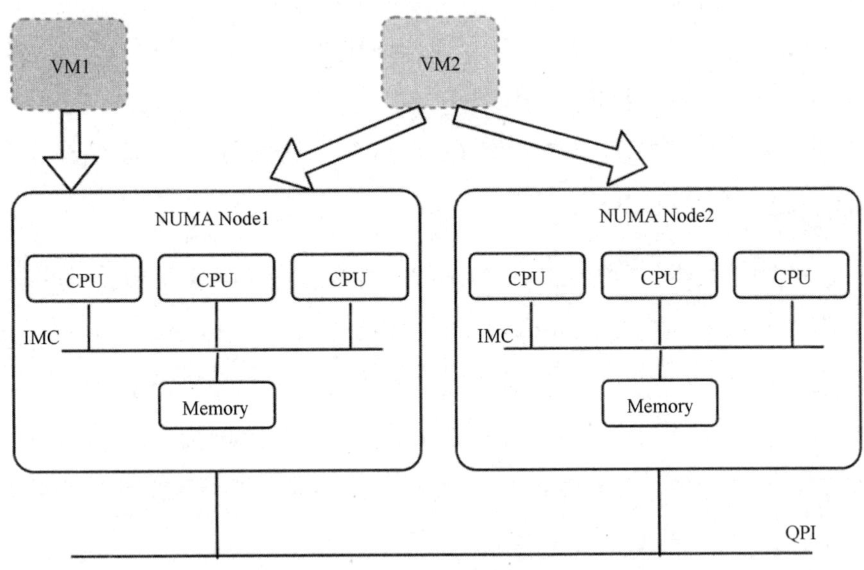

图 6-2　不同类型的虚拟机 NUMA Node 分布[①]

（5）启用大页内存。当信创云环境中的某台物理服务器启用大页内存后，该服务器上创建的虚拟机可开启大页内存功能。在信创云产品设计环节，可通过实现大页内存预留池的方式，提升大页虚拟资源的启动速度。但需要注意的是，不合理的内存预留池容量会引发所在物理服务器内存资源不足，进而影响整个云平台的稳定性。

2. 存储流量管控

存储流量管控主要是指通过技术手段对信创云所创建虚拟磁盘的副本数、IOPS（Input/Output Operations Per Second）和吞吐量指标的管理。在通用型云平台中，这项措施可以有效提升云环境下不同租户在使用存储池资源时的公平性；在信创云中，

① 截取自华云数据《通用型云操作系统白皮书》。

该措施还可有效规避因存储流量过大所引发的处理器资源占用率过高风险，以及由此可能导致的信创云整体稳定性降低问题。相关管控措施如下。

（1）存储副本数。存储副本即通过软件定义原则设计，基于网络 RAID 的数据保护形式，其副本数量特指数据所保存的备用份数，即通过多个副本来保证数据的高可用性。无论采用本地存储、共享存储还是分布式存储类型，信创云中常见的数据副本数量为 2 副本和 3 副本。

（2）IOPS。IOPS 指存储系统在单位时间内能处理的最大的 I/O 次数，常用作评判存储设备的主要性能度量指标。IOPS 可细分为 100%顺序读 IOPS、100%顺序写 IOPS、100%随机读 IOPS 和 100%随机写 IOPS 等。通常而言，在同等测试条件下，100%顺序读的 IOPS 数值最高。

（3）吞吐量。吞吐量指每秒磁盘 I/O 流量，即磁盘写入和读出数据量的总大小，主要代表存储介质的数据传输速率。此外，网络领域代表每秒传输的位数的带宽指标也会应用于存储网络中，通常存储设备参数中的带宽与吞吐量是同一个指标。从产品实现角度看，带宽指标可视为设计期望值，而吞吐量则指在各类现实因素的影响下所能达到的实际值，如带宽指标为 10Mbps 的链路在实际部署环境中测试可能只能达到 6Mbps 的吞吐量。

常见的存储流量控制还包括对存储数据的压缩机制。在信创云场景下，如何选择合适的压缩算法，以在保证对系统整体性能（特别是对主处理器和内存资源的占用）影响可控的情况下，尽可能提升数据存储的压缩比和效率，是该部分功能在实现环节需解决的关键问题。同时在某些特定场景下（如媒体文件制作、备份数据等），因上层软件设计时已对其所生成的数据应用了某些压缩技术，为防止在云平台数据存储环节再次进行数据压缩所造成的资源浪费，而建议信创云在产品设计中为用户提供按需关闭数据压缩的功能，以更加高效地利用国产基础软/硬件的算力资源。

3. 网络流量管控

网络流量管控主要是指对信创云内部特定网络通道的带宽做上限控制，以及设置不同业务流量的传输优先级等。在信创云中，该措施还可以有效规避网络流量过大引发的网络阻塞等问题，从而间接提升系统整体的性能和稳定性。常见的信创云网络流量管控措施如下。

（1）网络带宽上限设定。云平台内部的网络带宽，可按照适用范围分为面向内网的东、西向流量，以及面向内外网间的南、北向流量。其中东、西向的流量管控可通过对虚拟资源的内网 IP 带宽进行控制来实现；南、北向的流量管控可通过对虚拟资源的外网 IP，或对虚拟路由器外网出口设置限速的方式来实现。

（2）流量优先级设定。可按需定义不同的流量标签及对应优先级，而后对特定网络通道启动网络流量优先级的管控，从而保证高优先级的业务流量传输请求能得到及时的响应。由于现代云平台多数网络流量都发生在云平台内部，因此本项功能的应对范围也主要是信创云内部网络。

4. 故障恢复流量管控

故障恢复优先级用于管控虚拟资源失效时的处置逻辑。常见的故障恢复有以下两个层级。

（1）虚拟资源级别的故障恢复。当虚拟资源因非服务器设备原因发生异常宕机时，信创云产品应及时发现并尝试对其进行对应的恢复操作，如按预定策略等待一段时间后重启虚拟资源等。同时，建议对那些运行非关键业务的、不需要进行高可用保障的虚拟资源，支持用户禁用其所对应的故障恢复能力[①]，从而节省信创云的资源开销。

（2）宿主机级别的故障恢复。当物理服务器发生异常下电、网线脱落、电源损坏等异常情况时，信创云将会判定该服务器为故障状态，按预置策略将该故障服务器中的虚拟资源疏散到其他服务器中，并将这些虚拟资源自动恢复为故障前的运行状态。图 6-3 所示为宿主机级故障恢复原理图。

在上述两种故障恢复机制中，多数信创云产品设计为宿主机级别的故障恢复优先级高于虚拟资源级别的故障恢复，即服务器和虚拟资源同时检测到故障时，优先执行服务器的故障恢复机制。但对于虚拟资源层级而言，不同虚拟资源间也需引入

① 多数云平台都会预留一些空间用于处理故障恢复事件，而如果能够明确标记哪些虚拟资源不需要使用故障恢复能力，则可以使云平台将所有预留空间都用于有高可用需求的资源，从而节省预留空间的容量，并在故障恢复事件发生时简化处置过程、提升恢复效率。

故障恢复优先级，以保证优先资源尽早恢复到正常状态。

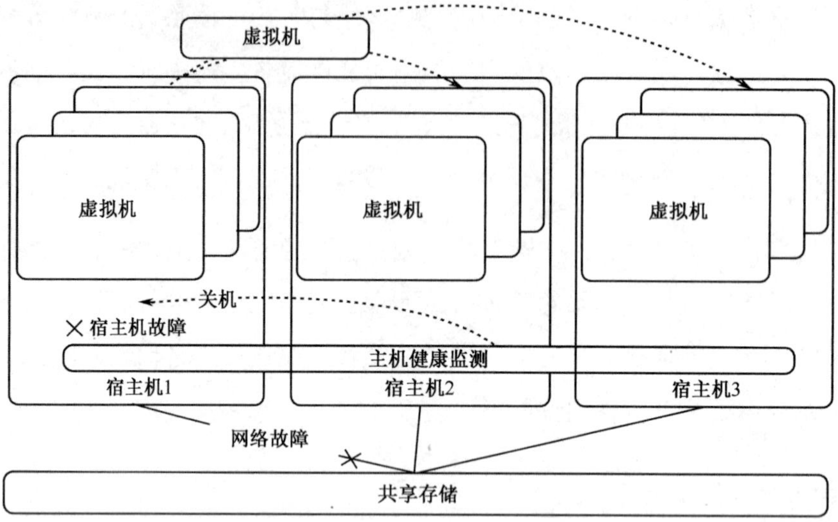

图 6-3　宿主机级故障恢复原理图

以虚拟机为例，当信创云中的服务器或存储硬件发生故障时，会自动触发数据副本的重建操作，此时重建优先级较高的虚拟机会比重建优先级较低的虚拟机更早完成虚拟机副本重建。重建优先级通常以单个虚拟资源为粒度进行设置，用户可根据虚拟资源上所运行业务的重要程度来定义不同的重建优先级，从而在故障发生时让重要业务能够更快完成恢复过程。如在华云数据的云操作系统产品中，虚拟资源的重建优先级取值范围是 1～10，其中 1 代表最低优先级，10 代表最高优先级。

从虚拟资源运行角度，云平台中经常会遇到不同虚拟资源之间存在特定依赖关系的情况，此时虚拟资源的启动顺序会直接影响上层软件的正常运行。如在多数分布式软件系统中，运行数据库的虚拟机往往需要比运行应用的虚拟机先行启动并进入服务就绪状态，从而为应用的访问做好前置准备；更复杂的例子如，当信创云支撑的某套业务系统中存在 AD（活动目录）、DHCP、DNS、NFS 等服务时，业务虚拟机需要遵从特定的顺序完成启动过程，如先启动 AD 等基础服务，再启动办公自动化管理平台等其他应用。在以往的云产品设计中，这些操作多假设由云平台运维人员手工进行，对应的效率低下且容易出错，因此建议在信创云产品设计中通过技术手段实现对应管理过程的自动化处置。

6.1.3 容量管控

在传统信息化架构中，计算、内存和存储等资源的扩容往往以垂直方式进行。以存储为例，以往用于承载数据存储的多采用集中式存储设备，其通过增加扩展存储单元的方式来实现容量的提升，但存在因达到扩展上限而导致的无法进一步扩容的风险。而基于云计算技术，可将分散在不同通用型物理服务器中的内置存储空间进行池化，通过增加单台物理服务器内置存储容量，或增加物理服务器数量的方式，灵活地进行垂直、水平方向的容量扩展，从而在有效控制存储设备成本的同时，实现性能、容量随着云平台规模提升而线性增长的能力。

信创云产品中的容量管控与流量管控相似又有所区别，即二者的设计目标都是提升信创云系统整体的稳定性，但前者主要关注对虚拟资源使用量的控制，后者主要关注对虚拟资源使用环节的资源争用管理。

容量管控的主要范畴包括资源预留管理、配额管理和资源回收管理等。

1. 资源预留管理

资源预留指为保障信创云产品自身的正常运行，提前预留一定的基础软/硬件资源比例或数量[①]，避免相关资源全部被云平台用户占用所引发的不稳定风险。常见的资源预留对象包括物理处理器、物理内存、物理存储空间等，且多在云平台全新部署和扩容环节提供相应的设置界面，由部署人员按需进行配置。其他资源预留管理的相关功能如下。

（1）保障性资源预留。当信创云检测到虚拟资源异常或虚拟资源所在的宿主机异常时，会自动在其他的健康服务器上重启虚拟资源。而为保障信创云中宿主机、虚拟资源故障自恢复能力的有效运行，需预留适当比例的基础软/硬件资源用于故障资源替换。

① 可设计为由云产品启动时即强制占用所有预留资源空间，或通过逻辑占用形式按需动态分配实际资源给云平台自身运行使用。

（2）资源额度告警。从运营和运维管理角度来看，信创云资源预留管理不仅是一个产品设计的技术问题，往往也依赖于运营、运维管理人员对云中所运行上层软件特征的理解程度。只有将业务应用层、云平台层的相关能力进行有效结合，并调教实现联动效应后才能达到系统整体的最佳运行状态。为此，部分云产品为用户提供了诸多辅助性功能，如在检测到系统整体资源利用率过高时对运维人员发送警告提示，从而在一定程度上规避用户不合理操作对系统整体运行状态的影响。

（3）资源使用分析。为更好地帮助云平台管理员进行资源预留管理，部分信创云产品会提供资源使用分析的相关功能。如华云数据通用型云操作系统产品，支持通过专用算法帮助云平台运营人员分析当前资源的利用率和剩余容量，并根据历史数据模拟计算出未来一定时期内的工作负载预期情况，尽早规划对应的资源扩容采购或对现有资源分配、使用情况进行优化和回收，从而规避基础软/硬件采购周期长等风险对云平台运营所带来的影响。

2. 配额管理

传统意义上的配额，是对有限资源的一种分配和管理，用于应对供需不平等或多方利益间平衡等。信创云中的配额管理则是针对用户能够创建和使用的虚拟资源数量、容量及使用时长的管理，具体管理方式包括使用多级虚拟数据中心（Virtual Data Center，VDC）、项目和计费机制等。

（1）VDC。VDC 可理解为一种界定虚拟资源池范围的概念，不同的 VDC 之间互相逻辑隔离，每个 VDC 都有自己可使用的多类资源及使用这些资源的项目、用户，从而实现资源分组管理的目的。通常可以按子公司或部门，或者按开发、测试、生产环境等逻辑划分 VDC，VDC 中的各项目及（项目中的）用户在使用资源时会扣减运营人员分配给其的配额，包括 vCPU、RAM、Disk 等，从而实现对资源使用的合理控制。

多数信创云产品支持创建多个级别的 VDC，并由云平台管理员设置各个 VDC 的资源配额和管理员，每个 VDC 管理员都可以管理 VDC 中的所有资源分配和用户权限情况。

（2）项目[①]。云平台用户开通资源实例时，必须指定该资源所属的项目。在多数主流的信创云产品实现中，一个 VDC 下可创建多个项目，各项目的配额从所属 VDC 的总配额中再次进行分配。不同项目间的虚拟资源相互逻辑隔离，但同一项目下的普通用户可以按需共享特定的虚拟资源。

（3）计费机制。多数主流的信创云产品都具有针对用户所使用虚拟资源的计量能力，同时部分产品还支持在计量基础上结合各类资源单价进行费用的统计分析。

有计费功能的信创云同时会提供对不同类型资源单价的维护功能，运营人员可根据基础软/硬件采购成本、云平台软件开发和运营投入等折算对应的各类虚拟资源售卖费用，并将其作为虚拟资源的投入核算方式。通常，计费功能会按云集群、可用区的角度，将不同地域的计费类目展示在云平台界面中供运营管理员设置对应的单价；同时，为了适应对部分特殊用户群体的管理需求，云平台往往还需支持为某个（或某组）用户进行独立的单价设置。

此外，如何合理进行资源单价调整管理、欠费管理，以及费用账单的可视化展示等，也是计费机制相关功能设计时所需考虑的内容。

3. 资源回收管理

信创云中的资源回收管理包括对已删除资源的回收、存储资源的回收，以及为用户提供智能资源优化建议等。

（1）已删除资源的谨慎回收。该功能主要目标是防范信创云用户发起的误删虚拟资源操作，通常会引入虚拟资源回收站功能，对用户执行删除操作的虚拟资源实例进行“假”删除，并在必要时由用户或运营人员在回收站中进行恢复。

（2）存储空间资源的回收。目前通用型云平台多采用精简置备[②]方式进行用户数据的存储，实际存储占用的物理空间由用户实际数据大小决定，而虚拟资源创建时指定的存储空间仅用于限制该资源的空间上限。而当用户数据实际占用物理空间后，

① 在某些云产品实现中，“项目”与“租户”是两个相同的概念。

② 精简置备是为新创建的磁盘文件定义其能占用的最大空间，而后根据需要动态分配实际空间，并控制不超出其最大空间限制。与之对应的还有厚置备策略，在磁盘文件创建环节即实际占用其可使用的所有空间。

即使用户删除了部分数据内容，被删除数据所对应的物理空间也不会自动被云平台回收。此时就需信创云产品设计对应的回收机制，定期处理存储空间的回收事宜。

（3）智能资源优化。该功能会对云平台进行资源使用情况的排查，典型的包括对虚拟机资源使用情况、虚拟机运行状态、虚拟磁盘使用情况等做自动检测，判断诸如僵尸虚拟机①、长期关闭的虚拟机、长期处于非正常状态的虚拟机、容量或性能达到瓶颈的虚拟机、超过预置闲置时间段的虚拟桌面等，同时为运维人员提供相关资源的清理、容量调整等优化操作的建议。如华云数据的云操作系统产品，可通过资源优化功能对云平台中虚拟资源使用情况和运行状态等进行检测，为运维管理员展示僵尸虚拟资源、长期非活跃的虚拟资源、长期处于异常状态的虚拟资源和达到性能瓶颈的虚拟资源情况等。

6.1.4 均衡性管理

1. 容量的均衡

上一节介绍的容量管控是从信创云资源使用角度进行的优化，而容量的均衡管理主要用于监控信创云中的各类物理资源，避免信创云中的各类资源（如服务器资源等）出现分配不平衡情况，从而避免因单个物理设备使用率过高引发系统整体不稳定、性能下降或高可用能力降级等风险。导致信创云资源容量不均衡的常见原因如下。

（1）过多人为干涉云平台默认的资源创建策略。无论是通用型云还是信创云产品，在资源创建环节都对待创建资源的最优创建方式进行了诸多调教和测试，可使得新建资源、已有资源尽可能满足整体均衡性。在某些特殊场景下，部分用户可能会强制选择特定的宿主机进行新虚拟资源的创建，如将 5 台存在数据交互关系的虚拟机强行创建在同一台物理服务器中，以期望提升它们之间的数据交互效率，而这种方式往往会在提升部分云资源性能的同时，降低信创云整体资源分布的均衡性。

---

① 僵尸虚拟机是一种处于非正常状态的虚拟机，往往多见于虚拟资源较多、资源创建并发量较高的大中型云平台中，是在创建、删除、配置调整过程中产生某些错误导致的。根据错误发生位置的不同，其可能会实际占用物理资源，或不占用物理资源却在云平台的虚拟资源数据库中被登记为资源占用状态。

（2）一次性删除了较多已创建的虚拟资源，如删除数十台已创建好的、较为集中的虚拟机等。

（3）特殊资源类操作，如集群中只有部分宿主机存在加速卡[①]，而用户创建多台挂载加速卡的虚拟机后，可能会引发配置加速卡的宿主机与其他宿主机间资源使用的不均衡。

（4）执行了可能引发虚拟资源迁移的操作，如物理资源的扩容或缩容类操作、用户主动发起的虚拟资源批量迁移操作，以及因特定物理资源故障所导致的虚拟资源迁移类操作等。

（5）云平台所用服务器资源配置不均衡，如某些信创云建设环节同时使用了新采购的服务器和已有利旧服务器，且两类服务器在关键配件规格、整体性能等方面都存在较大差异，从而导致云平台默认调度策略无法匹配到最佳的虚拟资源分配方案。

从部署策略角度来看，信创云出现“容量”不均衡的原因还包括采用了计算、存储虚拟化融合的部署方式，或计算、存储和网络虚拟化超融合的部署方式，并在计算、存储和网络 3 种资源中的任何一种达到瓶颈后，仅采用横向扩展同规格服务器的方式进行解决，进而在缓解资源配备瓶颈的同时，也导致其余两类资源的扩展和浪费。对于此类情况，常见的处理方式[②]是引入“存算分离”部署策略，即将存储虚拟化从信创云中分离出来，运行在独立运行的存储专用节点之中，从而规避融合或超融合部署模式下不同类型资源变化的差异性。在合理评估、规划部署策略方案的前提下，“存算分离”部署策略的引入往往还能带来以下优势。

（1）更好地挖掘国产服务器有限的算力资源。在该部署策略下，可以面向存储业务需求对提供存储虚拟化能力的专用服务器集群执行专项优化，如调校服务器处理器、内存、缓存盘和数据盘的规格和配比情况等，从而更好地提升存储性能。

（2）通过分离存储虚拟化、计算虚拟化服务器集群，可以按需对其中任一种进行独立的扩容操作，从而减少以往在扩容环节的数据迁移类工作。

---

① 通常指 GPU 卡、加密卡或智能网卡等，这些卡自带的处理器可承接部分计算任务，从而减轻宿主机中主处理器的负载，释放更多算力资源给云平台的用户。

② 更好的方式是，在信创云规划阶段就对业务诉求进行详尽的分析，明确计算、存储和网络的当前和后续发展需求，并结合这些信息规划基础软/硬件最佳规格和数量，以及选择最佳的部署策略。

（3）因为所运行的服务相对单一，在日常运维环节发生具体问题时，通常可以更快、更准确地找到问题原因。

需要说明的是，融合和超融合部署策略目前仍然是通用型云产品领域的首选部署策略，也是传统存算分离部署策略发展到特定阶段后产生的技术创新。但对于不断增长的用户业务需求，以及信创云领域基础算力相对偏弱的客观事实，存算分离部署策略在通用型云产品和信创云产品领域都可以找到对应的使用场景。因而在信创云设计环节，应结合业务需求和产品自身定位，选择需要支持的部署策略，以及不同部署策略间的实现优先级。

2. 性能的均衡

信创云中不同虚拟资源实例间使用率的差异也会引发均衡性问题。如某个用户所创建的虚拟资源使用率相对更低或更高，则会导致信创云中某些服务器性能不足，以及各服务器处理器、内存资源利用率不平衡，使得负载过轻的服务器资源利用率低，形成浪费，负载过重的服务器则出现资源短缺，从而降低相关虚拟资源的性能和稳定性，进而影响信创云整体的正常运行。

为妥善应对类似情况[①]，信创云可通过设计分布式资源调度（Distributed Resource Scheduler，DRS[②]）功能，对信创云中的虚拟资源池负载进行动态监控，并按预定的规则触发资源均衡优化操作，在资源池中的各物理服务器之间重新迁移虚拟资源，并实现性能均衡的目标。也可以实时监控与分析虚拟资源的运行数据，对其中使用率过高或过低的情况进行告警，由云平台运营人员介入手工处理（具体处理方式可参考 DRS 功能，也可以从运营角度对虚拟资源实施规格、数量等参数的优化调整等）。其他类似的均衡性设计还有很多，如在添加新的服务器后，通过手工方式或DRS功能将部分已有虚拟资源迁移到新服务器之中，从而使信创云达到新的性能均衡状态等。

类似的性能不均衡现象还发生在信创云所使用的服务器间存在较大规格差异时，

① 前述章节提到的流量管控机制，也可以在一定程度上防止此类情况的发生。

② 能够持续监控当前云平台中各服务器的处理器、内存的使用情况和虚拟资源的分布情况，自动计算和生成虚拟资源在线迁移优化调整计划，通过动态调整虚拟资源的运行位置，使信创云的资源达到均衡使用的效果。

如部分服务器用于数据库，对应的处理器和内存配置规格都很高，而其他服务器只用于运行无状态 Web 应用，负载相对较低等。针对这些情况，信创云通常需设计针对不同规格物理资源的分组管理能力，对不同性能的设备实施差异化调度策略，从而更合理地利用各组差异化物理资源的能力。

3. 调度的均衡

信创云虚拟资源实例创建环节的调度策略，也会引发虚拟资源分布的不均衡性。典型的云平台资源调度策略包括以下两种。

（1）广度优先分配策略。其以将虚拟资源尽可能分散在不同的服务器设备中作为主要的设计原则，尝试把每台服务器中运行的虚拟资源数量都控制在最低限度。

（2）深度优先分配策略。其将虚拟资源密度最大化作为设计原则，尝试将虚拟资源集中到有限的服务器之中，而将其他服务器保持在空载或最低负载状态。

通常而言，广度优先分配策略可将虚拟资源分散到不同的服务器中，从而保障虚拟资源可调度的算力资源更多、性能更高；深度优先分配策略则可通过将虚拟资源聚合集中，最大化地提升部分物理资源的利用率，从而使得云平台运营人员可对空闲服务器实施下电，有效降低运营成本。

在信创云实现环节，目前重点推荐使用广度优先分配策略以提升虚拟资源的性能指标。但对于部分场景，如多台需进行大量数据交换的虚拟资源之间，使用深度优先策略往往可通过省去网络数据传输的成本①，达到比广度优先分配策略更好的性能。

调度的均衡性还体现在信创云扩容环节的均衡能力。目前部分信创云产品在扩容环节往往存在诸多限制性条件，如每批扩容的服务器至少为两台，超过两台的也需以偶数为单位扩容等，这在一定程度上降低了云产品实施环节的灵活性，并显著增加了中小型云平台用户的扩容成本。因此，有必要在信创云产品中引入对应的优化设计，规避或减少扩容环节的各种限制。如华云数据的云操作系统产品，可支持

① 现实场景会更加复杂，诸如网络带宽、磁盘性能、应用运行方式等因素，均会对性能产生影响。用户应结合实际业务诉求进行最佳运营方案的设计，并通过测试来对方案细节进行验证和优化。

在两节点、三节点和更多节点的情况下，进行在线的、以最小一节点为单位的横向扩容操作，以及针对已有服务器的纵向配置扩容操作[①]，如图 6-4 所示。

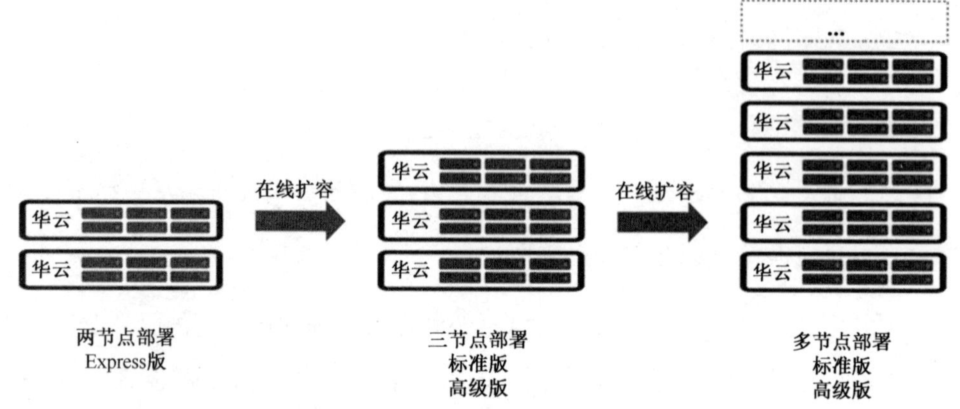

图 6-4　华云数据通用型云操作系统的横向平滑扩容

调度的均衡性还包括虚拟资源启动环节的均衡性。建议实现的相关功能如下。

（1）延时启动策略设置，包括对虚拟资源的错峰启动、延长虚拟资源间的启动间隔等，以规避大批量虚拟资源同时启动可能引发的云平台稳定性风险。

（2）自定义启动顺序设置，如同一个信息系统运行环境中运行数据库服务的虚拟资源需要比运行应用的虚拟资源先行启动，以便在应用访问数据库前将对应的数据访问接口设置为可用状态等。

（3）强制电源关闭策略设置。如某些运行在虚拟资源之上的应用出现问题时，会导致虚拟资源无法正常响应信创云平台下发的关机指令，进而可能引发 IP 地址冲突、僵尸资源占用等均衡性问题。强制电源关闭策略即针对这种场景，允许云平台运维人员设置在多次检测无效的情况下，对无法响应关机指令的虚拟资源进行强制下电处理[②]。

同时，对于云平台所用服务器资源配置不均衡情况，一方面建议在信创云规划

① 如提升服务器中的内存数量、磁盘容量和网卡数量等。

② 此类操作需要考虑虚拟资源中所部署上层软件的耐受程度，通常对有状态的服务如数据库等，不建议启用该功能以规避业务数据丢失风险。

环节尽量采用相同或相近规格的物理服务器配置，另一方面也可根据服务器实际配置差异情况进行分组管理，从而避免基础硬件层规格差异对云资源调度算法产生干扰。

6.1.5 看门狗机制

信创云看门狗机制可视为云平台稳定性层面的零信任原则①，用于对信创云运行健康情况实施快速检查。其可由信创云用户手动发起，或由信创云按预置的策略在特定场景下自动执行。检查的内容也可根据实际业务需要进行调整，即实施部分项目或所有项目的检查操作。常用的检查项如下。

- 信创云自身运行所需的各类服务状态是否异常。
- 信创云各类运行参数的正确性、合理性。
- 信创云底层服务器、存储和网络等硬件基础环境是否异常。
- 用户开通的虚拟资源状态是否异常，是否存在不均衡性，各类关键资源可用容量是否过低等。
- 信创云自身功能的快速检查。
- 僵尸虚拟资源的检查。

同时，信创云产品还可针对检查环节所发现的问题，提供一键式的问题修复功能，典型的如针对无响应的服务或虚拟资源进行运行状态修复等，以便为普通用户提供自助式的虚拟资源运维能力，减少信创云运维人员的工作量。

6.2 高可用性

广义的软件系统高可用性，通常指系统不间断提供其内置的各项功能，以及保障其所生成数据可用性的能力。除了自身组件的高可用性保障，信创云产品的高可

① 零信任通常指信息安全领域的管理模型，其最大的特点是基于“持续验证+动态授权”的模式进行安全管理，而非传统安全模型的“一次验证+静态授权”。

用性还体现在对基础软/硬件故障的自动化处置机制方面。从用户业务数据保障、用户体验等方面来看，常见的高可用能力可分为多个级别，即从保障用户业务数据不丢失的基础要求到最高级的全平台整体高可用，如表 6-1 所示。本节将对其相关功能设计进行阐述。

表 6-1　云平台高可用分类与传统高可用分类的对比

	云平台高可用分类	传统高可用分类	故障处理策略
1	业务数据零丢失	灾备	保障数据不丢失
2	业务数据高可用	高可用	尽快恢复对外服务
3	全域完整高可用	容错、容灾	服务不间断运行
4	部分区域完整高可用	混合	各区域执行不同策略

6.2.1　业务数据零丢失

业务数据零丢失特指**用户所开通虚拟资源中的业务数据内容[①]，需具备完整的冗余存储能力，并可在故障发生时在有限时间窗口内完成数据恢复**。通常采用的技术方法包括以下 3 种。

（1）基于硬件 RAID 的数据冗余存储。对于使用本地存储方案或共享存储（如 IP-SAN 等）的信创云，多采用存储设备中的 RAID 卡实现数据冗余存储。同时，在某些业务场景中，也会存在同时使用本地存储、共享存储作为信创云存储方案的情况。

使用基于硬件 RAID 的方式进行数据冗余存储时，由硬件设备对物理磁盘或物理磁盘组的可用性进行监控，当发现问题时依据所设定的 RAID 级别，由设备自动或半自动[②]地执行对应数据重构与恢复操作。

（2）基于软件 RAID 的数据冗余存储。其多指基于分布式存储的信创云[③]，采用软件定义的网络 RAID 形式对云中的数据进行多副本冗余存储，并由信创云对物理磁盘或物理磁盘组的可用性进行实时监控，如发现问题时自动执行软件级别的数据

① 这里不包含信创云自身运行所需的数据内容。信创云自身运行的数据因为涉及大量的日志、备份内容，不同信创云产品都会采用有别于用户业务数据的、独立的数据保护机制。

② 如在标准 RAID5 模式中，当某块物理磁盘出现故障时，需要运维人员介入手工更换损坏的磁盘。

③ 传统单机环境下，也可通过操作系统自带的相关功能，对计算机内部多块硬盘实施软件 RAID 设置。但这种方式需占用计算机主处理器的算力资源，且在数据保护效果方面存在诸多限制，故不建议应用于企业级环境。

重构和恢复操作。

由于信创云中的软件 RAID 机制依赖于物理网络的运行情况，因而在故障的判定、处置方面，比基于硬件 RAID 的数据冗余存储机制更为复杂。以信创云产品中常见的管理网络、业务网络和存储网络[①]为例，基于软件 RAID 的数据冗余存储需要对每台服务器的以下网络故障场景给出对应的设计方案，如表 6-2 所示。

表 6-2　信创云产品常见的网络故障

序号	管理网络	业务网络	存储网络	常见措施
1	失效	正常	正常	该服务器不再受理新资源创建指令
2	正常	失效	正常	受影响的虚拟机自动转移
3	正常	正常	失效	受影响的虚拟机自动转移
4	正常	失效	失效	受影响的虚拟机自动转移
5	失效	失效	失效	受影响的虚拟机自动转移
6	失效	失效	正常	该服务器不再受理新资源创建指令
7	失效	正常	失效	该服务器不再受理新资源创建指令

（3）软、硬件 RAID 混用的数据冗余存储。其是指在信创云中，在业务数据冗余存储时同时使用硬件和软件 RAID 技术的情况。鉴于这种方案复杂度高，跨不同存储策略执行数据共享时性能较低，可维护性差，往往仅用于新、旧云平台切换等特殊场景，不推荐作为信创云的长效化运行方案使用。

作为高可用性的最低级别，业务数据零丢失策略的主要缺陷是无法为用户提供不间断的业务数据访问服务。

6.2.2　业务数据高可用

业务数据高可用，是指在保证业务数据零丢失的前提下，所有信创云用户创建的虚拟资源都能够提供近乎不间断的持续访问服务。具体可细分为两个实现层级。

（1）虚拟资源软件故障层级。其包括对虚拟资源的可用性进行持续监控，如发

① 云平台产品在部署环节设立的、用于支撑其自身运行和对外服务的多个逻辑网络。管理网络用于传递对物理和虚拟资源的运维指令，业务网络提供给虚拟资源使用者使用，存储网络用于在不同物理服务器间同步多个分布式存储数据副本的内容。主流信创云产品都有这 3 类网络，某些产品还有更多的网络类型，如备份专用网络等。

现其因软件类问题[①]出现无法访问等现象时[②]（如操作系统卡在关机环节等），自动对其执行重启操作；如发现其遇到网络或服务器等硬件类故障时，自动对其执行故障疏散操作，即将其迁移到信创云所管控的正常硬件设备环境中，但此类操作往往存在分钟级的切换时间窗口[③]，且切换期间用户无法对故障虚拟资源进行访问。而虚拟资源容错功能作为更高级的虚拟故障处理方式，主要指当单个虚拟资源发生故障时，信创云可以将访问请求瞬时切换到该虚拟资源的备用资源，从而实现切换时间“最小化”以达到用户对故障的无感知体验。

以华云数据通用型云操作系统产品为例，用户可根据业务需要对部分虚拟资源启用容错能力。如图 6-5 所示，以容错虚拟机为例，该产品会同时保留两台虚拟机实例并分散运行在不同的物理服务器之上，形成“一主一备”的容错配置关系，并由主虚拟机提供对外服务。当主虚拟机发生故障时，该产品会自动切换到备虚拟机对外提供服务，从而保证业务的连续性。相比于传统云平台常见的虚拟机故障疏散等高可用功能，容错虚拟机切换时间可控制在秒级，通常 2～3 秒即可将备虚拟机切换为主虚拟机。

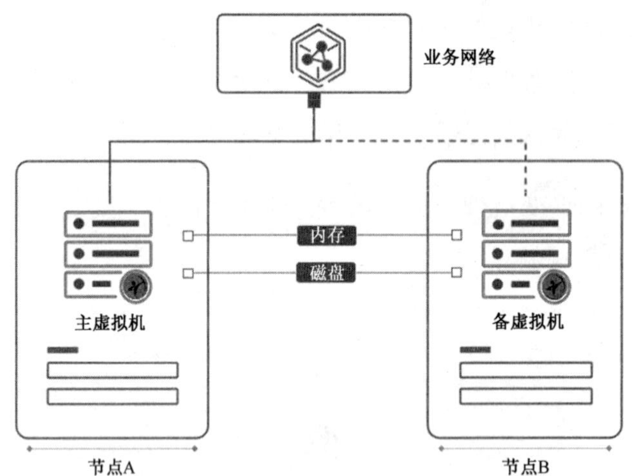

图 6-5　华云数据通用型云操作系统的容错虚拟机技术[④]

① 部分场景下产生的软件类问题，也是由基础软/硬件问题所引发的。

② 当虚拟资源中运行的应用出现某些特定故障时，虽然虚拟资源实例的特定端口无法正常对外提供访问服务，但该虚拟资源在云平台中的运行状态是正常的——此类故障往往会由对应应用的使用者最先感知，而无法被云平台内置的、针对基础实施级别的日常故障保障机制发现。

③ 依据不同信创云产品自身指标的差异，以及所使用基础软/硬件配置和性能的不同，通常需要 30~300 秒的切换时间。

④ 截取自华云数据《通用型云操作系统技术白皮书》。

（2）虚拟资源服务高可用。其主要是指当信创云部署环境中的管理节点出现问题时，已开通的虚拟资源能够继续对外提供正常服务的能力。在常见的云产品设计中，通常将其自身所管理的物理服务器分为计算节点、存储节点、网络节点和管理节点等角色，其中前 3 者用于为用户直接提供虚拟资源，管理节点则用于管控不同角色服务器间的协作，并通过相关设计保障云平台自身各项服务的持续运行。

业务数据高可用重点关注对已创建虚拟资源提供持续服务的能力，但无法保障其他信创云内置服务的高可用，如云平台运维人员使用的运维管理相关界面的持续访问等。

6.2.3　全域完整高可用

业务数据的冗余保护机制无法支撑信创云的完整高可用能力。只有在信创云实现环节引入持续的可用性检测，当云平台自身所有功能组件和运行在云平台中的各类虚拟资源出现故障时，及时采取预先设定的对应处置措施，才可实现全域完整高可用能力。全域完整高可用是信创云高可用的最高级形式，其主要特点是在业务数据高可用的基础上，进一步提供了云平台控制面的高可用能力。相关的设计方法主要如下。

（1）信创云部署环境的高可用。其包括信创云自身运行所需相关软件服务的无单点设计，以及相关硬件设备的冗余设计，如数据存储设备、网络物理链路的高可用等。

- 在数据保护方面，通常使用服务器内置的 RAID 卡①实现基于硬件的数据保护。
- 在网络环境高可用方面，通常使用服务器多物理网卡的 Bonding 机制、物理网络交换机的冗余机制等进行高可用保障。
- 在云平台自身运行所需服务的高可用方面，为防止分布式系统常见的“脑

① 通常分为服务器主板内置的 RAID 和独立的 RAID 卡。

裂”[1]等问题，通常部署 3 个互为备份的服务实例[2]共同形成不间断的高可用服务能力。

（2）作为该部分能力的扩展，全域完整高可用能力还有如两个方面。

- 缓存数据的高可用。作为提供数据存储性能加速效果的缓存数据，因其在发生故障时很少会导致业务数据丢失，故多数通用型云产品中往往不对缓存数据提供冗余设计，但缓存数据故障通常会导致缓存击穿[3]并引发信创云已开通虚拟资源性能的急剧下降，进而使得运行在虚拟资源中的应用、数据库和中间件产生各类不可预知的问题。
- 具备容错能力的信创云。常见的实现形式有双活数据中心等，即通过一套信创云产品在两个不同的地理位置实现管理节点、配置信息和用户数据的冗余化部署和存储，并在出现故障时执行高可用切换。此类方式可以实现近乎实时的高可用效果，但为了保证故障检测过程的及时性和正确性，其对信创云相关硬件配备，特别是不同地理位置间的网络延时参数等指标具有相对苛刻的要求。典型产品实例包括华云数据通用型云操作系统的延展集群功能等。

6.2.4 部分区域完整高可用

部分区域完整高可用，多见于拥有数个不同高可用级别管理区域的信创云，其中部分区域实现了完整高可用，而其他区域因存储方式、业务实际诉求等因素影响仅达成了低级别的高可用能力。常见形式如下。

（1）单集群内不同服务器组之间，采用不同级别的高可用能力。如采用本地存

---

① “脑裂”现象往往发生在高可用程序的主服务所在服务器脱离正常的网络，导致程序的主、备服务被划分到不同的网络分区时，此时因高可用程序的监控服务无法感知到主服务的存在，从而认为主服务存在故障，便将备用服务切换为新的主服务。此时系统中便会存在该程序的两个主服务，也就是产生了“脑裂”现象，这会导致业务数据写入环节因不清楚应该写到哪个主服务，而产生不可预知的问题。

② 采用 3 个服务实例的原因是，其可以支持在某个服务失效的情况下继续对外提供高可用服务。而两个服务实例的设计方案因为存在出现“脑裂”现象的风险，目前较少被用于生产环境，更多的服务实例则会占用更多的系统资源，维护的成本也会随之提升，因此也不推荐使用。

③ 多指数据读取请求环节的数据，没有在缓存区域获取到，只能绕过缓存层到更慢的存储区域读取。这种方式会给系统带来不稳定性，在某些场景下甚至会引发宕机。

储方式的 1 台飞腾 FT-2000+服务器、采用分布式存储方式的 3 台飞腾 S2500 服务器组共同组成的信创云，其中飞腾 FT-2000+服务器因采用本地存储且只有 1 台，只能达到“业务数据零丢失”的高可用级别，而飞腾 S2500 服务器则可实现“业务数据高可用”级别。

（2）不同集群间采用不同的高可用能力。和单集群内不同服务器组之间执行不同高可用能力类似，组成信创云的多个集群间也可设置不同的高可用模式。典型的如大型企业中的生产云集群、准生产云集群、测试云集群和开发云集群等，4 类集群间的高可用级别往往依次降低，以有效降低对应的基础软/硬件采购成本。

6.3　安全性

鉴于云计算和传统信息化建设在设计理念、实现技术和运营管理层面的诸多差异，以及其开放化、计算/存储/网络虚拟化、数据所有权与管理权分离等特征，导致面向传统信息技术设计的安全措施无法有效用于应对云安全相关需求。在功能定位方面，云安全相关产品或组件是传统信息安全行业技术的升级，是云计算与信息安全相互赋能所孵化出的新概念；在功能实现层面，云安全相关产品或组件需结合新的特征对云中安全威胁的多样性、独特性进行相应的处置。表 6-3 所示为云安全方案和传统安全方案的比较。

表 6-3　云安全方案和传统安全方案的比较①

	云安全方案	传统安全方案
安全内容	云计算相关安全内容更加广泛，需要格外关注计算、存储和网络虚拟化技术所带来的各项全新安全挑战	不考虑虚拟资源安全
安全规模	云计算系统往往部署在数据中心，其复杂性使安全并不局限在单一设备层面，而是面向不同种类设备及相应运营、运维环境的综合安全	更加关注于单机安全
安全边界	云计算技术的持续发展使应用场景不断拓展，产品界限不断模糊化，安全方案往往不局限于某一领域，需根据用户需求提供联合解决方案	可以清晰划分出不同的安全边界
安全管理	云平台自身安全管理复杂灵活，需要根据实际的部署和服务模式差异进行调整，同时要与用户和监管部门等多方配合进行	实施与管理相对简单清晰，安全管理往往由用户承担主要责任

① 资料来源：艾瑞咨询《2021 年中国云安全行业研究报告》。

目前，信创云产品的主要用户群体多是党政机关和国有企业，鉴于这些用户的特殊性，如何保证系统的整体安全性成为衡量信创云建设效果的关键指标。与稳定性指标类似，信创云安全性所涉及的对象包括以下两大类。

（1）信创云自身组件的安全性。其包括信创云产品所使用开源软件的安全性、源代码安全性等。

（2）信创云运行环节的安全性。如用户账号安全、业务数据保护、业务数据传输安全和高可用级别等。

以下将对各分类进行展开描述。

6.3.1 账号安全

账号安全是云平台内置的最为基础的安全管理措施，除了通用型云平台中常见的用户角色、用户权限管理功能，产品实现层面建议设计以下内容。

（1）登录信息的高级校验功能。其包括设计、引入多因素的登录信息认证能力，即除了传统信息化系统中常见的用户名与密码的静态信息组合，还支持使用手机短信、微信扫码等更多形式的动态信息校验方式来提升安全验证效果。也可启用登录策略控制，如限制可登录云平台的 IP 地址段、限制用户名/密码录入错误次数、进入云平台管理界面后在特定时长内无操作自动注销等。还可为运营人员提供自定义云平台角色权限，可按需定义符合业务需求的账号与权限体系，实现最小权限原则①。

（2）用户密码的安全管理策略。其包括对新用户首次登录信创云界面时，强制其修改各类云平台安装环节预置的默认口令，如信创云平台登录口令、宿主机 IPMI 口令等。用户密码的安全管理策略还包括限制用户密码的最小长度、密码复杂度和有效期限等。

（3）提供安全审计功能。其包括对信创云运行记录的审计，即通过记录所有用户的敏感业务操作信息，供运营人员或专职的安全管理员进行合规性审计；还包括

① 通常也称最少权限原则，旨在使用户只能访问其所必需的信息或者资源，从而尽可能避免业务数据及系统功能受到无意或恶意行为的破坏。

对信创云终端的接入审计，如限定登录信创云所用终端和特定用户账号的一对一绑定关系等。

（4）提供不同用户的业务数据隔离机制。由信创云通过虚拟项目、虚拟组织划分机制，对云中的各类资源区分不同用户所属组织归属关系，从而实现业务数据的逻辑隔离。

6.3.2　数据保护

如何确保用户业务数据的安全，是所有信创云产品设计环节都需要重点关注的内容。通常而言，完整的云平台数据保护机制包括数据检验、SSD 容错、HDD 容错、节点容错等，涵盖用户主动执行的数据保护和被动响应的数据保护两种类型。

1. 主动式数据保护

信创云的主动式数据保护，包括可由用户主动创建的虚拟资源快照、备份等。

（1）虚拟资源快照。云平台中的数据快照是依赖于原始数据的复制，常见设计方式有写时复制（Copy on Write，COW）和写时重定向（Redirect on Write，ROW）两种，前者需提前预留快照写入空间，当已生成快照的数据被修改时，需要将原有数据复制到预留空间；后者则会将相关内容通过重定向方式写入新位置而不复制原始数据，故不会像前者那样增加系统读写开销，从而减少因数据复制而产生的性能抖动。

虚拟资源快照和虚拟资源存在特定的依赖关系，即如果虚拟资源因某种原因导致不可用，则其已生成的快照也会失效。因而，信创云中的快照多用于对虚拟资源的临时性保护场景，如在对虚拟机操作系统执行升级等高危操作前，通过快照方式对虚拟机业务数据进行备份等。同时，常见的快照实现技术会导致其长时间不做优化时引发对应虚拟资源性能的降低，因而部分品牌云产品推荐快照保存时长控制在 72 小时以内，且对单个虚拟资源所对应快照的创建数量实施限制[①]。而该限制在部

① 通常会建议单一虚拟资源的快照不超过 8 个，且部分云产品会在单一虚拟资源对应的快照数量达到 32 个时，不允许再为其创建新快照。

分业务场景中会带来诸多不便，如信创应用适配环节常见的自动化适配工作流程中，自动化脚本会对单一虚拟资源进行重复的部署、测试和升级，并在发现问题时保留对应的环境快照以便快速进行问题复现和调试，而快照数量创建限制会导致维持其持续运转的复杂度直线上升①。因而，如何在信创云产品设计中引入更多快照数量，也是数据保护相关功能设计②中的关键问题。

（2）备份。信创云内置的备份功能，其备份目标通常有信创云本地、信创云外部两类，前者因规避了对待备份数据的跨平台网络传输，对应的执行速度相对会快很多，但其存储介质和原始业务数据多保存于同一机柜、机房或地区，无法做到异地数据保障，因此对应的安全性远不及后者。在数据恢复环节，常见的恢复目标也分为恢复到本地、恢复到新建云平台两种方式。

快照和备份都是数据保护的常用手段，却是两种完全不同的技术实现方式，快照是对虚拟资源所对应业务数据某一时刻的状态记录，而备份则是存储虚拟资源某一时刻的完整副本，因而快照的创建速度比备份要快得多，占用的空间比备份要小很多——备份通常会占用 2 倍的数据存储空间，且其创建环节会存在数据完整复制、网络传输等成本，生成的速度也要比快照慢很多。但备份的优点是其无须依赖原始的虚拟资源，即在虚拟资源发生问题时，仍可通过前期的备份数据来执行虚拟资源相关数据的恢复，可应对虚拟资源被破坏的情况。同时，为规避备份时间过长所带来的各种问题，如 I/O 占用、数据一致性等，备份功能也可设计为先生成快照，再按快照所记录的内容去读取底层数据生成最终的备份目标文件，从而将这两种技术相互结合，各取所长以应对云平台用户对时间和安全性的要求。

除了备份各独立虚拟资源所对应的完整数据，信创云中的备份需求往往还包括对运行于信创云的特定应用、数据库和中间件所生成数据内容的备份。这些数据往往存储在多个不同的虚拟资源实例之中，因而需云平台、上层软件及外部第三方备份工具提供相互开放的数据存取接口和对应的访问权限，将对应的数据流进行转储和保存。

---

① 如设计多重并发工作流程，以规避单一虚拟资源最大快照数量限制。

② 多数云平台产品中，快照数量增多往往还会引发所对应虚拟资源性能的直线下降。

此外，为提升备份环节的效率，还可在信创云产品设计环节考虑支持类似 LAN Free 的技术，即通过专用网络进行直接数据备份，而不占用业务网络资源，并尽可能减少对云平台中各宿主机处理器资源的占用。

2. 被动式数据保护

被动式数据保护主要指信创云自身提供的保护机制，执行过程不需要用户参与。其主要包括以下几个部分。

（1）持续数据保护（Continuous Data Protection，CDP）。传统备份技术执行的是对业务数据的周期性保护，存在有备份作业执行窗口、备份作业会导致生产系统性能降低，以及备份数据与最新数据间存在差异等问题。持续数据保护则通过不断监测业务数据变化的方式，不间断地对相关数据进行转储保护，即用户无须关注数据备份过程，当出现故障时选择要恢复的时间点即可实现数据快速恢复。

（2）数据分散性保护。为规避国产基础软/硬件稳定性相对较弱的影响，可在信创云产品设计环节，通过技术手段将用户创建的虚拟资源用调度算法有效分散在不同的硬件设备或设备组中，以避免单一设备或设备组失效导致的用户虚拟资源宕机甚至数据丢失，这种技术手段通常被称为虚拟资源调度环节①的强制反亲和策略。

同时，由于部分信创云项目在建设初期往往规模相对较小，如对所有虚拟资源执行强制反亲和策略，在物理资源使用率较高时会因无法满足虚拟资源的调度请求而引发操作失败。为规避此类情况，可在信创云产品中引入更加灵活的虚拟资源动态反亲和策略，即当物理资源受限时允许信创云对反亲和策略进行降级，以实现“尽可能将虚拟资源分散于不同物理设备或设备组中”，并在物理资源满足强制反亲和要求时②再进行优化调整，重新达到强制反亲和分布状态。

同时，分散性也可按需分为多个层级，如可基于集群间的分散性、主机聚合间的分散性和宿主机间的分散性等，实现双活数据中心、机柜级断电防护、物理机掉电保护等。目前，多数已发布的信创云产品可支持宿主机间的分散性。

---

① 包括创建、配置变更、迁移、重启等过程。

② 可通过增加物理服务器、对已分配虚拟资源缩容、清理不再使用的僵尸资源等方式实现。

（3）数据多副本。信创云中常见的数据副本数有 2 副本、3 副本两种[①]。考虑到 3 副本策略在数据写入过程中需增加更多的校验机制，会占用更多处理器的资源，因此多数新建信创云使用了 2 副本策略，并对关键虚拟资源利用快照、备份等其他数据保护方式，提升业务数据的安全性。

其他常见的数据副本设置还有单副本策略，常用于对数据冗余性要求不高的开发、测试环境，或支持运行 HDFS[②]等自带数据多副本存储能力的大数据专用文件系统等。但在某些信创云产品功能中需要为单副本虚拟资源设计相对独立的策略，如包含对虚拟资源进行关机操作的宿主机故障恢复环节等，以规避单副本策略所导致的服务中断风险。

（4）纠删码机制。与信创云的数据多副本机制类似，为规避大数据量存储场景下多副本对存储空间的压力，部分专业存储设备或分布式存储软件提供对纠删码（Erasure Coding，EC）机制的支持，即通过将数据分割成多个片段，对冗余数据块进行扩展和编码，并将其存储在不同的位置，从而实现在传输过程中丢失部分信号时，存储系统仍能通过逆向算法将完整的数据信息计算出来。其具体实现原理是，在写入数据前将其切分为 N 个数据块（N 为偶数），通过特定算法计算得到 M 个校验块（M 取值 2、3 或 4），不同的 N、M 取值可实现不同级别的性能和冗余度效果。表 6-4 所示为多数据副本与纠删码的对比。

表 6-4　多数据副本与纠删码的对比

比较项	多数据副本（N）	纠删码（$M+N$）
可用容量	$1/N$，较低	$M/(M+N)$，较高
读写性能	较高	较低，小块 IO 时尤其明显
重构性能	无校验计算，较快	有校验计算，较慢
容忍节点故障数量	$N-1$	N
适用场景	块存储，小文件场景	大文件场景

在可用容量上，纠删码相对于多数据副本机制具备优势；但在性能方面，多副

① 在实际部署场景中，同一个云集群有两个存储设备同时发生故障的概率较小，因而 3 个数据副本已经可以应对多数故障场景。当要搭建由更多存储设备组成的大型云平台，如存储数据量有 1PB 甚至更多时，可以考虑使用更多的副本。

② HDFS，即 Hadoop 分布式文件系统，其自身就是一个自带多数据副本机制的高度容错文件系统。如将其运行于开启多数据副本的信创云中，会导致云平台层面的数据副本、HDFS 层面的数据副本相互叠加，进而导致数据存储量的急剧增加。

本机制往往优于纠删码——纠删码技术在处理备份数据写入时涉及更复杂的数据校验[1]，且在数据读取时会跨多个节点，对应的网络流量比数据副本保护机制更大[2]。从信创云相关特征考虑，目前不建议在性能偏弱的基础软/硬件部署组合之上应用纠删码存储方案，但对于预期设备故障率低，且主要用于保存归档类数据的场景而言，纠删码数据保护机制可帮助用户实现更好的投入产出比。

（5）双活集群。双活集群是容灾技术在信创云产品中最常见的实现方式，这部分已在本书“6.2.3 全域完整高可用”一节进行了介绍，此处需强调的是备份、容灾是两种不同的数据保护方式——前者倾向于解决数据丢失问题，后者则更关注业务系统的连续性问题。在信创云产品设计领域，备份和容灾功能相辅相成、互为补充。

（6）虚拟资源容错。容错是一种特殊的、用于虚拟资源的高可用模式，通常用于支撑搭建可靠性要求高，且应用自身缺乏高可用能力设计的应用运行环境。以常见的虚拟机为例，一组容错虚拟机以主、备虚拟机的形式运行在不同物理服务器上，并由主虚拟机对外提供服务。当主虚拟机不能正常使用时，信创云会切换到备虚拟机提供服务，从而保证业务系统服务的连续性。相对于常见的启用故障恢复能力的虚拟机而言，容错虚拟机在故障场景下所需的切换时间更短，通常在数秒内即可将备用虚拟机切换为主虚拟机，而前者的切换往往需要数分钟。

（7）数据回收站机制。再完美的数据保护机制也会有缺陷。借鉴通用型云产品的经验，建议在信创云产品设计环节引入虚拟资源回收站功能，为用户提供针对操作错误的数据保护机制，如应对虚拟资源误删除所带来的风险等。

6.3.3 网络安全

除了对数据读取和写入过程的安全控制，网络领域的安全性保障也是所有云平台产品设计环节所需关注的内容。目前，传统基于硬件设备实现的网络安全机制，已经越发无法应对云平台内网流量快速增长所引发的安全管理需求。

① 纠删码技术的大部分额外开销是在写入数据时产生的，其通常被称为纠删码技术的“写惩罚”。

② 在已发布的云产品中，多数对启用纠删码功能有相对苛刻的最低硬件配置要求，如必须使用全闪存盘等。

数据中心的网络流量分为两种类型[①]：一种是数据中心外部用户和内部服务器间互连互通所产生的流量，称作南北向流量；另一种是数据中心内部各服务器间的流量，称作东西向流量。传统非云化数据中心的流量分布中占比最高的是南北向流量，但随着云计算技术的快速发展，各种实时数据分析等业务需要大量虚拟资源协同完成，从而导致云平台中的内部业务网络流量占比持续提升。在多数现代化数据中心的运行过程中，东西向流量的占比已经超过了 70%。

对此，有必要在信创云产品设计环节，针对网络安全相关的能力进行改善。建议关注以下 3 个方面的内容。

1. 精细化防控

网络信息获取方面首先要确保的是数据访问环节的安全性和可靠性，而传统安全防护机制大多还停留在以边界防护方式为主，一旦网络边界被突破，攻击者即可不受限制地访问内部资源。因此，针对信创云平台内部东西向流量的安全防护措施变得格外重要，而目前的主流云产品却缺乏行之有效的对应防护手段，主要体现在如下几个方面。

（1）部署传统集中式防火墙，强制东西向流量绕行防火墙进行防控。该方式会导致网络通路绕行，将直接导致网络性能的下降，以及上层软件的访问延迟。

（2）基于大量防火墙硬件设备对各虚拟资源进行有针对性防护。该方式会导致云平台相关采购成本快速增长，以及部署与运营、运维复杂度和成本的提升。

对此，常见的应对策略有通过软件定义的方式，在信创云产品中设计实现安全组、东西向防火墙（包括普通型和具有精细化管控能力的微分段[②]防火墙，如图 6-6 所示）、南北向防火墙和服务链[③]等安全功能组件。同时还设计一些信创云辅助安全

① 本书 1.4.3 节也有网络流向对应的概念描述。

② 微分段防火墙不以传统网络视角承接业务流量，而是转变到业务视角直接作用于资源（如虚拟机）本身，借助此类防火墙方式实现更细粒度的安全防护。由于微分段防火墙以资源为出发点，使其具备资源的全生命周期防护能力，在虚拟机迁移、灾难恢复过程中，安全策略都自动跟随。同时，微分段防火墙借鉴零信任模型，采用了最低权限和最少通信原则，可最大限度地避免恶意流量在资源间的蔓延。

③ 服务链机制为云平台提供了高级流量调度能力，调度流量到自定义的安全防护虚拟机中，以实现分析和安全防护能力，也可将流量导入第三方专业安全产品，从而形成多种安全防护方案。

管控方式，如 IP 地址与 MAC 地址强绑定机制[①]、流表白名单机制等。通过这些策略，可在潜在攻击者突破信创云边界防护时，仍然可以较好地控制被攻击面和对应的业务风险。

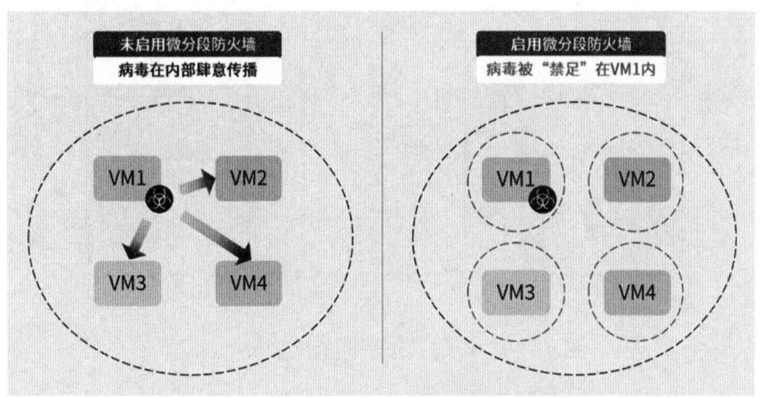

图 6-6 微分段防火墙的作用示意

2. 流量标记

在网络信息的安全传送方面，常见的信创云产品都支持对所构建的虚拟网络进行逻辑隔离，以保障传输过程的信息安全。而为了实现更加精细的通信管控，可在信创云产品设计环节引入灵活的多维度防火墙策略，如将各个虚拟资源（组）划分为相对独立的可信区域，通过梳理各种系统环境间的访问逻辑，严格控制对业务数据的误拿、误用，有效防止敏感数据泄露。同时，为降低相关运维管理工作复杂度，可结合设计标签功能对各虚拟资源实例进行标记，从而在传统防火墙的 IP 地址、协议分类管控机制基础上，引入新的标签管控维度，如图 6-7 所示。

网络流量标记还可与微分段防火墙功能联合使用，对信创云虚拟网络资源用标签的方式管理和控制，替代传统 IP 地址和控制协议控制的方式，以更为灵活的方式应用微分段防火墙技术。具体而言，该技术支持将信创云网络按需分段，以资源的视角（如虚拟机、组织架构等）来对防火墙进行精细化策略设置，使得当资源变更时可自动应用相应隔离策略，满足零信任模型中的网络设计，并最终实现零信任的网络安全模型。

① 按照 IEEE 的协定，每个网络设备出厂时都会有全球唯一的 MAC 地址。因而为防止攻击者盗用网络资源，可通过对网卡实施 MAC 地址绑定策略规避非法用户的接入，实现网络物理层面的安全保护。对应到信创云产品功能，可在新建虚拟资源时允许用户按需自定义 MAC 地址，或修改已创建虚拟资源的 MAC 地址等。

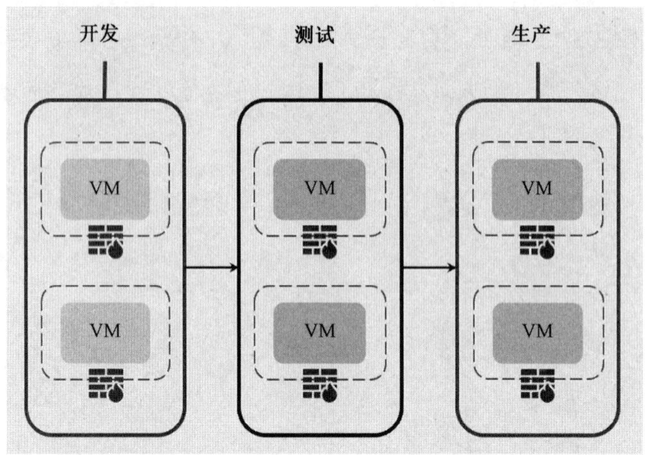

图 6-7　对不同虚拟资源的流量进行标记

3. 冗余机制

与计算、存储相关功能类似，信创云网络功能也应具备对应的冗余机制，实时监控自身运行状态并在出现故障时及时执行预置自修复策略，从而有效减轻信创云运维人员的压力。常见实现方式包括引入相关组件的无单点设计机制，如物理链路冗余机制、服务实例高可用等。

4. 网络可视化

网络可视化主要是指在信创云中，为运营和运维人员提供所有云内虚拟资源的网络流拓扑信息展示能力，从而增强信创云虚拟网络环境中流量的可见性，使得各级管理人员能直观、快速地了解虚拟网络流量情况，及早发现相关风险并及时采取必要的措施。信创云网络可视化常见的设计主要包括以下两个方面。

（1）全局拓扑展示，即以可视化界面形式展示整个信创云网络拓扑的实时信息，同时支持展示交换机、物理服务器或虚拟机等关键资源类型的流量详情，还包括支持查看各条网络通路的拓扑情况，显示其所经过的每一跳及流量的方向等。

（2）拓扑数据钻取分析。支持以多种维度对网络流量进行筛选，如通过选定源网络、目标网络、协议或流量产生时间，查询筛选所有相关的网络流数据，用于异常流量的排查场景等。

5. 流量检测

信创云中典型的网络流量检测包括两种实现方式。

（1）旁路检测，即在信创云中创建并运行安全检测专用虚拟机，而后将云平台中的业务流量进行镜像处理，复制流量到安全检测虚拟机并由其对流量实施各类威胁检测，并在发现风险时以信创云下发安全组策略等方式对相关虚拟资源进行阻断。以华云数据云管理平台产品为例，其旁路检测机制如图 6-8 所示。

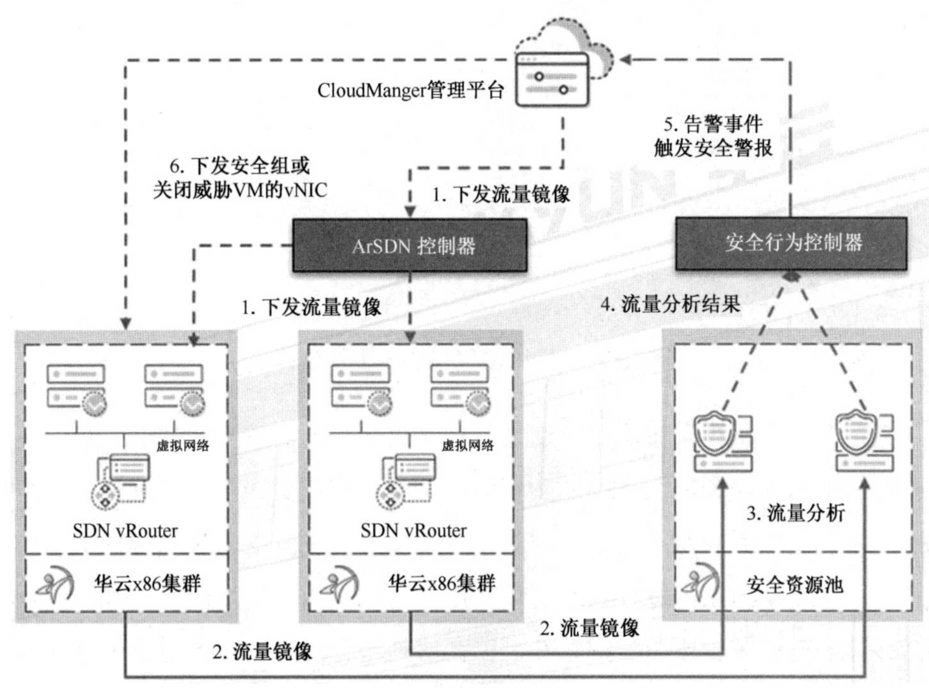

图 6-8　旁路检测机制

当处于安全资源池的安全实例检测到相关风险时，会通过调用管理接口告知云平台，并以下发特定安全组策略等方式对风险进行阻断。同时，这种基于流量镜像的安全管控方式不会对业务的正常流量产生影响——即使安全实例出现服务中断等情况，云平台中正常的业务仍然可以对外提供服务。

（2）在线式串行安全保护，即两个网络间的东西向流量将通过服务链技术导通，并依次通过服务链指定的安全实例对流量执行安全检查。同样以华云数据云管理平台产品为例，其在线式串行安全保护机制如图 6-9 所示。当发现威胁时，安全实例将直接阻断流量，并发送告警事件给云平台。

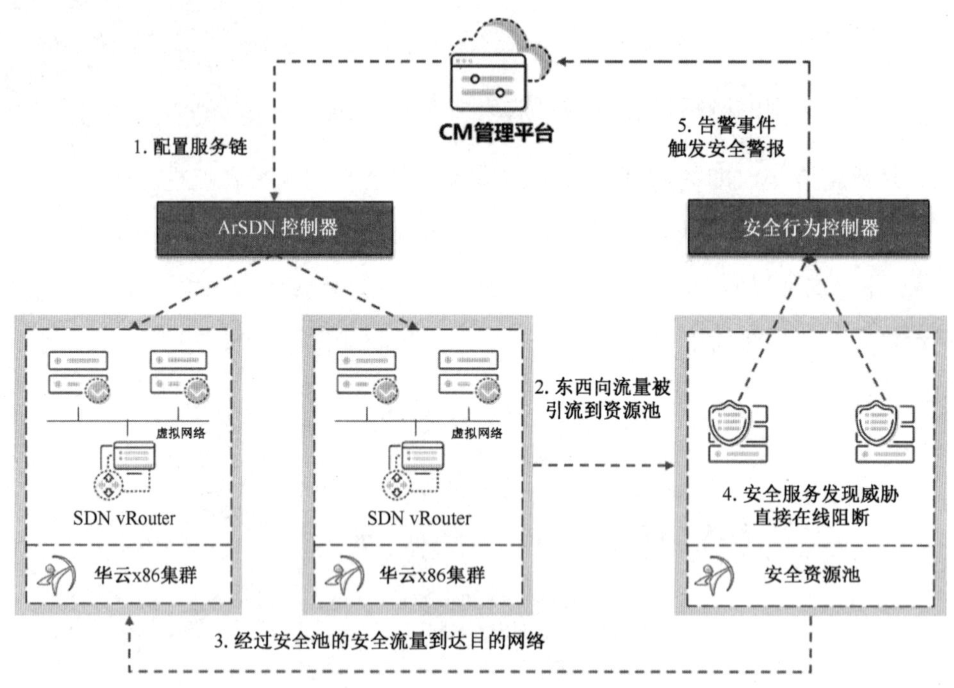

图 6-9　在线式串行安全保护机制

在上述两种流量检测策略中，通过运行在信创云内部的安全实例，可以同时管控云平台内部东西向和南北向的端到端网络流量，避免了传统基于硬件的安全设备多仅限于南北向边界安全的问题。同时，相关安全实例具备较高的弹性扩展能力，可以根据网络流量的压力进行灵活的纵向扩容，摆脱传统硬件安全设备的升级瓶颈，也支持横向扩充或减少服务实例，并可以在信创云管理界面中通过可视化的操作完成，免去分别登录不同硬件设备通过命令行进行配置的过程。此外，流量镜像功能具备不影响正常业务流量的优势，避免传统检测机制下业务流量需绕行安全设备引发“发卡弯”等不必要的转发过程。服务链场景在线式阻断可支持按指定顺序排列安全实例，实现更为直接和高效的威胁阻断机制。

6.3.4　开源软件

开源即开放源代码，其主要特点是任何有意向的人都可获得所对应软件的源代码，并在版权允许的范围内进行学习、修改甚至重新发放。需要特别注意的是，开源并不等同于免费——公开软件源代码的同时可通过提供相关服务等形式获取收入。

目前，互联网、云计算等相关高科技产品开发商是参与开源软件社区的主体。从全球发展趋势来看，我国开源软件产业起步较晚，从成熟开源社区发展所需跨越的触发期、发展期、协作期、结晶期与流行期 5 个阶段看，国内的开源社区大多处于前 3 个阶段。

信息技术应用创新并不简单等同于对所采用技术的封闭，如何合理、有效利用开源社区成果，从一定层面上讲反而是信创产业生态特别是国产基础软/硬件能否发展、壮大的有效途径。同时，开源意味着所有人都可以去查看、使用相关源代码，在某种意义上相当于帮助开发者进行了众包[①]式的测试，有助于在更多的使用场景中发现源代码中的隐藏 Bug，并为设定这些 Bug 的处理优先级提供参考依据。近年来国内媒体对“开源创新”模式的宣传较少，而与此同时全球开源项目数量、国内开发者参与度均迅速增长，相关高质量的项目数量也越来越多。

以全球最大的开源基金会 Apache 为例，其在 2021 年度运营报告中统计了来自 228 个国家和地区的 4 095 908 人次的访问记录，中国的用户访问量占据全球首位。

与此同时，根据中国信息通信研究院 2021 年 9 月发布的《开源生态白皮书》相关数据，我国开源贡献者规模快速增长，在全球贡献者中的占比持续攀升。根据 GitHub[②]2020 年调研报告，中国在 GitHub 的贡献者数量增长迅速，仅次于美国，数量位居第二并占 GitHub 活跃贡献者的 14%。此外，2020 年在 Gitee 平台上参与开源的贡献者增长了 50%，达到了 600 万人。

从全球技术发展来看，很多知名软件企业，包括谷歌、苹果甚至微软，均无法避免使用开源代码去构建新的产品和商业模式。如当前全球市场占有率最高的谷歌 Chrome 浏览器，其也借鉴了 WebKit、zlib、OpenSSL 等开源软件成果。

开源软件对信创云产业的意义体现在多个方面。首先是合理利用开源社区成果，在保持技术先进性的同时节约成本；其次，通过为开源软件贡献源代码，可有效扩充开发商规模、完善对应生态，乃至提高对应国家的技术知名度、影响力，同时也

---

① 众包指将特定工作以自由、自愿的形式外包给非特定志愿者的做法，常见于互联网领域。

② GitHub 是全球最大的、面向开源及私有软件项目的托管平台，因其仅支持 Git 作为版本库格式进行托管，故被命名为 GitHub。

有助于基于“众包”模式高效挖掘代码缺陷、验证产品及功能可行性；最后，通过开源社区还可聚集不同地区、不同政企和研发机构技术人员的力量，进而促进产业联动效应。

尽管开源软件有这么多好处，但其所带来的风险和隐患也不容忽视。以下分别进行说明。

1. 内建质量的不可控

多数软件开源的初始目标是聚集相关爱好者共同解决特定的问题，其出发点专注于解决问题本身，而不是将对应产品推向企业级市场。在质量控制策略方面，开源软件领域最著名的林纳斯定律指出：“足够多的眼睛，就可让所有问题浮现[①]”，即软件测试人员数量对开源软件质量具有重大的意义，开源软件只有在无数个真实的环境中反复试错，而后再通过持续反馈、优化和一段时间的积累不断夯实和提升对应的软件质量。

因此，信创云作为支撑企业级用户需求的产品，其设计、实现环节即便有必要引入开源软件，也应对其进行全功能的覆盖性测试，以确保产品内建质量的可控性。同时，在产品研发完成后，也需要时刻关注开源社区发布的产品问题报告，并及时应用对应的补丁程序或更新版本。

2. 开源软件协议的限制

开源软件协议[②]（Open Source Initiative，OSI）是对开源软件使用、复制、修改和分发等行为做规范和约束的具备法律效力的合同。目前经开放源代码促进会认证的开源软件协议已超过 80 个。常见的开源软件协议包括诸多类型，其中部分协议在应用于商业用途时存在诸多限制。信创云产品实现环节需要重点关注的开源软件协议如下。

（1）木兰协议。木兰协议是我国首个开源协议，这一开源协议共有 5 个主要方

① 原文为“Given enough eyeballs, all bugs are shallow”。

② OSI 又译作开源促进会、开放原始码组织等，成立于 1998 年 2 月。

面，涉及授予版权许可、授予专利许可、无商标许可、分发限制和免责申明与责任限制。在版权许可方面，木兰协议对每个贡献者“根据本许可证授予您永久性的、全球性的、免费的、非独占的、不可撤销的版权许可，您可以复制、使用、修改、分发其贡献，不论修改与否”。木兰协议比 Apache License 更加友好，如 Apache License 要求开源软件使用者列出各个修改文件，而木兰协议没有对应的要求。同时，木兰协议使用中、英文双语表述，中、英文版本具备同等法律效力[①]。

（2）GPL 协议。GPL 协议通过提供软件相关的版权保护，或给程序员提供许可证两种措施来保护原始开发者的权利，其为程序员提供了复制、发布和修改这些软件的法律许可。在复制和发布方面，GPL 协议规定“只要你在每一副本上明显和恰当地给出版权声明和不做担保声明，保持此许可证的声明和没有担保的声明完整无损，并和程序一起给每个其他的程序接受者一份许可证的副本，你就可以用任何媒体复制和发布你收到的原始程序的源代码。你可以为转让副本的实际行动收取一定费用。你也有权选择提供担保以换取一定的费用”。GPL 的出发点是代码的开源、免费使用和引用、修改，以及衍生代码的开源、免费使用，但不允许将修改后的、衍生的代码作为闭源的商业软件发布和销售。GPL 协议的主要内容是只要在一个软件中使用了[②]GPL 协议的产品，则该软件产品必须也采用 GPL 协议，同时必须也遵循开源和免费的发行策略。

（3）LGPL 协议。LGPL 是主要为类库使用场景设计的开源协议，和 GPL 要求任何使用、修改、衍生自 GPL 类库的软件必须同样采用 GPL 协议不同，其允许商业软件通过类库引用方式使用 LGPL 类库而不需要开源商业软件的代码，从而使采用 LGPL 的开源代码可以被商业软件作为类库引用、发布和销售。但如果修改 LGPL 协议的代码，则所有修改的代码部分——包括涉及修改部分的额外代码和衍生的代码，都必须采用 LGPL 协议。

（4）BSD 协议。BSD 开源协议是一个给予使用者很大自由度的协议，其允许使用者自由地使用、修改源代码，也可以将修改后的代码作为开源或者专有软件再发

① 该协议还特别约定，若中、英协议版本存在任何冲突时，应以中文版为准。

② 指类库引用，修改后的代码或衍生代码。

布。当使用者使用了 BSD 协议代码，或者以 BSD 协议代码为基础二次开发自己的产品时，需要满足 3 个条件。

- 如再发布的产品中包含源代码，则在源代码中必须带有原来代码中的 BSD 协议。
- 如再发布的只是二进制类库、软件，则需要在类库、软件的文档和版权声明中包含原来代码中的 BSD 协议。
- 不可以用开源代码的作者、机构名字和原来产品的名字进行市场推广。

BSD 代码鼓励代码共享，但需尊重代码作者的著作权。BSD 由于允许使用者修改和重新发布代码，也允许使用或在 BSD 代码上开发商业软件并发布和销售，因此可将其视为对商业集成友好的协议。

3. 研发路线的不可控

以国内信创云客户端虚拟机使用最多的 CentOS 操作系统为例，2014 年红帽公司宣布与 CentOS Linux 开源社区合作并将 CentOS 团队收编，成为 CentOS Linux 的支持者。而 IBM 于 2019 年以 340 亿美元收购红帽公司，并于 2021 年宣布 CentOS 将终止其原有的维护计划，改为 CentOS Stream 版本并执行新的版本间演进策略，如表 6-5 所示。CentOS 8 原计划维护 10 年，即支持到 2029 年 5 月 31 日，但后期却修改为在 2020 年年底即提前停止支持；而上一个版本的 CentOS 7 却能维护到 2024 年。这种策略的变化为基于 CentOS Linux 开发的下游 Linux 分支版本，以及基于这些版本开发的上层软件带来了诸多不确定性。

表 6-5　CentOS 版本演进策略

对比项	版本间演进逻辑	描述
以往	Fedora—RHEL—CentOS	从包含最新功能的社区版 Fedora，到面向企业级用户的 RHEL 版，再到剥离 RHEL 高级功能组件的 CentOS，CentOS 良好的稳定性使其在很长一段时间内成为国内政企信息化建设所推荐的操作系统
未来	Fedora—CentOS Stream—RHEL	新演进策略下，CentOS Stream 发布前不会经由企业级环境的验证，因而其稳定性无法得到有效保障

与 CentOS 类似，在国内主流云计算产品、大型互联网企业自用云平台中使用

最多的两大开源分布式存储管理系统软件 Ceph 和 GlusterFS，也都是红帽公司旗下的产品，同样也都存在类似的使用风险。

4. 开源软件小结

综上所述，在信创云产品实现环节引入开源技术时，应坚持安全可控、合规使用、问题导向和开放创新的原则，在产品设计、测试等环节对开源软件使用进行检查，遵循所采用开源软件所对应的最新版协议要求，并尽可能规避采用不具商业友好性协议（如 GPL 等）的开源软件，通过探索、构建我国自有云计算供应链原创开源生态体系、开源社区，与全球开发者共同建设开放、多元和架构包容的软件生态体系。

（1）在宏观上，打造符合中国国情的开源社区及构建核心标准体系，加强国际合作，建立立足国内、放眼全球的开源生态和标准体系，围绕云计算产业最新技术发展趋势建立标准体系，在国际市场上提升相关的话语权。

（2）在微观上，针对使用不具商业友好性开源协议的开源软件，积极面对并研发对应的替代应用或方案，在规避法律风险的同时，也为信创云产业提供相应支撑。

目前，已有部分国内厂商和组织牵头创建了相关的开源社区，如 DeepIn①、Unbuntu Kylin②、openEuler、OpenAnolis OS、OpenCloudOS③、龙芯及申威等。

从使用角度来看，国内政企用户对 Linux 操作系统的相关知识储备远未达到 Windows 操作系统的程度，这也严重影响了用户对基于 Linux 研发的众多国产操作系统的接受度。为此，如何从中、小学阶段开始引入国产操作系统相关课程，同时加快国产操作系统对个人计算机应用领域的支持，逐步培养全社会对国产操作系统和相关应用的认知度，构建国产信创产业人才体系，是实现我国信息产业自主创新持续良性发展所必须解决的问题。

---

① 统信软件的开源版本社区。

② 麒麟软件的开源版本社区。

③ 2022 年 1 月 26 日，开源操作系统社区 OpenCloudOS 发布首个正式版本 OpenCloudOS 8.5，其在保持基础库和用户态组件与 CentOS 8 兼容性的同时，通过对内核的优化和增强为用户提供更加完备的解决方案。

6.3.5 其他策略

除了前述内容，常见的信创云安全还涉及物理设施安全、运营安全等多个方面，如图 6-10 所示。

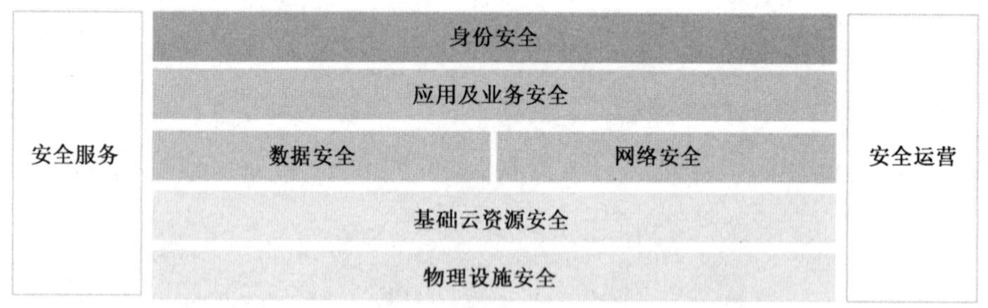

图 6-10 信创云常见安全策略

（1）基于物理设施的安全策略。典型的如物理网络隔离、应用 TPM 等加密芯片，以及使用加密机等专用安全设备等。

（2）基于软件定义的安全策略。典型的如使用应用安全加固处理的特殊操作系统版本、启用数据传输加密机制和应用组件漏洞防护[①]机制等。

（3）运营和运维有关的安全策略。如 API 鉴权机制、登录日志的记录和审核、安全日志的记录与审核等。

（4）针对软/硬件漏洞的安全策略。软/硬件的产品设计缺陷、部署策略缺陷等，可能会导致软/硬件出现被恶意攻击的安全漏洞，从而引发特定场景下信创云部署实例的系统性风险。对于此类问题，通常的方案包括更新对应的软件补丁，即通过软件方式绕过或修复对应的漏洞。需要特别注意的是，通常安全类补丁程序往往关注与测试对安全问题的修复效果，且因其开发、测试周期较短，通常开发者会选择性"忽略"对性能等非关键性指标的测试过程，从而可能导致信创云平台产生运行故障，如运行效率严重降低等。2022 年 9 月，VMware 公司测试工程师发现，Linux Kernel 中用于修复"Retbleed 推测执行攻击"的补丁，会导致 VMware 云平台中的虚拟机

① 如参考 CVE 信息来配置最佳的组件版本。

计算性能下降 70%，网络性能下降 30%，存储性能下降 13%；同样在 2022 年，在华云数据新版桌面云软件的测试过程中，也发现因海光处理器安全补丁问题，导致桌面云虚拟机产生了较为严重的性能问题。

自主可控不一定安全，但没有自主可控一定不安全。“自主”作为知识产权专有名词，只是实现安全目标的“可控”的途径之一，但“自主”并不是“可控”的充分必要条件。自主可控意味着在发现漏洞后可以主动、及时地打补丁，尽最大可能减少 0-Day 漏洞的威胁，进而增强安全，而不自主可控意味着丧失主动权，在网络攻击下完全处于被动地位。如 2017 年 WannaCry 勒索病毒席卷全球，超过 150 个国家的至少 30 万用户中招，造成约合人民币 550 亿元的巨大损失，一个重要原因是 Windows 操作系统存在漏洞。而自主可控产品可将解决问题的“钥匙”掌握在自己手中，即使产品出现漏洞，也可以通过主动打补丁等方式，及早地防止引发更大程度的损失。因而，应当将自主可控作为网络安全的必然要求，在此基础上构建安全可控的信息技术体系。同时，安全可控还需要经受实践的检验和时间的考验，信创云的安全可控应当贯穿其全生命周期。

目前，随着《信息安全技术 网络安全等级保护大数据基本要求》《中华人民共和国数据安全法》等的相继出台，信息系统安全已成为政企使用信息技术产品和服务时所着重考虑的关键因素。特别是对数据体量大、资源种类复杂的云平台而言，单一安全产品很难有效应对安全问题，通常需有效搭配多种安全工具，围绕资源生命周期各环节构建对应的安全解决方案，才能有效降低数据安全风险。故此，作为一款功能全面的信创云产品而言，需要能提供相关的对接方式，以支持接入第三方专业安全产品，共同构筑完整的云安全防控体系。图 6-11 所示为中国数据安全事件类型占比。

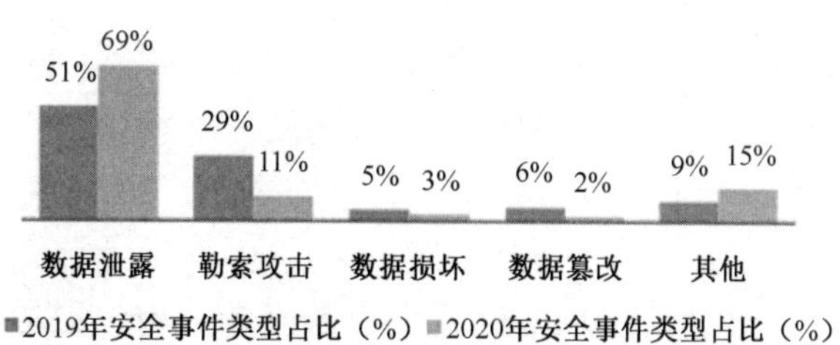

图 6-11　中国数据安全事件类型占比（源于艾瑞咨询《2021 年中国云安全行业研究报告》）

从新兴技术角度，伴随着云原生理念和相关产品的落地、推广，近年来云原生相关的安全问题也逐步成为云安全保障需关注的内容。云原生安全一方面是指基于云平台自身提供的安全相关能力，规避云计算环境和传统安全架构间无法协同的痛点，另一方面是指云平台能与外部专业安全产品有效融合，以支撑有相关需求的用户达到更高级别运营标准。作为全新的安全理念，云原生安全旨在将安全与云计算深度融合，推动云计算供应链中相关厂商协作，并最终向用户交付更加安全的云产品和服务。

6.4 兼容性

在信创云产品实现环节，除了应对诸多基础软/硬件品牌、型号和版本间的各种组合关系所带来的兼容复杂性，还需考虑以下环节的兼容性设计。

（1）如何适配特定处理器指令集调用的上层软件。多数信创云产品为提升兼容能力，会在开通虚拟资源时默认屏蔽部分不常用的物理处理器指令，以应对同型号处理器间指令的差异。而在某些上层软件中，会在运行环节对某些处理器型号专属指令进行调用，此时就需信创云将这些指令以特定方式提供给虚拟资源，进而提供给上层软件调用。

以华云数据的云操作系统产品为例，其为用户提供了调用处理器指令的多种方式。主机直通方式，即直接将服务器处理器指令能力透传给虚拟资源，使虚拟处理器指令集与物理处理器保持完全一致，性能好但对信创云内处理器型号的一致性要求最高；主机模式，即由信创云自动匹配与服务器最接近的处理器指令集，提供给虚拟资源使用，兼容性和性能均处于适中水平；自定义模式，即由信创云智能适配处理器指令，用于信创云内各服务器间处理器型号不一致场景，以实现最佳的虚拟资源互通性和兼容性。

（2）和上层软件的兼容性。从信创云供应链来看，用户更加关注的是信创云的整体兼容性，即除了处理器、服务器固件和操作系统，还包括编译器、应用、中间件和数据库等对处理器的兼容性能力，这些也是国产基础软/硬件目前较为突出的能力短板。因而，在强调提升基础软/硬件能力的同时，信创云供应链上下游厂商应适当将资源向上层软件倾斜，共同打造完整的供应链生态。

典型的例子是客户端浏览器应用，该类应用作为互联网时代最常见的应用类型，在诸多早期版本的国产处理器、国产操作系统之上运行时，却往往存在各类兼容性问题（体现在性能卡顿、闪退等），而只能使用经过厂商严格测试的浏览器品牌和版本，存在较大的优化空间。

（3）存储设备兼容性。首先，在通过对信创云所对接的各类新型存储软、硬件设施[①]进行抽象化管理的同时，针对早期型号的存储资源设备，也基于相应驱动程序进行统一纳管；其次，为云平台运营和运维人员提供按需划分、调度和交付不同性能与可靠性等级的存储资源的能力；最后，将不同等级、不同型号的存储软/硬件设备封装，形成标准的存储服务接口，提供给上层软件按需调用。通过这些方式，可应对用户对已有存储设施的利旧管理需求，并支持与最新型设备或软件定义的存储系统进行混合纳管与分级调度使用。

（4）服务器关键配件的兼容性。除了处理器、服务器固件和操作系统，其他服务器关键配件和信创云产品也会产生诸多兼容性问题，如 RAID 卡、HBA 卡、闪存盘、网卡和 GPU 卡等，常见问题有无法识别闪存盘或 GPU 卡、网络丢包或阻塞等，应对设计方案则包括引入类 VMware 的 ReadyNode 机制[②]进行兼容策略管控，以及采用软/硬件解耦的设计方案等。

（5）代码级别兼容性。如按同源异构适配设计的信创云产品，其基于一套核心代码实现最小功能集后，分别在不同指令集的处理器平台编译，形成相对应的发布包，另有部分信创云产品设计为基于专用硬件扩展卡来屏蔽不同国产基础软/硬件间的兼容性差异。而在应用级别，可通过引入指令集翻译技术或应用代理技术，实现国产处理器、操作系统中运行 Windows 应用的效果。常见的还包括驱动程序引发的代码兼容性问题，信创云产品可通过预置主流设备驱动程序的方式进行规避，如默

① 具体设施包括基于软件定义的分布式存储管理系统，基于硬件解决方案的传统存储设备如 IP-SAN 等，服务器内置磁盘及传统的异构存储虚拟化设备等。

② vSAN ReadyNode 机制是由 VMware 和其基础软/硬件生态合作伙伴共同推出的，预装 VMware vSAN 软件且经过兼容性测试的特定规格软硬一体化解决方案。

认提供 Cirrus、QXL 等多种显卡驱动等。

兼容性还与信创云产品支持的虚拟资源客户端操作系统①（Guest OS）类型、版本的丰富程度有关。具体可依据以下方式进行归类分析。

- 从应用场景角度，可分为服务器操作系统和客户端操作系统。
- 从版本类型角度，可分为教育版、企业版和专业版等。
- 从版本号角度，可按操作系统品牌的大版本号、所采用 Linux 内核的版本号，以及是否安装过特定补丁包等来归类。

和其他国产基础软/硬件类似，客户端操作系统也会存在供货相关的风险。如某些国产操作系统最新版本，可能不支持信创云产品运行所需的特定功能，或不支持信创云产品希望支持的某型号国产处理器等，这些都是产品设计环节需考虑的内容。

6.5 性能

在传统单体架构应用的性能分析②过程中，由于能够定位到 Linux 操作系统的系统调用或库函数调用级别，因而可通过对照相关代码较为容易地给出分析结果。而信创云产品是典型的分布式系统，其性能分析过程需涉及诸多独立运行的组件，且较为典型的性能问题往往发生在不同组件间的连接环节，对应的复杂度相对更高。

从信创云产品实现过程来看，性能相关指标属于典型的非功能类需求，然而又与各种功能类需求紧密相关，并直接影响系统整体运行效率和用户体验。鉴于分布式系统的复杂性，信创云的性能优化是一个系统化、多因素平衡的过程，无法简单地基于单一的直线式的思维进行度量与管理。

① Guest OS 是指运行在虚拟机中的操作系统。与之对应的还有 Host OS，即运行在云平台环境中各台物理宿主机上的操作系统。Guest OS 可使用服务器操作系统版本如 Windows 2019 Server，也可以使用客户端操作系统版本如 Windows 10 专业版。

② 指使用单一程序包实现产品所有功能，典型的如传统的 MIS 系统，包含完整的进销存和统计分析模块等，其部署后的运行形式是一个独立的进程。

6.5.1　通用优化策略

在信创云产品实现过程中，提升性能常见的设计思路如下。

（1）引入 QoS 机制。具体包括：针对备份作业的传输流量限制，用以规避对其他业务流量产生干扰；存储领域的卷级 QoS 设置，通过支持用户对存储卷设定 IOPS 阈值限制，应对流量极速增长等突发状况的冲击，并支持对存储卷的 QoS 进行实时更改，帮助云平台维护人员动态调配性能资源应对潮汐式的业务场景；设计多维度传输 QoS 优先级，出现流量冲突时会自动按预置优先级进行流量的有序传输；在网络流量监控领域引入镜像策略，仅对特定的流量进行镜像。

（2）使用缓存技术。典型的包括优化数据分层和缓存机制，借助不同性能级别的存储设备提供多级数据存取加速策略，如使用内存、闪存盘两个级别的缓存，在兼顾成本的同时基于特定缓存算法提升信创云产品读写性能等。

（3）引入对特定指令集的优化技术，如 openEuler 操作系统提供了诸多针对鲲鹏处理器的优化编译选项等。

（4）面向特定硬件的优化。如针对配置了全闪存盘服务器的机型，优化网络和磁盘处理效率，并与最新的 NVMe 闪存技术相结合，通过 SPDK 协议栈优化 I/O 路径以提升单节点 IOPS 能力。

（5）引入分离部署模式。典型的包括信创云中节点角色的分离，如计算、存储和网络节点分离部署，通过避免不同类型服务间的资源争用提升性能；也包括虚拟资源系统盘和数据盘的分离部署，即创建虚拟资源时通过分离调度算法，使得系统盘创建在高速 SSD 上、数据盘使用低速 SSD 或普通 HDD，从而为系统盘的频繁读取操作提供更高的 IOPS，并有效降低数据盘的配置成本。

（6）适当地应用亲和性策略。面向数据保护目标的虚拟资源强制反亲和策略[①]，可能会降低应用的性能。因此，在业务需求允许的情况下，可引入虚拟资源的亲和

① 详见 6.3.2 节的“被动式数据保护”部分。

策略，即通过将业务应用所在虚拟资源集中在同一台服务器或同一个服务器组中[①]，减少应用间因频繁跨网段进行数据传输导致的性能降低。

同时，不同业务应用分布策略的差异性，有可能导致无法满足亲和策略下的虚拟资源新增或调整请求，从而导致创建、扩容或迁移等操作失败。为规避此类情况，可在信创云产品设计环节引入动态亲和策略，即当物理资源受限时允许信创云对亲和策略进行降级，实现“尽可能将虚拟资源集中于不同物理设备或设备组中”，并在物理资源满足时[②]再进行优化调整，达到新的亲和状态。

需要注意的是，应用亲和策略创建的虚拟资源往往存在部分操作限制，如不支持迁移、不支持宿主机级别的高可用等。

（7）引入数据压缩功能，降低信创云内网虚拟资源间的数据传输流量，从而间接提升系统整体运行效率。而对于特定场景如工业设计类应用运行场景等，由于启用传输数据压缩功能，可能会造成特定设计应用展示的图像色彩发生偏色，因而需同时提供关闭虚拟资源数据压缩功能的选项。

（8）避免二次虚拟化所引发的损耗。二次虚拟化通常是指在已开通的虚拟资源中再次安装、运行虚拟化软件，典型的包括在虚拟机中再次开通虚拟机，也包括在虚拟机中运行容器集群等——建议在信创云集群中的裸机上运行容器集群而不是基于虚拟机运行，避免虚拟机层面的性能损耗[③]。

（9）引入更多并发处理机制，如开启存储 I/O Thread 特性等。图 6-12 所示为 I/O Thread 开启前后的数据流示意。

此外，为避免影响信创云性能指标，建议尽可能规避云产品所支持的虚拟资源各类指标的上限。以常见的虚拟磁盘容量上限为例，多数信创云产品支持的单盘最大容量为 2～10TB，部分云产品能够达到 63TB 甚至更多。而实际使用中，大容量虚拟盘会引发诸如数据故障恢复响应效率低、日常存取性能下降等问题。部分业务

---

① 如将同一个机柜里的各台服务器设为一组，并通常为其设置同一个网段。

② 可通过将高负载宿主机中的虚拟资源迁移到相对空闲的其他宿主机，或对虚拟资源进行缩容等方式获取剩余资源。

③ 在通用型云产品中，因基础硬件层面的性能较高，通常允许在虚拟机中运行容器集群，但往往会限制在虚拟机中再次开通虚拟机。

领域如视频监控、数据归档等，对单块虚拟盘最大容量确实有特定需求[①]，而如何在满足这些业务诉求的前提下，最大化地保障云平台的高性能，是信创云实现环节值得重点关注的问题。

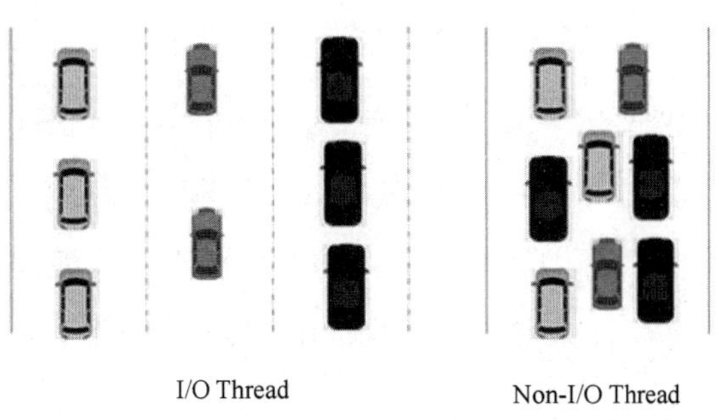

图 6-12　I/O Thread 开启前后的数据流示意

6.5.2　信创优化策略

针对国产基础软/硬件性能偏弱的客观实际情况，可考虑引入更有针对性的措施和策略。

1. 多级资源调用

通过在信创云中引入不同性能或特性的处理器，以及不同类型存储后端的统一调度管理能力，对基础软/硬件实现按业务需求进行灵活组合，以不同性能云服务的形式提供给上层对性能有不同需求的调用者。如华云数据的云操作系统产品，可根据资源算力的差异性，将信创云计算资源分为整用型裸机、配置 GPU 等直通型加速设备的虚拟机、使用 vGPU 等加速设备的虚拟机、高性能虚拟机、普通虚拟机等；还可按存储资源性能的不同，按存储池所使用的存储方式（如本地存储、共享存储、分布式存储）、存储介质类型（如 7200 转的普通硬盘、普通 SSD、高速 SSD）等划分为多个不同性能级别的存储资源池。

① 对于新研发的应用，可以通过应用层的设计优化规避对大容量虚拟盘的需求。而对于一些早期开发的、难于进行代码优化的应用，则只能通过云平台层提供大容量虚拟盘支持。

2. 资源预占机制

信创云资源预占机制的核心理念是，通过优化虚拟资源生命周期管理流程，将部分可能引发性能瓶颈的环节提前执行，从而有效提升虚拟资源的运行效率。典型的相关设计策略如下。

（1）避免跨 NUMA 节点分配虚拟资源。通过优化信创云产品的相关调度机制，在创建或调整虚拟资源时尽可能地将虚拟处理器和内存控制在一个物理处理器的 NUMA 节点内，以此降低跨处理器和内存的通信延迟，从而提升虚拟资源性能，尤其是那些用于支撑对内存有频繁访问需求的数据库、中间件的虚拟资源的性能。

（2）虚拟资源特定指标限制。即在虚拟资源创建环节设置其对部分关键资源的使用限制。典型的如 vCPU 的动态份额均衡策略，其通过对所能调用的物理处理器资源份额进行上限设施，避免低优先级虚拟资源在运行期间过多争用物理资源。

（3）物理资源直通技术。针对性能敏感型应用所使用的虚拟资源实例，直接分配物理处理器、内存、磁盘、网卡或加速卡等设备，使得应用能够直接利用物理设备所提供的能力，尽可能满足其性能需求。同时，为了继续利用虚拟化技术所带来的灵活性和便捷性，部分信创云产品支持在单台服务器中同时启用某类设备的直通模式和虚拟化模式，如华云数据的云操作系统产品，可在同一台服务器中同时启用 GPU 加速和 GPU 直通模式，也支持同时启用 vGPU 和 GPU 直通模式。

（4）资源预分配。指在虚拟资源创建环节，直接通过内存预占、磁盘厚置备等方法，将内存和磁盘等资源提前锁定并分配给相应的虚拟资源，而不是象通用型云平台那样在实际调用环节进行分配，通过降低资源变化的频次和相应的动作执行成本，有效提升信创云中虚拟资源的性能指标。以华云数据通用型云操作系统为例，其支持按需开启虚拟资源的内存独占能力，即在创建虚拟资源的同时立即为其分配内存，以保证虚拟资源有足量的内存可供其随时调用。同时华云数据通用型云操作系统还支持启用虚拟资源的大页（Huge Pages）内存[①]能力，从而提升特定上层软件的性能。

① 大页内存类似于内存预分配机制，主要通过增加操作系统页大小以避免快表缺失。

3. 处理流程优化

信创云的常见的性能优化设计策略还包括对虚拟资源运行环节的优化，如磁盘读取字节大小设置、自动化资源扩展、弹性故障恢复流量和弹性伸缩等。

此外，性能优化设计还需考虑管控方式带来的影响。信创云产品的安全性保障是一个永恒的话题，而在产品设计过程中，安全性和性能之间往往存在难于调和的矛盾。考虑到信创云基础设施的特点，在实现环节应考虑如何精准地定义相关业务诉求，将有限的算力资源应用到最关键的环节。如在虚拟防火墙的检测能力方面，为避免大流量对系统整体稳定性的影响，多数信创云产品不提供具备应用级深度安全检测能力的七层服务型防火墙，而是仅提供四层包过滤型防火墙。

以上描述了诸多信创云实现环节的性能优化设计方式，但需要强调的是，性能设计应更加关注云平台的综合表现，而非关注单一性能指标。同时，只有在信创云稳定性、高可用性都得到满足的前置条件下，对其性能的持续性优化才能更好地体现性能设计的价值。

6.6　小结

随着信创领域基础软/硬件稳定性和性能的持续提升，云计算产品应不断挖掘并向上层软件提供基础软/硬件的相应能力，同时采集、反馈上层软件在适配和运行过程中的各种痛点，通过这种方式不断推动基础软/硬件开发商进行产品的更新迭代，不断夯实产品的各项指标和服务能力。

在企业层面，我国头部的互联网企业、基础软/硬件开发商、安全产品开发商、测试服务商及广大需求方均陆续投入到信创云产品实现与实施的各个环节，并围绕云安全保障的相关诉求，充分发挥各项创新，加大在软/硬件安全检测及分析、开源许可证风险防控、攻防渗透技术、源代码安全审计和漏洞挖掘技术等方面的研发及投入，持续探索、完善有关的安全运营流程。

目前，关键信息基础设施的数字化转型步伐不断加速，随着各类关系民生的重要政府部门和企业全面推进业务上云，信息安全产业已上升至国家安全战略层面，未来将需要大量的信息安全方面的人才。未来的企业也将更加重视信息安全方面。供应链中的各开发商应从产品规划阶段，就将安全相关因素作为产品实现的关键指标。同时，在信创云产品实现环节，不应追求绝对的闭源，而应适度保持开放性，但必须时刻关注开源领域相关趋势对产品安全的影响。

在性能方面，我们也应清晰地意识到，本章所列举的部分信创云性能优化方式、方法，多是为了弥补当前信创基础软/硬件的弱点而进行的，如硬件直通技术、资源预占机制等，其本质上是通过牺牲云计算技术所带来的稳定性和弹性扩展等特点来弥补、提升虚拟资源性能相关的指标，往往不是通用型云产品的推荐实现方法。当然，在国内云计算供应链同仁们的持续努力下，有希望在不远的将来摒弃这些临时性的“优化策略”，使得信创云和通用型云平台产品并驾齐驱，实现产品实现策略的同步更新，尽快将信创云产品能力深化，并推动其发展到下一个阶段。

第 7 章　项目实施

为了在用户侧灵活的业务需求与不同技术栈产品实际能力间获得平衡，信创云项目的实施过程可称得上是一项独特的挑战。除了要调研项目中所需支持的应用、中间件和数据库的情况，以及参考本书第 4 章所述信创云典型场景梳理用户真实业务需求，实际项目实施过程中往往还需应对的典型问题如下。

（1）基础软/硬件选型难。经过几十年的磨合与发展，通用型云平台所使用的基础软/硬件技术栈相对固定，且拥有较为成熟的生态体系和诸多类似项目成功案例。而信创云所面对的基础软/硬件技术栈多、不同产品间协同成熟度低，可供参考的同类项目成功实施案例较少，这些都对基础软/硬件的选型带来了诸多挑战。

（2）供应链整体成熟度和稳定性偏弱。目前信创云供应链中的关键基础软/硬件，或特定领域专有应用等的供应保障存在诸多不确定性，可能由于贸易冲突等因素导致供货、售后服务等环节出现问题，从而引发项目实施计划的变更风险。

由于这些问题的存在，信创云的实施过程往往难于一步到位，通常建议结合业务发展诉求和用户侧技术能力水平，合理划分为多个阶段分批、分步骤地实施以降低各阶段的风险。但从项目自身定义来看，其是为创造独特的产品、服务或成果而进行的体系化工作，单一的信创云项目仅仅是在优化特定区域、行业或用户云计算供应链安全的中长期战略之下，在某个较短时间段内的具体工作内容，因此我们**需要在做好单一项目及项目下不同阶段性目标的同时，始终坚持着眼于整体战略方向，对相关成果进行持续地改进。**

本章拟从用户视角，分析信创云实施环节的关键工作项及对应处理策略，同时对信创云日常的运营与维护提出相关建议。

7.1 阶段划分

信创云项目实施因涉及诸多新技术的引入，且对应基础软/硬件产品迭代更新频繁，因而在项目初期用户侧的相关知识储备往往存在一定的欠缺。为了规避信创云实施环节的风险，当前多数信创云实施过程都会引入“先行先试”[①]的工作模式，即通过实施有限功能范围的试点项目来熟悉相关新技术，定义和逐步优化适应其业务发展的信创云运营及运维管理制度，并在试点项目中获得的相关经验基础上，通过更高层面的复盘和规划设计，适时启动并逐步完成正式项目各个阶段的实施目标。

常见的信创云试点策略有限制直接操作信创云平台的用户范围、限制所采用技术栈类型及信创云上线功能范围等。通过这些策略，合理规划项目实施各阶段的里程碑及渐进式实施策略，从而有效地规避相关风险。

7.1.1 用户模式

信创云实施阶段的划分策略涉及诸多内容，其中最关键的是明确初始阶段所采用的用户模式。所谓信创云的用户，可简单理解为能够登录并进入信创云管理界面的云平台使用者[②]。而一个用户往往会属于一个或多个不同的组织，该组织在云计算技术领域通常被称为租户[③]。通常而言，信创云中的用户模式可大致归纳为单租户模式、多租户模式和混合模式 3 种，可根据以下业务需求来选择不同的实施方式。

（1）业务数据安全相关的要求，如是否可接受以逻辑隔离方式存储业务数据等。

（2）云平台中用户间的级别关系，以及不同级别用户在虚拟资源使用方面的差异性要求。

---

① 先行先试是渐进式改革模式的具体体现。其中“先行”指先实行、走在前面，“先试”指先试探、试用。

② 通常还有一类不会登录云产品管理界面（或调用信创云中虚拟资源的外部应用）的云平台使用者，其直接使用信创云所创建的虚拟资源。本节所描述的用户不包含这类使用者。

③ 部分云计算产品中，将其称为“项目”。

（3）成本因素。典型的如实施预算是否能够支撑创建多个独立部署和管理的信创云平台，以满足特定行业用户对业务数据的物理隔离要求。

（4）运营和运维方式。如由各业务部门自行进行虚拟资源的运营和运维，或设置专职团队（甚至委托第三方代维机构）进行。

1. 单租户模式

单租户模式是指单一集群中只存在一个租户下的一个或多个用户实例，该集群中的不同虚拟资源间默认不设置或仅设置有限的逻辑隔离措施，如图 7-1 所示。

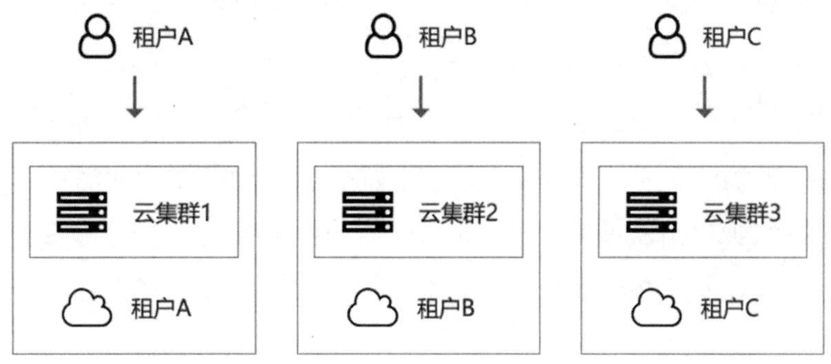

图 7-1　单租户模式示意图

单租户模式并不等同于单用户模式。实际上，在多数支持此类模式的信创云产品中，往往允许在这些单租户集群中创建多个包含有独立登录信息的用户，并将他们设置为其所创建虚拟资源的所有者，但允许其他用户查询和使用这些虚拟资源[①]。

单租户模式信创云常见的使用场景包括以下 3 种。

仅由有限的几位具备相同权限的管理员进行运营和运维管理。此类场景下，其他信创云用户均为信创云资源实例的使用者，即直接使用信创云所创建好的虚拟资源实例，甚至直接使用信创云上运行的业务系统——这些用户不会登录和管理信创云[②]。

---

① 当其他用户修改虚拟资源属性值时，多数云产品会保存对应的修改日志，以备该资源所有者进行审计。

② 这也是目前中、小、微云平台所采用的主流运营模式。即云平台用户很少，而云资源用户较多，前者会通过云平台管理系统界面创建和管理虚拟资源，后者则不会登录云平台管理系统。

对业务数据安全性有强制隔离要求。此类场景通常采用多个独立运行的、采用单租户模式的云集群，在不同集群下可根据业务需求选择所对应的技术栈及其专有优化策略，集群间往往基于物理网络设备以受限方式进行互联，其建设方式类似于传统烟囱式的信息系统，因而也具有此类架构的典型缺点，如各云集群间不能在资源均衡性、连通性等方面进行有效协同，但其隔离性佳、架构简单等特点能有效降低信创云日常运维成本、保障信创云的安全性。典型的实施案例常见于大中型企业中特定部门①的专属云平台系统。

使用多租户用户模式会引发性能冲突的场景。在本书第 6 章中，我们提到使用流量管控相关能力，规避使用多租户模式云平台所面临的“嘈杂邻居”现象，而通过部署多个单租户模式独立运行的云平台，也可以有效地规避此类问题。但由于该方式无法在租户间共享基础设施资源，因而部署成本将与租户数量密切相关，如 10 个租户就可能花费 10 倍的软/硬件采购成本。而在信创云的运营和运维方面，由于需要分别管理各个独立部署的单租户云平台，因而对应的建设和运营成本也很可观，通常建议引入具备多集群统一纳管和集中式管控能力的云管理平台产品来降低对应的成本②。

从严格意义上讲，单租户模式虽然无法满足传统云计算概念定义中的多租户管理要求③，但纵观众多信创云所面对的实际业务场景，其已可以满足绝大多数中小微型云环境的云资源使用与管控要求④。

2. 多租户模式

如图 7-2 所示，多租户模式是指单一集群中存在多个租户，基于共享方式使用集群中的物理资源来创建各自的虚拟资源，从而有效节约信创云搭建成本。同时为保护不同租户的业务隐私，不同租户之间的虚拟资源默认设置并启用逻辑隔离措施。

① 如财务、研发等对业务数据安全性要求较高的部门。

② 类似的产品包括华云数据的云管理平台产品等，其特点是可以在更高层面对不同云集群进行统一管理，优化以往运营、运维人员分别登录各云集群自有管理界面进行对应工作的方式。

③ 详见本书第 1 章的相关内容，该定义主要是面向公有云场景进行阐述的，因而重点强调了多租户模式。但私有云项目往往采用单租户模式进行实际的运营和运维。

④ 部分用户因为管理流程等非技术因素影响，需要使用更为复杂的用户模式。但通常此类用户可采用简化对应运营管理制度的方式来改用单租户模式，从而有效降低信创云运营成本。

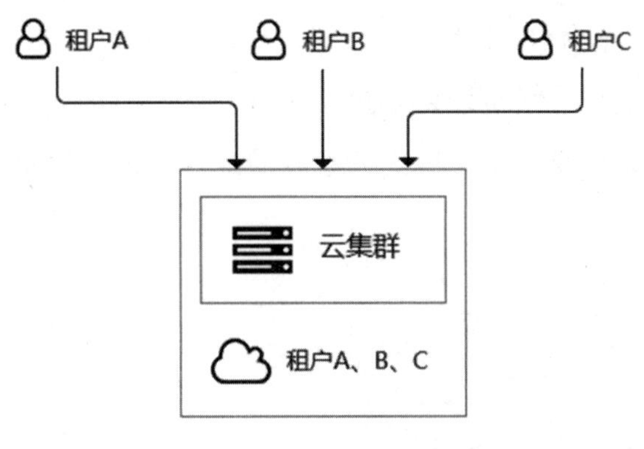

图 7-2　多租户模式示意图

由于不同租户间业务需求的多样性，多租户模式往往会导致租户间的物理资源争用、虚拟资源故障传递等问题，如因某台虚拟机中所运行应用存在 Bug，导致其占用大量网络资源，并影响与该虚拟机共用同一物理网络链路的其他租户。但与此同时，多租户模式也具备多项优势。

（1）从运维角度，多租户模式可有效减少待维护云平台的设备规模，降低后续升级、日常运维等环节的成本。典型的如云平台的版本升级或安全补丁升级，多租户模式下管理员通常只需操作一次，而单租户模式下则需对各个云集群分别实施对应的操作。

（2）从运营角度，多租户模式可视为在成本投入与安全性间的一种妥协，即底层资源的共享程度越高，信创云的整体运营成本就越低、虚拟和物理的资源利用率就越高。但这也会导致租户数据安全性的降低，以及不同租户间业务峰值叠加冲突时引发云平台整体性能急剧下降的风险。

信创云中常见的多租户模式还包括对一些特殊基础设施资源的共享，如用作高可用云环境仲裁判定的物理服务器资源和公共镜像管理服务等，这些均可被多个租户共享使用，从而在保障各租户业务数据逻辑隔离的同时，降低部分可共享资源的购置成本。

3. 混合模式

混合模式可视为多租户模式的横向或纵向扩展，横向扩展常见实现形式分为两种。

（1）纳管多个（以单租户模式独立运行的）云集群的信创云产品，并通过更高层级的跨集群云管理平台[①]启用多租户模式，从而在保持各集群以单租户模式独立运营的同时，实现多个集群间的资源互通、资源均衡与协同，以及跨集群的统一权限管理[②]。图 7-3 为纳管多个单租户模式云集群的混合模式示意图。

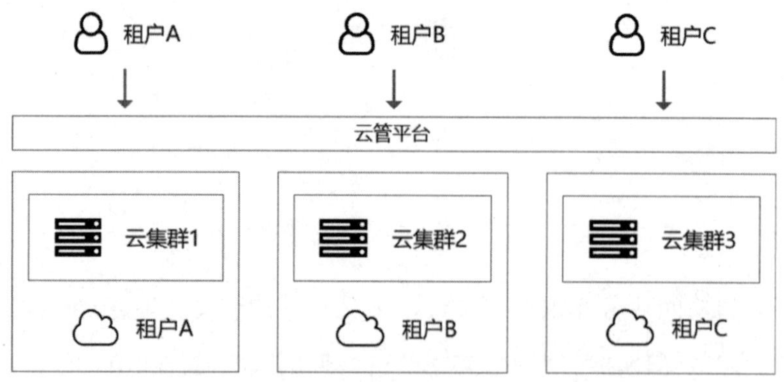

图 7-3　纳管多个单租户模式云集群的混合模式示意图

（2）部分云集群使用单租户模式，其他云集群使用多租户模式，同时引入统一的更高层级的跨集群云管理平台纳管各个集群。在实际开通资源数量较多的情况下，鉴于此类形式存在较高的运营复杂性[③]，可将其拆分为多套相对独立的、使用同一类用户模式的信创云分别进行建设和运营。图 7-4 为复杂混合模式示意图。

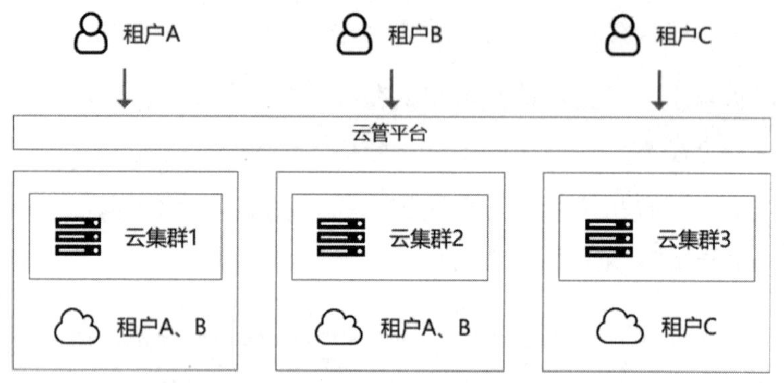

图 7-4　复杂混合模式示意图

① 指云平台管理软件，此类产品可为运维人员提供跨越多个云集群的资源管控操作界面，只需登录一次即可对相关资源进行统一的管理。

② 为了有效降低日常运营环节的复杂度，采用混合模式的信创云通常会统一将租户与用户的权限管理功能放在最上级云平台的管理界面中，以避免上、下两级（或更多级别）的不同管理界面同时进行权限信息维护所引发的冲突。类似的产品有华云数据云管理平台等。

③ 复杂性体现在如业务允许虚拟资源在不同云集群间进行迁移，则需考虑如何将虚拟资源从多租户集群迁移到单租户集群，这会对云平台升级、扩容等能力的适应性提出更多挑战。

采用不同用户模式的信创云能力对比如表 7-1 所示。

表 7-1　采用不同用户模式的信创云能力对比

对比项	单租户	多租户	混合模式
安全性	高，租户间物理隔离	低，租户间逻辑隔离	较好，按需设置物理、逻辑隔离
投入	高，独享物理资源	低，共享物理资源	中，可通过调整资源共享与独享占比来均衡投入
性能	高	低	中，可通过调整资源共享与独享占比来均衡性能
灵活性	低	中	高，可通过调整资源共享与独享占比来均衡灵活性
复杂度	低	中	高

混合模式还包括对多租户模式的纵向扩展，即在一套信创云中启用多个租户层级对资源进行管理，多见于存在不同管理层级组织关系的政企用户，典型的如在具有集团总部、各省公司、市属公司 3 级组织机构的大型国有企业信创云中，可按以下两种方式进行多个层级租户权限的设置。

（1）底层采用单租户模式，并通过统一纳管不同租户资源池的方式，在更高层级实现对特定多个单租户资源池的统一管理。如规划信创云的管理按省级进行自治，则可按省级进行不同租户的划分，即同一省内不同地市间共同使用一个或多个共享虚拟资源池，总部租户可通过统一管理界面查询、分析各省级资源池的信息，或分别进入各省资源池进行管理，具体如图 7-5 所示。

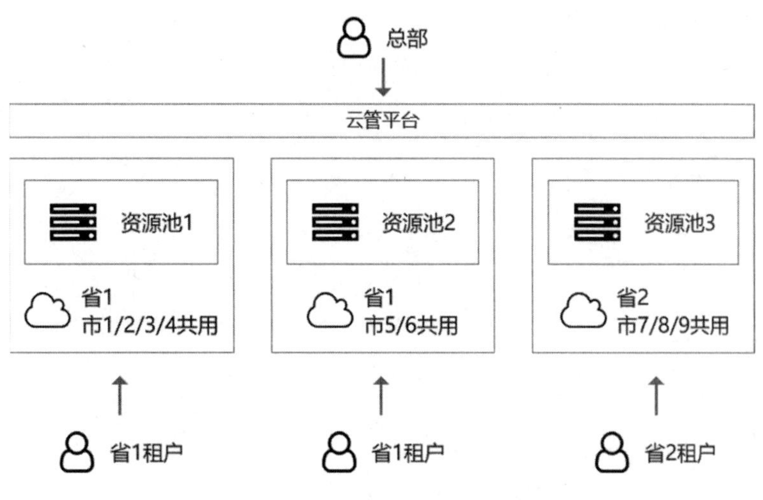

图 7-5　多层级混合模式示意图 1

为解决上述方式无法在各市级虚拟资源间实施物理隔离的缺点，也可规划按市级进行资源池自治，即不同地市用户分别管理和使用各自独立的资源池（可按需使用 1 个或多个），总部租户可在更高层级统一管理全国各地市资源池的信息（也可按省进行对应的数据汇总分析），或分别进入各地市资源池进行管理，省级租户可通过获取对应的市级账号来实现对特定地市资源池的管理，具体如图 7-6 所示。

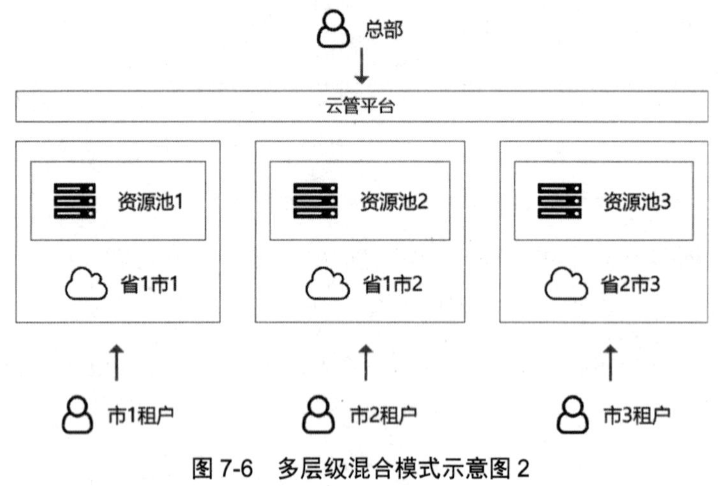

图 7-6　多层级混合模式示意图 2

（2）底层采用多租户模式，并提供完整的多级租户管理能力[①]，如可根据示例中的大型国有企业组织机构特点，设置总部、省、市 3 级租户，既能保证同一省内不同地市分别管理和使用各自独立的共享虚拟资源池，又能使得省、总部拥有更高层级的虚拟化资源池管理能力，即总部租户可以管理各个省级甚至市级的资源、省级租户可以管理所在省下属各地市的资源、市级租户可以管理其自身的资源池，且不同地市、不同省份的业务数据间均实施逻辑隔离。此外，这种方式使用一套云管平台作为管理入口，减少了不同租户使用不同管理界面所引发的运营、运维工作量，具体如图 7-7 所示。

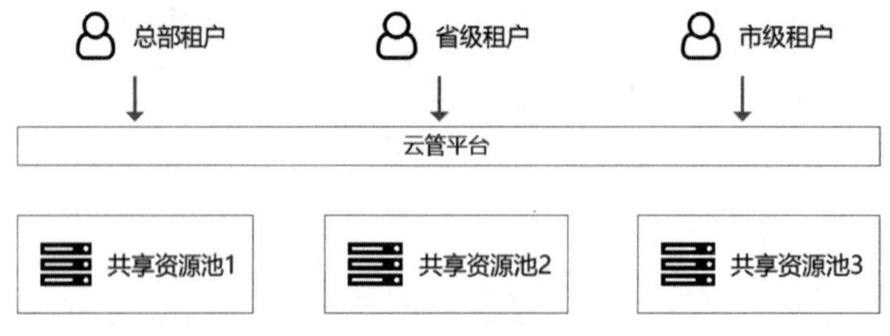

图 7-7　多层级混合模式示意图 3

① 此处需要的层级为 3 级。不同品牌的信创云产品可设置的租户层级数量各不相同，常见的有 1 个、3 个和 5 个。华云数据的云管理平台产品最多可提供 10 个层级的租户管理能力。

从规避实施风险角度，为有效减少信创云项目实施初始阶段的复杂度，可先行采用单租户模式进行建设，完成功能验证及应用适配后，再适时评估引入更复杂用户模式的必要性。推荐的实施策略如下（混合模式因仅用于大型信创云系统，且此类规模项目通常会对云产品进行个性化定制，故不在推荐中）。

- 单租户模式-多租户模式（建议严格控制租户数量[①]）。
- 单租户模式-多个独立运行的单租户模式-多租户模式（建议严格控制租户数量）。

同时，建议用户在实施自身第 2 个信创云集群时，就规划将其与已有信创云集群的用户权限体系融合，从而减少后续将多个云集群间的不同用户体系权限合并时可能引发的数据清理、整合工作，以及由此可能导致的跨云集群权限数据无法融合的风险[②]。

7.1.2　技术栈

如何结合业务需求选择合适的基础软/硬件技术栈，并合理规划后续演进方式，也是信创云实施初期的核心任务之一，涉及虚拟化技术、处理器指令集和云形态等多个方面的选型和决策。

1. 虚拟化技术选择

常见的虚拟化技术包括服务器虚拟化、容器虚拟化两种形式[③]。在虚拟化技术得到广泛应用前，一台物理服务器同一时间仅支持运行一套特定品牌和版本的操作系统，而在使用云计算领域的服务器虚拟化技术后，一台物理服务器就能同时运行多个品牌、版本的操作系统，在有效提升硬件使用效率的同时，为应用提供更为灵活

---

① 很多政企用户倾向于使用诸多租户账号来管理信创云。更好的策略是创建有限的租户账号，并在这些租户下创建不同用户账号来使用信创云。

② 多个独立建设的信创云在合并为一套信创云时，如果用户权限设计、业务管理规则设计不一致，典型的问题是需要根据全新设计的管理方式，对已有数据进行数据、规则清洗，而后再将清洗后的数据导入新的信创云。在此过程中如果发现严重的冲突，则往往需根据所调整幅度的大小和成本因素，选择对部分租户或用户信息进行手工重建，以适配最新的权限体系。

③ 部分资料将这两种技术称为“虚拟化”和“容器化”，或硬件抽象层面的虚拟化和操作系统层面的虚拟化。还有部分材料认为编程语言运行环境也可视为常见的一类虚拟化技术，典型的如 Java 虚拟机等。

的运行环境，并降低传统信息架构的采购和运维成本。

容器虚拟化同样是一种特殊的虚拟化技术，其将不同应用封装成可移植的、具备所有必要的依赖组件关系的单元，同时不同容器间以共享方式使用宿主机的操作系统①，从而精简了服务器虚拟化技术中的虚拟机管理器（Hypervisor）和客户机操作系统（Guest OS）所带来的性能损耗，因而其运行环境更精简、运行和应用执行速度也更快。图 7-8 所示为虚拟机与容器架构对比。

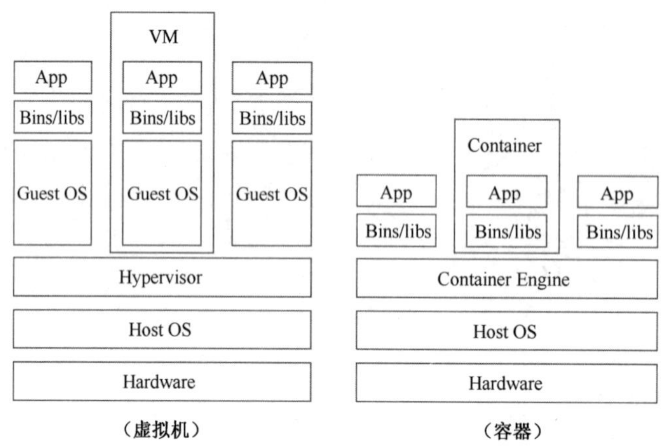

图 7-8　虚拟机与容器架构对比

通俗来讲，服务器虚拟化提供了更加完整的基础软/硬件的模拟，而容器虚拟化则只模拟操作系统。两种虚拟化技术的主要参数对比如表 7-2 所示。

表 7-2　服务器虚拟化与容器虚拟化对比

对比项	服务器虚拟化	容器虚拟化
运行模式	不同虚拟机运行在独立的操作系统中，并可使用不同操作系统品牌、版本	不同容器共享宿主机的操作系统品牌和版本
虚拟化级别	硬件级	操作系统级②
启动时间	分钟级	秒级或毫秒级
资源占用	高	低
安全性	高，操作系统级隔离	低，操作系统内进程间隔离
其他	可在虚拟机中运行容器	容器内运行的应用需按容器特征优化设计，否则无法保证运行效果

① 容器虚拟化可归类于操作系统虚拟化范畴，即通过宿主机操作系统提供的能力，让包含特定应用的容器独立运行。

② 容器虚拟化不需要在服务器固件中启用硬件虚拟化相关选项如 VT-X 等，但如果是在虚拟机中运行容器，则需要为虚拟机开启硬件虚拟化相关选项。

从上表可以看出，服务器虚拟化技术可模拟完整的基础软/硬件环境，可以为采用传统方式开发的应用提供良好的兼容性，且技术成熟度相对较高，因而是目前信创云实施中采用最多的虚拟化技术。容器虚拟化技术则依赖于客户端操作系统、应用对容器技术和常用容器编排工具（如 Kubernetes）的支持能力，且基于传统方式研发的应用通常要参考云原生设计理念，进行架构和源代码级别的重构改造后，才可在容器环境中获得最佳的运行效果。

从具体项目实践效果来看，部分品牌和型号的国产处理器存在核心数少[①]、硬件虚拟化加速功能待完善等客观情况，导致在这些处理器上运行服务器虚拟化的效果往往弱于容器虚拟化。因此，在信创云虚拟化方式选择方面，需综合考虑业务应用的实际情况及拟采用的国产基础软/硬件技术特征后，再汇总评定、选择最合适的虚拟化技术。

2. 先简后繁策略

在处理器指令集选择方面，推荐在项目实施环节优先选择单指令集策略，即使在有多种指令集共存的场景下，也建议通过分解项目执行阶段的方式，优先基于其中一种指令集进行云平台早期阶段的搭建，从而避免过多技术栈同步引入导致系统整体复杂性提升所引发的项目风险。关于典型的单指令集为先策略，本书第 5 章中单指令集信创云典型功能集可作为建设范围的参考。

云形态选择方面，常见的包括私有云、专属云、公有云和混合云等，而目前已上线的多数信创云项目，多数采用私有云或以私有云形态为主、其他云形态为辅的形式。在项目建设初期，建议仅选择一种形态进行建设，并在达到相对稳定的阶段后，再结合业务需要评估引入其他云形态的必要性与可行性。

此外，当实际业务需要搭建超过一个云计算集群时，也建议通过分步建设的方式，先通过实施第一个云集群来积累相关实施经验，而后再扩展实施更多的云集群。

---

① 部分国产处理器型号如海光 5280 等，具有类似 Intel 超线程技术（Intel Hyper-Threading Technology）的功能，可通过这种方式来提升操作系统调度的处理器核心数。当在服务器固件中选择启动该技术时，处理器会在每个物理内核上公开两个执行上下文，即将一个物理内核模拟成两个“逻辑内核”来处理不同的软件线程。相比于传统的单线程内核，两个逻辑内核可以更加充分利用内核的空闲时间，从而提升处理器吞吐量。根据 Intel 公司的相关材料，超线程技术最多可提升约 30% 的应用性能。

7.1.3 虚拟化对象范围

在本书第一篇中，我们已经介绍了虚拟化技术的几种应用形式，这里做简单回顾，即从虚拟化技术的应用对象角度，主要可分为对计算、存储和网络相关物理资源的 3 种虚拟化类型。

（1）计算虚拟化。云平台中的计算虚拟化是虚拟化的基础，也是信创云常见的最小虚拟化应用范围，如计算通过 KVM 技术进行服务器虚拟化，但存储使用传统本地存储或 SAN 存储，网络使用传统基于网络设备的 VLAN 管理方式①等。

（2）存储虚拟化。云平台中的存储虚拟化通常是指采用分布式存储技术实现的虚拟化能力。当预期存储需求增长较快且存在诸多不确定因素时，存储虚拟化可采用单独交付的方式使用，如部署独立运行的存储虚拟化专用云集群，通过 iSCSI 等标准化数据存取接口，为云平台的虚拟机、容器或整用型裸机提供虚拟存储服务，这种以独立形式交付的存储虚拟化可有效简化后续扩容、均衡性管理方面的复杂度，但由于其和计算资源间需要通过网络传输相关数据，故性能往往会受限于物理网络链路的带宽情况。

（3）网络虚拟化。云平台中的网络虚拟化通常是指采用 VXLAN 技术实现的虚拟叠加网络②。通常，网络虚拟化不会以独立形式单独交付给实际项目使用，而多与计算虚拟化、或“计算和存储虚拟化”共同交付。同时因其复杂度相对较高，且在裸机或虚拟资源数量较多的云平台中才能更好地体现其优势，因而往往是信创云项目中最后实施的虚拟化技术类型。

在多数信创云的试点阶段，通常可以考虑先实施最为基础的计算虚拟化，而将存储虚拟化、网络虚拟化步骤根据实际业务情况，灵活地在后续阶段逐步安排实施。

---

① 其他可选的网络类型还有平面（Flat）网络、叠加（Overlay）网络等，但前者安全性差，多用于业务需求受限的场景，如单台服务器独立运行的桌面云等，后者则多用于安全等特定指标要求高或部署规模较大的网络环境。

② 在目前实施的多数信创云项目中，使用的是通过 VLAN 技术实现的虚拟网络。在部分云产品开发商视角看，基于 VLAN 技术的虚拟网络因为实现了对物理网卡的虚拟化，也是一种相对基础的网络虚拟化能力。单从某些用户视角，因为 VLAN 技术仍会涉及诸多使用传统方式在物理网络设备上进行相关策略设置的工作，故此不应将其算作完整的网络虚拟化技术。

典型的单指令集信创云虚拟化覆盖步骤如表 7-3 所示。

表 7-3　典型的单指令集信创云虚拟化覆盖步骤

阶段 1	阶段 2 的 3 种选择	阶段 3	备注
计算虚拟化	引入存储虚拟化	引入网络虚拟化	推荐步骤
	引入网络虚拟化	引入存储虚拟化	
	引入存储和网络虚拟化	—	
存储虚拟化	引入计算虚拟化	引入网络虚拟化	

从信创云适配角度来看，相对于存储和网络虚拟化能力，计算虚拟化对运行在云之上的应用、数据库和中间件的影响度最高，其也是通用型云平台与信创云平台在虚拟化技术层面差异最大的虚拟化能力。

7.1.4　关于利旧

如何结合业务特点对用户已有 IT 资源进行合理的利旧，是信创云项目实施环节常见的典型需求。本节拟从已有设备利旧方式角度进行探讨。

（1）项目初期，新建信创云平台尚未达到稳定运行的状态，前期采购设备可用于支持新建信创云的过渡，如支持组建通用型云平台和信创云平台并轨运行的环境，以确保新建信创云出现性能、稳定性等问题时，可在较短时间内临时切换由通用型云平台提供对外服务①。同时，在新建的信创云平台尚未完成存储、网络虚拟化建设时，可基于诸如传统 SAN 存储设备提供存储服务，或基于传统网络设备提供基于硬件的信息数据交换服务，从而为待迁移的传统应用、中间件或数据库，提供信创云项目实施所需的过渡环境等。

（2）项目中后期，新建信创云往往已经达到稳定运行状态，此时前期采购设备可用于部署和运行非核心业务系统，如各类开发和测试环境等，也可用于搭建独立运行的数据备份用存储系统，为信创云提供业务数据备份服务。对于某些因为特定原因②无法完成信创迁移的应用、数据库和中间件，也可使用原有设备搭建其专属运

① 搭建此类环境需使用兼容通用和国产处理器服务器的信创云产品，且其还需支持负载均衡服务（或使用硬件负载均衡设备）等。

② 常见的原因包括没有系统的源代码而导致的无法迁移改造、授权协议导致的法律相关问题等。

行环境，并通过信创云所提供的兼容纳管功能进行对接使用[①]。

同时，在某些信创云场景中为了支撑早期研发的遗留系统，需支持诸如 IDE[②]（Integrated Drive Electronics）等早期设备的接口，或支持 Windows 2000/2003、Windows XP、银河麒麟 V4、中标麒麟 V7 等早期操作系统品牌和版本，以及早期国产硬件型号如基于 MIPS 指令集的龙芯 3B4000 处理器等。

由此可以看出，在用户模式划分、技术栈选择、虚拟化对象范围确立及前期采购设备利旧等方面，新建信创云的实施阶段划分存在诸多可选路径，这就对相关信创云产品选型提出了更高的要求。

7.2 部署架构

信创云实施环节需要确定多种与部署架构相关的策略，通常可分为高可用策略、容量规划策略、部署方式策略等。

7.2.1 高可用策略

鉴于不同用户业务需求间的差异性，并不是所有交付的信创云平台都必须启用高可用策略，如用于研发、测试或信创适配业务的云平台里，用户往往可以容忍一定程度的故障率和故障响应时间，但同时更关注如何缩减云平台的搭建成本，以及如何提升基础软/硬件资源的使用率等。

1. 非高可用信创云

典型的非高可用信创云包括两种。

---

① 实现信创云、通用型云或传统非云化 IT 环境间的相互协同，从而共同支撑特定业务系统运行。目前部分信创云产品可提供类似的混用环境组建能力，如华云数据的云管理平台产品等。

② IDE 电子集成驱动器，是集成硬盘控制器、盘体的硬盘驱动器形态，通过这种方式减少硬盘接口电缆的数目和长度，从而增强数据传输的可靠性，降低硬盘制造难度。目前这种接口已被 SATA 等新型接口替代。

（1）以单节点方式运行的信创云。在政企用户实施先行先试信创云项目时，为节省初期基础软/硬件相关采购投入，以及规避后续可能的技术栈调整所引发的前期投入浪费风险，可基于单节点方式部署一套“微型”信创云环境用于对规划方案的可行性进行检验。同时，也有少数特定生产环境因预算受限等因素需使用单节点，如用于企业分支机构的微型办公用桌面云环境等，此时信创云的高可用主要依赖于服务器设备自身相关能力，如内存校验技术、基于 RAID 卡实现的业务数据多副本机制、冗余电源保障等，此时云平台本身往往不提供高可用能力。

以华云数据在 2021 年发布的国产单节点信创云产品为例，其主要特点是在全面支持国产基础软/硬件的同时，最少使用 1 个节点即可完成部署，并支持以 1 节点为扩容单位扩展到 2、3 甚至更多节点①。该产品使用了计算和网络虚拟化技术，存储方面则沿用传统的本地存储方案。当用于生产环境时，可基于物理 RAID 卡提供的本地数据盘冗余存储机制保护业务数据不丢失，但如果物理服务器本身因为各种原因宕机，则会导致故障服务器中所运行的虚拟资源暂时无法访问，需运维人员介入进行手工恢复。因而，华云数据推荐将这种单节点云部署策略用于对高可用要求不高的开发、测试云环境，以及一些运行非关键业务的小型生产云环境，如基于飞腾 S2500 处理器的小型办公用桌面云等。图 7-9 所示为以单节点方式运行的华云数据通用型云操作系统。

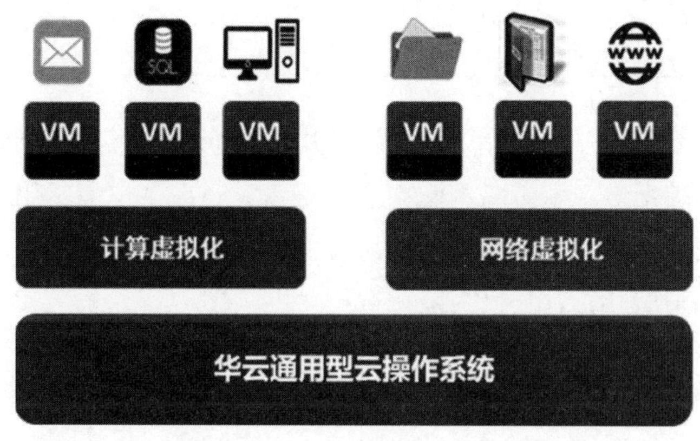

图 7-9 以单节点方式运行的华云数据通用型云操作系统

① 如果业务对高可用有需求，2 节点模式可使用超融合部署方案，从而为业务提供完整的高可用能力，即在单节点提供数据高可用能力的同时，提供虚拟资源级别的高可用能力。

（2）多节点方式运行的信创云。对于用于开发、测试等对高可用能力要求不高的、非正式生产环境的信创云环境而言，为满足某些场景下开通更多虚拟资源的业务需求[①]，首选的策略便是降低信创云的高可用级别，如将业务数据存储副本数由默认的 3 份调整为 2 份甚至 1 份，以减少多副本策略对物理磁盘容量的占用，还可考虑在业务条件允许的前提下启用物理内存超分机制[②]等。

2. 高可用信创云

信创云的高可用，除了信创云产品自身相关组件需按照无单点设计并部署，需要重点关注的包括物理磁盘中数据的高可用保障、物理服务器自身稳定性保障等。

（1）业务数据的高可用。根据所采用存储技术的不同，集中式存储的信创云主要采用硬件 RAID 技术保证存储数据的高可用，常见的如 RAID1、RAID5、RAID6、RAID10 等；采用分布式存储的信创云主要采用数据多副本，其中常见的数据副本策略有 2 副本和 3 副本，不同副本数对应的产品指标对比如表 7-4 所示。

表 7-4　不同副本数对应的产品指标对比

策略	最低节点数	空间利用率	可宕机节点数	可损坏硬盘数	可靠性
1 副本	1	100%	0	0	低
2 副本	对不同品牌云产品有所不同，常见为 2、3	50%	1	1	中
3 副本	对不同品牌云产品有所不同，常见为 4 或 5	33%	2	2	高

此外，基于分布式存储的云产品也可选用纠删码技术进行数据的高可用存储，其相比于标准的数据多副本策略具有更高的磁盘利用率，但需占用诸多处理器和磁盘资源执行数据的校验计算过程，故不建议用于整体算力较弱或实际业务负载较高的基础软/硬件环境。

（2）服务器的稳定性。服务器稳定性保障关键在于如何更合理地划分信创云故

① 典型的业务场景如信创应用适配过程中，为了验证高并发下应用的承载能力，往往需要开通数百台虚拟机用于支撑验证环境的运行，而使用多副本往往会导致该场景下的物理磁盘容量无法满足虚拟机开通需求。

② 物理内存超分不会直接导致高可用级别的下降，但会在某些场景下引发信创云性能的降低，并间接影响信创云的稳定性和高可用能力。故多数云产品在生产环境中不宜启用内存超分策略。

障域。以目前信创云环境主流的数据3副本为例，无论单个集群内有多少台宿主机，同一时刻最多可支持2台服务器同时宕机时能继续提供各类云服务，若此时再有任何服务器出现问题则会导致业务数据丢失的严重事故。而在2副本模式下，则最多支持1台服务器宕机。

由此可见，信创云平台单个集群中的服务器数量越多，则信创云出现数据丢失的风险概率越大。常见的高可用策略效果对比如表7-5所示。

表7-5 常见的高可用策略效果对比

策略	每集群允许宕机数	所有集群最大允许宕机数	空间利用率
2副本单集群	1	1	50%
3副本单集群	2	2	33.33%
2副本双集群	1	2	50%
3副本双集群	2	4	33.33%
2副本三集群	1	3	50%
3副本三集群	2	6	33.33%

由此可见，在服务器数量相同的情况下，基于这些服务器搭建单集群或三集群，其允许宕机的服务器总数量比最高会有3倍（见上表中带着重号的2个数值）。故此，为规避目前信创云基础软/硬件稳定性相对较弱的影响，多数情况下建议每个云集群中的服务器数量控制在16台以内①；而对于有更多服务器的信创云集群，通常建议引入多集群部署方式，通过用一套信创云对各集群进行统一的管理平面打通，在实施对所有资源集中监控、运营管理的同时，在物理层面保持各集群的独立运行，使得各集群都可承载一定数量的宕机风险，从而提升信创云的整体高可用能力。

3. 双活信创云

对于有更高业务可用性指标要求的信创云项目，如要求实现机架级高可用或数据中心级高可用，或对恢复时间目标②（Recovery Time Objective，RTO）指标有较高

① 该数据是一个经验值。建议在实际项目实施环节，依据信创云所用服务器整机型号的稳定性指标、信创云产品自身的稳定性指标，以及每台服务器中所配置的用于存放业务数据的磁盘数量等信息，结合实际业务需求进行适当调整。

② RTO 指在故障发生之后信创云停止对外提供服务的最长可承受时间。其具体时长是从故障发生并从信创云无法对外提供服务器的那一刻开始，到恢复至可以支持各业务正常运作之时，这两个节点之间的时间段。通常实现同城双活的云平台PTO多为分钟级。

要求的，除了可以使用传统的基于共享存储硬件设备的双活解决方案，还可选用基于软件定义方式实现不需要特定专属设备的、支持双活集群高可用能力的信创云产品，以在数据有效性、高可用性间获得平衡。相关典型产品有华云数据的云操作系统产品等，其基于华云数据自主研发的分布式存储所提供的延展集群特性，实现用户虚拟数据面的双活能力支持。

具体而言，华云数据通用型云操作系统的双活部署模式由 3 个处于不同位置的故障域组成，其中两个故障域分别保存 1 份用户数据副本，另 1 个故障域作为（不存放任何业务数据的）专用仲裁节点。当信创云产品检测到两个存放用户数据副本的站点间网络连接发生异常时，会将能够连接仲裁节点的用户数据副本站点视为正常站点，并切换由其继续为用户提供各类云服务。其具体实现架构如图 7-10 所示。

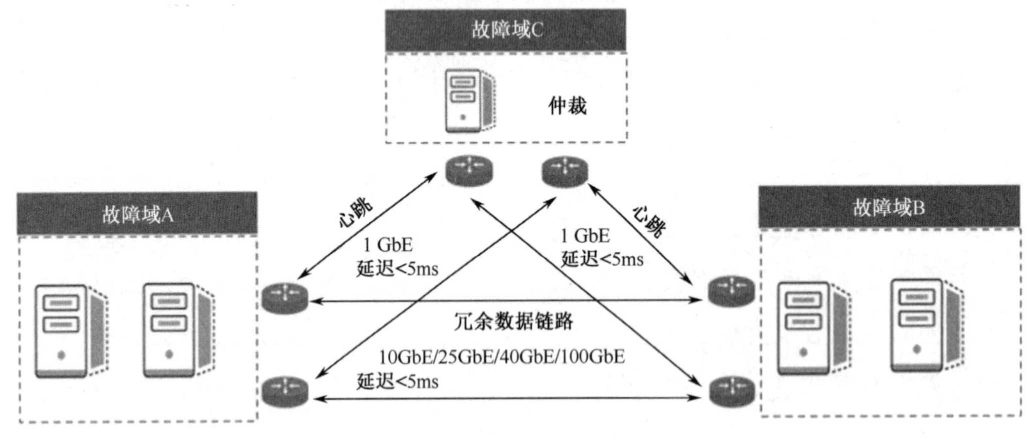

图 7-10　华云数据通用型云操作系统的双活部署模式具体实现架构

在实际信创云项目中，根据所支撑上层软件的运行架构不同，华云数据通用型云操作系统可以实施更加精细化的部署设计策略。具体包括两种典型的情况。

（1）单机业务虚拟资源。对于以传统单机方式运行的业务应用，只要保证当任一个数据站点的节点故障时，能自动在另一个数据站点重新启动对应的虚拟资源即可。图 7-11 所示为单机业务虚拟资源的高可用设置。

华云数据通用型云操作系统的高可用切换是受聚合组约束的。聚合组是一组配置相同的物理服务器，创建在该聚合组中的虚拟资源，其运行、迁移和高可用故障恢复的范围都受限于该聚合组中的物理服务器。对于单机业务虚拟资源，双活集群中的聚合组可以设计为包含两个数据站点中的节点，如上图“聚合组 1”中的虚拟机出现故障时，可以由华云数据通用型云操作系统内置的高可用机制调度切换到另一个故障域中运行。需要注意的是，华云数据通用型云操作系统中的聚合组划分具有任意性特点，即聚合组中的节点不需要在两个故障域中完全均衡分布。

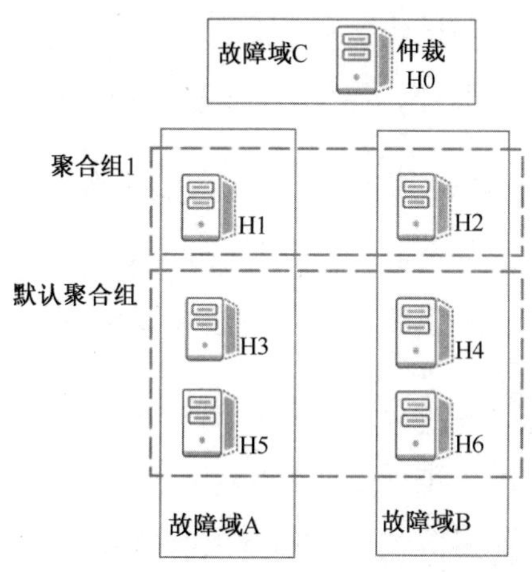

图 7-11　单机业务虚拟资源的高可用设置

（2）多机业务虚拟资源。这种更加复杂的业务系统会划分为不同组件，以特定的冗余策略分别运行在多个虚拟资源之上，在部分虚拟资源宕机时依旧可以对外提供服务。针对该场景，双活集群层面要考虑将每个组件所使用的业务虚拟机分别运行在不同故障域中，使得某个故障域出现问题时，另一个故障域可以接管并继续提供服务，从而保障用户业务系统的不间断性。

7.2.2 容量规划策略

容量规划的主要目标是对信创云初始化部署环节容量相关指标，以及后续运营过程中的容量管理策略进行设计，尽可能规避采购超出实际需求的基础软/硬件设施及相关授权所引发的浪费，或因采购量不足引发的信创云资源使用率过高及由此带来的稳定性风险。以下将从业务、部署容量两个角度展开分析。

1. 业务容量规划

业务容量规划主要是通过数据分析的方式，规划在未来某个时间段内，运行在信创云之上的上层软件，包括应用、数据库和中间件所需的物理和虚拟资源额度，如规格、数量和使用方式等。常见的规划策略是将信创云需支撑的上层软件分为两种类型进行对应分析。

（1）尚未有实施案例的上层软件。此类上层软件多为全新研发的形式，因而通常可参考其在设计、编码和测试环节所收集的容量相关指标数据，结合信创云上线后业务预期发展情况，综合评估所需的资源容量，以及更细节化的资源额度信息等。

（2）已有实施案例的上层软件。可参考已有实施案例在通用型或信创云环境（或基于传统物理机方式运行的环境）中，其运行环节所需的具体服务器规格、数量和使用方式信息，并结合信创云上线后业务发展预期进行综合的评估。

将上述两部分内容进行分析后，即可得出新建信创云的业务容量规划草案。同时，为验证业务容量规划的合理性，在信创云试运行、正式上线运行或实施扩容操作之后，往往也需定期对业务容量变化情况进行重新评估，具体评估内容包括容量变化趋势、容量变化影响因素、剩余容量预计可支撑的使用时长等，并结合评估结果对后续容量规划及相关运营管理措施进行必要的修订。

信创云中常见的业务容量规划相关指标如下。

（1）不同规格虚拟资源的预期数量，如信创云所支撑的所有业务应用需要 2C4G 的虚拟机 120 台、4C8G 的虚拟机 40 台和 8C16G 的虚拟机 25 台等[①]。

（2）流量控制相关指标，用于对信创云相关限流阈值进行定义，防止实际流量超过物理资源相关能力上限引发异常。典型的如浮动 IP 地址限速值、东西向流量带宽、虚拟磁盘的 IOPS 和吞吐量指标等。

（3）基础软/硬件资源使用阈值，典型的如信创云所开通虚拟资源使用的物理存储空间最大值等。其主要目标是确保信创云环境整体的稳定性，从而将虚拟资源的实际使用总量控制在安全阈值以下。仍以物理存储空间为例，多数信创云产品往往

① 这里只是给出了一个简单的示例。在实际的信创云项目实施过程中，建议将规格需求进行更为细致的分析，如增加每类虚拟资源实例所属的技术栈要求，以及其各自所需的系统盘、数据盘和加速卡等信息，以便更好地进行精细化管理，优化信创云平台容量管理的可控性。

将物理存储空间占用值70%～85%间的某个数值设为使用上限[①]，当容量达到该数值时将提示运营人员执行物理存储空间的扩容操作（也可通过对已开通虚拟资源执行清理释放相应的空间）。

2. 部署容量规划

部署环节的容量规划，主要包括信创云自用资源预留策略和超配比参数设置策略。

（1）信创云自用资源预留策略。在部署容量规划环节，建议为信创云自身预留部分物理服务器资源，如特定数量的物理或虚拟处理器核心、内存、存储空间等，用于避免信创云自身运行所需的服务与用户级虚拟资源产生资源争用，以及由此导致的信创云运行效率降低和不稳定风险。关于预留的具体额度，可参考所采用的信创云产品相关技术文档[②]。

（2）超配比参数设置策略。为了保持信创云部署环境的整体稳定性，常见信创云产品所推荐的基础软/硬件资源超配比设置对象仅限于物理处理器，而避免启用内存和硬盘资源的超配。在目前常见的多个品牌信创云产品中，处理器超配比取值多为1:2[③]、1:3和1:4等，也有部分品牌产品默认不启用处理器超配，即将超配比取值设置为1:1。

需要注意的是，由于信创云中最常见的虚拟资源处理器、内存的配比是1:2，即1颗虚拟处理器核心搭配2GB虚拟内存[④]，而部分指令集和品牌的国产处理器因其物理核心数较多，在部署容量规划环节需特别注意处理器核心数、内存容量配比的合理性。如采用飞腾S2500的双路服务器，该处理器拥有64颗物理核心，不支持超线程技术，两路服务器即配置有64×2＝128颗物理核心。若预留8颗物理处理器核

---

① 对于使用本地存储、共享存储的信创云而言，容量使用率超过85%时往往仍然能够正常使用。但对于使用分布式存储，特别是基于最常见的开源分布式存储Ceph研发的云产品而言，容量使用率超过70%意味着Ceph底层的数据均衡操作会频繁启动，从而大大增加云平台的不稳定因素。

② 如产品部署指南、技术白皮书或运维管理手册等文档。同时，对于多数具备可视化部署功能的信创云产品，如华云数据的云操作系统产品等，通常已在可视化部署环节默认启用并自动评估、设置了适用于当前部署环境的最佳资源预留策略。

③ 即1颗物理处理器核心虚拟化为2颗虚拟处理器核心。而对于有类似Intel超线程技术的国产处理器型号，如海光5380等，1:2的超配比意味着其1颗物理处理器核心将被超配虚拟化为4颗虚拟处理器核心。

④ 因为多数信创云产品不启用内存超配功能，因而虚拟内存在多数场景下等同于相同容量的物理内存。

心由信创云自身使用，剩余 120 核心按 1∶3 设置超配后提供给虚拟资源使用，此时虚拟处理器个数为 120×3=360 个，按处理器、内存配比 1∶2 计算，对应的物理内存至少需要配置 360×2=720GB，且考虑到信创云自身运行也会占用一定量的物理内存，因而该场景下推荐配置的内存容量为 768GB①以上。当然，在实际业务环节通常不会使用所有物理资源，且部分计算密集型应用会采用 1∶1 的处理器和内存配比，因而 256GB、384GB、512GB 等内存容量规格都可能是特定业务场景下双路 S2500 服务器的最佳选择。

7.2.3 部署方式策略

常见的信创云部署方式包括超融合、融合和传统分离式部署 3 种。几种模式在所需最小节点数、性能和可维护性等方面存在诸多不同。

1. 超融合部署

超融合基础架构（Hyper-converged infrastructure）是典型的软件定义 IT 基础架构，包含计算虚拟化、存储虚拟化和网络虚拟化。目前，超融合已成为数据中心软/硬件基础设施的主流架构。

如图 7-12 所示，根据咨询机构 IDC 预测，中国市场对超融合的需求依然强劲，2025 年相关市场规模将达到近 33.2 亿美元。

除去不具备完整高可用能力的单节点部署模式，超融合是所有具备完整高可用能力的信创云部署模式中，所需服务器节点数量最少的。目前多数信创云产品的超融合架构部署模式至少需要 3 台服务器，少数品牌云产品可支持最小 2 台的超融合部署②。同时，使用超融合部署模式的信创云产品还可设计为使用出厂预装方式进行交付，支持开箱即用并可通过可视化界面快速配置、搭建信创云平台。

---

① 如使用 12 条 64GB 内存条等。

② 如华云数据的云操作系统产品，其最小可支持 2 节点起步的超融合部署能力，并可平滑扩容到 3 节点和更多节点。另有一些云产品虽然支持 2 节点部署模式，但必须使用本地存储等非超融合技术。

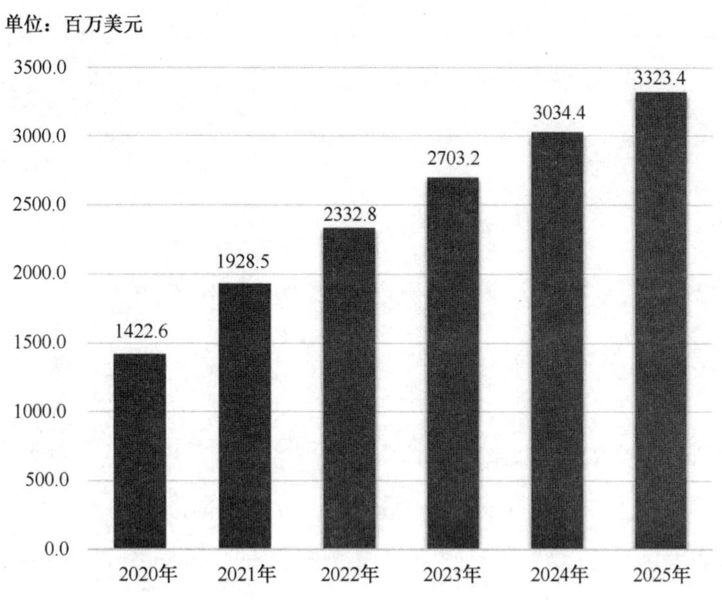

图 7-12　2020—2025 年中国超融合市场规模预测

超融合部署模式下，主流的交付方式是使用软硬一体的方式进行，即服务器、网络设备和信创云产品都由同一家品牌商进行严格测试后提供，并支持开箱即用、软/硬件可视化管理等特点，因而其具备兼容性好、标准化程度高、扩展灵活和易于运维等优势，可广泛适用于各种规模的信创云环境。

2. 融合部署

融合部署有多种不同的具体实现形式，其主要特点是将信创云自身主要的功能，包括信创云管理服务、计算虚拟化服务、存储虚拟化服务、网络虚拟化服务等进行切分，并以不同的组合形式部署在各服务器节点中。常见的有“管理+网络服务”融合（即将信创云管理服务、网络虚拟化服务部署在同一台物理服务器中）、“计算+存储服务”融合、“管理+计算+网络服务”融合等，最小部署所需节点数、整体性能均介于超融合模式和传统模式之间，综合看其部署方式灵活度较高，但在可维护性方面相对偏弱。

融合部署与超融合部署的主要区别在于，超融合部署模式中的计算、存储和网络虚拟化，都是以软件定义方式，基于标准服务器设备实现的，而融合部署则往往会使用部分传统物理硬件实现某个方面的能力。如目前最常见的融合部署方案，就是对接使用传统专用 SAN 存储设备的信创云环境，其多采用“计算+网络+管理”融合方式部署，存储部分则使用 SAN 存储，通常应用于以下场景。

- 搭建对存储性能要求较高的运行环境，如支撑大数据类应用等。
- 有 SAN 存储设备利旧需求的。
- 用户尚未掌握存储虚拟化运维所需技术能力的。

3. 传统分离部署

和前述两种部署方式相比，传统分离部署所需节点数最多，典型的是管理和存储服务各需配置 3 台物理服务器，计算和网络节点各需配置 2 台，即理论上最少需要 10 台服务器才能完成部署。而在不使用分布式存储的场景下，则最少需要 3 台管理、2 台计算和 2 台网络节点服务器，即最少 7 台服务器和额外的专用存储设备才能完成部署。

由于在传统分析部署模式下，不同服务器承载不同的服务角色，因而各服务相互间不存在资源争用情况，在同等规格条件下理论性能相对更好，对应的维护管理工作也相对简单。但其缺点也相对明显，即因其部署所需服务器数量较多，所对应的初始采购和后续扩充成本也相应较高。

传统分离部署常用于性能要求较高，或云集群整体服务器数量较多[①]的信创云环境。

4. 各部署方式对比

在高可用部署要求下，常见的部署方式及主要特点如表 7-6 所示。需要说明的是，表中的最少节点数、各节点角色等信息，是在同等硬件规格条件下、基于 KVM 虚拟化技术云产品的常见部署方式汇总的，但并不是信创云产品部署方式的统一标准。

---

① 当单一集群服务器数量较多时，云平台中的数据交换节点、网络服务节点等通常会成为整个信创云平台的性能瓶颈。为避免这种情况，通常的做法是将其进行独立部署，以降低产生性能瓶颈的概率。

表 7-6　常见部署方式及主要特点

行数	部署方式	最少节点	各节点角色	其他特点
1	超融合	3	管理+计算+存储+网络 3 台	多数云产品支持
2		2	管理+计算+存储+网络 2 台	少数云产品支持
3	传统分离	10	管理 3 台、计算 2 台、存储 3 台、网络 2 台	使用软件定义分布式存储
4		7	管理 3 台、计算 2 台、网络 2 台	使用集中式存储设备
5	融合-管理+网络	8	管理+网络 3 台、计算 2 台、存储 3 台	使用软件定义分布式存储
6		5	管理+网络 3 台、计算 2 台	使用集中式存储设备
7	融合-计算+存储	8	管理 3 台、网络 2 台、计算+存储 3 台	使用软件定义分布式存储
8	融合-管理+网络+计算	3	管理+计算+网络 3 台	使用集中式存储设备

在所有的部署方式中，使用分布式存储技术的，即表中的 1、2、3、5、7 行，都需要配置万兆或更快的交换机、网卡设备，以保证分布式存储系统的高速运行；而使用 SAN 存储设备的，即表中的 4、6、8 行，都需要配置专用 SAN 设备，并按需搭配 SAN 网络交换机、HBA 卡①等。此外对于一些特殊数量的模式，如 2 节点起步的信创云部署方案，多数产品无法做到平滑扩容到更多节点②，但其优势是可通过 2 台服务器以万兆网卡相互直连的方式运行，从而省去采购万兆交换机的投入成本③。

部署方式的选择是信创云项目实施过程中的关键环节之一，诸如服务器配置数量和策略等，将直接影响信创云项目初始建设投入和后续扩展方式。在某些复杂性较高的信创云项目中，可以尝试先用融合部署或传统分离式部署方式进行试点，梳理、采集好足够的系统运行机制和运行指标，再以此评估切换到更为先进的超融合或融合部署模式的可行性。

7.3　产品选型

鉴于信创云基础软/硬件的多样性，任何不稳定因素都会影响到信创云及运行在

① FC-SAN 设备需配置 SAN 交换机设备和 HBA 卡。IP-SAN 通常无须配置专用的 SAN 交换机和 HBA 卡，但可根据业务需求进行选配以提升存储性能。

② 多数产品的扩容功能存在硬件型号、扩容最小节点至少 2 台等限制条件，但也有部分产品可以提供相对灵活的选择。如华云数据的云操作系统产品支持 2 节点部署模式，以及以最小 1 节点为扩容单位进行扩展。

③ 对于常见的高可用部署环境，此方式可节省 2 台互为备份的万兆交换机设备。

其之上的应用、中间件和数据库。因而通用型云产品项目实施环节对基础设施稳定性的假设，无法有效适应于信创云项目实施场景，必须对所采用的基础软/硬件特性进行深入了解，才能确保信创云项目的顺利进行。

当明确信创云实施阶段划分和部署架构后，就可以进行产品选型的相关工作。需要注意的是，信创云产品的选型往往是一个复杂的迭代过程，在此期间会根据持续调研的结果对实施需求进行进一步细化分析和完善。同时，相关业务需求的变化，往往也会导致对选型方式、实施进度的调整。

信创云实施环节的产品选型，主要包括对信创云所采用服务器和存储等设备的关键配件，以及客户端操作系统等系统软件的选择，具体包括相关设备和软件的品牌、型号（或版本）等，相关信息如表 7-7 所示。

表 7-7　信创云产品选型

项目	直接影响内容	备注
处理器	信创云产品	不同处理器品牌对应不同的信创云版本
	客户端操作系统	不同处理器指令集对应不同的操作系统版本。某些产品也会对应处理器品牌
存储	信创云产品	
服务器固件	信创云产品	
服务器其他关键配件	信创云产品	RAID 卡、GPU 卡、HBA 卡等，对信创云有兼容性要求
	客户端操作系统	加密芯片、加速卡等，对操作系统有兼容性要求
信创云产品	客户端操作系统	不同信创云支持的客户端操作系统有限
客户端操作系统	应用、中间件和数据库等上层软件	对运行所需的客户端操作系统有品牌、版本的需求

7.3.1　基础软/硬件

近年来，由于国产基础软/硬件技术发展快、相关产品设备型号（或软件版本）更新频繁，且部分设备型号还受限于制造工厂的生产工艺、产能和原材料保障等，因此信创云选型策略需进行有针对性的规划，合理编排项目实施环节各采购批次所对应的生产周期、采购数量等，力求能对潜在风险进行早预防、早发现和早处置。

1. 处理器的选择

信创云产品选型中的处理器选择，主要涵盖处理器指令集、品牌和型号 3 部分[①]，其决定了信创云产品选型范围，以及运行在信创云之上的客户端操作系统的品牌和版本范围。同时，客户端操作系统又直接影响运行在其中的应用、中间件和数据库选择范围。处理器、操作系统和上层软件间的依赖关系示意如图 7-13 所示。

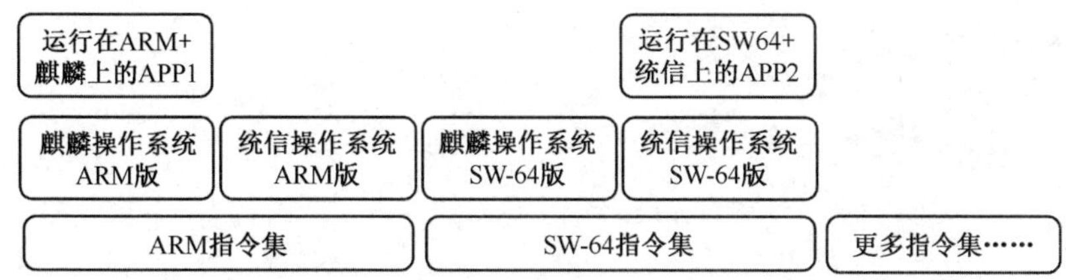

图 7-13 处理器、操作系统和上层软件间的依赖关系示意[②]

从处理器生产方式方面分析，需考虑的内容如下。

（1）生产工艺。对生产工艺要求较高的处理器型号，由于其供货周期受到不同国家及组织的政策限制，或因良品率[③]、生产原材料供应等问题导致产能受限，在信创云项目实施初期，以及后续扩容环节的供货、补货周期上都可能存在对应的风险。

（2）试销与量产。基础硬件产品如处理器的流片、试产和量产，以及基于该处理器的服务器的试产和量产，其对应的时间跨度往往需要数年，如果业务需求决定使用最新的处理器型号，需要关注对应产品的研发进展。

从信创云场景方面分析，参考本书第 4 章中典型场景中的信创云分类方式，对于新建信创云，处理器的选择灵活度相对较高，可依赖于用户的技术倾向性，结合用户方采购策略进行选择。而对于改造、进阶信创云，可参考已上线的云平台、应用、中间件和数据库对国产处理器的支持情况，并结合用户方对应采购策略综合判定后进行选择。

需要特别说明的是，虽然单指令集下的不同处理器品牌开发商均源于相同的指令集设计基线，但通常会对指令集进行修改或扩展，从而使得已开通的虚拟资源无法通过信创云实现跨处理器品牌的直接迁移操作——尽管从技术角度而言，在虚拟

① 具体介绍可参考本书第 1 章和第 2 章内容。因为即便是相同指令集的同一种处理器品牌，也会因为型号不同导致操作系统的版本存在差异，因而信创云选型环节往往需要首先明确所选用的处理器具体型号。

② 图中的 App1、App2 均代表应用。

③ 是生产线中通过最终测试且可以对外正式交付的良品数量占投入材料理论产量的比例。部分材料中也称其为“良率”。

资源创建环节可通过对所调用指令集进行强制范围限定来达到跨品牌指令集兼容，但这种方式往往会导致客户端操作系统性能低下，以及引发需调用特定指令集的上层软件的兼容性问题等，从而无法在信创云生产环境中进行使用。

2. 存储类型的选择

信创云所采用的云存储方案的选择，也会影响产品选型策略。当前常见的信创云存储方案有本地存储、共享存储和分布式存储 3 种[①]，每种存储类型都对应有不同的产品品牌、型号（或版本），选择时需注意收集相关信息，并和信创云产品进行兼容性评估。信创云常见存储类型的主要区别如表 7-8 所示。

表 7-8 信创云常见存储类型的主要区别

存储类型	存储设备	备注
本地存储	本地磁盘	
共享存储	FC-SAN	需配置 FC-SAN 设备， 需配置光纤卡、SAN 交换机
	IP-SAN	需配置 IP-SAN 设备， 可选配置 HBA 卡或直接使用网卡，前者性能通常更好
分布式存储	本地磁盘虚拟化	支持虚拟化的云存储方案， 灵活性高、扩展性强

从实施角度分析，部分信创云产品可支持一定范围内的跨存储类型混合使用，如常见的本地存储、分布式存储混用，将前者用于虚拟机的系统盘，后者用于虚拟机的数据盘存储等。同时，部分信创云场景还会存在使用同一类存储类型、不同存储产品的情况，如在利旧场景下希望使用两种品牌的 IP-SAN 设备，或为了避免对已生成的大量业务数据进行迁移而引入第 2 个品牌的分布式存储产品[②]等。而从稳定性、可维护性等方面考虑，建议在信创云每个集群中仅使用一种存储类型及对应的品牌、型号（或版本）。

从虚拟化技术选择角度分析[③]，主流容器虚拟化技术多基于分布式架构的云原生设计模式，因而推荐采用同样基于分布式架构的云存储方案。而对于有专属性能指

---

① 这里的分布式存储特指云平台运行必须具备的块存储类型，其他非必需的分布式存储类型还包括对象存储和文件存储。

② 已生成的业务数据依然存放于原有的分布式存储系统，并在执行修改操作的同时转存入新存储系统，新的业务数据则直接存入新存储系统。

③ 详见 7.1.2 节。

标或利旧等特定需求的上层软件，也可按需选用基于集中式架构的传统本地存储或共享存储方案。

3. 服务器固件

服务器固件主要是指 BIOS 和 BMC。其中前者是服务器的必要组成部分，用于在服务器加电后引导信创云完成启动过程；后者则是可选部分，通常用于为用户提供服务器带外管理能力，也往往用于信创云对物理服务器执行远程上下电、温度和能耗监控操作等①。

在通用服务器市场领域，BIOS 和 BMC 基本都是服务器产品的标准配置，且标准化程度相对较高，但在国产服务器领域需关注以下特殊情况。

（1）BIOS 功能受限。如不支持 Legacy 类型启动模式等，其会导致部分信创云产品的自动化部署脚本运行失败，或在重新启动物理服务器后无法按设计要求自动加载特定的功能。

（2）不提供 BMC 功能②。这会导致信创云无法通过 IPMI 方式对服务器下达重启、上下电等远程操作，而只能通过其他方式如使用看门狗软件等执行，从而引发执行效率慢、指令调用失败率高和操作信息获取不全等问题。

故此，选择服务器产品时需注意收集相关的固件规格相关信息，并结合所采用的信创云产品能力进行兼容性评估。

4. 服务器关键配件

常见的服务器关键配件包括 HBA 卡、RAID 卡、GPU 卡、加密卡和网卡等，这些配件同样也都需要信创云产品进行兼容性评估，主要包括以下方面。

（1）虚拟化支持能力。典型的如 GPU 卡、加密卡设备等，如果其不具备虚拟化支持能力，则只能通过直通方式提供给虚拟资源进行使用③。这种使用方式会对虚拟

① 更加详细的介绍，可参考本书第 2 章有关部分的阐述。

② 包括不提供 BMC 相关的硬件，或虽然提供了对应的软/硬件却没有采购对应的使用授权等。

③ 直通形式相当于绕过虚拟化层直接将物理设备提供给虚拟资源使用。因而其在获得更好性能的同时，会丧失部分云计算技术的便利性。

资源带来诸多限制，并使其无法正常执行诸如热迁移、热升级和节点故障自动转移等云计算产品的特有能力。

（2）功耗要求。各种服务器的可选配件，诸如额外的处理器、GPU 卡等，都会对信创云的能耗设计目标提出挑战。不合理的配置也会导致能耗超出设备的最佳承受范围，引发服务器宕机、处理器降频运行等，进而引发信创云产品的不稳定性。

（3）特定功能要求。如分布式存储系统通常基于 HBA 卡而不是 RAID 卡对接物理磁盘①，并使用 JBOD②（Just a Bunch Of Disks）模式将各个物理磁盘进行连通。另如部分 RAID 卡不包含专用 RAID 功能控制芯片，需调用所在宿主机处理器执行数据运算过程，其运行效率低，RAID 保护级别受限，且往往会对信创云产品的兼容性有更多要求。

（4）特定指标要求。配件的某些指标参数会影响信创云的使用环节，典型的如在 ARM 指令集下，部分客户端操作系统版本不支持开通虚拟处理器核心多于 64 颗的虚拟机等。

7.3.2 信创云产品

在信创云产品选型方面，项目实施环节需结合下述常见信创云产品分类，进行综合调研与评估。

（1）兼容性角度。包括支持某一类处理器指令集，或支持多种指令集的信创云产品，以及兼容所有指令集类型的信创云产品。

（2）虚拟化类型角度。主要是指仅支持服务器虚拟化，或仅支持容器虚拟化，或同时支持二者的产品。需要注意的是，在不同处理器指令集环境中，同一个信创云产品所支持的虚拟化类型可能存在差异，如在 x86 指令集中同时支持服务器虚拟化和容器虚拟化，但在 ARM 中只支持服务器虚拟化等。

---

① 部分品牌和型号的 RAID 卡也具备设置 JBOD 模式磁盘的能力，但往往 HBA 卡的采购成本比 RAID 卡更加经济，且拥有对分布式存储性能提升有益的更高的队列深度指标。

② JBOD 磁盘连续捆束阵列，其使用方式有多种，如和 RAID 能力类似的、将所有数据盘合并为一个大容量逻辑磁盘（但不进行冗余化存储）的能力。信创云中通常使用的 JBOD 模式，特指将每块物理磁盘都分别设置为直通模式，并提供给信创云中的分布式存储组件来调用。

（3）功能角度。包括提供基础虚拟化能力的云产品，支持多集群、多云形态的产品，以及为了能够顺应从简到繁的迭代式实施路线，支持依据不同功能组件灵活部署、按需扩展的产品等。此外，在不同处理器指令集、不同虚拟化类型的环境中，同一个信创云产品所支持的功能集合也可能存在差异。

目前，部分信创云产品已全面转向云原生设计思路，并在宣传材料中提出可通过云原生的典型技术特点来规避信创领域基础软/硬件的兼容问题。笔者认为，容器技术仅仅是理论上可以做到一次编译、任意执行，而当前使用云原生技术实现的信创云产品，往往都涉及采用定制版的服务器配件、专用部署方式和特定的软件架构，并不具备跨指令集的广泛通用性。同时，在当前信创云复杂的基础软/硬件环境下，基于容器的云原生技术在落地实施层面，仍存在特定指令集生态中的关键基础软件组件版本低、上层软件云原生改造周期长等诸多现实问题。

同时，现阶段的信创云建设主要目标是对已有传统业务系统的迁移，因而多数场景下仍需以传统的虚拟化技术作为主要的实现手段。当然，在部分业务场景中可考虑引入云原生模式，典型的如下。

- 服务器、云平台、操作系统、应用、数据库和中间件全面更换，这种从下至上完全重建的系统，可以借用最新的技术手段来达到最好的效果，并延缓后续技术重构改造的时间。
- 需要支撑大量并发访问、应用更新频次高的云应用，无数实践证明，这种体量和需求的应用，尽早引入以 DevOps（及其改进方式——平台工程[①]）等云原生专有的研发策略，会极大提升系统研发和运维层面的效率。

各个角度的产品选型都需考虑对应产品的更新周期、老版本支持策略和对应的成本投入。同时，选型环节应尽量避免引入技术锁定风险，如限定仅支持某类特定指令集的处理器等——这种形式会引发后续运维环节的诸多不确定性，后续切换架构时也会带来数据迁移、架构转换成本。

① 即 Platform Engineering，平台工程的主要目的是提升 DevOps 的效率，避免其占用过多核心研发资源，是一门设计和构建工具链与工作流的学科。咨询机构 Gartner 在 2022 年 8 月发布的软件工程技术成熟度曲线（Hype Cycle）中已添加了“平台工程”的追踪项。

7.4 其他常见问题

本节将列举信创云实施环节的其他常见问题，并尝试提出对应的解决方案。

7.4.1 定制化

通用型云计算产品虽运行于 x86 一种指令集上，但鉴于有 KVM、ESXi、Xen 等不同类型的虚拟化管理器实现技术，以及不同品牌云产品间的个性化设计理念，导致其最终实施效果存在诸多差异。这些差异在一定程度上在用户评估信创云产品能力方面形成了不同的影响，进而导致在实施环节对所选用的标准信创云产品实施定制化策略，使其具备以下能力。

（1）实现其他品牌产品的某些功能，如希望信创云能提供与 Citrix 云桌面产品某些特定功能相类似的能力。

（2）强调信创云使用更加先进的超融合部署或采用其他流行技术实现。

（3）适应已有用户的使用习惯，如希望信创云借鉴政府或企业前期一直使用的 VMware 云产品的操作方式进行改造。

（4）提供更多维度的统计分析报表，如中国式报表等。

（5）按用户自行设计的接口方式，改造并对接已有的监控、审批或计费系统等。

这些定制实现的产品能力虽然可在一定时期内满足业务诉求或提升用户体验，但往往会丧失云产品后续（为标准化版本提供）的补丁包、升级包等系列技术支持服务，即后续的支持服务也需基于“定制”方式提供。

在此，笔者建议用户通过对信创云项目业务需求进行深入分析，审慎地评估定制功能引入的必要性。如某项目用户对某云产品的“应用健康检测”功能非常关注，希望新建信创云也定制实现类似功能——客观来讲，相较于专业的应用监控与分析产品，云平台内置的类似功能仅能提供相对基础的能力。同时往往只有云应用开发商最清楚如何正确、有效地监控自身产品的运行情况，因而在条件允许的情况下，推荐使用应用开发商（或针对该应用的专业服务商）提供的健康检查功能，结合用户业务策略来判断应用运行的健康情况，从而实现更加精准的管理。

从业务需求角度，由于不同政企业务间存在诸多差异，因而单一的、面向通用领域的信创云产品往往无法涵盖所有用户期望。同时，在某些特定行业的信创云实施过程中，因为行业特性，大部分通用型云产品的功能都会被要求进行定制。因而，如何合理地界定必要的定制与可“裁剪”的定制，以及如何在信创云产品中提供更加灵活的功能组件扩展与配置能力，是信创云产品研发和项目实施环节需供应链上下游协同探索的重要课题。

7.4.2 责任共担

按照目前云计算行业的通用实践，云平台使用者需要对所使用的云资源负有相对独立的安全责任，这种方式与传统 IT 系统的安全架构有较大的差异。在某些业内资料所定义的专业术语及行业相关标准定义中，相对明确地划分了云计算运营、使用方的责任，并称之为云计算领域的安全责任共担模型[①]。目前，云计算安全责任共担模型已然成为业界共识，但其在国内云计算领域市场的落地效果却并不理想，迫切需要供应链上下游企业协力进行推广。

1. 国外产品相关定义

以全球知名云服务提供商亚马逊（Amazon）为例，其官方网站相关声明中明确指出：“安全性和合规性是亚马逊云科技和客户的共同责任。这种共担模式可以减轻客户的运营负担，因为 AWS[②]（Amazon Web Services）负责运行、管理和控制从主机操作系统和虚拟层到服务运营所在设施的物理安全性组件。客户负责管理客户端操作系统（包括更新和安全补丁）、其他相关应用及 AWS 提供的安全组防火墙的配

① 在现实中有很多类似的责任共担模式案例。典型的如消防队会负责社会公共区域的防火工作，同时各企业、社区甚至家庭都应对自己所在区域的防火工作承担相应的责任。

② AWS 是亚马逊公司的云计算 IaaS 和 PaaS 平台服务。

置。客户应该仔细考虑自己选择的服务，因为他们的责任取决于所使用的服务、这些服务与其 IT 环境的集成以及适用的法律法规。责任共担还为客户提供了部署需要的灵活性和控制力。”[①]具体如下。

（1）AWS 负责“云本身的安全”。AWS 负责运行所有 AWS 云服务的基础设施。该基础实施由运行 AWS 云服务的硬件、软件、网络和设备组成。

（2）客户负责“云内部的安全”。客户责任由客户所选的 AWS 云服务确定。这决定了客户在履行安全责任时必须完成的配置工作量。如 Amazon EC2 等服务被归类为基础设施即服务（IaaS），因此要求客户执行所有必要的安全配置和管理任务。部署 Amazon EC2 实例的客户需要负责客户端操作系统（包括更新和安全补丁）的管理，以及客户在实例上安装的任何应用或实用工具和每个实例上 AWS 提供的防火墙（即安全组）的配置。对于抽象化服务，如 Amazon S3 和 Amazon DynamoDB，AWS 运营基础设施层、操作系统和平台，而客户通过访问终端节点存储和检索数据。客户负责管理其数据（包括加密选项），对其资产进行分类，以及使用 IAM 工具分配适当的权限。

客户和 AWS 责任共担模式还涵盖 IT 控制体系。正如 AWS 与客户共担 IT 环境的运行责任一样，IT 控制体系的管理、运行和验证也由二者共担。AWS 可以管理与 AWS 环境中部署的物理基础架构相关联的控制体系（以前可能由客户管理），从而帮助客户减轻运行控制体系的负担。每个客户在 AWS 中的部署方式都不相同，因此将某些 IT 控制体系的管理工作转移给 AWS 之后会形成（新的）分布式控制环境，为客户带来优势。然后，客户可以使用可用的 AWS 控制和合规性文档，根据需要执行控制体系评估和验证流程。图 7-14 所示为 AWS 定义的 AWS 与客户间的安全责任边界。

为了方便云用户深入理解安全责任边界，AWS 还对 AWS、AWS 客户及二者共同管理的控制机制，列举了常见的典型案例。

（1）共享控制体系。同时适用于基础设施层和客户层，但位于相互隔离的云环境中的控制体系。在共享控制体系中，AWS 会提出基础设施方面的要求，而客户在

① 本段声明和下面的解释性文字，均源于 Amazon 官方网站。

使用 AWS 服务时需定义自己所使用的控制体系，包括如下方面。

- 补丁管理。AWS 负责修补和修复基础设施内的缺陷，而客户负责修补其客户端操作系统和应用。
- 配置管理。AWS 负责维护基础设施设备的配置，而客户负责配置自己的客户端操作系统、数据库和应用。
- 认知和培训。AWS 负责培训 AWS 员工，而客户必须负责培训自己的员工。

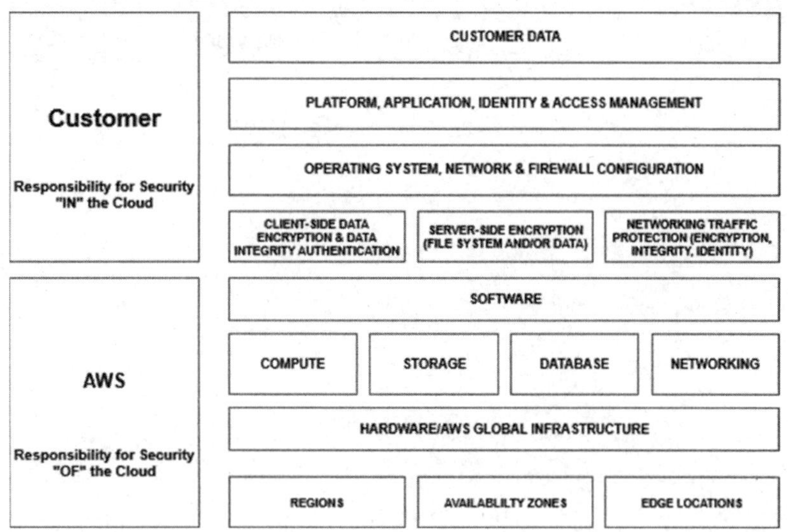

图 7-14　AWS 定义的 AWS 与客户间的安全责任边界（源于 AWS 官网）

（2）继承控制体系。该体系是指客户完全继承自 AWS 的控制体系，包括物理和环境控制体系。

（3）基于客户的控制体系。该体系是指完全由客户负责、其部署在 AWS 服务中的应用所对应的控制体系。

2. 国内产品相关定义

国内诸多云产品开发商也在产品管理过程中逐步引入责任共担模型。以华为云为例，其在《华为云数据安全白皮书》中明确其客户拥有云上数据的所有权和控制权，秉承数据中立原则，承诺不用技术手段获取客户的数据、不会强制与客户进行数据交换操作，并参考业界常规做法及结合具体实践，定义了云数据安全责任共担模型，明确了客户需负责云服务内部的安全，华为则负责云服务自身的安全，如图 7-15 所示。

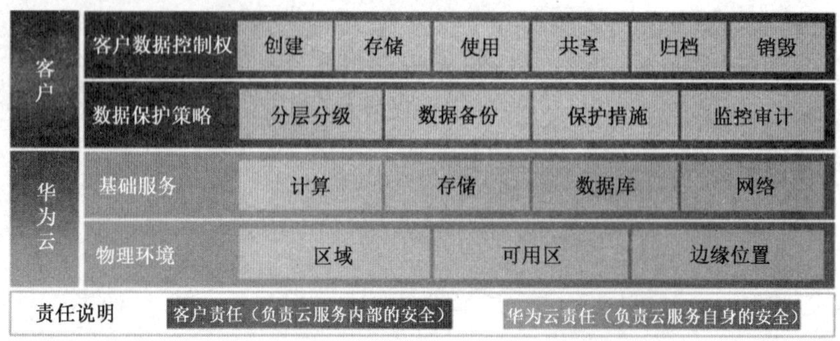

图 7-15　华为云数据安全责任共担模型

华为云认为客户在使用云服务时通常会提供或产生两类业务数据，一类是使用云服务过程中存储或处理的内容，包括但不限于数据、文件、软件、图像、音频、视频等类型的数据，另一类是账户信息数据。华为作为云服务提供者将恪守数据保护承诺与原则，确保云平台的正常运行，为客户提供安全、合规的云计算服务，助力客户保护数据安全；而客户作为其数据的主体，应依据自身业务发展的需要及面临的数据安全风险制定数据保护策略，并采取适当的措施保障云上数据安全。同时，华为作为云服务提供者，向客户提供丰富的数据安全服务产品和解决方案，而服务和方案的选择则由客户自主完成。

3. 相关标准定义

伴随着云计算技术在我国党政军及各大行业中的推广，以及相关法律政策与行业规范的持续完善，责任共担模型将指导在“云+产业”相融合进程中明确所有参与方的安全责任。同时，在传统云计算服务不同模式的边界日渐模糊[①]的趋势下，清晰的安全权责划分机制可以促使用户所关心的数据资产、设备资产所有权问题得到更好的保障。图 7-16 所示为云安全责任共担模型。

① 不同的服务模式，包括 IaaS、PaaS 和 SaaS，其用户和云服务商的传统责任边界并不一致。但随着云计算特别是云原生等新兴技术的持续发展，目前各服务模式间的边界变得模糊起来。

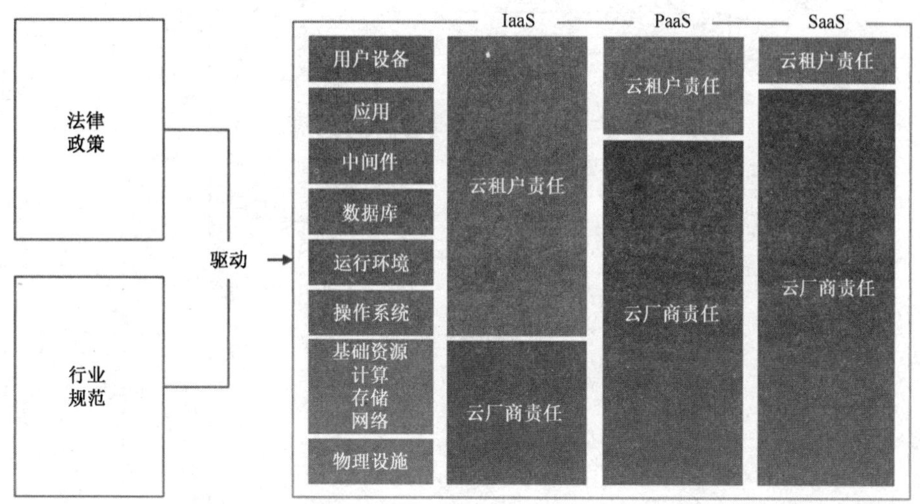

图7-16 云安全责任共担模型（源于艾瑞咨询《2021年中国云安全行业研究报告》）

云产品的责任共担要求也是部分现行标准的基本要求。在国家标准《信息安全技术 网络安全等级保护基本要求》[①]（GB/T 22239—2019）（见图7-17）中，对于云平台产品的安全职责提出了更加具体的要求，部分如下。

- “7.2.3.3 安全审计”部分规定，“应保证云服务商对云服务客户系统和数据的操作可被云服务客户审计”。
- “7.2.4.3 数据完整性和保密性”部分规定，“应确保只有在云服务客户授权下，云服务商或第三方才具有云服务客户数据的管理权限”。
- “8.2.2.1 网络架构”部分规定，“应具有根据云服务客户业务需求自主设置安全策略的能力，包括定义访问路径、选择安全组件、配置安全策略”，以及“应提供开放接口或开放性安全服务，允许云服务客户接入第三方安全产品或在云计算平台选择第三方安全服务”。
- “8.2.5.1 集中管控”部分规定，“应根据云服务商和云服务客户的职责划分，收集各自控制部分的审计数据并实现各自的集中审计”，以及“应根据云服务商和云服务客户的职责划分，实现各自控制部分，包括虚拟化网络、虚拟机、虚拟化安全设备等的运行状况的集中监测”。

① 通常称其为等级保护标准2.0。

ICS 35.040
L 80

GB

中华人民共和国国家标准

GB/T 22239—2019
代替 GB/T 22239—2008

信息安全技术
网络安全等级保护基本要求

Information security technology—
Baseline for classified protection of cybersecurity

2019-05-10 发布　　2019-12-01 实施

国家市场监督管理总局
中国国家标准化管理委员会　发布

图 7-17　国家标准《信息安全技术 网络安全等级保护基本要求》

7.4.3　应用迁移

为了将政企部门已上线的各种应用、中间件和数据库系统平滑迁移至信创云，需要从技术可行性和实施策略方面进行统筹规划，在充分调研的基础上设计和评估最佳的应用迁移方案。

从整个信创云项目的实施角度看，已上线应用迁移主要有以下两种方式。

（1）仅迁移应用的部署环境，将已上线应用由原有基础设施（包括物理机或虚拟机），切换为信创云上的裸机或虚拟机部署，即在不改变原有应用的部署方式前提下完成应用基础设施层面的迁移。

这种方式的好处是能相对快速地完成信创云项目建设，但多数已上线应用在开发环节并不是为云计算环境特别是信创云环境设计的，因而如果希望应用能在信创云中获得最佳的运行效果，往往在迁移完成后还需经历对应用部署参数或源代码的技术优化过程。

（2）对应用和应用运行基础设施环境实施同步改造。这是一种相对彻底的整体改造方式，除了对基础设施进行国产化改造，应用也需根据云计算特性进行代码级优化，典型工作内容包括容器化、Mesh 化[①]等。虽然经由这种方式能够让应用更好地适配信创云原生运行环境，并可根据所选择的信创技术栈特性进行定向的性能和功能优化，但因其实施技术风险高、所需周期长和成本投入大等因素，目前暂不适用于政企核心业务应用和规模较大的业务应用迁移过程。而随着信创云供应链成熟度的持续提升，借助更多辅助工具和类似项目实施经验，此类方式会逐步成为信创云项目实施的最佳方案[②]。

如何对应用进行技术优化已超出了本书的讨论范围，因而以下仅对基础设施改造的相关内容展开描述。

1. 实施策略

应用迁移相关的实施策略，可按以下 4 个阶段进行设计。

（1）整体规划方案梳理。主要通过对已上线系统进行摸底排查，结合后续业务发展诉求和技术储备、项目投入预期等相关因素，帮助用户进行新系统的整体规划，确立好对应的实施范围、实施阶段划分和关键里程碑等，并推动项目干系人对整体规划方案形成共识。

（2）迁移策略的制定。该阶段中最主要的任务是对已上线系统进行技术分析，按预期的迁移难易度和对业务的影响程度划分为以下几类。

- 难于迁移且用于支撑关键业务的系统。此类系统往往使用诸多“卡脖子[③]”技术或产品进行建设，需要供应链上下游协同攻关进行解决。

---

① 主流的微服务设计方式之一，用于分布式应用开发环节。

② 有别于已上线应用的迁移，对于全新开发的信创领域中、大型应用系统，为减缓后续技术重构的压力，推荐引入云原生技术进行研发。

③ 泛指我国目前需依赖国外进口的关键核心技术与装备，如芯片、操作系统等。《科技日报》曾于 2018 年 4 月起发布系列文章，报道制约我国科技发展的数十项“卡脖子”技术与装备。

- 易于迁移且用于支撑关键业务的系统。
- 难于迁移的非关键业务系统。此类系统通常会先与新建信创云进行尝试性迁移，在明确细化迁移方案后再适时进行后续迁移步骤。
- 易于迁移的非关键业务系统。此类系统往往会被选为最先实施应用迁移的对象。

（3）验证阶段。该阶段主要是对前期制定的迁移策略进行技术实现，并在过程中对多种可能的实现方式进行对比，在充分评估的基础上形成最终方案。

（4）实施阶段。该阶段基于前期验证的方案进行实施，并对实施环节中发现的问题和解决方法进行记录，为后续的应用迁移提供参考。

2. 技术实现

应用迁移的技术实现，可根据迁移前后基础软/硬件指令集的不同分为两类。

（1）相同指令集的应用迁移。这里以从基于 x86 指令集 Intel 处理器的应用，迁移到基于 x86 指令集海光处理器的环境为例。尽管迁移前后两种处理器的指令集相同，但在指令细节方面仍存在一定的差异。因此可将原来运行在 x86 上的应用直接在海光处理器环境中进行部署和兼容性测试，并结合所发现的问题进行应用源代码的修改和编译、所调用组件类型[①]或版本的调整等。

（2）不同指令集的应用迁移。这里以基于 x86 指令集 Intel 处理器的应用迁移至基于 ARM 指令集鲲鹏处理器环境为例，由于迁移前后指令集的差异，原先运行在 x86 上的应用须经过 ARM 指令集适配后才能运行，相关工作涉及源代码修改和编译、组件类型或组件版本调整等。因此，如何快速实现跨平台的应用迁移，以及在开发过程中便捷地引导用户熟悉并充分利用鲲鹏的优势，成为开发人员亟需解决的问题。

基于上述痛点，2019 年鲲鹏面向合作伙伴和广大开发者提供了鲲鹏开发套件 DevKit 1.0，聚焦有源码与无源码两大场景下的无忧迁移，帮助开发者优化鲲鹏处理器环境中的应用性能。同时随着应用迁移的不断深入，基于鲲鹏进行软件开发的需

---

① 部分组件可能不支持海光处理器，因而需要更换为兼容性更好的组件——但更换后的组件在部署方式、对接方式等方面可能与原有组件存在较大差异，从而会进一步引发对应用的修改要求。

求也越来越多，鲲鹏 DevKit 全新升级为 2.0 版本（见图 7-18），从“应用迁移”走向“原生开发”，并于 2021 年 12 月 31 日在鲲鹏社区正式上线。

图 7-18　鲲鹏开发套件 DevKit 2.0 整体框架

鲲鹏开发套件 DevKit 支持为开发者提供面向鲲鹏平台进行应用开发和迁移、编译调试、性能调优等的工具，帮助开发者加速应用迁移和算力升级，具体包括以下几方面。

（1）鲲鹏代码迁移工具。该工具可以简化应用迁移的过程，通过对希望由 x86 指令集迁移至鲲鹏平台上的应用提供扫描、分析与迁移能力，并支持自动分析及输出指导报告，极大地提高了代码迁移效率。

（2）鲲鹏性能分析工具集，具体如下。

- 系统性能分析工具：针对基于鲲鹏处理器的服务器进行性能分析和优化，根据服务器的软/硬件信息和性能数据，定位系统瓶颈点及热点函数。
- Java 性能分析工具：针对 TaiShan 服务器上的 Java 程序进行性能分析和优化，定位程序瓶颈点。
- 系统诊断工具：通过分析系统运行指标来识别异常点。
- 调优助手：通过系统化组织和分析性能指标、热点函数、系统配置等信息，引导用户优化性能瓶颈，实现快速调优。

（3）鲲鹏开发套件插件工具。该工具基于 Visual Studio Code 为开发者提供面向鲲鹏平台进行应用开发、迁移、编译调试、性能调优等功能。同时该工具也可看作一个由多个插件组成的工具集，支持通过安装 Kunpeng DevKit 将全部插件一键安装或按需单独安装，包括如下插件。

- 鲲鹏代码迁移插件：自动扫描并分析用户待迁移软件，提供专业迁移指导。
- 鲲鹏开发框架插件：对软件基础库进行深度性能优化，构建常用软件在鲲鹏平台上的性能竞争力。
- 鲲鹏编译调试插件：支持鲲鹏平台远程编译调试能力，通过可视化界面提升编译调试效率。
- 鲲鹏性能分析插件：支持系统性能分析和 Java 性能分析，提供系统全景及常见应用场景下的性能采集和分析能力，同时给出优化建议。

（4）鲲鹏编译器。该产品是华为编译器实验室针对鲲鹏等通用处理器架构场景，打造的一款高性能、高可信及易扩展的编译器工具链，增强和引入了多种编译优化技术。

（5）二进制动态翻译软件。其运行在 ARM 指令集服务器上，通过将 x86 的指令在运行时翻译为 ARM 指令并执行，使得绝大部分以往运行于 x86 指令集的 Linux 应用无须重新编译就可运行在 ARM 指令集服务器上。

（6）云测服务。云测服务面向开发者提供基于鲲鹏云环境的兼容性测试、可靠性测试、安全测试、功能测试和性能测试服务，帮助开发者快速发现和定位应用软件运行在鲲鹏环境中的问题。

与此类似的方案还有统信软件发布的一站式应用迁移平台（UOS Migration Platform，UMP），通过建立标准化框架与迁移流程，实现产品跨平台无缝衔接，降低迁移过程中的重复调试，帮助跨平台、跨架构的 Linux 应用迁移到统信 UOS 操作系统。其主要特点包括以下几方面。

（1）加速应用迁移速度，降低打包规则和迁移流程的学习成本，解放迁移人员，把精力和时间投入到更多有意义的工作中。

（2）通过与后台知识库的联动机制，准确定位错误问题，并提供可切实落地的解决方案，避免迁移人员在迁移过程中遇到问题后采用“大海捞针”式手动检索造成整体效率低下等问题。

（3）迁移人员无须自备适配环境，可一键提交应用源码，自动化完成多种处理器指令集的适配。

（4）自动化的核心功能验证与测试系统，在满足应用迁移需求的同时可进行操作系统与应用软件兼容性测试。

如图 7-19 所示，统信一站式应用迁移平台采用 B/S 架构，主要功能如下。

- 浏览器端：主要用于应用代码提交、迁移记录查询、应用迁移可行性报告查收、应用安装包下载等。
- 服务端：主要用于应用代码分发、应用代码分析评估、生成应用迁移可行性分析报告、应用代码编译、应用代码安装包重构、应用代码安装包测试、将安装包及应用迁移可行性分析报告传送到浏览器端，供提交者下载使用。

图 7-19　统信一站式应用迁移平台框架

在迁移过程中需注意如下几点。

- 支持将 Linux 应用迁移到 x86、ARM、MIPS 3 种处理器指令集环境。
- 支持将所有 DEB 格式的安装包、Appimage 包、二进制文件、网页应用一键转换为符合 UOS 规范的 DEB 包并进行测试。
- 支持将 C/C++、Qt、DTK 开发语言的源码进行自动化分析、编译、迁移、重构、测试。
- 支持 QMake、CMake、configure、AutoGen 4 种预编译方式。

7.5 小结

相对于信创云的产品设计环节，项目实施环节更加关注把控用户业务需求和产品功能实现范围间的平衡。我们认为在实施环节应该参考以下有普适性的最佳实践。

- 尽量采用兼容性更好的通用型产品和实现方案。
- 合理规划、控制实现的需求范围，对于较为复杂或中长期规划无法明确的，建议分期、分阶段进行项目实施，并对可能的风险做好预案。
- 尽量避免对所选用的标准化产品进行功能定制。

信创云项目实施的过程是一项复杂的全局性工作，其难点是要在持续提升的业务需求和受限的国产软/硬件产品能力之间不断权衡得失，并需要在云平台、上层软件和外部生态对接等多个方面推陈出新，在限定的时间内交付项目。因此，信创云的项目实施往往不存在所谓“最佳策略”，只要是能够紧密结合资源情况和产品能力，满足特定时期内业务诉求的项目，都应被认为是成功的信创云项目实施案例。

同时，为确保信创云的稳定性，按期执行有计划巡检是最常见的维护方式。通常而言，为了保证后续维护窗口的设定，在项目实施环节就应进行对应维护窗口的预留设计，将合理的空间、时间提供给系统运营和运维人员。

在信创云项目实施的过程中，业务环境的复杂程度、任务的艰巨程度超乎想象。不同技术架构的信创云项目，在实施过程中不断探索多样化的落地路径，积累宝贵的创新成果和宝贵经验。为及时让广大用户了解和掌握信息技术应用创新最新成果，工业和信息化部网络安全产业发展中心联合信息中心技术创新应用协作组，在2020年末开展了信息技术应用创新解决方案征集工作，并评选出包括“华云数据信创云基座解决方案”在内的九大典型案例。这启示我们，信创云项目实施应结合业务自身实际进行差异化创新，以点带面、汇聚先行先试的集群效应，并始终着眼于持续优化云计算供应链安全的中长期战略，不断迈向新的发展阶段。

第三篇　信创云案例与展望

本书第三篇将介绍目前典型的信创云产品及其代表性实施案例，并结合目前云计算领域的诸多热点，尝试对信创云的未来发展进行探讨。

希望本部分内容能达到抛砖引玉的效果，帮助产品开发商或用户，对信创云乃至整个云计算行业的未来展开思考，并共同促进产业的健康发展。

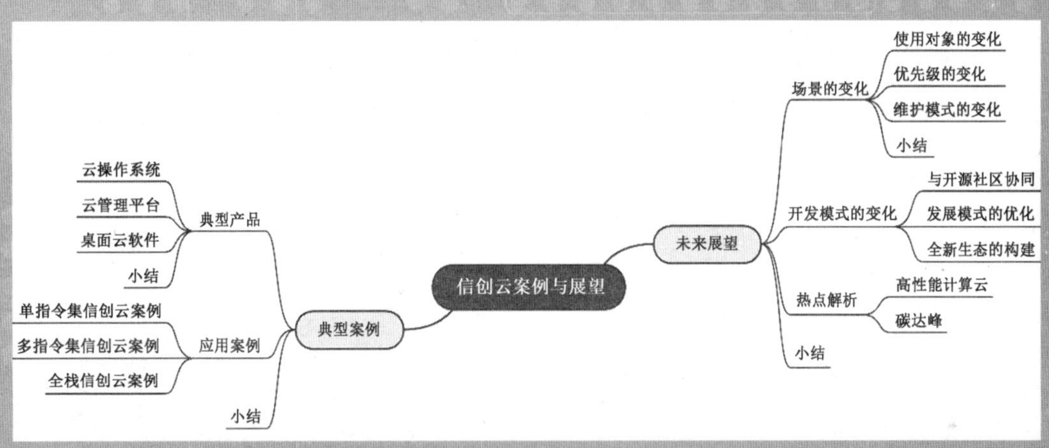

第三篇　思维导图

第 8 章　典型案例

本章将以华云数据的“信创云基座”产品解决方案为例，对全栈信创云产品及使用该产品实施的典型项目案例进行介绍。

华云数据控股集团成立于 2010 年，通过多年的自主研发与开拓创新，打造了管理统一、体验一致的全芯全栈云计算解决方案，为党政、金融、交通、医疗、教育、电信、电力和制造等各行业和领域用户提供信创云计算解决方案和服务。图 8-1 所示为华云数据发展历程。

图 8-1　华云数据发展历程

8.1　典型产品

华云数据信创云基座基于自研的国产通用型云操作系统及其功能增强组件，整体采用微服务架构，兼容主流国产处理器和服务器固件，支持开通基于主流国产操作系统的裸机、虚拟机和容器等云资源类型，以云桌面、云服务和 OpenAPI 等多种方式支撑上层的应用、中间件和数据库的运行。其整体架构如图 8-2 所示。

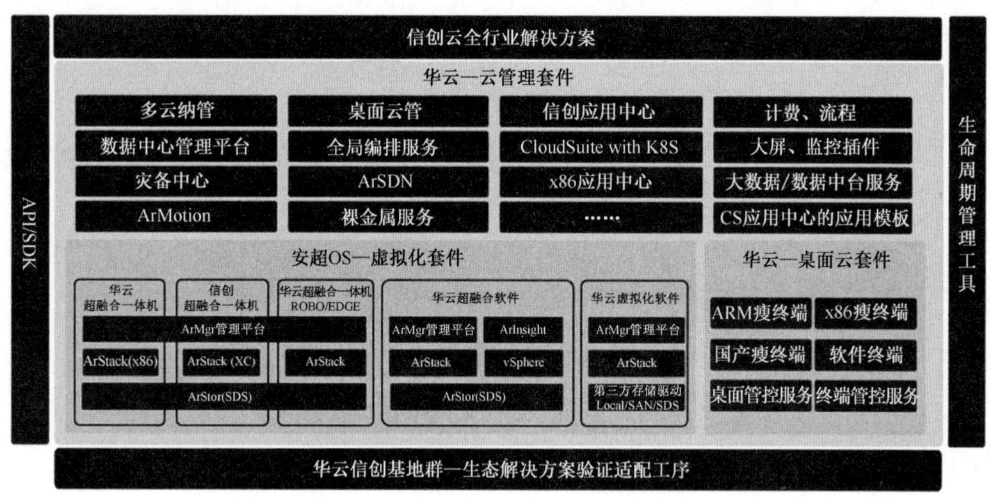

图 8-2　华云数据信创云基座整体架构

华云数据信创云基座解决方案基于多项自主创新技术，形成面向云计算供应链的软件定义基础架构平台，使运行在信创云基座之上的应用、中间件和数据库无须关心底层国产基础软/硬件间的兼容性，仅需适配云资源所用的操作系统，从而大幅降低适配环节的复杂度。对于国产基础软/硬件，也可通过对接信创云基座快速形成对上层应用、中间件和数据库的兼容能力。方案主要由云操作系统、云管理平台和桌面云软件 3 个相互关联的产品共同组成。

（1）云操作系统是整个信创云基座解决方案的基础，负责与信创云之下的各类国产基础软/硬件进行适配和对接，基于一套同源异构的产品代码对不同底层技术栈提供支持，为信创云基座解决方案提供基础计算、存储和网络虚拟化相关能力。

云操作系统可支持第 4 章定义的第 1 类即新建信创云下的全部场景。

（2）云管理平台运行在云操作系统之上，为云操作系统引入统一运营和高级运维功能，包括多级租户管理、跨多个同构或异构集群资源管理，以及流程管理、计量计费管理、日志管理等。同时，云管理平台通过可插拔功能扩展组件的形式，为云操作系统提供容器服务、裸机纳管、高级叠加网络、灾备中心、应用中心、VMware 纳管等功能扩展组件，也支持与安全等领域的第三方专业产品进行对接，以满足更多个性化业务需求。

云操作系统和云管理平台的产品组合，可实现第 5 章中所提到的全栈信创云相关能力，并支持第 4 章中定义的第 2 类即改造信创云和第 3 类即进阶信创云之下的全部场景。

（3）桌面云软件也是云操作系统的功能扩展，主要面向 VDI 使用场景为用户提供高性能的桌面云服务，支持各类常见的桌面终端和外设产品，以及面向信创领域痛点设计的应用虚拟化等产品能力。

以下分别对 3 种产品进行阐述。

8.1.1 云操作系统

华云数据 2019 年 8 月 8 日在北京雁栖湖国际会展中心发布的**国产通用型云操作系统**（以下简称“云操作系统”），是一款支持全芯全栈应用创新特性的轻量级云创新平台，专注于对不同处理器指令集的物理资源实施池化管理，基于不绑定特定品牌和型号硬件的软/硬件解耦设计原则，为用户实现高性能、高可靠和易于安装维护的信创云基础设施。其架构图如图 8-3 所示。

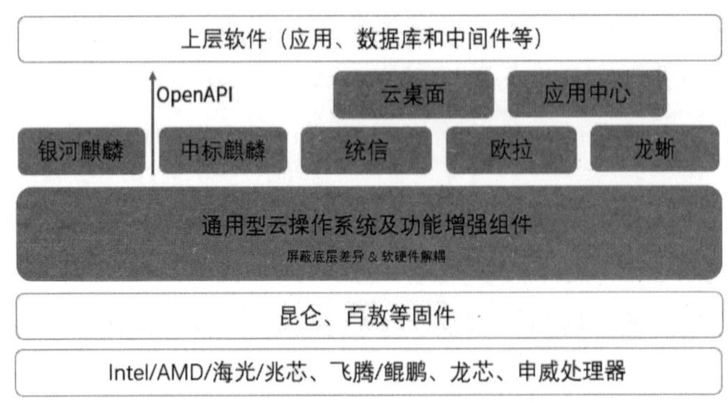

图 8-3　华云数据通用型云操作系统架构图

架构图中的阴影部分是华云数据所研发的通用型云操作系统，以及由云操作系统支撑运行的、基于各类客户端操作系统的虚拟资源。其他部分则是供应链的生态合作伙伴产品，包括云平台之下的固件、处理器，以及云平台之上的应用、数据库和中间件等上层软件。

除了对国内外主流基础软/硬件提供全面兼容性支持，云操作系统还在经济性、安全性和易用性方面具备相应的技术特点。

1. 经济性

在产品部署方面，为降低以往最少 3 节点的超融合云产品的初始构建要求，云操作系统实现了 2 节点部署策略，其特点是全面支持国产处理器和操作系统，使用计算、存储、网络虚拟化为一体的超融合部署方式，支持业务数据、虚拟资源的完整高可用，并可按业务需求以最小 1 节点为扩展单位进行横向扩展。图 8-4 所示为云操作系统标准 2 节点部署模式。

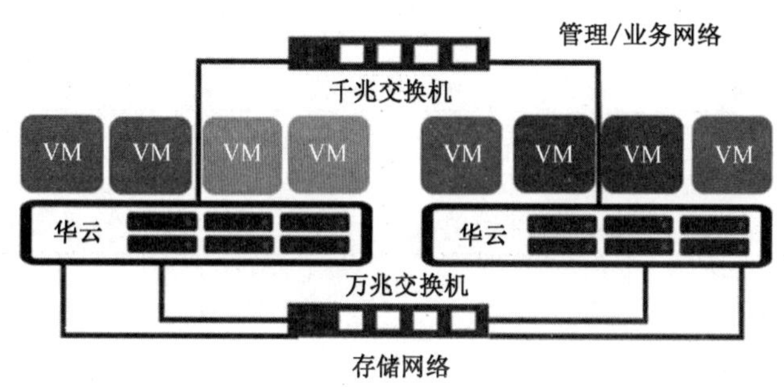

图 8-4　云操作系统标准 2 节点部署模式

为满足成本敏感型用户的诉求，云操作系统还同时提供 2 节点部署模式的精简版本，其特点是使用服务器直连的方式省去对万兆交换机的配置需求。该版本与采用万兆交换机的 2 节点标准部署策略一样，都可以保障云平台的隔离性和可靠性，并可不停机切换为使用万兆交换机的 2 节点标准部署模式，并在此基础上扩展到更多节点。图 8-5 所示为云操作系统精简 2 节点部署模式。

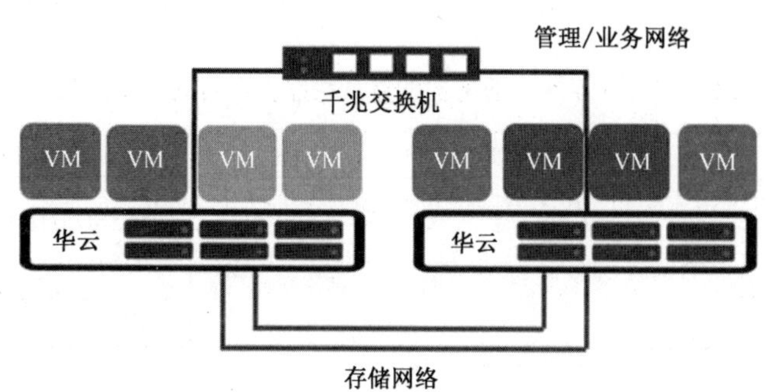

图 8-5　云操作系统精简 2 节点部署模式

云操作系统支持为用户提供单节点、2 节点和多节点的部署方式。单节点策略虽然投入最低，但无法实现宿主机级别的高可用，故推荐用于对高可用要求较低的场景，如搭建基于单台飞腾 S2500 服务器的小型办公桌面云。精简 2 节点方案在经济性、高可用方面均具备优势，是小型云环境的完美构建方案。考虑到绝大多数用户往往已购置了万兆交换机设备，此类用户也可直接应用使用万兆交换机的标准 2 节点方案。无论是哪种 2 节点方案，都可平滑升级到云操作系统标准 3 节点部署模式，从而实现从 2 节点到 3 节点、更多节点的平滑扩容，达到云平台随用户业务共同成长的效果。云操作系统的几种部署模式对比如表 8-1 所示。

表 8-1　云操作系统的几种部署模式对比

部署模式	经济性	可扩展性
单节点	面向特定场景	支持，仅限本地存储
精简 2 节点	比标准多节点服务器数量降低 33%以上，无须配置万兆交换机	支持，可切换为标准 2 节点
标准 2 节点	比标准多节点服务器数量降低 33%以上	支持，可扩容为标准 3 节点
标准多节点	默认 3 节点起步，扩容环节最小服务器数量仅需 1 台	支持，可扩容为数千节点

2. 安全性

华云数据通用型云操作系统的安全性主要体现在数据安全方面，具体包括无损数据快照、缓存盘镜像、容错虚拟机和延展集群等，支持业务数据的无单点存储、灵活备份和容灾能力。

（1）无单点存储。在业务数据安全层面，云操作系统支持单虚拟盘级别的 2 或 3 副本数设置。在缓存数据安全层面，云操作系统也提供了数据高可用机制，可以在服务器配置 2 块、3 块或更多缓存盘时根据不同分布优化策略对存储数据进行动态缓存。表 8-2 所示为云操作系统在服务器配置 2 块缓存盘时的数据分布策略。

表 8-2　云操作系统在服务器配置 2 块缓存盘时的数据分布策略

	开启镜像模式时	关闭镜像模式时
缓存数据	第一块 SSD 存储 100GB 以上数据，所有数据镜像存储到第二块 SSD	每块 SSD 存储 50GB 以上数据
缓存元数据	数据分区以轮询方式写入所有 SSD，每个分区都镜像到不同的 SSD	数据分区以轮询方式写入所有 SSD

（2）灵活备份。包括用于临时备份的本地虚拟资源快照，以及用于更高容灾级别的异地备份能力。

在快照实现方面，针对以往同类产品虚拟快照数量受限的痛点①，云操作系统研发实现了性能无损数据快照机制，支持不受数量限制地生成虚拟资源快照；在备份实现方面，云操作系统提供了将云内数据资源备份到外部存储设备的能力，并可按需恢复到当前云集群或其他云集群中。

（3）容灾能力。云操作系统的容灾能力包括针对单资源容灾场景的容错虚拟机技术，以及针对云集群级别容灾场景的双活集群。

容错（FT②）虚拟机是一种具备实时高可用能力的虚拟资源运行模式，对应的虚拟机以两个容错实例的形式运行在不同的节点上，其中主虚拟机和备虚拟机会通过存储网络进行实时数据同步，并由主虚拟机对外提供服务。当主虚拟机不能正常使用时，云操作系统会自动切换为由备虚拟机提供服务。相比于传统云平台高可用模式下的分钟级虚拟机故障自恢复响应时效，容错虚拟机通常用 2～3 秒即可完成切换过程。此外，云操作系统支持普通虚拟机、容错虚拟机的相互转换。图 8-6 所示为云操作系统的容错虚拟机。

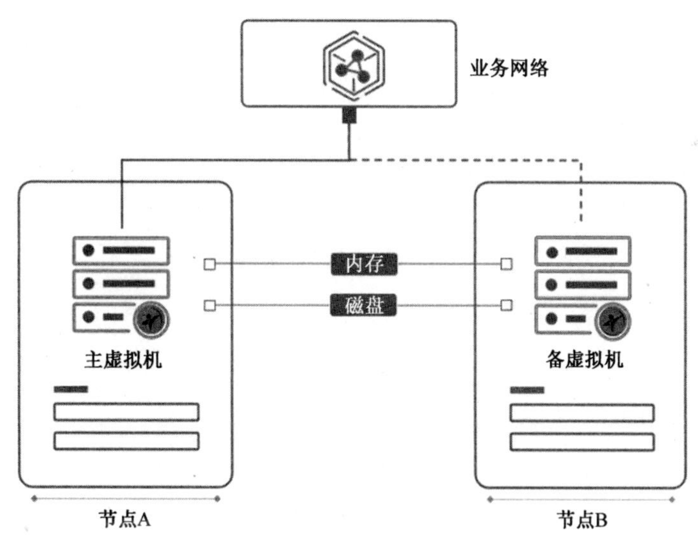

图 8-6　云操作系统的容错虚拟机

在云集群级的容灾能力实现方面，云操作系统利用自研的分布式存储管理系统

① 通常类似云产品的单一虚拟资源快照数量不建议超过 7 个，否则会严重影响快照源虚拟资源的性能。

② Fault Tolerance。

实现了虚拟资源数据层面的双活集群。在此配置下，两个集群（即故障域）均为可对外提供服务的活动站点，一旦某个故障域出现问题，云操作系统自带的高可用机制会在另一个故障域上自动还原受影响的虚拟机。图 8-7 所示为云操作系统的双活集群架构。

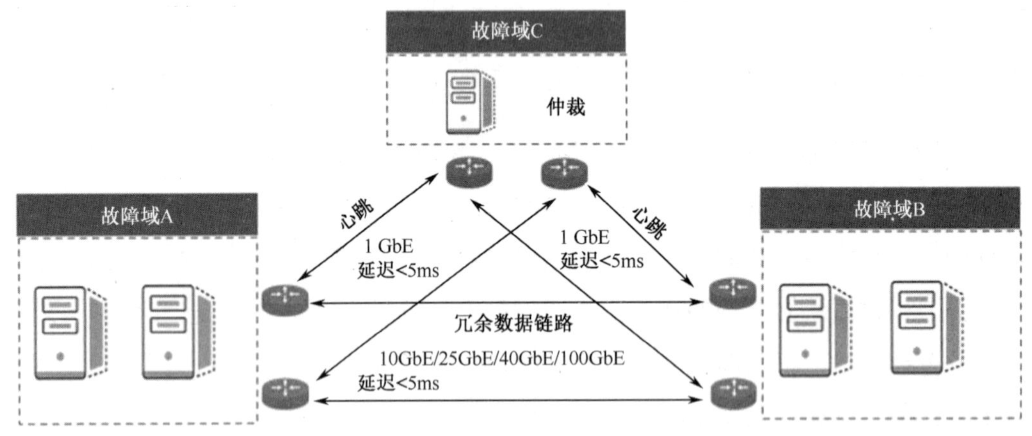

图 8-7　云操作系统的双活集群架构

3. 易用性

华云数据通用型云操作系统支持以比传统云产品更为友好的可视化操作方式，快捷地完成云平台的部署、扩容和迁移。

（1）部署方面。云操作系统通过图形化向导指引用户进行快速部署，并提供智能化配置参数评估机制，帮助用户快速评估和确认部署环节的各类配置项，从而有效降低信创云部署环节对实施人员的技术门槛。该能力主要通过云操作系统的可视化部署工具（ArcherOS LifeCycle Management，ArLCM①）实现，其支持外部网络 VLAN、内部数据网络 VLAN 的网络模型设置，帮助用户实现不同业务与租户的 VLAN 隔离，并预置 4 网口、6 网口等不同服务器规格的高可用部署最佳策略，从而确保云平台部署环境的可靠性与安全性。同时，该工具可支持传统部署和超融合部署策略，以及单节点、2 节点、多节点和双活集群等部署模式。图 8-8 所示为云操作系统的可视化部署工具。

① ArLCM 是华云数据通用型云操作系统的生命周期管理工具。

图 8-8　云操作系统的可视化部署工具

ArLCM 的部署环节分为集群配置与节点配置两部分。其中集群配置主要涉及集群网络及其他集群级参数的信息配置，节点配置中可按需定义各节点的角色，共有控制、网络、计算和存储 4 种。ArLCM 还支持对用户所输入的配置参数进行合理性检查，从而在启动部署任务前识别潜在的风险。

ArLCM 在部署过程会自动选出 1 台服务器作为执行部署任务的主节点，并由其接收部署任务的执行结果。同时，整个部署过程支持幂等特性，即当部署出现中断时可尝试重新执行出现问题的部署作业。图 8-9 所示为云操作系统可视化部署工具应用场景。

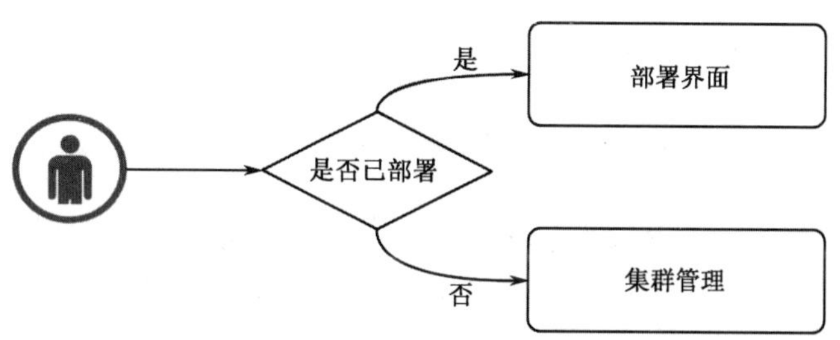

图 8-9　云操作系统可视化部署工具应用场景

ArLCM 除了提供部署能力，还提供对已部署集群的常见管理功能，如可通过一键停止或一键启动功能安全、快捷地关闭或启动云集群。

（2）扩容操作。云操作系统在可视化界面中为用户提供了节点管理功能，当系统资源不足时，可通过新增节点功能为云平台添加新的物理服务器，进行云集群的扩容操作。图 8-10 所示为云操作系统的可视化扩容。

图 8-10　云操作系统的可视化扩容

（3）迁移方面。为方便已有业务系统平滑过渡上云，云操作系统还提供了可独立部署使用的云迁移工具，支持将传统的整用型裸机信息系统、云平台上的信息系统快速转化为新建云平台中的虚拟资源，相关应用场景如下。

- 本地物理机迁移至云端。当用户需要将传统信息系统迁移至云端时，无须在云端重新部署业务所需的环境，即可借助云迁移工具直接将运行在物理服务器中的应用和数据迁移至云端。
- 跨不同私有云集群进行信息系统的迁移。
- 跨虚拟机管理器类型进行迁移，如从 VMware ESXi 迁移至 KVM。即使用 VMware 平台的用户采用云迁移工具可在无须人工干预的情况下将 VMware（使用 ESXi 虚拟机管理器类型）虚拟资源迁移至云操作系统（使用 KVM 虚拟机管理器类型）所搭建的云集群环境。

云迁移工具可按需选择直接迁移和中转迁移两种模式，具体可参考本书第 5 章云迁移相关描述。其关键业务特性如下。

- 多场景异构迁移支持。云迁移工具对待迁移源端主机的支持具备硬件无关性和平台无关性，支持国内外主流公有云、私有云平台虚拟机迁移和物理服务器迁移，兼容主流 Windows、Linux 及国产操作系统，并具备异构环境下的迁移能力。此外，云迁移工具通过支持磁盘 block 级[①]的迁移技术，有效提升了迁移的成功率。
- 迁移过程不停机，支持业务在线平滑切换[②]。云迁移工具支持在待迁移源端主机不停止业务的前提下进行迁移，只需在最后一次数据同步时短暂停止业务，待增量数据同步完成后目的端业务即可启动，从而大大减少以往云迁移环节的业务中断时间。
- 数据传输高效安全。云迁移工具支持高效远距离迁移，迁移网络利用率达到 90%以上。支持对数据进行压缩处理，有效节省网络资源消耗。还可按需启用数据加密，以保证传输过程的安全性。此外，云迁移工具还支持对传输速度实施限制策略，避免迁移数据占用大量网络带宽，影响相关的业务。
- 部署灵活，配置简单。用户只需在待迁移源主机上安装和配置打包客户端，在云平台部署接收端后启动迁移任务，即可由云迁移工具自动完成相应的工作。同时，云迁移工具支持对迁移任务进行合理性分析，从而有效减小出错概率。此外，云迁移工具的接收端和管理端均可按需部署在一台或多台服务器上，能灵活地适配用户环境。
- 集中管控，操作简单。云迁移工具提供简单易用的可视化管理界面，以图形化方式管理迁移环境和迁移任务，支持快速完成相关任务配置并一键执行迁移作业，大大精简了以往繁复的迁移操作过程。同时，云迁移工具支持集中管理多个并发迁移任务，可对相关进度进行实时监控，有效提高迁移工作管理效率。

---

① block 指磁盘块，其既是文件系统管理磁盘或分区的最小逻辑单位（Windows 操作系统中类似概念被称为簇），也是操作系统和应用使用磁盘的最小单位——而物理磁盘执行读写的最小操作单位是扇区，文件系统中的磁盘块读写指令最终会转换成相应的物理磁盘扇区操作。通常而言，一个文件会存储在若干磁盘块中，而一个块又对应若干个物理扇区。所谓的 block 级迁移技术指的是以文件系统的块为基本单位进行迁移，操作过程中若遇到网络中断，只需在网络恢复后对相应的块进行重传即可。而若迁移时文件被修改，也只需再次迁移受影响的修改块而无须对文件的所有块进行同步。作为对比，传统的文件迁移采用工具或者 TAR 命令及 SSH 或其他通道进行远程复制，如果迁移时遇到网络中断，即会导致迁移过程失败。如果待迁移文件有变动时，该文件对应的所有块都需要进行重新传输。

② 部分国产操作系统因存在功能限制，仅支持业务离线迁移模式。

8.1.2 云管理平台

华云数据云管理平台（以下简称“云管理平台”）支持纳管多套部署在不同国内外基础软/硬件之上的华云数据通用型云操作系统，提供异构多云管理、裸机纳管、灾备中心、全局软件定义网络、应用中心和流程管理等功能，以及通过其内置的运维管理门户提供对多个云集群的统一资源运行保障能力，从而有效提升复杂云环境下的运营、运维效率。图 8-11 所示为云管理平台架构。

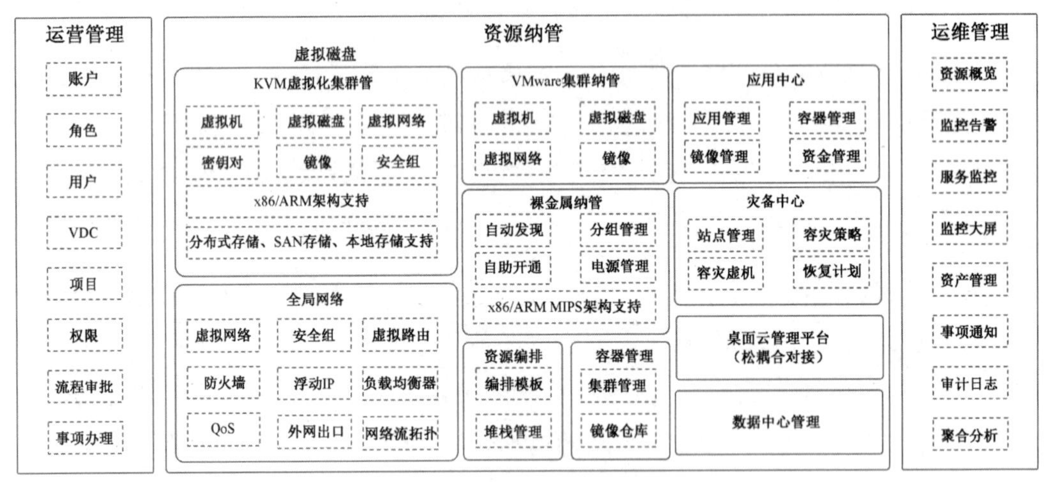

图 8-11 云管理平台架构

云管理平台支持跨多云集群、多云类型（公有云、私有云等）和多云引擎（VMware ESXi、KVM、容器服务、裸机云等）的管理。以下对相关技术特点做简要介绍。

1. 兼容性

在兼容性方面，云管理平台支持统一纳管多个通用型云环境或信创云环境的（单节点、2 节点或更多节点的）云集群，也支持纳管用户已有的国外云产品环境。同时，还可实现在上述不同技术栈、不同产品品牌和不同部署策略的云集群间，通过全局软件定义网络组件实现二层或三层的跨云集群虚实资源互通，从而支持用户实现信创云建设环节的业务数据迁移、已有云平台利旧、多云集群间协同服务等。图 8-12 所示为云管理平台的异构云集群纳管。

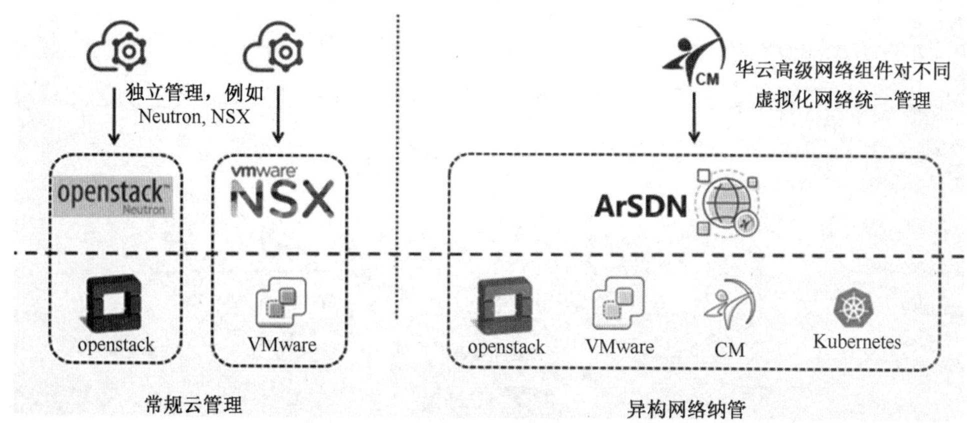

图 8-12　云管理平台的异构云集群纳管

云管理平台的纳管功能是实现政企虚拟资源统一管控的第一步，而如何实现对所纳管资源的信息同步，也是云管理平台需要解决的核心问题。鉴于云操作系统、云管理平台均为华云数据自主研发的产品，因而可在基层平台中开启资源变更信息的推送功能，即当在云管理平台针对资源进行异步操作或在云操作系统中执行资源操作后，云操作系统会主动将操作结果上报给上层云管理平台，从而达成上下级云平台间的资源信息实时同步能力。同时，为规避因网络中断等导致信息上报失败，云管理平台还引入了资源信息的定时同步功能。

2. 网络安全性

云管理平台使用全局软件定义网络组件来实现软/硬件解耦的网络和安全能力。在网络功能方面，全局软件定义网络组件使用叠加（Overlay）网络实现丰富且灵活的虚拟化网络功能，并通过统一的管理界面简化传统云网络复杂的运维工作；在网络安全方面，云管理平台针对现代云平台 70%以上流量都是内网流量的特点，在通过纯软件方式实现传统南北向防火墙的同时，设计并实现了更多云原生的安全服务。图 8-13 所示为云管理平台的网络安全架构。

（1）更多网络安全组件，包括东西向安全组、南北向分布式防火墙、微分段防火墙及流表限制等。其中南北向分布式防火墙可以解决传统集中式安全设备引发的流量发卡弯问题，如图 8-14 所示。而微分段防火墙技术则可通过与网络标签联合使用，对虚拟网络资源用打标签的方式管理和控制，优化传统基于网络 IP 地址和控制协议控制的方式，以更为灵活的方式在云端网络应用防火墙。微分段防火墙还支持将异构云网络按需分段，从虚拟机、业务部门、物理地址等不同的视角，以更精细的规则来配置防火墙，并支持在资源变更时自动应用相关的隔离策略，满足零信任安全模型中的网络设计要求。

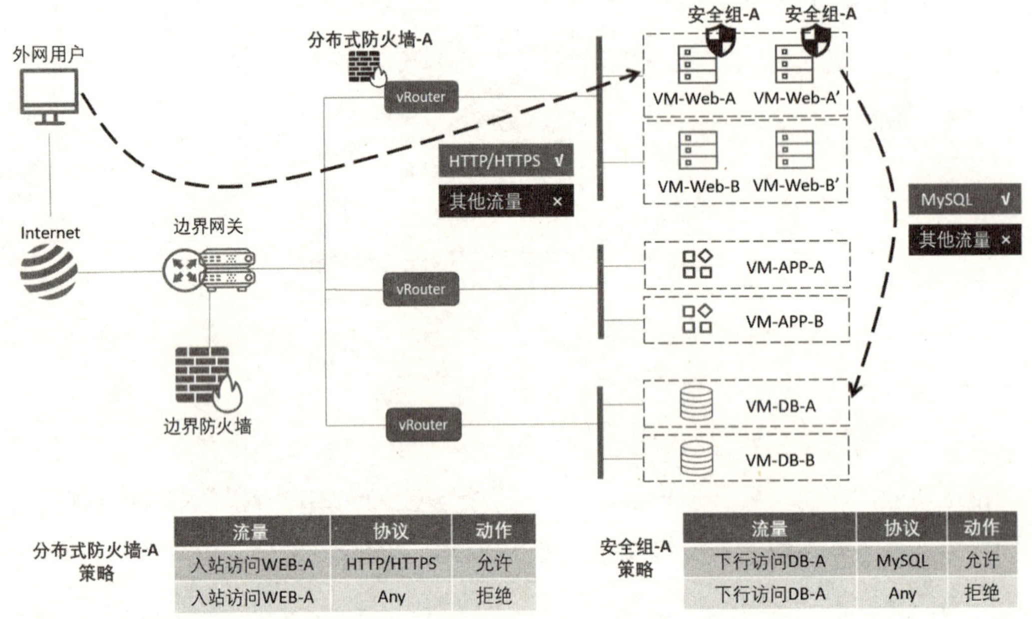

分布式防火墙-A策略

流量	协议	动作
入站访问WEB-A	HTTP/HTTPS	允许
入站访问WEB-A	Any	拒绝

安全组-A策略

流量	协议	动作
下行访问DB-A	MySQL	允许
下行访问DB-A	Any	拒绝

图 8-13　云管理平台的网络安全架构

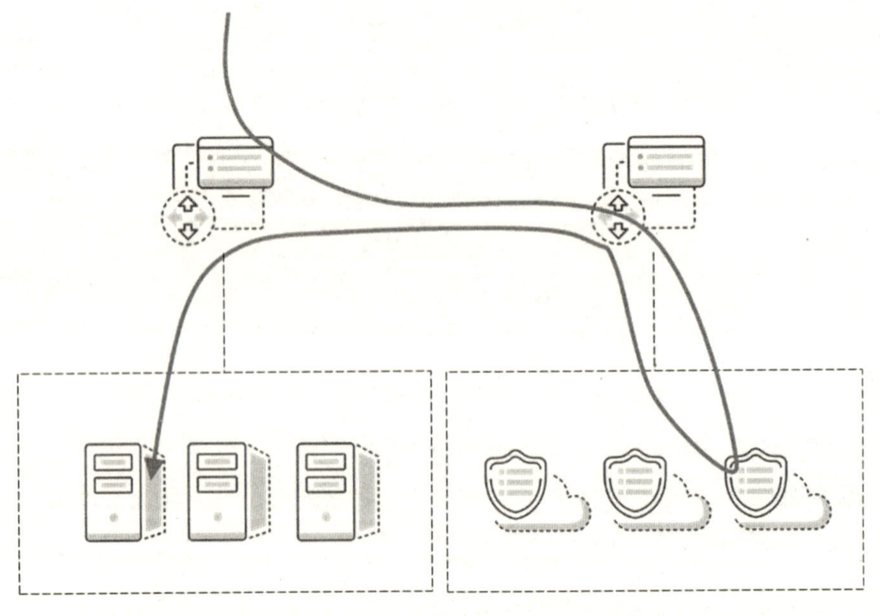

图 8-14　分布式防火墙可解决集中式安全设备引发的发卡弯问题

（2）支持两种方式的网络流量安全检测：一种是旁路检测安全方式，即通过流量镜像功能引导流量到安全实例，由安全实例检测各类威胁；另一种是在线式串行安全保护方式，由服务链将两个网络间的东西向流量打通并依次通过特定的安全实例，由安全实例实施安全检测。

（3）网络流量控制。随着云平台网络规模及流量类型的不断增加，网络拥塞、转发时延过长导致丢包等问题会使虚拟资源性能下降甚至不可用。网络流量控制功能可在带宽有限的情况下，基于预置策略对流量进行管理，支持对不同业务流量提供不同优先级的服务。相关的能力如下。

- 通过东西向上下行带宽上限控制及优先级开关，实现按流量优先级对带宽进行管控，优先保证高优先级业务流量。
- 通过南北向上下行带宽上限控制，灵活地选择通过浮动 IP 地址或路由器限速，同时支持根据协议、端口选择流量等功能。

（4）网络流量可视化。全局软件定义网络组件可在多个同构或异构的云集群间按需实现二层或三层网络互通，并以可视化方式提供各集群内部和集群之间的网络流量拓扑，使得维护人员可直观了解到网络流量分布情况，并在网络运维、网络安全审计场景中发挥作用。图 8-15 所示为云管理平台的网络可视化界面，其相关能力如下。

- 全局网络拓扑展示。支持在图形化界面中观察整个网络拓扑，并可通过点击交换机、物理机或虚拟资源图标展示相关的流量细节信息。同时还可查看每条通道的拓扑情况，显示流量所经过的每一跳及流的方向。
- 支持以源网络、目的网络、协议或流产生时间等多种维度对网络流量进行查询，助力维护人员实施更加精准的网络流量管理与排障。

3. 数据安全性

云管理平台还支持用户为有相关需求的虚拟资源设置容灾策略，当受保护站点进行计划内维护或发生灾难性故障时，可使用站点容灾数据快速将虚拟资源拉起并恢复相应的业务。同时，也支持将 VMware 云平台下的虚拟资源备份至云操作系统中。图 8-16 所示为云管理平台数据安全架构。

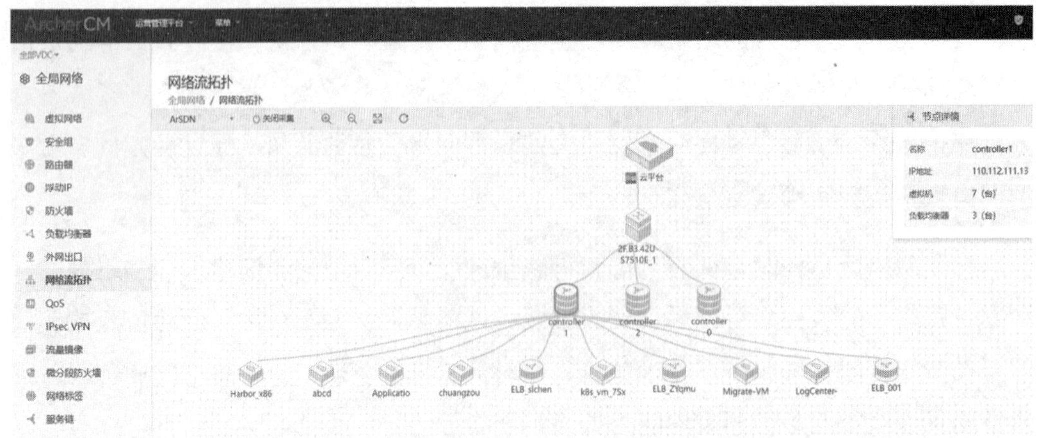

图 8-15　云管理平台的网络可视化界面

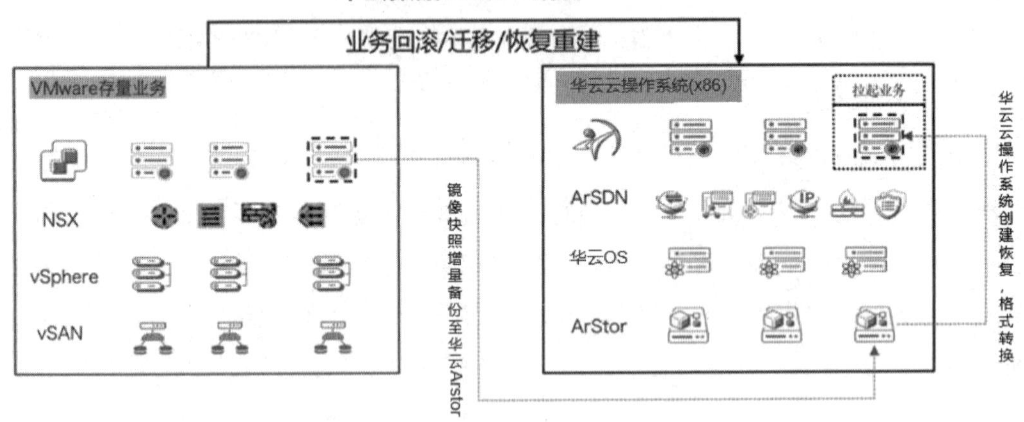

图 8-16　云管理平台数据安全架构

4. 扩展性

目前，云产品存在两个差异化的发展方向，一个是面向边缘计算场景的小型云环境，另一个则是面向通用场景，从普通小型云环境逐步扩容至中、大型云环境的交付场景。同时，针对信创领域特有的不同处理器架构指令集适配问题，如何高效地将某类处理器架构特有能力，和系统通用性能力相组合，并以标准化的形式进行交付管理，以降低系统升级、日常运营管理中的投入，也是云产品实现环节所面临的问题。

为消除上述痛点，云管理平台引入了基于插件的动态功能扩展能力，即通过对不同产品功能进行标签化管理，以用于不同的交付组合管理。具体类型如下。

（1）固有功能，即默认部署且不可调整的功能。典型的如租户管理功能等。

（2）固有但可按需配置的功能，即默认部署但可按需进行灵活调整的功能，可实现对部分能力的按需调校甚至禁用，但不可完整卸载。如高性能虚拟机的创建及管理功能等。

（3）可选择部署的扩展功能，支持按需进行部署和调整，以实现对默认功能集的扩展。如容器云服务、全局软件定义网络组件等。

云管理平台的容器云服务，为云原生应用提供一站式的环境搭建、应用管理、发布更新、持续集成、服务治理和运维监控能力，借助于云操作系统提供的国产基础软/硬件兼容能力，可按需部署并运行在云操作系统所管理的裸机或虚拟机之中，通过全局软件定义网络组件实现裸机、虚拟机和容器资源间的二层或三层网络互通，支持用户构建符合自身业务需求的信创云原生应用平台，打造符合云原生最佳实践的自动化研发环境。

8.1.3 桌面云软件

桌面云软件基于华云数据自主研发的高效桌面协议 ArHDP（ArcherDT High Desktop Protocol）进行研发，是支持全芯全生态高性能的虚拟桌面基础架构软件。通过深度整合服务器虚拟化、桌面虚拟化及虚拟存储虚拟化，用户可利用桌面云软件快速构建桌面云数据中心，实现操作体验及软/硬件兼容性与标准计算机设备相媲美，且具备更高安全性和运维管理效率的云桌面交付。同时，桌面云软件兼容基于通用和国产处理器的服务器及终端设备，支持发布基于麒麟和统信等国产操作系统的虚拟桌面，具有集中管控、高传输帧率、分布式架构、简单易用等特点，并支持用户在任意地点远程访问办公的业务需求。图 8-17 所示为桌面云软件架构。

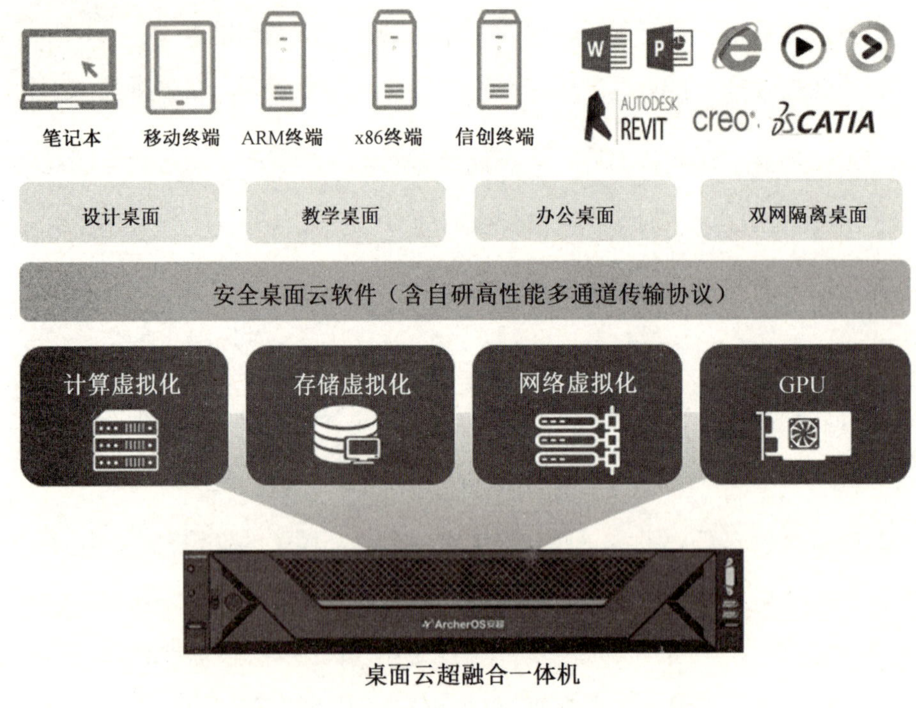

图 8-17　桌面云软件架构

以下对桌面云软件的典型特性做简要介绍。

1. 易用性

桌面云软件和云操作系统一样，支持单节点、2 节点和多节点的部署模式，以及以最少 1 节点为单位的横向扩展能力，且扩展获得的容量和性能均可通过所增加的硬件配置来进行估算。用户初期规划只需考虑当前业务所需的桌面数量和负载压力，当业务扩展导致云桌面数量不足时，只需简单增加新节点到云集群中即可获得更高的容量和性能。这种方式在有效降低桌面云平台建设初始成本的同时，支持按需灵活扩展，从而让桌面云项目的规划变得更加简单。

桌面云软件支持桌面镜像的统一分发与更新，为用户提供统一化、标准化的办公环境，有效提高桌面业务部署、日常运维效率；同时，桌面云软件也支持对瘦终端固件实施远程升级，从而将维护人员从各类传统桌面的重复性工作中解脱出来，有效降低对应的维护成本。

2. 安全性

桌面云软件包含诸多安全防控机制。

（1）业务连续性保障方面。传统基于办公计算机的桌面环境，往往在故障发生时需要较长的恢复时间，且在恢复期间业务的可用性会受到影响。桌面云软件基于云操作系统所采用的数据多副本技术，将数据存放在不同的物理服务器内，无论是服务器还是物理盘发生故障，都不会影响桌面业务的可用性。同时，副本的损坏能够被云平台智能感知，并自动实施重建操作以确保用户的数据始终处于可用状态。

对于部分处于公共区域的桌面环境（如电子阅览室、机场上网区、政府或医院的自助信息查询终端等），桌面云用户可能会执行不规范的高危操作，外带的存储设备、登录未知安全等级的网站也都对桌面的安全性能提出了更多挑战。为此，桌面云软件提供了还原桌面的业务连续性保障部署策略，即可按需在每次重启桌面时将其还原至新安装后的初始状态，为后续用户提供一个可控的、纯净的桌面环境；此外，桌面云软件还提供了另一种共享桌面池的方式，即允许关机后自动释放相关物理资源的占用，从而可通过对桌面使用的频率动态调节物理服务器的性能，避免因达到物理设备性能瓶颈而引发业务中断。图 8-18 所示为桌面云软件业务连续性保障的两种策略。

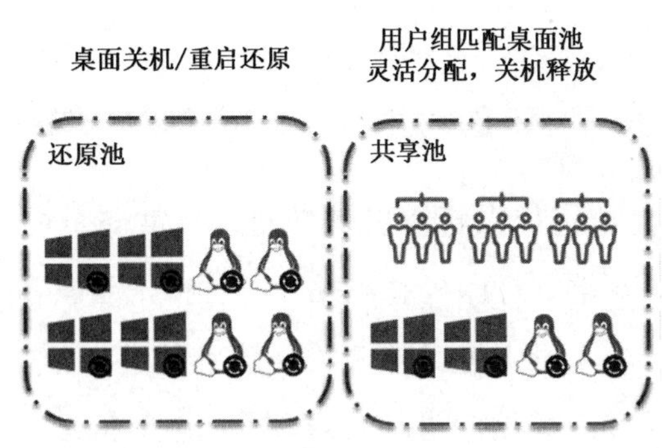

图 8-18 桌面云软件业务连续性保障的两种策略

（2）业务数据安全方面。通过华云数据桌面云的多重安全防护机制，所有桌面云用户所产生的业务信息和数据均实现了集中的存储和管控，使得相关数据特别是涉密数据的保存、提取得到统一权限控制，并辅以数据冗余、备份机制消除了数据丢失或失窃的危险。

针对需进行版权保护或保密业务泄密后追溯责任等场景，桌面云软件还支持由运营人员设置用户桌面水印功能，水印展示内容包括内容文字、用户名、桌面 IP 地址、桌面时间等。

针对部分信创云项目中业务高安全管控区域的合规性要求，桌面云软件支持用户与终端设备实现一对一绑定的安全策略，建立单人、单机、单桌面的强制关系映射，按需实施安全行为管控与行为追溯管理。

在用户使用软终端登录远程桌面的场景中，本地计算机与远程桌面存在数据双向传输的通道，而本地与桌面安全管控等级是否一致、本地或桌面中是否存在机密信息文件，都是安全管理环节需考虑的风险点。桌面云软件支持对本地与桌面的传输进行双向管控，重定向的磁盘设备也可以进行分类管理，以满足不同场景下的业务需求。图 8-19 所示为桌面云软件中本地与桌面双向传输管理策略设置。

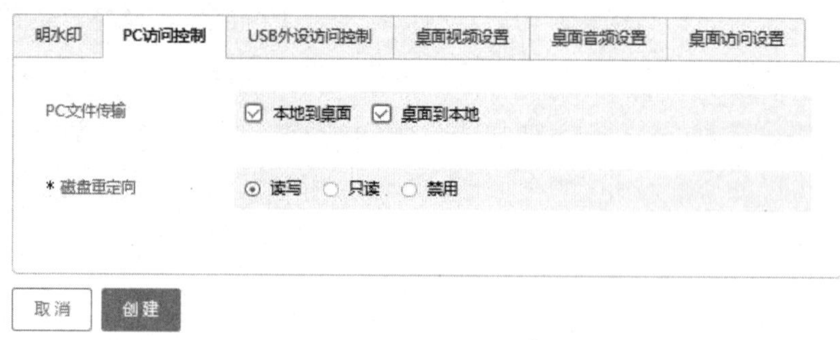

图 8-19　桌面云软件中本地与桌面双向传输管理策略设置

用户侧外部设备的使用权限管控也是桌面云日常安全行为管理的重点，如 U 盘、移动硬盘、指纹采集器、打印机和高拍仪等，特别是具备本地化存储能力的设备。在华云数据桌面云中，可支持对外接的存储设备进行分类，并结合需求对不同类型设备实施读写、只读或禁用的管理要求。同时也支持按需添加特定例外规则，以应对部分场景下对非标设备的特殊管理诉求。图 8-20 所示为桌面云软件外部设备管控策略。

（3）权限管理方面，桌面云软件支持多因素认证机制，如图 8-21 所示。即除了基于域账号和域密码的认证方式，还可按需启用动态短信认证以避免静态账号密码被拍摄、偷窥的风险，即认证时需同时输入域账号、域密码和短信验证码。

图 8-20　桌面云软件外部设备管控策略

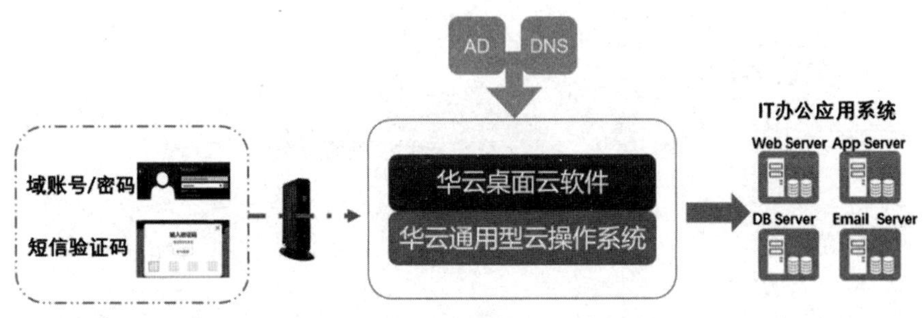

图 8-21　多因素认证机制

桌面云软件还支持设置桌面访问控制管理策略，以适应集中式、分部门、分批次的管理运维，如图 8-22 所示。如可设置运维管理团队允许访问的时间段，并以周、月为周期进行排期。也可以根据网络环境进行管控，对特定网段或 IP 地址进行精细化的划分等。

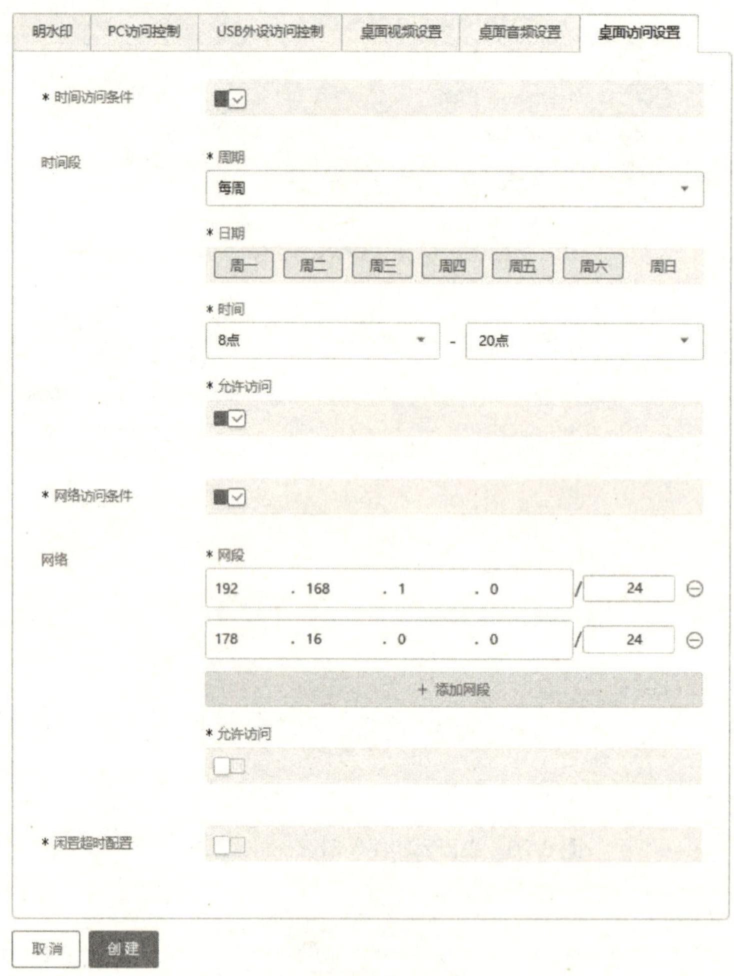

图 8-22　桌面云软件访问控制管理策略

3. 性能优化

桌面云需要通过网络来交付给前端设备，该过程中最重要的环节就是桌面交付协议。桌面云软件采用华云数据自研的 ArHDP 高性能桌面传输协议，支持包括 H.264 和 H.265 在内的场景化压缩编码技术。桌面图像通过网络传输，经终端解码后呈现在显示器上。ArHDP 通过对画面的智能侦测，能够识别静态图像和动态图像。在带宽受限的云环境中，会基于峰值带宽抑制技术保障办公、多媒体等场景下用户的极致体验。图 8-23 所示为华云数据高性能桌面传输协议。

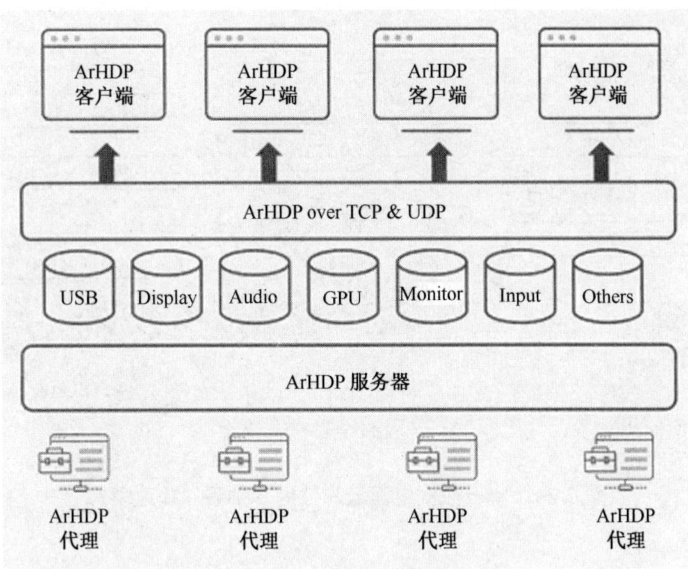

图 8-23 华云数据高性能桌面传输协议

此外，传统桌面在播放高清视频或运行大型游戏时，往往会消耗大量的 CPU 资源。为满足此类场景对算力的苛刻需求，桌面云软件支持用户按需使用 GPU 加速、GPU 直通和 vGPU 3 种硬件加速模式，从而降低主处理器编码负载，提升桌面图像处理性能，满足工作中出现的各种业务诉求。桌面云软件还可支持多种 GPU 桌面模式共同使用，即支持在同一节点部署多规格 GPU，分别做 GPU 加速和 GPU 直通以实现实时合理调配，最大限度地帮助用户节省资源、降低成本。图 8-24 所示为华云数据桌面云软件的 3 种硬件加速模式。各种硬件加速模式的特征如下。

（1）GPU 加速。GPU 加速是将一张物理 GPU 卡部署在一台物理服务器上，将这台物理服务器上的所有云桌面图像编解码负载从 CPU 转移到 GPU，从而降低 CPU 负载压力，提升办公场景下桌面的操作体验。

（2）GPU 直通。GPU 直通是将部署在物理服务器上的一张或多张物理 GPU 卡，通过直通技术将物理 GPU 透传进云桌面，由 GPU 负责图像处理和视频编解码。

（3）vGPU。vGPU 是对部署在物理服务器上的一张物理 GPU 显卡，通过虚拟化技术进行虚拟化切分[①]，让多个用户的虚拟桌面共享调用。

① 类似于云平台对处理器的超配，即将一张物理 GPU 卡虚拟成多张并提供给虚拟资源调度使用。

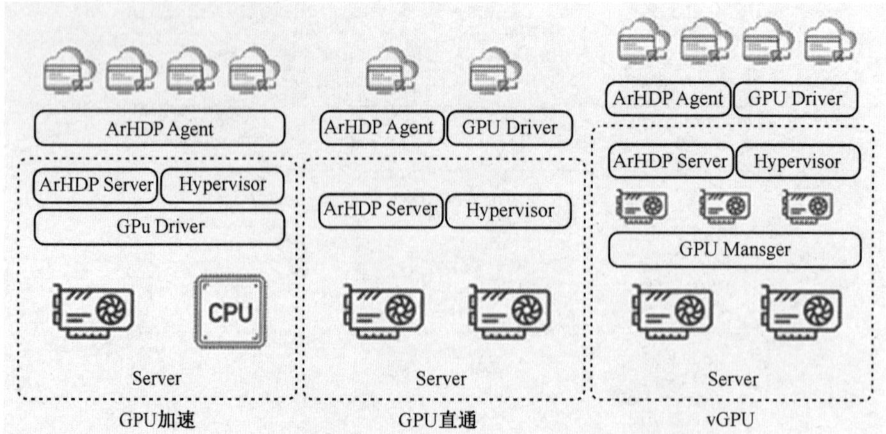

图 8-24　华云数据桌面云软件的 3 种硬件加速模式

4. 兼容性

目前，桌面云软件的兼容性主要聚焦在国产软/硬件适配程度、基于国产操作系统的桌面支持范围和国产应用迁移等方面。

（1）在国产云终端支持方面，华云数据与诸多云计算供应链上游厂家协同，合作研发了多款与桌面云软件兼容适配的通用和国产云终端，具有高性能、低功耗、安全可靠和简单易用等特性，支持国产化桌面并可满足各种不同网络应用环境和使用场景的需求。以采用 x86 指令集的 K-60 型云终端为例，其采用兆芯开先 KX-6000 系列①中的低功耗处理器，拥有小巧外形和静音设计，整体功耗低至 20 瓦。华云数据国产云终端配置表如表 8-3 所示。

表 8-3　华云数据国产云终端配置表

配件	说明
CPU	兆芯 KX-6640MA 2.2GHz 4 核
内存	4GB DDR4
存储	128GB M.2
无线网络	Wi-Fi 支持 802.1x

① 采用 16nm CMOS 制程工艺，35mm × 35mm 的 HFCBGA 封装技术，单芯片集成 4 或 8 个核心 CPU、内置双通道 DDR4 内存控制器、3D 图形加速引擎、高清流媒体解码器，以及 PCIe 3.0、SATA、USB 等通用外设接口，兼容最新 x86 指令集和 64 位系统、CPU 硬件虚拟化技术。同时支持 SM3/SM4 国密算法，可提供基于硬件的数据加密保护。

续表

配件	说明
正面端口	2 × USB 3.0 口 1 × USB 2.0 Type-C 1 × 音频口（3.5mm）
背面端口	2 × USB 2.0 口 2 × 千兆 RJ-45 网口 1 × DP 1 × HDMI 1 × DC IN
分辨率	DP：1920×1080@30Hz HDMI：1920×1080@30Hz
电源	19V-3.42A DC IN

（2）在第三方品牌的国产瘦终端设备支持方面，桌面云软件研发了具备信创特性的客户端软件，可以运行在兆芯、飞腾、龙芯等国产处理器品牌的客户端设备中，如泛联、华科、联想和智微等，同时也支持多款国产智能移动终端设备。

（3）在操作系统支持方面，桌面云软件除了兼容统信、麒麟品牌的国产商业操作系统，也支持多种国产品牌的移动端操作系统，如 MIUI、鸿蒙操作系统等。

（4）信创云实施中经常遇到遗留应用难于迁移的问题，如 Windows 类应用无法运行于国产操作系统桌面，或部分应用没有源代码而无法进行跨指令集迁移适配等。对此桌面云软件提供了应用虚拟化方案，即通过将应用和其运行的操作系统的依赖关系解耦，基于虚拟应用运行环境智能识别应用运行界面并将其截取、传输到桌面终端显示出来，从而实现：

- 终端设备无须安装相关应用，不限制操作系统版本，解决国产软/硬件系统暂时不能兼容部分应用软件的问题；
- 大幅降低客户端的硬件配置要求；
- 通过国产终端访问云端应用，实现无痕使用遗留应用的效果；
- 支持与普通桌面共同组成双模式运行环境，灵活应对各类特殊业务场景，如图 8-25 所示。

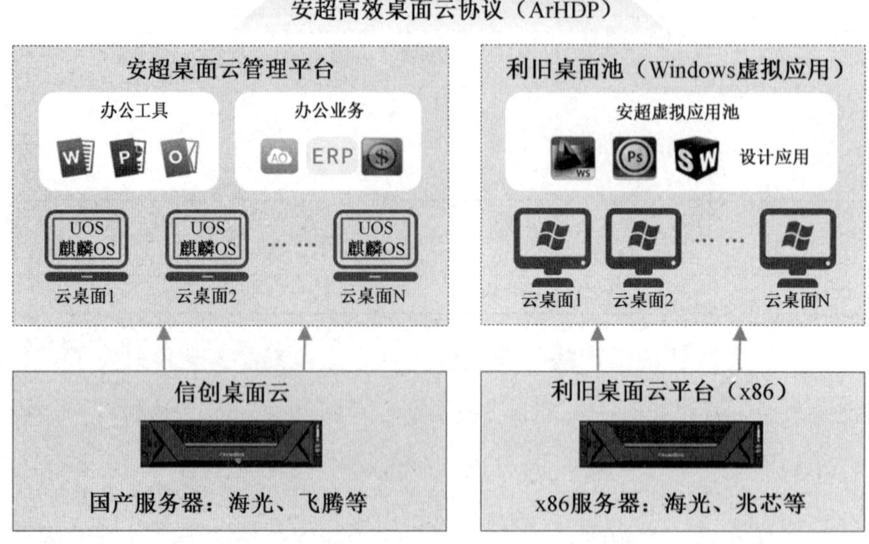

图 8-25　普通桌面和虚拟桌面双模式

8.1.4　小结

本节对华云数据信创云基座解决方案的创新点进行了简要介绍。

1. 兼容性

信创云基座通过屏蔽云平台底层基础设施间的兼容性问题及不均衡发展现状，为上层生态产品厂商提供标准化运行环境和技术支撑服务。设计方面采用软/硬件解耦方式，支持快速适配不同品牌和型号的服务器、存储和网络设备，也支持通过 OpenAPI 快速对接第三方系统。

同时，信创云基座兼容 Intel、VMware 等通用处理器品牌和云平台，可按需基于国内外产品搭建异构集群，通过软件定义方式实施跨异构集群的二层或三层网络互通，从而为现有信息系统平滑过渡到信创云，以及不同技术栈信创云间的迁移提供有力的支撑。

2. 安全性

信创云基座使用云原生安全理念进行设计，相关功能如下。

（1）多故障分区。支持将单一云集群划分为多个故障隔离域，每个故障域均可承受一定数量服务器宕机的风险，从而有效提升整体冗余度。

（2）多层级数据保护。支持数据多副本、同城延展集群、容错虚拟机和无限数据快照，支持备份至外部对象存储，以及多个云集群间的相互备份等。

（3）原生网络安全技术。支持软件定义的全网流量审计，也可按微隔离策略将同构或异构集群进行网络分段，并在资源变更时自动匹配预置隔离策略。

（4）支持对接第三方专业产品，包括容灾、入侵检测等产品。

3. 性能与稳定性

通过对各类数据流量的多层级精准控制，有效控制信创云内部数据流量，最大化地挖掘国产基础软/硬件算力资源，从而间接提升整体性能和稳定性。

（1）计算流控。支持裸机、虚拟机、容器等不同资源类型间的隔离，支持通过处理器独享、超配和拓扑策略等设置规避资源的不合理争用。

（2）存储流控。支持基于零数据拷贝技术创建资源快照，支持单虚拟盘级存储流量、吞吐量和数据压缩策略设置。

（3）网络流控。支持按需限制单一集群内部，以及跨多个同构或异构集群的东西、南北向网络流量。

（4）故障恢复流控。对基础软/硬件稳定性等原因导致的故障，支持自动恢复及对恢复数据流的智能均衡管理，以保障系统正常运行，支持虚拟资源恢复优先级的策略设置。

华云数据信创云基座具备信创适配软实力与信创部署硬实力。信创适配软实力体现在广泛的生态适配能力、业务适配优化能力和混合 IT 架构支持能力；信创部署硬实力体现在华云数据落地于多个省份的信创攻关基地。依托信创基地相关适配经验，从信创云项目的评估调研，到产品与方案的适配与选型、集成与培训，直至最终的交付、运维服务及相关经验标准化，华云数据通过信创云基座有效推动广大生态厂商协同行动，共同助力供应链整体竞争力的提升，促进经济社会数字化的加速转型。

8.2 应用案例

本节以使用华云数据“信创云基座”产品解决方案实施的 3 个典型项目为例，对信创云产品的实施情况进行简要介绍。

为适应典型项目所对应用户对信息公开性的要求，介绍案例时屏蔽了项目和用户的详细信息。

8.2.1 单指令集信创云案例

本项目是 2020 年实施的某地级市政务云案例，上线同年已承载 20 余家委办局协同办公业务。项目采用鲲鹏处理器搭建多个服务器集群，以虚拟化、整用型裸机两种方式对服务器进行部分资源的云化处理，所应对的业务场景属于第 4 章所描述的“场景 4：信创云同构改造”。

1. 建设目标

本项目建设目标是基于兼容国产基础软/硬件的云计算技术，建设可覆盖全市党政机关的一体化协同办公大平台，涵盖所辖范围内的区县（市）、乡镇（街道）、村（社区），为各部门相对独立运行的协同办公系统提供支撑，实现多组织共建、共用的一体化协同办公平台。

通过本次项目建设实现党政机关内部办公管理的整体联动、业务协同、数据共享，实现党政机关内部办公管理的标准化、协作化、精准化、平台化和简便化。借助信息化手段实现内部流程显著优化，管理形式更加多元，服务渠道更为畅通。

该市政务协同大平台部署在信创云环境中，适配了主流国产处理器、操作系统、中间件、数据库和办公软件环境，通过环境自动检测方式解决混合模式下的兼容适配问题，确保各类政务系统互联互通和软/硬件资源实时可控。

2. 部署方式

在该地市信创云项目的实施过程中，通过华云数据信创云基座有效屏蔽了基础软/硬件层面采用诸多最新型国产设备所带来的风险，保障了实施过程的连续性，并为未来的系统扩展或技术栈变更打好了基础。实施环节的主要特点如下。

（1）采用某国产品牌最新型号 SAN 存储设备，对接另一国产品牌的最新型服务器，组成完整的 SAN 架构存储并由华云数据云管理平台统一纳管。

（2）计划建设 4 个集群，两个 15 节点的云集群用于虚拟化、两个 6 节点的物理服务器用于裸机云，所有节点均对接 SAN 存储组成高可靠对称架构。

（3）为尽可能挖掘、利用每个节点资源，采用融合部署模式。

（4）采用服务器密码机和备份一体机等设备，与信创云平台共同保障业务数据的安全。

3. 解决问题

在该地市信创云项目中，通过华云数据通用型云操作系统、云管理平台等信创云计算软件的产品能力，基于虚拟化和容器技术的兼容、适配、纳管等方式有效连接上层软件生态和基础软/硬件资源，化解了各种软/硬件之间的“通”与“融”的难题。

通过该项目建设，全面提升了政府各组成部门、各直属单位、各区县及乡镇的办公效率，加强信息接入、整合有效数据资源和应用，建设信息化、智能化、规范化的办公体系，实现了“办文、办事、沟通”的项目建设目标，更好地服务于全市公共安全建设。

8.2.2 多指令集信创云案例

本案例是某地级市的综合办公系统，其应用海光、鲲鹏两种服务器，所创建的信创云对应的业务场景属于第 4 章所描述的“场景 5：信创云异构改造”。

1. 建设目标

本项目的建设目标是基于全国产化架构的信创资源池构建统一运维和管理的信创政务云平台，覆盖全市多家单位，重构各家单位间原有的烟囱式信息系统建设格局，形成全市统一的协同办公和数据共享体系，满足政务外网[①]及互联网对基础环境、数据环境、应用环境等方面安全可控的要求。

2020 年，相关建设单位从上到下形成统一认识，在市大数据管理局的牵头下，完成基于信创政务云的市一体化协同办公平台建设，并向各委办局提供服务，可随时响应、满足各单位的接入需求，或根据各单位业务需求增加计算资源池、存储资源池等基础设施，为新增加的应用系统提供可靠的接入服务和资源保障。

2. 部署方式

项目采用融合鲲鹏云、海光云的异构多云架构，为用户提供可靠、稳定的信创云基座，并划分为多个逻辑集群进行统一管理。

项目基于异构多云架构的信创云产品支撑协同办公平台业务，前端通过负载均衡对业务负载进行均衡，相关业务系统通过集群化部署分布在不同的云环境中，当任意云环境发生故障时均可通过云平台高可用和负载均衡机制，保障相关业务系统能持续对外提供不间断的服务。项目还通过国产化服务器提供物理数据库节点及备份服务，保证数据库业务的高性能及业务公文附件的安全性。

项目通过华云数据信创云基座将业务系统与基础软/硬件解耦，通过统一资源池的方式为上层软件提供安全、稳定、高效的资源支撑，有效提升国产化基础软/硬件

① 即电子政务外网，是服务于各级党委、人大、政府、政协、纪委监委、检察院和法院等政务部门，满足其公共服务、社会管理、市场监管和经济调节等方面需求的政务公用网络。

的资源利用率和泛用性。同时，通过与应用开发商的联合调优，进一步提升了协同办公平台在国产化基础软/硬件上的性能表现，基本可实现与原 x86 平台一致的性能表现和用户使用体验。图 8-26 所示为某地级市综合办公系统信创云架构。

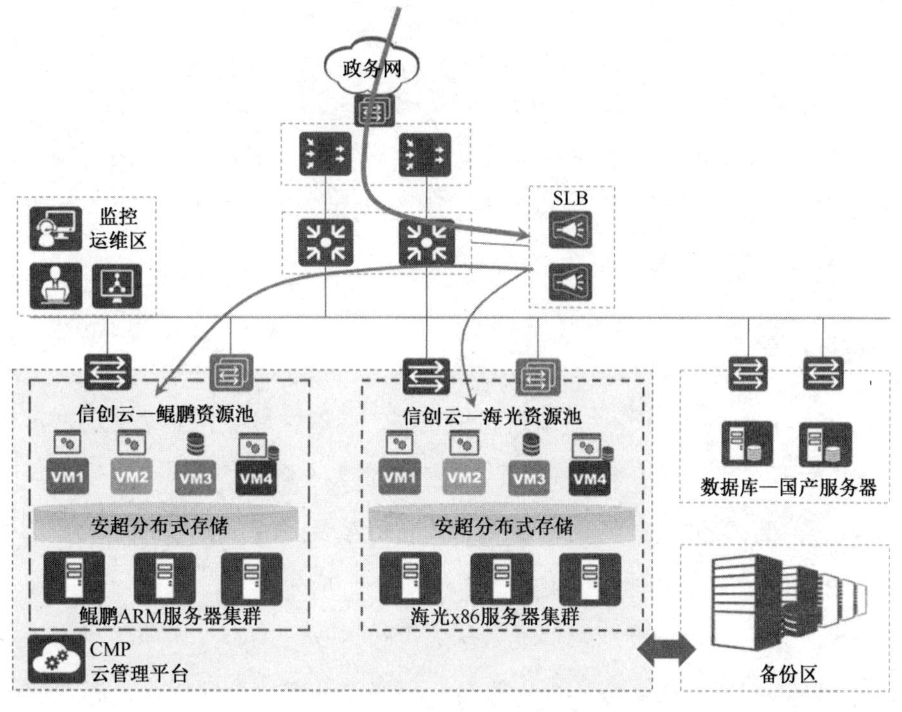

图 8-26 某地级市综合办公系统信创云架构

3. 解决问题

通过先行先试，逐步建立覆盖全市的综合办公系统平台，打破原有的烟囱式建设格局，推进政务一体化建设，并最大限度地缓解国产基础软/硬件引入环节对业务的影响。一体化协同办公平台设计承载用户数量为 5 万人，目前已承载全市 26 家委办局的协同办公业务和全市 196 家单位的公文交换业务，且不断有新的委办局将原有协同办公业务融入平台，逐步实现了纵向贯穿各建设单位多级业务办理、横向融合建设单位各处室与部门间的办公业务协同，以流程驱动业务，将办公事务处理集中汇入协同办公平台，形成“纵向到底、横向到边”的联动体系。

项目通过实现政务办公数据资源共享，推动各类办公业务相互衔接，协同联动，信息互认，变“办事跑腿”为“信息跑路”，变“人员来回跑”为“业务协同办”，持续提升政务办公的整体水平和效能，进而达到管理合理、效率最高、服务最优的目标，最终形成了科学合理、精干高效的现代化数字政务数据共享体系。

8.2.3 全栈信创云案例

本案例是某省份信创适配中心的业务系统，上线范围是基于海光、鲲鹏、兆芯、飞腾、龙芯、申威 6 种处理器品牌的服务器集群，采用虚拟化、整用型裸机、应用中心 3 种方式对物理资源进行云化处理，所应对的业务场景属于第 4 章所描述的“场景 1：新建信创云”和“第 3 类：进阶信创云”。

1. 建设目标

2019 年，为促进信创产业在本地生根发展，构建区域级产业聚集集群，某省信创适配中心整体落户于所在地市高新区国家软件园，由众多信创产业生态厂商共同建设运营，旨在打造完善的信创适配生态体系，配合政府主管部门建立健全省信创产品及服务标准。中心具备适配调优、联合攻关、成果展示及人才培育和技术创新孵化等重要功能，为信创产业发展提供从关键技术攻关、产业人才培养到产业生态培育的全方位支撑，从而形成信创优质解决方案，并推广到全省及国内其他区域。

信创适配中心规划建设 4 个子中心。

- 信创产品适配中心。建立完整的信创供应链产品适配体系，提供从处理器、服务器整机到操作系统、中间件、数据库及应用的适配服务，建设信创配套服务体系并向全国推广。
- 信创产品研发中心。联合国产基础软/硬件厂商针对适配难题进行技术攻关，同时组建专业团队研发信创应用全生命周期管理产品。
- 信创成果展示中心。设置信创成果展示区，展示技术创新及解决方案成果，向周边省市推广优质信创解决方案。
- 信创云服务数据中心。建立信创数据中心，以云服务的形式提供信创基础设施和应用解决方案，加快替代步伐，为所在省份乃至周边省市党政机关信息系统提供信创云服务。

2. 部署方式

为支持信创适配中心的核心业务，信创云产品需满足以下部署方式。

- 支持基于海光、鲲鹏、兆芯、飞腾、龙芯、申威 6 种处理器的虚拟化能力；支持开通基于中标麒麟、银河麒麟、麒麟 V10、统信等国产操作系统各个版本的虚拟资源。
- 能够对适配厂商提供的已部署好特定应用环境的裸机进行纳管，并通过信创云进行监控和管理。
- 支持在基于不同品牌处理器开通的虚拟资源间，以及虚拟资源和裸机资源间进行互联互通。
- 支持以可视化方式快速搭建新的信创云环境，以及对已有信创云环境进行快速扩容和故障服务器替换。
- 支持对虚拟资源使用情况进行计量、计费。
- 支持特定云集群以独立方式运行，并在需要时再进行统一纳管。
- 支持对所有物理服务器进行负载、能耗、故障和运行状态的统一管理。

结合用户自有设备、借调设备情况，以及执行中和规划中的适配项目计划，在经过充分的调研和设计评审后，项目所搭建的信创云部署架构图如图 8-27 所示。

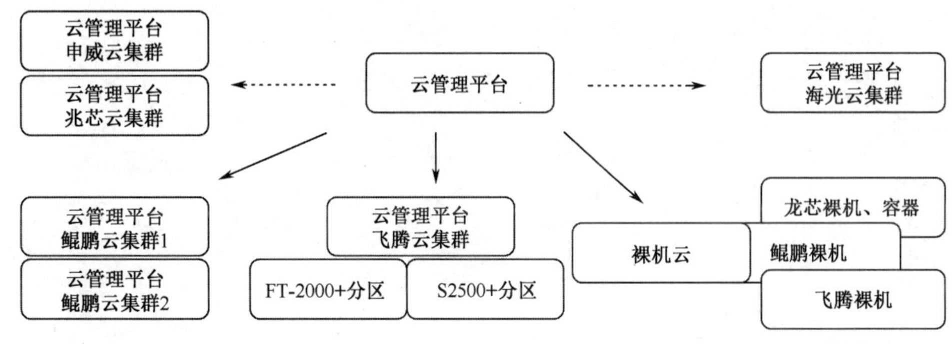

图 8-27 信创云部署架构图

项目将用户自有的鲲鹏、飞腾、龙芯服务器作为常备资源，首先搭建了基于飞腾服务器的云集群，而后不断按需增加新的云集群并由华云数据云管理平台进行统一纳管，包括基于鲲鹏服务器的云集群和裸机集群、放置 FT-2000+和 S2500 两种飞腾服务器的云集群，以及基于龙芯服务器的裸机集群和运行在裸机之上的容器云服务。此外，还有搭建在所借调厂商服务器资源之上的兆芯、申威和海光云集群，因借调周期通常只有 1～3 个月，且不同时间到货的服务器配置不统一、数量不固定，故通常快速部署为独立运行状态的超融合集群或单节点云环境提供给适配企业使用，并在需要时接入华云数据云管理平台进行统一管理。

3. 解决问题

基地的基础软/硬件均使用华云数据相关产品执行管理，并按不同服务器厂家、不同处理器品牌类型等划分为不同的资源池，高效调度相关资源，保障 50 余家入驻信创云生态厂商的应用、数据库和中间件适配工作，在有效提升适配效率的同时，有力地支撑了所在省份信创产业集聚平台的建设任务。

8.3 小结

本章介绍了信创云典型的产品与落地项目案例，希望通过这些介绍，帮助读者理解信创云在具体推广实现层面的具体情况。

与其他新兴产品类似，信创云产品的完善需要合理的产品规划及持续的研发投入支持。随着相关技术的不断发展和实际项目的陆续落地，具有较强技术能力、行业理解能力和坚持长期发展战略的公司及其产品，在未来将拥有广阔的价值提升空间。

第 9 章　未来展望

随着云计算技术的持续发展及相关支持政策的陆续发布，更多政企信息化项目中引入了信创云产品，同时也陆续显露出一批新问题、新思路，并逆向推动信创云开发商对相关产品进行持续的完善。

本章将对从信创和信创云业务场景、开发模式和领域热点角度进行分析，尝试探讨其未来可能的发展形态。

9.1　场景的变化

本书第 4 章对目前信创云的典型业务场景进行了分析，归纳为 3 种类型、5 个主要场景。随着信创领域相关技术和产品的快速迭代更新，信创云产品的稳定性、安全性等用户关心的基础需求将得到更为充分的满足，其他用户延展性需求也会陆续获得对应的支持，这些改变均会对信创云所面对的业务场景产生影响。因此本章将结合信创领域的相关热点，用动态的眼光尝试对未来业务场景可能出现的变化进行分析。

9.1.1　使用对象的变化

1. 业务主体的变化

近年来各级政府机构大力投入政务数字化建设，而导入云计算技术是其改革环节的主要创新之一。目前，信创云产品的主要设计目标是支撑实现云计算基础软/硬件的自主可控升级和信息安全防护。根据艾瑞咨询《2021 年中国信创产业研究报告》中的相关数据，作为信创试点的党政部门用户，目前占主要用户群体的 90%以上。

而从中长期来看，信创将逐步渗透到维系国计民生的八大行业，相关进程可大致分为以下 3 个阶段。

（1）第一阶段包括党政和金融行业的信创推广，其中金融行业信息化基础相对于其他行业较高、市场规模增长空间充足，目前已成为重点开拓的行业。

（2）第二阶段的推广包括电信、交通、电力、石油、航空航天 5 个行业。

（3）第三阶段主要指教育与医院行业。

在不同行业的信创云项目实施过程中，根据行业信息化水平和业务需求的不同，需要提前规划和论证相关信息系统的改造顺序。以金融行业为例，其通常会按办公系统、金融机具[①]、普通业务系统、核心业务系统的类型划分，分批逐步进行新系统的实施过程。而信创云作为支撑这些系统的基础设施服务平台，除了保障业务系统的云化处理，还需要在客户端软/硬件算力、兼容性等方面提供必要的支持[②]。

信创云在不同行业的推广是一个持续迭代与演进的过程，除了第一阶段的党政和金融行业，从中、长期看其他行业的推广预计将不再具有明显的执行顺序，特别是当相关技术体系、生态合作模式逐步成熟之后，各行业以自动自发的市场化行为进行推广或将成为普遍现象。

回顾信创领域的发展历程，已有研究机构给出多种阶段划分方式，如颇具代表性的 4 阶段划分。

（1）预研阶段，2006 年至 2013 年，以国务院发布《国家中长期科学和技术发展规划纲要（2006—2000 年）》，将“核心电子器件、高端通用芯片及基础软件产品”[③]作为 16 个重大科技专项之一为代表事件。

（2）可用阶段，2014 年至 2016 年，以 2014 年华为海思智能电视 SOC 芯片研制成功并实现量产，实现智能电视核心关键部件的自主性为代表事件。

---

① 银行等金融类机构在业务过程中所使用的机具产品，如点钞机、验钞机、智能终端、纸币清分机、捆钞机、扎把机等。

② 如针对个人办公用计算机设备的桌面云化改造等。

③ 通常简称“核高基重大专项”，是《国家中长期科学和技术发展规划纲要（2006—2020 年）》所确定的 16 个科技重大专项之一。其主要目标是：在芯片、软件和电子器件领域，追赶国际技术和产业的迅速发展，通过持续创新，攻克一批关键技术、研发一批战略核心产品，为我国进入创新型国家行列做出重大贡献。

（3）好用阶段，2017 年至 2019 年，代表事件是核高基重大专项第二批工程启动会召开。

（4）推广阶段，指从 2020 年前后开始的国产基础软/硬件推广工作。

从基础软/硬件产品开发商角度看，因其各自采用的技术栈在研发背景、技术路线、待解决关键问题和典型用户群体等方面存在诸多差异，故上述 4 阶段的划分只能反映部分技术栈领域的历史发展情况，并作为各供应链相关产品开发商探索、发展自主产品研发方案的参考。

从更广泛的层面来看，行业信创云与党政信创云所面对的用户诉求有所不同——前者往往是自负盈亏的特定领域业务经营主体，因此其信创云的建设方式将会由党政信创云的政策引导为主，调整为市场需求驱动为主，并在云产品的用户体验、采购成本与周期、运营和运维体验等方面有更高的要求。而如何鼓励更多的行业应用开发商加入信创云生态，以用户需求为源头、以行业应用场景为牵引拉动包括信创云在内的基础软/硬件成熟度持续提升[①]，则是行业信创云发展过程中需持续应对和优化的关键问题。图 9-1 所示为信创建设主要驱动力将从政策型转向需求型。

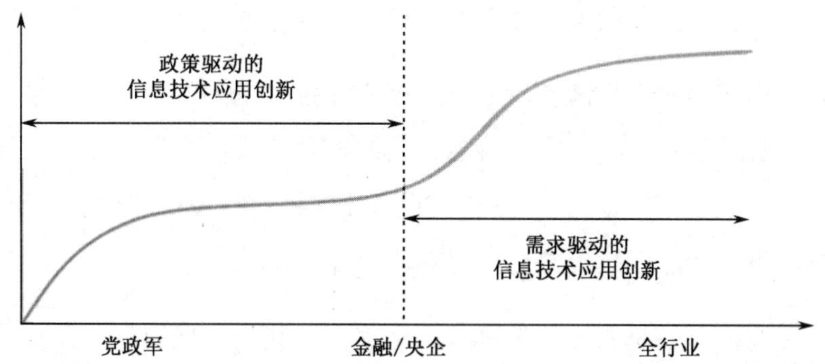

图 9-1 信创建设主要驱动力将从政策型转向需求型（源于艾瑞咨询相关研究报告）

2. 业务类型的变化

信创云产品在经历一段时期的发展后，随着各项指标特别是稳定性的提升，越来越多的产品将具备从“能用”向“好用”进行转变的前置条件。具体而言，部分

① 目前多数信创云产品面向各行业公有业务场景进行开发，并针对特定行业需求进行部分功能组件的定制，以适应该行业的专用设备、专用软件及其他合规性要求，从而实现对更加广泛的用户群体业务的支持。

前期上线的信创云项目将结束“先行先试”状态，并通过转换、扩容或新建的方式，逐步承担起支撑政企核心业务信息系统运行的职责，即支持业务系统的类型**由非核心系统扩展到核心系统**。同时也应清楚地认识到，任何具备一定规模的现代化信息系统，在逐步支撑起核心业务运行的过程中，都需根据实际业务需求和产品技术特性进行合理规划，尤其应注意以下 4 方面的内容。

（1）对业务中、长期诉求的满足程度。不同信创云技术栈间具有不同的特性及限制，其相关生态的发展步伐也不尽相同。基于某种技术栈的信创云项目，能否满足业务的短期、中期甚至长期的技术需求，除了在实施前进行调研和论证，在实施后的运营、运维环节也需对相关风险进行持续监控，并预先制定相关的应对措施。

（2）核心系统、非核心系统（或核心系统正式上线前的“先行先试”环节）在运行要求方面的差异，具体包括安全管控要求、高可用要求[①]、性能要求和并发访问支撑要求等。同时，核心系统应用上线前往往需要更长的开发、测试和试运行周期，对应信创云项目的实施策略也需要有针对性地进行调整。

（3）相关软/硬件产品在供货周期、采购与运维成本、质保时长、故障响应时限，以及其他非技术领域的差别等。

（4）运营模式和成本。诸多政企用户核心业务系统因建设和运营投资额度大、预期使用周期长等因素，往往会以特定方式向使用者收取费用，相关的运营团队也因此会由“成本中心”转化为“利润中心”，而在此过程中所涉及协作流程的设计、试用和实施，也是确保后续正常运营的必要保障。

同时，在非核心系统的支持方面，同样存在持续的扩展趋势。如从早期的“先行先试”试点系统开始，逐步扩展到为政企各类信息化系统提供支撑。在这个环节中，一些可预测的发展趋势如下。

（1）在安全性、稳定性等基础业务需求获得保障的前提下，性能和个性化类进阶需求占比将越来越高，并需逐渐扩展相关技术栈的“最小功能集”范围[②]和准入门槛。

---

① 常见的包括可容忍停机时长，以及在正常对外提供服务的情况下最多可接受的节点或关键部件故障数量等。

② 详见本书第 5 章相关描述。

（2）服务模型将从以 IaaS 为主，逐步引入和增加 PaaS、SaaS 服务模式的占比，以及云原生等新的技术实现方式，出现明显的新、旧技术共存及联合为上层软件提供运行支撑的情况。

以目前信创云实施环节最常见的政务云为例，根据赛迪顾问《2021—2022 年中国政务云市场研究年度报告》中的相关数据，政务云市场结构中 IaaS 占比最高，SaaS 占比处于快速提升过程中①。具体而言，2021 年中国各省份及一、二线城市对政务云基础设施进行架构升级，部分三、四线城市及县级市加速政务云基础设施建设，“健康码”“一码通”“掌上办”等应用继续加快部署。2021 年，中国政务云 IaaS 市场规模为 397.4 亿元，占总体市场比重为 50.5%，中国政务云 SaaS 市场规模为 214.8 亿元，占总体市场比重为 27.3%，相比于 2020 年市场占比提升较快。随着政府对政务云安全和后期运维管理的重视程度不断提升，政务云安全和运维市场规模迅速增长，2021 年市场规模达 137.7 亿元。

赛迪顾问报告还预测了国内政务云领域 IaaS 和 PaaS 市场占比的变动趋势。其中 IaaS 市场占比预计逐年下降，PaaS 市场占比则逐步提高。具体而言，随着政府对平台、应用建设需求的快速增长，以及对政务云安全越来越重视，2022—2024 年 IaaS 市场占比逐年下降，PaaS、SaaS、安全和运维的市场占比则逐年上升。预计到 2024 年，IaaS、PaaS、SaaS、安全和运维的市场占比将分别为 48.1%、5.9%、28.2%和 17.8%，且 PaaS 的市场占比提高最快。

（3）随着对更多核心业务系统提供支撑，将由早期的以支撑办公类应用为主，逐步扩展到为更多领域和类型的应用、数据库和中间件提供云化服务。

3. 用户模式的变化

根据艾瑞咨询 2021 年年初的相关研究结果，IaaS 层服务占已落地信创云项目的绝大多数份额，且已超过国内整体云计算项目中 IaaS 层份额占比，即意味着目前信创云的建设主要以整用型裸机和服务器虚拟化为主。同时该研究成果展示，已上线的信创云中 90%都用于政务云场景，且均使用私有云方式进行部署。图 9-2 所示

① 该报告中，将政务云市场服务模式分类由以往的“IaaS、PaaS、SaaS”调整为“IaaS、PaaS、SaaS、安全和运维”，即安全和运维相关的营收数字不再分摊于 IaaS、PaaS 和 SaaS 分类中。

为 2020 年信创云主要行业和应用分布。

图 9-2　2020 年信创云主要行业和应用分布（源于艾瑞咨询相关研究报告）

在本书第 7 章中，讲述了信创云项目实施阶段常见的 3 种用户模式，即单租户、多租户和混合模式。随着信创云项目建设的持续进行，后续大中型企业的用户模式预计会由单租户模式为主，过渡到多租户或混合模式为主，以支持以下业务诉求。

（1）降低基础设施采购成本。当政府和企业中的新用户开始使用信创云时，如果需要重新部署一套云集群，势必将带来对应的人工、基础设施采购和后续维护成本。而多租户模式可以支持在这个场景中，使用前期已上线的信创云集群环境，通过创建逻辑租户的方式为新用户提供完整的全套虚拟资源服务①。

（2）支持更高级服务模式的引入。随着云原生等新技术在信创云项目实施过程中的推广，未来 PaaS、SaaS 等更高级的云计算服务模式也会逐步成为信创云建设环境中的主流服务模式。

4. 更多扩展

和其他多数云计算领域产品类似，信创云产品在支撑政企用户业务诉求的同时，必然会逐步扩展到其他市场，典型的如下。

（1）个人消费市场，如以公有云交付服务等形式，面向个人娱乐、教育、数据

---

① 如华云数据通用型云操作系统产品，可以支持先以单租户模式运行，而后在不需要采购任何新增设备的前提下，通过对接华云数据云管理平台产品引入对多租户管理模式的支持。

存储等场景提供云服务。

（2）新兴云计算领域，如边缘计算、高性能计算和工业互联网领域等。

（3）国外市场。从长期看，信创云产品及其相关技术、服务终究会走出国门，融入全球云计算供应链体系，面向更广泛的政企和个人消费领域。届时，信创云产品必将面对更加复杂的用户群体及业务诉求，并在与供应链上下游产品共同构筑行之有效的外向型产业集群方面进行持续的探索。

同时，在上述扩展过程中，各个级别的产品开发商势必会遇到如何以更小的投入快速完成跨越不同生态圈进行生态融合的问题。以国产操作系统产业为例，目前主流国产操作系统均基于开源操作系统 Linux，并针对其用户群体特性着重在 Linux 内核外的服务代码层执行定制开发；而供应链上下游尚未建立成熟的生态圈，如在所适配的应用数量方面，目前国产操作系统与美国 Android 或 Windows 操作系统仍存在数量级上的差距。表 9-1 所示为国内外主流操作系统应用适配数量（2020 年 9 月）。

表 9-1　国内外主流操作系统应用适配数量（2020 年 9 月）[①]

操作系统	数量
麒麟	12 127
统信	2439
安卓	300 万
iOS	210 万（2018 年）
Windows	3500 万应用数量 175 亿软件版本 1600 万硬件/驱动组合（2018 年）

为了更快地缩小这些差距，以及更便捷地接入已有的生态体系，成为目前多数国产操作系统和处理器开发商的核心关注点，这里就包括统信、麒麟和 openEuler 等操作系统开发商和 Android、Windows 驱动及应用的结合，以及龙芯等处理器开发商如何拓展生态的问题，相关产品的典型应对策略如表 9-2 所示。

① 数据来源为相关公司官网，由东吴证券研究所统计。近两年来，麒麟、统信均在大力发展适配相关的工作，根据 2022 年 9 月 20 日 10 时查询结果，麒麟官网显示完成软件兼容适配数量 732 776 个、硬件兼容适配数量 338 430 个，软/硬件兼容适配总计 1 071 206 个；统信官方显示软件适配组合 557 309 种、硬件兼容适配组合 213 106 种，兼容适配组合共计 770 415 种。

表 9-2 国产基础软/硬件扩展生态的典型应对策略

类型	厂商	实现思路	备注
操作系统	统信	在 ARM 指令集处理器平台上，支持运行 Android 应用	最新版本均可提供相应能力
	麒麟		
处理器	龙芯	基于二进制翻译技术，实现对 Windows 驱动、应用和相关外部设备的支持	主要在桌面处理器中实现，如龙芯与统信合作计划基于龙芯二进制翻译技术在2022年完成 6000 款打印机驱动和 100 款 Windows 应用的适配

9.1.2 优先级的变化

随着使用对象的变化，信创云所面对的不同场景优先级也会进行适当的调整。主要体现在如下方面。

（1）从新建信创云为主要建设类型，过渡到在已建信创云平台的基础上，结合业务对算力的需求，论证、改造已有云环境为主——即对应本书第 4 章定义的第 2 类、第 3 类信创云典型场景的实际应用占比将逐渐增多；与之相对应的是，未来同一用户采用基于不同技术栈信创云产品的情况也可能会增多，而不同技术栈间的协作分工方式会随着相关技术能力、同类项目实施经验的积累变得更加清晰。同时，为有效支撑这种业务情况，信创云中运行的上层软件也会以更加高效的方式，基于信创云提供的相关接口，按需分别调度和使用不同技术栈的信创云资源。

（2）随着不同产品成熟度的持续提升，信创云产品通常会采用将更多功能调用接口发布给第三方的形式，让供应链下游合作伙伴通过接口调用方式来实现更多个性化的产品能力创新①，或由用户基于不同品牌或技术栈的信创云产品，自行设计、开发和搭建更加贴合自身业务诉求的信创云平台。如基于不同品牌的信创云产品，由企业自有团队研发更高层级的多云管理平台，实现对多品牌信创云资源池的统一管理等。

从信创云实现方面来看，根据赛迪顾问《2021—2022 年中国政务云市场研究年度报告》中的调研结果，未来安全可靠的多元基础架构政务云产品②将更受政府用户

① 如基于信创云平台提供的 IaaS 能力，研发面向教育领域的信创桌面云整体解决方案等——方案将同时包含桌面云产品开发商的自有产品，以及信创云平台产品。

② 其功能对应本书第 5 章讲述的多指令集信创云和全栈信创云产品。

青睐。同时，鉴于政务领域中的数据大多是涉及国家、公民、社会经济运行基本信息的核心数据，数据存储设施和应用系统也是国家关键基础设施的一部分，因而政务云的安全可靠性一直是政府关注的重点——在国家发展改革委印发的《“十四五”推进国家政务信息化规划》中，也多次强调政务信息化建设环节安全、可靠的重要性。因而，未来能在保证安全可靠性的同时，兼容多种国产处理器指令集，并可按需创建和管理虚拟机、容器、裸机等资源池的信创云平台，才能够更好地满足政府数字化建设对基础设施的诉求。

9.1.3　维护模式的变化

信创云对应的维护模式，也会随着相关技术和产品的成熟而发生转变。目前，信创云平台的运维策略多以传统的、面向基础设施层的方式为主进行，运维主体包括服务器、共享存储和网络交换机等物理设备，且往往需要使用多种方式登录不同设备所特有的远程控制台界面，并通过不同设备独有的信息存储、展示规则来查询和分析相应的运行日志情况，维护工作的重心在于保障信创云平台运行的稳定性和连续性。图 9-3 所示为信创云平台的传统维护模式。

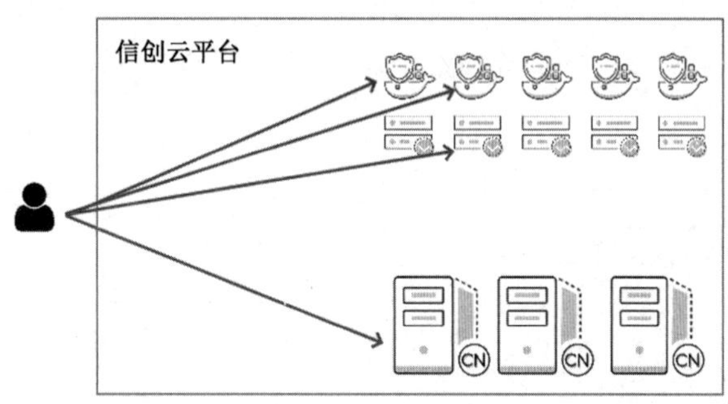

图 9-3　信创云平台的传统维护模式

当信创云产品的稳定性、自维护能力达到一定程度之后，部分事务性的基础运维工作将由信创云产品根据自身预置的策略智能化运行，从而使得运维人员可以将主要精力切换到面向整个云平台，甚至云平台所支撑的上层软件的更高级别维护工作，并支持为运维人员提供统一化的整体运行状态自检报告、集中式全局日志检索功能等，维护工作也可以在保障信创云平台运行稳定性和连续性的同时，越发关注安全性、兼容性和性能指标，从以往粗放的管理模式转化为更为精细的管理模式。

图 9-4 所示为信创云平台的高级别维护模式。

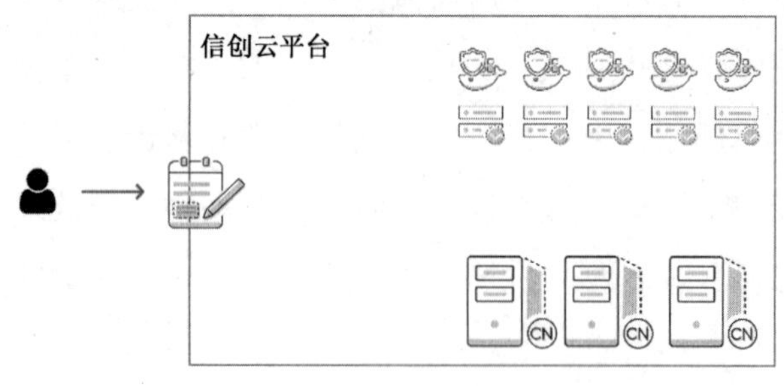

图 9-4　信创云平台的高级别维护模式

9.1.4　小结

可以预见，信创云产品、信创云项目所应对的业务场景会始终处于不断地变化之中，而在不同发展阶段所需面对的关键性问题往往也并不相同。如各国产处理器品牌进入产品发展的稳定阶段后，如何应对以往处于次优先级的生态建设、行业新兴技术支持和产品采购成本等层面的问题，往往成为其步入进一步发展通道前必须明确的内容。而只有准确把握各阶段需要化解的核心痛点，在坚持初心的基础上持续动态思考，协同推进信创云供应链的深化改造，才能持续提升供应链的整体成熟度。

9.2　开发模式的变化

9.2.1　与开源社区协同

国内商业化云计算产品，均或多或少地使用了部分开源社区技术成果，部分产品甚至直接基于开源社区版本进行稳定性、安全性和特定功能扩展后，结合配套的定制化服务对用户进行销售。目前，如何合理并高效地利用 MariaDB、Kubernetes 等开源社区技术成果，已成为商业化软件产品研发环节所必须面对的问题。与此同时，由于国内云计算相关开源生态建设起步较晚，开源社区、主营部门和开发商之间的协作与运营模式尚待磨合，往往也缺乏对开源社区治理工作的持续性投入。

在用户接受度方面，目前国内信创云桌面端用户[①]对Linux操作系统的认知度相对偏低，远未达到与Windows操作系统等同的水平，特别是在操作方式和与外部设备对接等方面存在诸多不适应性。而主流国产操作系统均基于Linux操作系统内核研发，虽然在基础办公类软件领域已逐步形成较为完整的生态体系，但在桌面端用户常见的影音娱乐、工业设计等使用场景中与Windows操作系统相比尚有较大差距[②]。为此，一方面需要信创供应链上下游厂商持续完善相关生态，同时建议教育机构在大学、高中甚至义务教育阶段尝试引入国产操作系统有关教程及对应资质认证，逐步培养并提升全社会对国产操作系统的认知度，构建支撑信创供应链发展的人才体系，进而推进信息技术产业自主创新的持续发展。

在安全性方面，鉴于云计算技术往往对开源技术存在一定程度的依赖，如何规避各类恶意代码所造成的隐私泄露、数据丢失风险，是信创云产品在研发和实施环节中所必须应对的挑战。信创是为了促进国内信息技术企业走自主创新之路，而若高度依赖国外知识产权相关技术则与其初衷相悖，且无法从根本上解决各类“卡脖子”问题。如2022年6月美国商务部工业和安全局发布[③]针对网络安全领域的出口管制规定，将全球国家分为A、B、D、E四类（其将中国划为D类），规定美国实体与D类国家相关组织和个人合作时，如果发现安全漏洞和信息，需先经过美国商务部审核后才可进行公布。

在与开源社区资源的协同方面，鉴于开源社区聚集了不同领域、技术水平和期望目标的技术人才，相关产品开发商如何更好地借力并从源头构筑生态协作，是所有信创云供应链开发商关注的内容。以龙芯中科新研发LoongArch自主指令集的推广为例，龙芯通过参与开源软件项目及社区，在多个国际开源社区创建了与x86、ARM并列的LoongArch分支。目前，LoongArch已从GNU组织获得表征二进制格式的ELF Machine编号，二进制开发工具binutils、包括浏览器在内的部分基础软件已经并入开源社区，GCC、C库和内核正在并入开源社区。同时，龙芯计划每年均投入一定经费以资助海外社区开发者的相关工作，争取上游开源社区的支持以促进LoongArch生态随社区演进，提升支持LoongArch的应用数量并减少后续应用在迁

① 主要包括使用安装有国产操作系统终端的用户，或通过桌面云等形式使用国产操作系统的用户。

② 根据咨询机构IDC的调研数据，在2020年全球桌面操作系统市场领域中，Windows操作系统占据80.5%的份额。

③ 该规定是2021年10月发布的征求意见稿的最终版。

移和适配环节的投入。

因而，如何合理、高效利用开源社区成果，如何积极反哺和推进开源社区建设，以及如何在不同技术领域、跨越国界的开源社区中起到核心引领作用，最终建立起技术领先、安全可控的产业生态体系，是信创云相关产品研发商需要始终关注的内容。

9.2.2 发展模式的优化

鉴于部分国外产品与技术授权条款对我国的限制，未来国内外云计算产品在中、长期技术路线上会逐渐形成较为明显的差异。这会引发多个信创云产品发展模式的新问题、新思路。

（1）在底层技术栈的支持方面，信创云产品是否应在兼容国产处理器指令集与操作系统的同时，兼容主流国外基础软/硬件，以及如何平衡这些不同技术栈间的实现优先级、如何管控相关生态体系的碎片化等，是信创云产品发展到特定阶段必然需要思考和布局的问题。

以 ARM 指令集为例，2021 年 11 月 19 日联发科宣布将推出面向 Windows on ARM 市场的产品，这表明其继高通、苹果之后也进入了桌面 ARM 处理器市场，但同时也进一步加剧了 ARM 指令集生态碎片化的风险。尽管 ARM 指令集所有者通过多种授权制度来控制其生态的碎片化，但随着各个被授权开发商在产品研发环节不断引入个性化修改内容，不同品牌 ARM 处理器间的兼容性风险仍将持续提升。为此，国产 ARM 指令集基础软/硬件开发商一方面应参考 ARM 为防止生态碎片化所设置的诸多保障措施，另一方面也应推进联合建立统一的国产 ARM 生态适配标准体系。

同时，当国产云计算供应链发展到一定阶段后，部分信创云产品也可能会结合自身发展实际，逐渐聚焦于特定技术栈进行深入的产品定制优化，或在多个技术栈间通过特定协作方式共同对外提供服务，并以此为核心竞争力面向某些领域用户进行推广。

（2）回顾诸多特定领域的先进产品，其往往是从替代国外产品做起，经历相关技术和运营方式的模仿、突破与创新，从服务国内市场开始，逐渐开发、拓展到更为广泛的国际市场，并在不经意间成为所在领域国内乃至国际领先的产品。从某种意义上讲，这种先补短板、再锻长板的模式是诸多相关优秀产品发展的快速通道，可用于参考制定信创云相关产品的中长期规划。图 9-5 所示为 ARM 指令集所有者的商业模式。

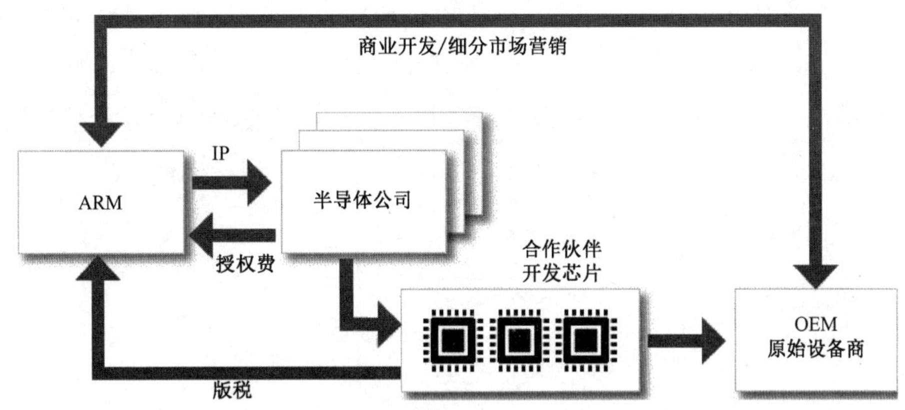

图 9-5 ARM 指令集所有者的商业模式

（3）由于信创云产品研发和实施过程的特殊性，一些拥有创新技术的中小型信创云开发商，往往会因缺少合适的承载平台在发展早期被大型企业收购，进而可能导致失去对创新技术持续完善与推广契机的风险。对此，一些政府主管机构和投资机构也在进行对应的扶持机制创新，如北京证券交易所明确提出“更早、更小、更新”的聚焦和支持创新型“专精特新”中小企业政策，各级区域性股权交易市场也开设了“专精特新板”等，有力地为相关企业融资提供了支持。科技创新是国家竞争力的核心，是全面创新的主要引领，是引领发展的第一动力。未来，有硬科技、硬实力和定位清晰的信创云相关产品技术开发商，必然会持续涌现并受到资本市场追捧。

综上所述，信创云供应链相关生态的建设与完善是一个长期、持续的过程，需要开发商、政府和其他机构（包括科研院所、标准化机构、培训机构和商会等）相互协同，并适时进行技术、产品、渠道和服务保障体系等方面的有效融合与完善，通过对发展模式的动态优化持续推进、完善供应链协作关系，实现“1+1>2”的倍增效果。

9.2.3 全新生态的构建

当支撑信创云运行的各类基础软/硬件成熟度达到一定量级时，就为适时构建或引入全新生态，实现由“量变”到“质变”的转换做好了必要的铺垫。

在海比研究院发布的《2021 年中国信创生态市场研究报告》中指出，云计算技术的成熟与持续应用和推广，有效地降低了数字化的门槛。同时，伴随云计算技术在中国市场过渡到成熟阶段，政府和企业在信息化建设中引入云计算技术的比例逐步提高，为数字化建设的云化与普及提供了技术基础。而大数据、人工智能、物联网、5G 等技术的发展，也推动政企数字化建设向数智融合方向转型，从而带来了更多降本增效的创新解决方案。在此背景下，以容器、微服务、DevOps 为代表的云原生技术体系也逐渐成熟起来。图 9-6 所示为中国云计算领域技术发展趋势分析。

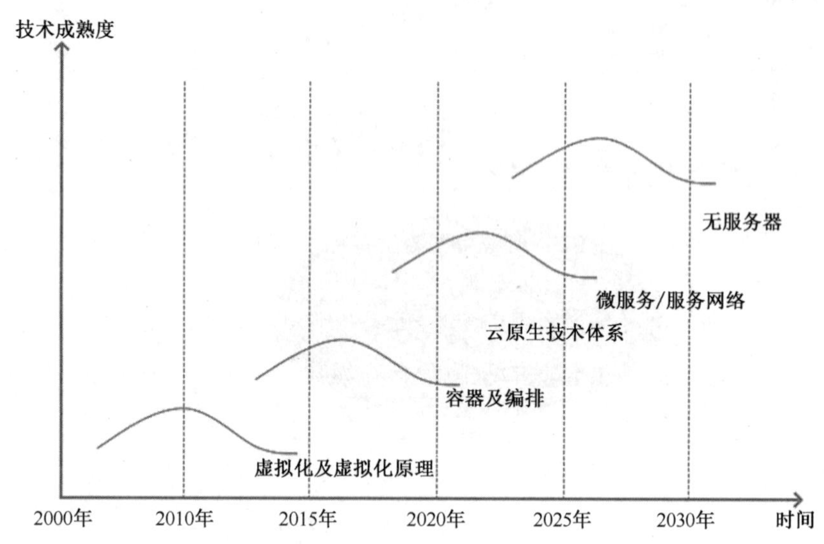

图 9-6　中国云计算领域技术发展趋势分析（源于海比研究院，2021）

本节提到的全新生态，主要是指信创云原生开发模式。

1. 云原生的定义

在传统的软件研发过程中，由于软件开发生命周期中的各种不可控因素，如测试与生产环境间的变化、部署组件版本和类型的变化等，从设计、编码、测试到最终发布给用户使用往往需要 6 周甚至更长的时间。同时，如果没有一种机制为开发、测试、准生产和正式生产 4 类环境提供一致化保障，那么在某类环境中能够正常运行的软件，很可能会依赖于另一类环境中缺少的组件，如 Java 开发工程师每月都可能尝试更新 Spring 框架的最新版本，但准生产环境下因部署策略控制更加严格，对应的 Spring 框架版本有可能每隔 6 月才更新一次。因此当对准生产环境部署应用的新版本时，有可能会因 Spring 框架相关依赖包版本低于开发环境，引发对应的兼容性问题。而云原生技术的引入，可以在很大程度上有效地降低此类问题发生的概率。云原生计算基金会（CNCF，Cloud Native Computing Foundation）对云原生的定义为：

云原生技术有利于各组织在公有、私有和混合云等新型动态环境中，构建和运行可弹性扩展的应用，代表技术包含容器、服务网格、微服务、不可变基础设施和声明式 API 等①。

云原生既是一种构建和运行应用的方法，也是一套技术体系、方法论和实现云上应用的最佳实践。从业务角度看，云原生是一种针对 IT 资源的按需付费的商业模式；而从技术角度看，云原生可分为两部分，一部分是遵循微服务化和容器化原则的云原生应用，另一部分是用于构建和运行云原生应用的云原生平台，二者共同构成云原生的完整体系，支撑实践敏捷开发、DevOps、容器编排、微服务和容器化等理论和方法。云原生也可看作基于云计算技术的一组架构设计原则，通过将传统业务应用中的非业务代码部分进行剥离，让云平台更多地承载应用运行所需的非功能特性，如动态扩展、流量管控、高可用、自动化能力等，从而提升应用的灵活性和自适应性，使得应用开发人员更加聚焦其技术关注范围，并借助云平台提供的专业服务提升应用的综合能力。综合而言，云原生的目标是在让应用功能迭代更快、支撑更多访问流量冲击的同时，降低应用系统构建的成本。图 9-7 所示为云原生概念的范围。

云原生架构和云原生应用所涉及的技术很多，如容器技术、微服务、可持续交付和 DevOps 等，通过这些技术使得用户更专注于业务创新，而不是将时间和精力耗费在各类基础运维类问题的处置方面。

未来将有更多的全球化企业在生产环境中使用云原生的容器化应用。而使用传统模式运营现代化云原生系统需投入大量的人力和物力，随着系统规模的持续增长，如何做好大规模云原生应用的运维保障也逐渐成为该领域所面临的全新挑战。

---

① 其关注于实现方式是不是面向云进行的，而不是将所有运行于云平台中的应用都视为云原生应用。

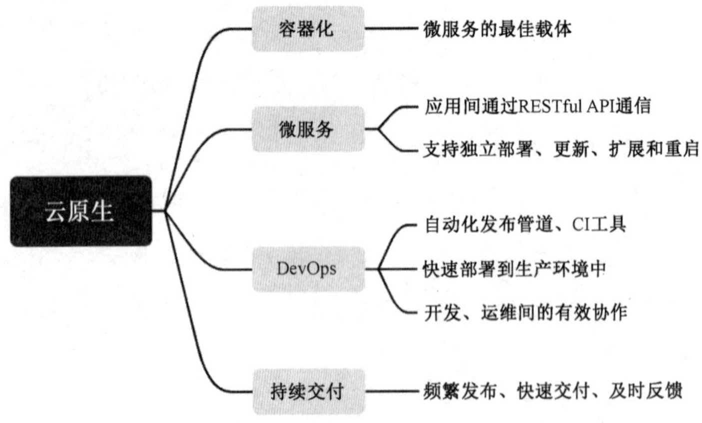

图 9-7　云原生概念的范围

中国信息通信研究院《云计算白皮书（2021）》相关研究表明，云原生底层技术已趋于成熟，细分领域的衍生技术也呈井喷式爆发之式，相关核心技术的稳固也为跨领域的融合技术繁荣发展夯实了必要的基础。同时，云原生化的大数据、AI、区块链等技术正在成为该领域内的热点，以云原生为核心的融合应用时代即将到来。图 9-8 所示为云原生相关技术的不同发展阶段。

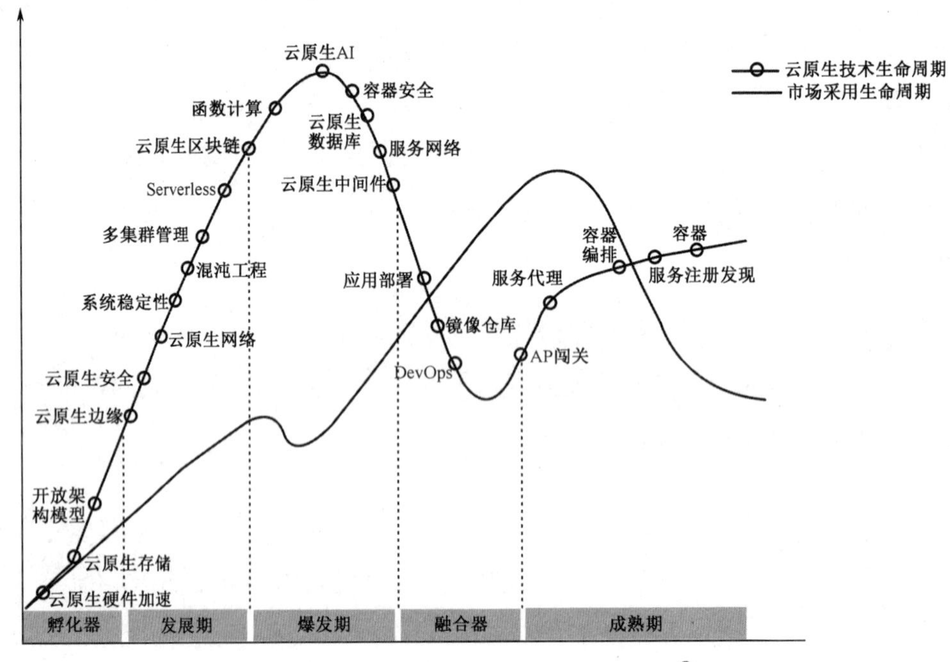

图 9-8　云原生相关技术的不同发展阶段①

① 资料来源：中国信息通信研究院，中国通信标准协会。

2. 信创云与云原生

对于新研发并计划运行于信创云的应用，建议在其他条件允许的情况下，尽可能选用云原生方式进行。此举除了可有效借助前述云原生的天然优势，还有助于实现以下方面。

（1）更有效地均衡和挖掘利用相对偏弱的算力资源。微服务作为云原生的核心技术理念之一，其相对于传统的单体或分层架构而言，主要的策略便是将较大的组件拆解为更小的形式并分布式运行。该特性恰好可以有效地适应目前整体算力偏弱的信创云环境。

（2）屏蔽基础软/硬件层面的兼容性。如果全栈信创云可以有效“精简”基础软/硬件的差异，那么基于应用提供服务的云原生技术，则可通过容器化封装等方式更为彻底地“屏蔽”基础软/硬件间的差异。

云原生技术的运用存在部分限制性条件与缺点，典型的如下。

（1）对于用户数量小、功能点数少的业务系统而言，云原生技术往往无法展示其优势，且有可能在性能、稳定性方面弱于以传统方式开发的业务系统。

（2）需要对传统方式研发的应用进行云原生改造之后，才能有效发挥云原生所带来的优势。

（3）从现有的通用型云原生产品落地项目看，其功能定制化率相对其他云产品的实施过程更高，主要原因是用户在云原生系统里使用的是和业务需求紧密绑定的具体应用，从而导致其对业务需求的调整更加敏感。在持续集成、持续交付和持续部署等场景方面，不同政府部门、企业间千差万别的开发规范、信息系统运维管理策略，也直接导致标准化的云原生产品在实施环节中，多数都要根据用户实际业务情况进行定制。

需要特别强调的是，云原生技术并不是提升信创云供应链整体能力的万能解药，反而有许多典型场景并不适合引入云原生架构，典型的如下。

- 对数据存取有强一致性要求、或对运行环境性能极度敏感的上层软件，如传统大型关系型数据库管理系统等。

- 对安全性要求较高的业务系统。容器等云原生代表性技术在资源隔离方面和虚拟机相比存在更多的限制，如无法有效隔绝其他应用的资源抢占，从而也会对数据库等特定上层软件的性能产生诸多干扰。
- 以传统方式开发的应用，如以 C/S 架构[①]开发的信息管理系统等。
- 小型或成本敏感型业务应用，因其通常面临用户数量相对固定、业务需求变化频率低、运营和开发预算受限等现实情况，当这些应用引入云原生技术时，通常会引发其开发和运营成本的增长，同时又无法有效体现云原生技术在扩展性、高并发支撑能力等方面的优势。
- 各类遗留应用，包括不再更新但目前仍需继续运行的业务应用等。

从另一个角度，部分应用虽然使用传统开发模式，但其直接转化为云原生方式运行时依然可以带来较为明显的价值。以图 9-9 中的业务应用为例，用户可通过信息展示界面调用数据统计组件，并由其调用后端数据库获得展示结果。在这种有相互串行依赖关系的部署拓扑中，如果信息展示界面和数据统计组件间的网络中断，则整体业务应用将处于无法使用状态。

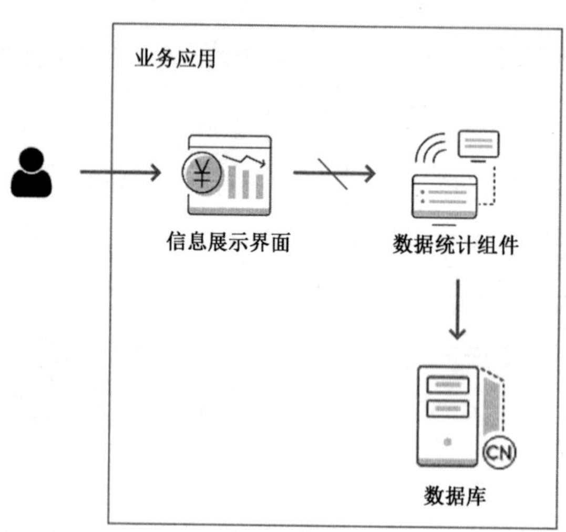

图 9-9　传统模式开发的应用以云原生方式运行的案例

① 即客户端与服务器结构。其中客户端是用于运行应用的个人计算机或工作站，需依赖服务端来获取相关的信息资源。

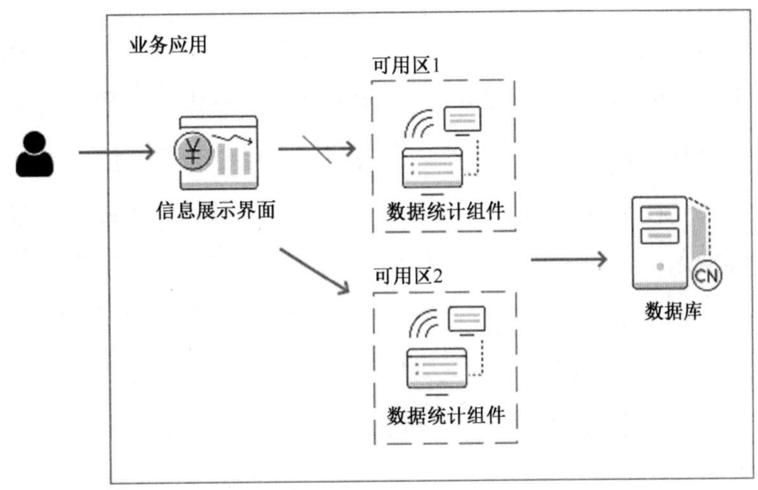

图 9-9 传统模式开发的应用以云原生方式运行的案例（续）

将应用切换为云原生模式运行时，相应的场景执行结果会有所不同。如在多个可用区中分别部署多份数据统计组件微服务，则其中任何一个可用区出现问题时，信息展示界面仍然可以通过其他数据统计组件服务访问数据库，从而保障业务应用仍处于可用状态。

综上所述，云原生并不是非此即彼的架构。部分已发布的应用可以通过代码优化等方式改造为新的云原生应用，部分应用则不适合进行云原生改造，还有部分应用可通过在部署和运营层面先行引入云原生技术，以获得云原生架构带来的优势。

需要注意的是，云原生开发模式引入的前提是对应的基础软/硬件已达到相对稳定的程度，即如果信创云的资源监控、调度、扩展和自恢复等能力仍需依赖于运营和运维工程师，或在关键技术环节存在瓶颈①，则使用云原生方式往往不会带来明显的收益。

3. 云原生安全

云原生技术经过近几年的发展，目前已在通用型云产品开发和项目实施中被广泛应用，但同时也引发了诸多安全领域的风险——目前多数用户在数据中心入口部署了 WAF 和 DDoS 等安全设备，并基于 IPSec 等 VPN 技术保护数据中心间的通信

① 典型的如常见的国产操作系统，在部分国产处理器之上无法支持虚拟资源热迁移能力等。

流量，但对于越来越多的云平台内部流量，大部分公司仍然采用传统的面向硬件设计的安全能力，将网络流量重新路由到集中的物理节点中执行安全策略检查，消耗流量大，速度慢且经常会导致网络通信出现瓶颈，无法有效适应于云原生环境的安全防控要求。同时，对于云原生环境中常见的容器资源，其生命周期通常远远短于虚拟机、裸机资源，如果云平台的自动化安全监控策略适应速度不足以跟上容器资源的动态变化，则某些时刻这些容器资源便会处于不受保护的状态。因此，为保障云原生安全，需要在深刻理解云原生架构的特性的基础上，针对云原生特性提供有针对性的安全对策、构建相对完备的解决方案。典型的安全策略如下。

（1）容器网络隔离技术。为应对现代云原生运行环境中应用数量多、变化快对传统基于人工的运维工作方式所产生的压力，可通过对入侵行为的主动学习机制，自动发现服务间的连接和对应协议并对被入侵容器实现及时隔离，从而在节省人工运维工作的同时，减少人工分析过程中可能引发的失误或风险。

（2）容器平台的安全监控。即通过软件定义方式持续监控云平台中容器资源、日志及网络流量等数据，同时对运行中的容器实例、镜像仓库、包管理器等执行定期的漏洞扫描，并将相关能力封装为安全监控引擎的微服务组件，以公共服务的形式支撑上层软件的云原生安全诉求。

（3）定期的安全合规性扫描。即通过主动或被动的方式，对云平台部署环境定期执行安全合规性扫描，常见的合规要求包括网络安全等级保护制度、数据安全法、第三方支付行业数据安全标准等。

9.3 热点解析

信创云面对的是一个全新的市场，在逐步支撑起政府和企业基础云服务等稳态业务[①]之后，如何满足更多敏捷业务形态的需求，将是信创云发展到特定阶段必须解

① Gartner 在 2014 年提出了“双模 IT”概念，特指两种不同的 IT 工作模式。其中稳态业务模式专注于可预测性、可靠性，适用于需求明确的工作，多指企业关键业务应用；而敏态业务模式正好相反，其显著特点是偏向探索性、敏捷性的工作，多以快速上线的应用来支撑业务快速发展，并积极采纳新兴技术。

决的诉求。从更为宏观的视角，为持续改善人类生活质量，近年来云计算技术所支撑的人工智能、新能源等领域已有较为明显的突破式创新并大规模落地应用，而为了限制我国在这些领域获得超越式发展，部分国家出台了诸多云计算领域的产品与技术获取限制。从技术层面看，这些限制会直接影响国家整体算力水平的发展进程，并间接影响算力对个人生活水平的提升。在本书前述章节论证如何实现通用型云产品能力的基础上，本节将扩展讨论高性能计算的有关热点。

与此同时，近年来排放超标导致全球极端高温天气频发，极端高温又引发用电量激增，进而促使排放增加并最终形成了一个死循环，如不给予必要的干涉则会使人类生存环境愈发恶劣。作为能源消耗的大户，云计算相关产品应如何更好地平衡自身发展诉求与能源消耗间的冲突，是本节扩展讨论的第 2 个热点。

因本书篇幅有限，希望能以这些内容起到抛砖引玉的作用，为广大读者的工作、学习提供一些参考。

9.3.1　高性能计算云

传统的高性能计算（High-Performance Computing，HPC）基于超级计算机和并行处理技术来解决复杂的计算问题，可看作超级计算机及相关技术在特定领域（如基因测序、核试爆、气象预报、天体物理模拟和密码分析等）的应用方案，旨在帮助用户更快地处理大规模计算任务。在 2022 年 5 月 30 日第 59 届国际超算大会发布的超级计算机排行榜 TOP500①中，排名前十的世界超级计算机依次为 Frontier、富岳（Fugaku）、LUMI、顶点（Summit）、山脊（Sierra）、神威·太湖之光、Perlmutter、Selene、天河二号和 Adastra，其中我国的神威·太湖之光位列第六、天河二号位列第九，共有 173 台国内超级计算机进入 TOP500 排行榜，占排行榜总数的 34.6%②。

在超级计算机持续发展的同时，算力已逐渐成为影响数字经济发展的核心要素——多元化的场景应用和不断迭代的新兴技术，推动传统以数据中心为主的计算

① TOP500 榜单由国际组织“TOP500”编制，其根据超级计算机的运算速度（每秒能够执行多少次浮点运算）对全球超级计算机能力进行统计和分析，并每隔半年发布一次最新的排序结果。长期以来，这个排名被视为相关国家综合国力的重要体现。

② 为规避少数国家的限制性政策，近年来部分国内超级计算机的能力数据并未提交 TOP500 参与排序。

模式扩展到云、边、端场景[①]。以高性能计算云为例，其相对于传统的超级计算机而言，具有云平台特有的快速部署、弹性伸缩、高可用支持和统一运维等特征，并可为使用者提供更加灵活的使用与计费方式。

同时，随着现代处理器技术的不断发展，单纯依靠提升生产制程工艺来改善性能的方式愈发受限——芯片功耗与晶体管成本的增加，以及多核架构所带来的性能提升[②]都在逐步放缓，预示着由通用型处理器提供全部算力支撑的传统服务器架构已难以应对业务发展的诉求。自从 AWS 在 2013 年推出 Nitro 架构[③]以来，越来越多的厂商意识到通过数据处理器（Data Processing Unit，DPU[④]）及其配套硬件来“卸载”诸如重删、压缩[⑤]等高算力占用任务的重要性，以及其在有效提升虚拟机密度、性能和降低总拥有成本方面的优势。因而，在新兴服务器技术中加入搭载某种类型的专用处理器（XPU[⑥]）的加速卡以提升特定场景算力的方式已被多数厂商所认可，此即**异构计算技术，主要指基于不同类型指令集和体系架构的算力单元的计算方式**。如国内的华为发布的 CANN5.0 平台级异构计算架构，百度云发布的首个 AI 异构计算平台，腾讯云服务器上线搭载的 NVIDIA A10 GPU 的异构计算实例等；在国外，作为全球三大芯片巨头的英伟达、AMD 和 Intel，近年来也都在异构计算领域持续加速发力。

回顾历史，异构计算诞生于 20 世纪 80 年代，是由处理器、DSP、GPU、ASIC、FPGA 等不同制程架构、不同指令集和不同功能的计算单元[⑦]组合而成的混合计算系

---

① 云计算、边缘计算、智能终端相关产品和技术间的相互协同。

② 高性能计算领域常见的工作负载是高度线程化的，因此拥有更多内核的处理器型号具备更好的性能优势。

③ Nitro 架构将虚拟资源的计算子系统（CPU、内存等）和 I/O 子系统（存储、网络等）进行分离，并由 Amazon 自行设计后者所使用的芯片和配套硬件，从而规避传统架构下 I/O 子系统对计算子系统的算力争用，实现将计算子系统全部算力提供给虚拟资源。

④ DPU 是一种新型可编程的数据处理器，其可以设计为独立的嵌入式处理器，但更常见的形式是被集成到智能网卡设备中。通常而言，CPU 用于处理通用计算任务，GPU 用于执行加速计算任务，而数据中心中传输数据的 DPU 则主要用于进行数据处理相关的任务。

⑤ 重删和压缩是用于应对不同场景的两类技术。重删是通过分析，对多份相同的数据仅保留一份副本，其他重复数据块通过引用方式指向唯一的存储副本；压缩是使用替代方法，将字符串中的部分内容用更简短的数字来标记，从而减少数据表达所需的空间。重删和压缩操作都会占用物理处理器资源，并降低 IOPS 等存储性能指标。

⑥ 通常指图像处理器 GPU（Graphics Processing Unit）、张量处理器 TPU（Tensor Processing Unit）、深度学习处理器 DPU（Deep learning Processing Unit）、神经网络处理器 NPU（Neural network Processing Unit）、大脑处理器 BPU（Brain Processing Unit）等。

⑦ 通常体现为集成各种类型专用处理器的加速卡设备。

统，在目前计算需求持续增长的背景下获得了极高的市场关注度。其通过让不同类型的计算单元各自执行其最擅长的任务，如 GPU 做浮点运算、NPU 做神经网络运算、FPGA 做定制化编程计算等，按需灵活分配计算资源，优化全局运营成本和运算效率。

在实际应用过程中，异构计算还面临通用应用模型少、开发人员技术门槛高、相关生态圈丰富度待提升等方面的问题，但该技术本身已成为持续提升高性能计算能力的首选。从目前国内行业的发展趋势看，随着信创云的持续发展，与加速卡相关的需求预计会越来越多，且很可能成为信创产业“弯道超车”的捷径之一。

与此同时，近年来受摩尔定律演进放缓[①]、GPU 卡为代表的加速卡在通用计算领域的高速发展，以及诸多人工智能应用项目落地实施等因素的影响，由通用图形处理器（General-Purpose Graphics Processing Unit，GPGPU）来执行原本由主处理器完成的计算任务，已逐渐成为现代高性能计算云所采用的典型架构。从技术层面分析，GPU 设备具备双重特性：第一类是图形图像的渲染能力，其专利、算法和生态壁垒较高，多用于图形、图像渲染等专业处理领域；第二类则是并行计算能力，旨在通过 GPU 的可编程和并行计算特性将重复计算任务并行执行以提升其运算效率，这也是 GPGPU 相关产品的主要应用场景。而与之相关的代表性事件是，2020 年年中的美股股价显示，显卡芯片设计商英伟达的总市值达到 2513.14 亿美元，已超过了 Intel 的 2481.55 亿美元，成为美国市值最高的芯片公司和全球排名第三的半导体厂商。

根据咨询机构 IDC《中国半年度加速计算市场（2021 上半年）跟踪》报告中的数据，2021 年上半年加速服务器市场规模达到 23.8 亿美元，同比增长 85.1%。其中 GPU 服务器依然占主导地位，占据 91.9%的市场份额，达到 21.9 亿美元，同比增长 82.2%。NPU、ASIC 和 FPGA 等非 GPU 加速服务器以 127.1%的增速占有了 8.1%的市场份额，达到 1.9 亿美元。IDC 预测，到 2025 年中国加速服务器市场规模将达到 108.6 亿美元，其中 GPU 和非 GPU 服务器市场规模分别为 82.9 亿和 25.6 亿美元。图 9-10 所示为 2021—2025 年中国加速计算市场预测。

① 摩尔定律演进放缓的根本原因并不是单纯的技术问题，还有维持原有演进策略所需的成本投入已超出相关产品开发商的承受能力等。

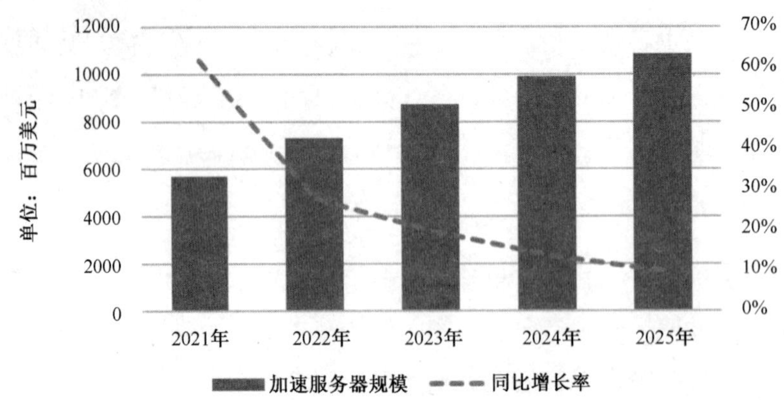

图 9-10　2021—2025 年中国加速计算市场预测（源于 IDC 相关报告）

从上层软件角度来看，加速卡的调用过程必须由通用处理器（包括国产通用处理器）进行控制，即通用处理器、加速卡存在一定的依赖关系。随着“处理器+加速卡”逐渐成为高算力需求场景下的云平台服务器主流配置模式，算力的提升为上层软件的发展提供了更广阔的空间，而上层软件的发展又反向对算力提出新的要求，从而推动云计算技术进入高算力时代，这也使得出行智能化、基因测序等高算力应用场景得到了有力支撑，并进一步促进了相关产品与市场的发展。

因此，在信创云领域，除了关注面向通用计算领域的国产处理器在算力、自主能力方面的提升，以 GPU 为代表的国产加速卡相关能力和国产处理器所组成的异构算力相关研发布局，以及由此带动的高性能计算领域的相关技术提升，也是供应链相关开发商需关注的内容。特别是如何利用这些新型技术形式，在计算密集型云桌面、云边端协同大数据处理、视频监控等场景下，有效弥补国产处理器算力的不足，共同促进国产高性能云和异构计算相关技术与产品的发展。同时，该领域的相关经验特别是跨异构指令集相关的内容，也可为通用计算领域的产品设计提供重要参考。此外，国产加速卡配套软件生态的完善，也是这些能力提升所不可或缺的部分。

9.3.2　碳达峰

1. 双碳相关背景

“双碳”是“碳达峰”与“碳中和”两个名词的组合简称，具体如下。

（1）碳达峰是指某个地区或行业年度二氧化碳排放量达到历史最高值后，经历一段时期的调整期并开始持续下降的过程，是二氧化碳排放量由增转降的转折点，标志着碳排放量与经济发展脱钩。碳达峰的主要参数包括达峰年份与峰值①；

（2）碳中和是指国家、企业、产品、活动或个人在一定时间内直接或间接产生的二氧化碳或温室气体排放总量，可通过植树造林、节能减排等形式予以抵消，达到排放总量指标的相对“零排放”。

2020 年 9 月 22 日，中国在第 75 届联合国大会一般性辩论上宣布中国二氧化碳排放力争于 2030 年前达到峰值，努力争取 2060 年前实现碳中和。2021 年 10 月《中共中央 国务院关于完整准确全面贯彻新发展理念做好碳达峰碳中和工作的意见》提出了构建绿色低碳循环发展经济体系、提升能源利用效率、提高非化石能源消费比重、降低二氧化碳排放水平和提升生态系统碳汇能力 5 个方面的主要目标，相关里程碑如下。

- 计划到 2025 年，绿色低碳循环发展的经济体系初步形成，重点行业能源利用效率大幅提升。单位国内生产总值能耗比 2020 年下降 13.5%；单位国内生产总值二氧化碳排放比 2020 年下降 18%；非化石能源消费比重达到 20%左右；森林覆盖率达到 24.1%，森林蓄积量达到 180 亿立方米，为实现碳达峰、碳中和奠定坚实基础。
- 计划到 2030 年，经济社会发展全面绿色转型取得显著成效，重点耗能行业能源利用效率达到国际先进水平。单位国内生产总值能耗大幅下降；单位国内生产总值二氧化碳排放比 2005 年下降 65%以上；非化石能源消费比重达到 25%左右，风电、太阳能发电总装机容量达到 12 亿千瓦以上；森林覆盖率达到 25%左右，森林蓄积量达到 190 亿立方米，二氧化碳排放量达到峰值并实现稳中有降。
- 计划到 2060 年，绿色低碳循环发展的经济体系和清洁低碳安全高效的能源体系全面建立，能源利用效率达到国际先进水平，非化石能源消费比重达到 80%以上，碳中和目标顺利实现，生态文明建设取得丰硕成果，开创人与自然和谐共生新境界。

① 该定义引用自百度百科。

目前，我国高耗能行业主要有工业、电力、能源、建筑、交通等行业，其中工业领域的钢铁、石化、建材、有色金属等最为突出。为实现“双碳”目标，除行业自身的技术升级外，还需通过引入数字化技术降低碳排放。据相关研究，未来十年内信息和通信技术产业有望通过赋能其他行业，将大数据、人工智能、物联网等技术与能源、建筑、交通、工业、农业等进行结合，贡献全球碳排放减少量的 20%。

中国继在《中美气候变化联合声明》中提出 2030 年前后实现碳排放达峰并争取提前达峰后，2015 年在巴黎世界气候大会上承诺到 2030 年单位 GDP 碳排放量较 2005 年下降 60%～65%，此后又进一步做出努力争取 2060 年前实现碳中和的减排与发展承诺。碳强度下降、碳排放达峰的减排“双控”目标约束既是未来经济快速发展的挑战，也是转变发展思维、实现绿色转型的机遇和杠杆，而碳中和目标，则专注于如何将节能减排与经济增长置于绿色发展的统一框架之内。

目前，狭义的碳中和概念特指二氧化碳排放量相关数值，但作为广义的碳中和目标，半导体生产中的四氟化碳、高压电力设备使用的六氟化硫，以及一氧化氮和甲烷等，均应折算为二氧化碳当量予以有效管控。截至 2019 年，中国二氧化碳年度排放量约 106 亿吨，高于全球平均水平。因而对于我国而言，碳中和是势在必行的国策，其也会对未来商业模式和相关技术发展产生巨大且深远的影响。在此背景下，如何将碳达峰、碳中和纳入经济社会发展全局，以经济社会发展全面绿色转型为引领，以能源绿色低碳发展为关键，加快形成节约资源和保护环境的产业结构、生产方式、生活方式和空间格局，推进制定科技支撑碳达峰、碳中和行动方案，优化高耗能项目的能耗量，已成为云计算等相关技术领域未来的重点发展方向之一。而作为云计算基础设施载体的传统数据中心，如何降低其建设和运营环节产生的巨量能源消耗，已成为信息化领域的热点议题，并由各级管理部门陆续出台了一系列政策和措施。

- 《工业和信息化部　国家机关事务管理局　国家能源局关于加强绿色数据中心建设的指导意见》中明确要求：“到 2022 年，数据中心平均能耗基本达到国际先进水平，新建大型、超大型数据中心的电能使用效率值达到 1.4

以下”。电能使用效率值①的计算过程如图 9-11 所示。

- 北京市地方标准《数据中心能源效率限额》（DB11/T 1139—2019）中明确给出了数据中心能源效率限额指标限定值 1.4、准入值 1.3 和先进值 1.2，并规定“已稳定运行一个自然年以上的数据中心，其 PUE 值应符合限定值的要求；新立项或改扩建的数据中心，其 PUE 值应符合准入值的要求；数据中心管理者应通过节能技术改造和加强节能管理，使数据中心 PUE 值达到先进值的要求”。
- 上海市经济信息化委、市发展改革委发布的《关于做好 2021 年本市数据中心统筹建设有关事项的通知》中要求：“积极采用绿色节能技术，提升数据中心能效水平，新建项目综合 PUE 控制在 1.3 以下，改建项目综合 PUE 控制在 1.4 以下；鼓励集约建设，原则上应不低于 3000 标准机架规模”。
- 《山东省人民政府办公厅关于山东省数字基础设施建设的指导意见》中要求：“自 2020 年起，新建数据中心 PUE 值原则上不高于 1.3，到 2022 年年底，存量改造数据中心 PUE 值不高于 1.4”。

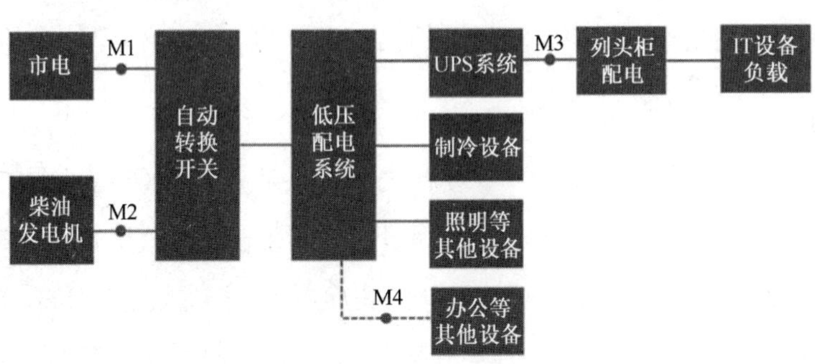

图 9-11 电能使用效率值的计算过程

《环境经济研究》杂志 2021 年第 2 期文章《碳达峰约束下中国工业增长与节能减排的双赢发展》认为，在绿色转型的宏观经济背景下，中国工业的可持续发展面

① 电能使用效率值（Power Usage Effectiveness，PUE）指同一统计周期内数据中心总电能消耗量与电子信息设备电能消耗量之比，又称为电能利用效率，计算公式为：PUE＝ 数据中心总耗电÷IT 设备耗电，PUE 值越接近于 1，代表数据中心的理论能效水平越高。但需注意的是，PUE 值并不能作为衡量节能效果的唯一指标。

临碳达峰目标的现实性约束。为此，我们需要不断探索节能减排与绿色发展的双赢路径，强化低碳转型发展的内在动力，积极制定和推进差异化的空间经济发展和减排策略。

2. 云计算助力双碳

随着各类移动设备、物联网和人工智能等技术的快速发展，各行各业的计算、存储类需求激增，使得数据中心建设诉求与能耗管控要求间的矛盾日益凸显。由于数据中心的电能消耗主要由 IT 设备、制冷设备、供配电系统和照明设备等其他消耗电能的设备组成，因而整个数据中心的能源效率优化，通常是从局部 PUE 值较大的设备或区域着手进行。

近年来，全球相关企业都在积极探索如何从更深层次、更多维度引入技术创新以提升数据中心能效，而云计算技术则是目前所有已知方案中较为突出的一类。根据咨询机构 IDC 相关研究数据，2020 年通过引用云计算技术而减少的二氧化碳总排放量，相当于减少近 2600 万辆燃油汽车上路，或减少 3900 亿千米行驶里程，该数据已超过所有特斯拉电动汽车碳影响总和的 15 倍，即应用云计算技术所产生的减排效果已远超越新能源汽车。对于新建设的信创云，则可从具体电能利用率指标进行设计，以消除以下两方面的痛点。

（1）高能耗。目前，云计算领域能耗之高已经有赶超传统重工业的趋势。相关机构的数据显示，过去十年间国内云计算领域整体用电量以每年超 10%的速度递增，其耗电量在 2020 年突破 2000 亿千瓦时，约占全社会用电量的 2.71%，而到 2030 年用电量将突破 4000 亿千瓦时，占全社会用电量的比重将升至 3.7%。目前云计算领域约 70%的电力供应仍来自煤电。

（2）高成本。随着新基建的加速部署，数据中心建设需求持续旺盛，其总体运营成本包括电力成本、折旧成本、房租和人工费用等，其中电力成本占比超过 50%，电力资源主要用于 IT 设备能耗、制冷系统能耗、供配电系统能耗、照明能耗及其他能耗，整体 PUE 还有较大优化空间。此外，光纤、基站等长距离传输设备的架设与维护成本，也是云计算领域成本优化环节不可忽视的内容。

由此可以预见，在信创领域引入云计算技术将是有力支撑国家自主可控、能源优化双重战略的需要。同时也应清楚地看到，为解决国产基础软/硬件在性能、稳定性指标方面相对偏弱的影响，达到与通用型基础软/硬件同等的指标，常见做法往往是配置更多数量的物理硬件设备；而近年来国产基础软/硬件技术更新迭代快，最新型号设备、最新版本软件对能耗的优化往往无法做到最优。这就对构建在国产基础软/硬件之上的信创云提出了更高的要求，即如何能够通过技术手段及对应的管理机制实施创新，在提升系统整体稳定性、性能的同时，有效兼顾能耗优化相关指标，相关的工作内容如下。

（1）能耗相关元数据的采集。相关元数据主要包括两部分：一是物理资源的信息采集，即静态信息（如设备所在 U 位、所属品牌与型号、主要关键配件情况等）和动态信息（如温度、湿度、风扇转速和告警信息等）；二是虚拟资源的信息采集，也包括静态信息（如所在宿主机信息和虚拟资源规格等）和动态信息（如综合负载、数据和网络流量及相关变更情况等）。

（2）数据分析和建议。云平台对所采集的数据进行标准化处理，进行物理和虚拟资源密集度、均衡性及合理性的分析并提出建议后，由管理员结合数据中心实际业务情况，如所用硬件负载与能耗的关系、机房动环情况和整体能耗优化策略等，制定对应的优化措施。

该环节也包括基于对所采集数据的分析，做出对僵尸类虚拟资源的识别与判定。僵尸类虚拟资源包括综合负载长期低于 5%，或运行状态异常及长期关机，或因某些原因导致出现用户无法使用却又占据实际物理资源的僵尸虚拟机等情况。本环节也需对综合负载远超正常值的虚拟资源进行识别和处置[①]。

（3）面向能耗优化的处置能力。对于信创基础设施层的能耗优化通常需要运维人员介入处理，如合并多个独立运行的云集群以减少运营和运维工作量、升级优化能耗指标的设备固件版本等。而信创云可通过提供一致化的界面，让管理员在办公桌前即可完成绝大多数的信息检索与确认、行动处置工作。

对于虚拟资源的相关能耗优化，包括定期执行优化措施，如自动巡检措施、自

① 对于僵尸资源的判定，不同云计算开发商的理解并不一致。此处讲解的是华云数据的理解。

动执行虚拟资源均衡性调度优化策略等，也包括基于手动方式执行的优化操作，如按实际业务需求合理调配虚拟资源，以及对数据和网络流量限速策略进行优化等。

对于运行在信创云之上的应用、数据库和中间件，也可通过实施云原生改造实现对部署位置无状态特性的支持（或部分支持）能力，从而实现信创基础设施，信创云产品及上层软件等多个层面的能源优化联动效应。

（4）推广使用桌面云技术。传统普通办公主要使用功耗 200～300W 的通用型计算机设备，其每年间接排放二氧化碳量约 10kg。而引入桌面云技术后，可通过手掌大小的瘦终端设备使用虚拟办公桌面，从而在用户体验不受影响的前提下，将设备功耗降低为 10W 左右，且每年间接碳排放不到 1kg——以有 100 名办公人员的企业为例，引入桌面云后每年可节省 900kg 以上的间接碳排放。

同时，桌面云产品常见的非活跃终端自动休眠、多终端集中运维等机制，也在精简日常运营和运维成本的同时，有效减少了相应的电力消耗。

（5）其他技术的引入。除了前述方法，还有一些技术有助于提升信创云的能效水平，典型的如下。

- 引入软件定义的资源管理能力，以优化传统以手工方式为主的运营和运维管理方式，以降低人员投入，提升相关工作效率，如软件定义分布式存储、软件定义网络，以及各类信创设备的集中纳管等。
- 某些信创云项目，特别是先行先试类型的项目，具备明显的初始要求低、后续扩展性需求强烈的特征。为此，可尝试在初期建设中引入 2 节点超融合信创云产品，通过超融合最小部署台数要求低、扩展性好，以及开箱即用、可一体化运维管理等便捷特性，在降低初始化部署所需的设备数量、提升设备利用率的同时，预留对后续平滑扩容的能力支持。超融合技术还可实现对网络设备层的精简，在节省机房空间的同时提升服务器设备的标准化水平，并通过自带的分布式存储替代传统 SAN、NAS 等专用存储与相关存储专用网络设备，从而助力提升数据中心的节能效果。
- 基于对物理设备的能耗监测能力，为数据中心实现精准节能管理提供相关数据支撑。典型的技术如通过信创云产品内置的带外管理方式，实时监测服务器的功率、出风口温度，利用这些数据估算机架的功率、温度，并判断物理机架等更外层容器是否还支持容纳更多设备，以及预计可支撑的功率指标信息等，从而实现智能化、精细化的能耗管理。同时，基于基础软/硬件的各项实时能耗数据，还可结合信创云中虚拟资源分布和租户行为分析等数据，统计、分析得出对应的节能策略，从而实现安全、智能、可视化的能耗管理。

- 引入具备高密特性的硬件设备，如高密服务器、存储设备和网络交换机等，可有助于为优化数据中心 U 位使用机制和设备密度创造条件，结合相应的虚拟资源负载率监控和优化①措施，提升数据中心单机架功率②。

在持续推进实现“碳中和”目标的背景下，开源节流、降低运营成本和构建绿色高效的低碳云计算运行环境已成为时代刚需。云计算作为帮助用户实现数据中心节能减排的新兴技术，必将在碳中和所引领的能源革命中，通过与供应链的国产化改造过程相互融合，共同发挥不可替代的作用。

9.4 小结

展望信创云的未来，其必将实现从“能用”到“好用”的过渡，但同时我们也应清醒地意识到需求的紧迫，并应以相对宽容的态度对待其发展历程中的各种试错过程。

数字经济时代，传统的研发模式也同样面临数字化转型和智能化改造，在此期间需要多层次技术的支持。云相关技术虽不能保证转型的成功，但信创云平台相当于其中的“大脑”，不仅可提供生产智能化、产品智能化、服务智能化、个性化定制和设备监测等云服务，还能赋能智能制造，与行业企业深度融合，生成智慧化的生产、服务方式及新业态、新模式。同时，数字化转型也需要在运营模式层面进行变革，使用云计算技术和云原生方法可有效地推动相关进程。可以预见，在不久的

① 能耗指标相同的前提下，负载率取值 0.8 和 0.7，相当于数据中心配置服务器算力相差 10%。

② 低负载率情况下，多数电力损耗在电源自身的交直流转换环节，更高的合理负载则能从降低电气负载能耗角度降低 PUE 值。

将来，信创产业必将迎来重大发展机遇，并将推动 IT 产业格局的重构，如图 9-12 所示。

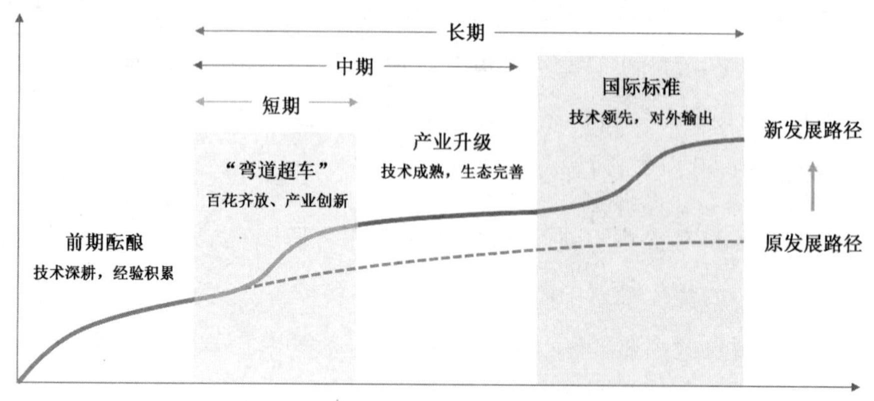

图 9-12　信创将推动 IT 产业格局的重构

产业发展，生态先行。从信创云产品开发商角度，构建其产品生态的推荐顺序是：先确定所使用的基础软/硬件技术栈范围，再考虑所支撑的上层软件；对于信创云服务提供商而言，其市场竞争力也通常取决于是否能够整合各环节资源、打通基础软/硬件和上层软件生态。尽管目前国内厂商已从底层处理器到上层软件实现了基础替代，但据信创云用户反馈，在部署和使用过程中存在应用少、兼容性弱、可扩展性不强和通用性偏低等问题，上层软件的支持和应用生态的完善仍然是亟待优化的工作内容。未来信创云开发商应通过广泛适配上下游相关产品，在持续增强自身产品功能的同时，重点提升产品的兼容性和可扩展性，不断夯实与完善相关生态体系。

“拿着旧地图，找不到新大陆”。在早期以政策激励为主要驱动力的背景下，我国信息技术产业呈现出百花齐放、融合应用、技术创新和人才涌动等特点，上下游供应链厂商携手共同推动国产基础软/硬件的快速迭代发展和持续创新，自主 IT 标准的产业生态雏形基本显现。后期将进一步面向更广阔的市场，在实现国产云计算供应链完整度、丰富度和用户体验持续提升的同时，构筑完整的相关知识产权和生态体系。

信创云本质是通过充分利用云计算技术的优势，助力和支撑政企业务乃至国家战略，而不仅仅是为了贴合技术发展趋势，为了“上云”而“上云”。只有不断优化信创云端到端的供应链体系，实现上下游产品间的有机协同、相互支撑，才能持续健康地发展。

附录 A　名词解释

我们对本书中特定的术语给出独立解释，以方便读者进行快速查询。

英文名称	中文	解释
Cloud Computing	云计算	将可伸缩、弹性、共享的物理和虚拟资源池以按需自服务的方式供应和管理，并提供网络访问的模式
Cloud Desktop	云桌面	基于虚拟化技术提供的桌面应用，支持用户使用终端设备进行交互操作。在部分语义中指某一特定用户使用的虚拟桌面
Virtual Desktop Infrastructure	桌面云	基于云计算的虚拟桌面交付模式。桌面云通过将前后端软/硬件深度融合，整合服务器虚拟化、桌面虚拟化及存储虚拟化等技术，将操作系统界面以图像方式传送给前端接入设备，为用户提供安全数据保护、高效桌面管理及灵活的用户访问服务
Cloud Native	云原生	云原生技术有利于各组织在公有、私有和混合云等新型动态环境中，构建和运行可弹性扩展的应用，代表技术包含容器、服务网格、微服务、不可变基础设施和声明式 API 等
Cluster	集群	一组相互独立运行并通过网络互联的物理服务器，通过特定信息系统以统一的模式实施管理
Guest OS	客户机操作系统	指运行在虚拟机中的操作系统
Host	宿主机	安装了虚拟化管理程序，并对外提供虚拟机服务的物理服务器
HostOS	主机操作系统	指在实际物理设备上运行的操作系统
Minimum Viable Product	最小功能集	是 Eric Ries 在其所著《精益创业实战》中提出的概念，即最简可行产品，指的是用最快、最简明的方式建立可用的产品原型，表达出设计者想要的最终效果，从而既能为用户交付价值，又能以最小的投入获得用户的反馈，并通过持续的迭代不断完善产品
Scene	场景	戏剧领域的专业词汇，指在特定时间、空间内发生的动作行为或生活片段
Tenant	租户	对一组物理和虚拟资源进行共享访问的一个或多个云服务用户
—	信创云	即“信创领域的云”，是云计算技术在信息技术应用创新领域的应用，即部署并运行在国产基础软/硬件之上，为应用、数据库和中间件提供运行环境支撑的云计算管理软件平台
Virtual Machine	虚拟机	指通过虚拟化技术整合、抽象和隔离的，具有完整硬件系统功能的虚拟计算机设备。通常简称为“VM”

其他本书中的约定：

- 目前

特指到本书截稿时间（2022 年 9 月）之前。鉴于信创云供应链相关产品、技术处于快速迭代更新的阶段，建议读者在做相关决策前关注最新的发展情况。

附录 B　其他扩展材料

类型	描述
常见存储单位 GB	即 Gigabyte。1GB=1024MB，可容纳大约 537 亿个汉字
常见存储单位 TB	即 Terabyte。1TB=1024GB，可存放 1000 部 720p 电影
常见存储单位 PB	即 Petabyte。1PB=1024TB，可存放约 100 万部 720p 电影
常见存储单位 EB	即 Exabyte。1EB=1024PB，相当于 52.4 万个 2TB 硬盘

后　记

本书从 2021 年年初开始策划，历经近两年时间，经过无数次修订，终于达到了可以发布的阶段。

信创云最终要用先进的自有技术替代落后的产品，相关产业发展任重道远，需要国家、行业从业者、相关科研人员、学者等共同砥砺前行，通过一系列互为支撑的产品与技术创新对云计算供应链进行持续优化。作为专注于信创云产品研发的产品规划人员，我们对信创云历史背景、实现策略和未来展望进行了持续性思考。本书的编写过程既是对我们前期工作经验与教训的总结，也是对所负责产品未来新方向、新版本进行策划的思路历程。希望这些努力能给读者带来一些帮助。

由于时间所限，本书的研究与讨论难免存在疏漏与偏差，但我们将持续关注信创云领域的发展，读者对书中内容的任何宝贵意见和建议，均可通过关注微信公众号“华云数据”，直接发送消息进行反馈。衷心地希望获得您的宝贵建议！